AF341522

EL ARTE DE LA GUERRA RUSA

Cómo Occidente llevó a Ucrania al fracaso

Jacques Baud

El arte de la guerra rusa

Cómo Occidente llevó a Ucrania al fracaso

Max Milo

© Max Milo, París, 2024
www.maxmilo.com
ISBN : 978-2-31502-309-7

1. Introducción

En 1973, de vacaciones en Italia con mi familia, hicimos una parada en el monasterio de Monte Cassino, escenario de una violenta batalla en 1943. Recuerdo que pasé mucho tiempo ante la tumba de un joven canadiense que murió a los 18 años, la misma edad que yo tenía entonces.

Cincuenta años después, con ocasión de la visita del Presidente Volodymyr Zelensky[1], el Parlamento canadiense *ovacionó* a un superviviente de la 14ª *División de Granaderos «1. Galizien»* de las Waffen SS, que luchó contra los soviéticos y participó en atrocidades contra judíos[2]. Anthony Rota, Presidente de la Asamblea Parlamentaria, señala que este veterano *«luchó por la independencia de Ucrania contra los rusos y hoy sigue apoyando la verdad»*[3]. Unos días más tarde, intentó torpemente justificarse afirmando que no tenía conocimiento de la condición de este veterano, lo que es mentira, ya que le había invitado y los demás invitados habían sido debidamente comprobados y aprobados. ¡Para colmo, al Primer Ministro Justin Trudeau no se le ocurre nada mejor que echar la culpa a *«la propaganda y la desinformación rusas»*[4]! Hay que preguntarse si lo hacen a propósito o si simplemente son totalmente estúpidos.

Este incidente ilustra varias cosas que caracterizan el enfoque occidental del conflicto en Ucrania.

---

1. https://forward.com/fast-forward/561927/zelenskyy-joins-canadian-parliaments-ovation-to-98-year-old-veteran-who-fought-with-nazis/

2. https://komb-a-ingwar.blogspot.com/2010/10/blog-post_4610.html

3. https://ici.radio-canada.ca/rci/en/news/2012834/house-speaker-anthony-rota-to-address-parliament-amid-ukrainian-veteran-fallout

4. https://www.opindia.com/2023/09/justin-trudeau-blames-russian-propaganda-after-canadas-parliament-faces-global-shame-for-celebrating-nazis/

En primer lugar, las justificaciones de Rota no cambian nada: ¡todos los parlamentarios canadienses glorificaron a quienes lucharon contra los aliados de Canadá durante la Segunda Guerra Mundial! De hecho, escupieron sobre la tumba de este joven canadiense que luchaba contra el mismo enemigo que los soviéticos. En su defensa, el propio Zelensky, que sabía muy bien lo que significaba luchar contra los rusos durante la Segunda Guerra Mundial, ¡aplaudió a este antiguo hombre de las Waffen SS! No olvidemos que 7 millones de ucranianos lucharon contra el Tercer Reich junto a la URSS y los Aliados...

En segundo lugar, estos parlamentarios ovacionaron a un antiguo nazi sin siquiera hacer preguntas. Como borregos. Al descuidar su deber de diligencia y actuar sin conocimiento ni comprensión, son todos, sin excepción, un ejemplo de clase política ignorante, deshonrosa, irresponsable y profundamente incapaz de reflexión y humanidad. Son una vergüenza para la democracia.

En tercer lugar, este incidente muestra la ambigüedad de la situación de los ucranianos, que deben su primera independencia al Tercer Reich, lo que convierte a los opresores de Europa Occidental en los liberadores de los ucranianos. El problema es que el mundo maniqueo en el que vivimos es incapaz de dar cabida a estas complejas relaciones. Esto conduce a una forma de negacionismo que se ha instalado en nuestros medios de comunicación, entre nuestros periodistas y nuestros políticos.

En cuarto lugar, Anthony Rota no dijo que el veterano había luchado contra los «soviéticos» (lo que habría sido una referencia a su ideología, ya que se trataba de la URSS), sino contra los «rusos», señalando así a un grupo étnico. Los parlamentarios lo ovacionaron, poniendo de relieve el punto en común entre los nazis de la época, los neonazis de hoy, los parlamentarios canadienses y los demás: el odio a los rusos, motor del conflicto ucraniano. Ni uno solo de nuestros periodistas se ha pronunciado en contra de las sanciones contra la población rusa, los asesinatos de personalidades rusas, las acciones contra el arte y los artistas rusos, ¡incluso cambiando el nombre de los cuadros de nuestros museos! Todos los periodistas de los principales medios de comunicación, sin excepción, han aceptado una práctica que parecía olvidada desde el Holocausto: condenar a los individuos por lo que son y no por lo que hacen.

Paradójicamente, no asocio a la inmensa mayoría de los ucranianos con este odio, porque muchos de ellos no lo comparten, aunque la guerra polarice las mentes de la gente. También observo que la prensa ucraniana contradice a menudo lo que dicen nuestros periodistas.

Por eso, el incidente del Parlamento canadiense es algo más que una anécdota: es la imagen de una clase política occidental a la deriva, de unos medios de comunicación sin fe ni ley, de unos políticos y periodistas que viven de la sangre de los demás y, como veremos, en particular de la de los ucranianos.

El objetivo de este libro —como el de sus predecesores— no es dar la razón a uno u otro bando. No pretende justificar a ninguno de los bandos en conflicto, sino explicar lo que hacen y por qué lo hacen.

Naturalmente, en un contexto intelectual en el que todo lo que hacen los rusos se considera incorrecto, estúpido y malo, ¡explicar lo que hacen basta para ser considerado un «apologista»!

Como todos los conflictos, el de Ucrania ha sido escenario de una desinformación desenfrenada. No se trata de un fenómeno inusual, pero en este caso ha adquirido un cariz casi caricaturesco. Desde el principio, la narrativa occidental giró en torno a la idea de que «*Rusia no puede, ni debe, ganar esta guerra*»[5].

Así lo demuestra la comparecencia de Michel Goya, coronel del ejército francés, ante una comisión del Senado francés en noviembre de 2022[6]. Sin el menor conocimiento de la doctrina militar rusa, con una comprensión muy limitada del arte de las operaciones e incluso del funcionamiento interno de la Alianza Atlántica, ¡analiza la guerra en términos de lo que haría un soldado francés! Más allá del ombliguismo, ilustra una manera muy occidental de entender la guerra basada en nuestra propia lógica y no en la de nuestro adversario. Esto es lo que condujo a los desastres de 1914 y 1940 en Francia, y al fracaso de las operaciones en Oriente Medio y el Sahel.

En la comparecencia del general Bruno Clermont, el 7 de diciembre de 2022, el senador (LR) Cédric Perrin ilustró a la perfección nuestra

---

5. https://www.assemblee-nationale.fr/dyn/16/rapports/cion_def/l16b1111_rapport-information.pdf
6. https://youtu.be/CvAYOHc8sv4

incapacidad para entender la guerra de otra manera que no sea como la entendemos[7]:

> *Los rusos cometieron un error monumental al principio [...] al no actuar como lo haría la doctrina occidental, es decir, bombardeando las zonas que ahora permiten a los ucranianos responderles.*

En otras palabras, ¡le sorprende que Rusia no aplique nuestros principios operativos! La incapacidad de imaginar varias soluciones para un mismo problema y de comprender que *otros* pueden tener una solución diferente, o incluso más eficaz, es una expresión del etnocentrismo occidental. Esta es exactamente la razón por la que Mali y Níger han pedido a las tropas francesas que abandonen su territorio...

La particularidad de este conflicto es que, por parte occidental, el objetivo no era ayudar a Ucrania a «ganarlo», sino empujar a Rusia a «perderlo». El objetivo final no es tanto recuperar territorio como provocar la caída de Vladimir Putin.

Por eso, en agosto de 2023, la incapacidad de Ucrania para llevar a cabo su contraofensiva hizo temer a Occidente que estaba «*perdiendo el control de su narrativa*»[8]. ¡Peor aún, como señala el *New York Times*, «*los funcionarios estadounidenses dicen que temen que Ucrania se haya vuelto reacia a sufrir bajas*»[9]!

Esto es lo que Andrés Manuel López Obrador, Presidente de México, resumió tan lúcidamente en junio de 2022 sobre la política de la OTAN y la UE hacia Ucrania[10]:

> *¡Nosotros suministramos las armas, ustedes los cadáveres! ¡Es inmoral!*

---

7. «Guerra en Ucrania: Esta es una guerra del siglo XX», *Public Sénat/YouTube*, 7 de diciembre de 2022 (https://youtu.be/kIJtZmzK1mc)

8. Dan De Luce y Phil McCausland, «¿Está fracasando la contraofensiva ucraniana? Kyiv and its supporters worry about losing control of the narrative», *NBC News*, 4 de agosto de 2023 (https://www.nbcnews.com/news/investigations/ukraine-war-counteroffensive-russia-success-failure-rcna98054)

9. Helene Cooper, Thomas Gibbons-Neff, Eric Schmitt & Julian E. Barnes, «Troop Deaths and Injuries in Ukraine War Near 500,000, U.S. Officials Say», *The New York Times*, 18 de agosto de 2023 (https://www.nytimes.com/2023/08/18/us/politics/ukraine-russia-war-casualties.html)

10. «Mexican president slams NATO policy in Ukraine», *AP News*, 13 de junio de 2022 (https://apnews.com/article/russia-ukraine-mexico-caribbean-nato-b9aaddc8e3da3ad2b2cc013a6e8ff4bb)

Desde el punto de vista occidental, el curso del conflicto depende de la narrativa. Desde el principio de la operación rusa en Ucrania, el discurso occidental creó una falsa sensación de superioridad, que llevó a Ucrania a subestimar la realidad de la amenaza rusa.

Intentaremos restablecer el equilibrio en la información que nuestros medios de comunicación y sus supuestos periodistas han falsificado deliberadamente. Profundamente deshonestos y sanguinarios, consiguen contradecir informaciones que incluso periodistas ucranianos han dado. En este conflicto, al rechazar la deontología de la Carta de Munich, nuestros medios de comunicación han abandonado su ética y su honor. Cómodamente instalados en sus redacciones, han hecho todo lo posible para que el conflicto se prolongue y se malgasten vidas. Y esta responsabilidad es anterior al 24 de febrero de 2022...

Nuestros medios de comunicación y nuestros «expertos» han empujado literalmente a Ucrania a un conflicto negándole cualquier opción de negociación, pero la han convencido de que Rusia es un adversario al que es capaz de derrotar. Son los más detestables y espero que este libro contribuya a que ucranianos y rusos tomen conciencia de lo deshonestos que han sido con ellos.

La incomprensión del conflicto en Ucrania es en parte el resultado del embrollo intelectual y semántico con el que se intenta explicarlo. Las nociones de estrategia, táctica y —nuevamente— «arte operativo» se mezclan audazmente, lo que permite fustigar el planteamiento ruso y explicar su inminente «derrota»... ¡que Occidente sigue esperando!

Hoy, la narrativa occidental se ha ido derrumbando ante los hechos, y lo que en 2022 se calificó de conspiración se ha convertido en realidad.

Como cualquier conflicto, sólo puede entenderse tratando de captar las percepciones y lógicas de los protagonistas. En las páginas que siguen, volvemos a la forma en que Rusia concibe y libra la guerra. La incapacidad de nuestros militares para comprender la realidad de la situación en Ucrania no sólo es preocupante para el futuro de nuestros ejércitos, sino que es literalmente una de las principales razones de la derrota ucraniana.

2. El pensamiento militar ruso

A lo largo de la Guerra Fría, la Unión Soviética se vio a sí misma, en el paradigma marxista-leninista, como la punta de lanza de una lucha histórica que desembocaría en un enfrentamiento entre el sistema «capitalista» y las «fuerzas progresistas». Esta percepción de una guerra permanente e ineludible llevó a los soviéticos a estudiar la guerra de forma casi científica y a estructurar este pensamiento en una arquitectura del pensamiento militar que no tiene parangón en el mundo occidental.

El problema de la gran mayoría de nuestros supuestos expertos militares es su incapacidad para comprender el enfoque ruso de la guerra. Es el resultado de un planteamiento que ya hemos visto en oleadas de atentados terroristas: se demoniza al adversario de forma tan estúpida que no logramos comprender su forma de pensar. Como resultado, somos incapaces de desarrollar estrategias, articular nuestras fuerzas o incluso equiparlas para hacer frente a las realidades de la guerra. El corolario de este enfoque es que los medios de comunicación sin escrúpulos traducen nuestras frustraciones en una narrativa que alimenta el odio y aumenta nuestra vulnerabilidad[11]. Como resultado, somos incapaces de encontrar soluciones racionales y eficaces al problema.

La forma en que los rusos entienden los conflictos es holística. En otras palabras, ven los procesos que se desarrollan y conducen a la situación en un momento dado. Esto explica por qué los discursos de Vladimir Putin incluyen invariablemente una vuelta a la historia. En Occidente, tendemos a centrarnos en el momento X e intentar ver

______

11. https://oumma.com/jacques-baud-lancien-espion-qui-aimait-poutine/

cómo puede evolucionar. Queremos una respuesta inmediata a la situación que vemos hoy. La idea de que «*de la comprensión de cómo surgió la crisis surge la manera de resolverla*» les resultaba totalmente ajena. En septiembre de 2023, un periodista anglosajón llegó a darme la «prueba del pato»: «*si parece un pato, nada como un pato y grazna como un pato, probablemente sea un pato*». En otras palabras, todo lo que necesitan para evaluar una situación es una imagen que coincida con sus prejuicios.

La realidad es mucho más sutil que el modelo del pato. En *Newsweek*, un analista *de la Agencia de Inteligencia de Defensa* (DIA) —el equivalente estadounidense de la *Direction du Renseignement Militaire* (DRM) en Francia— señala[12]:

> *La forma en que Rusia está librando esta brutal guerra difiere de la opinión generalizada de que Vladimir Putin quiere destruir Ucrania e infligir el máximo número de víctimas civiles, sino que más bien revela el equilibrio estratégico del líder ruso.*

La razón por la que los rusos son mejores que Occidente en Ucrania es que ven el conflicto como un proceso, mientras que nosotros lo vemos como una serie de acciones separadas. Los rusos ven los acontecimientos como una película, nosotros los vemos como fotografías. Ellos ven el bosque, mientras que nosotros nos centramos en los árboles. Por eso situamos el inicio del conflicto en el 24 de febrero de 2022 o el inicio del conflicto palestino en el 7 de octubre de 2023. Descartamos los contextos que nos molestan y libramos conflictos que no comprendemos. Por eso perdemos nuestras guerras...

---

12. William M. Arkin, «Putin's Bombers Could Devastate Ukraine but He's Holding Back. Here's Why», *Newsweek*, 22 de marzo de 2022 (https://www.newsweek.com/putins-bombers-could-devastate-ukraine-hes-holding-back-heres-why-1690494)

Arquitectura del pensamiento militar ruso

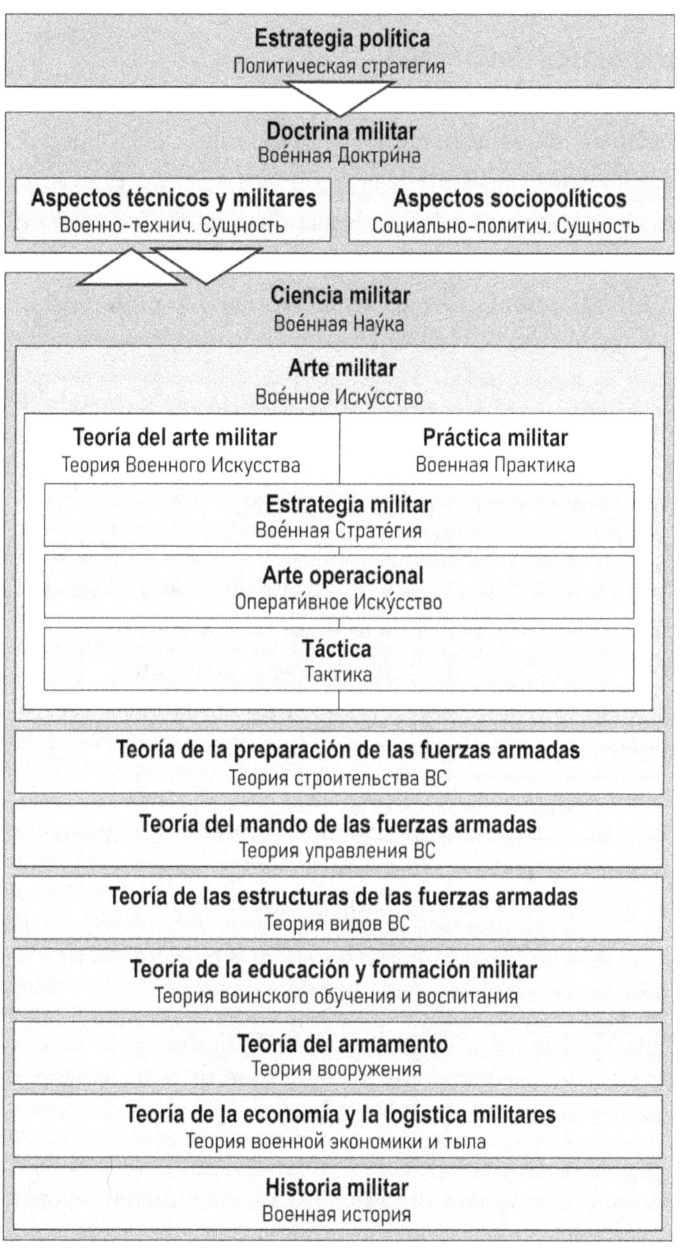

Figura 1 — El pensamiento militar ruso actual está muy influido por el que se viene desarrollando desde la década de 1920. Sigue estando construido de forma muy lógica y se establece de manera casi científica basándose en la experiencia adquirida.

2.1. La doctrina militar rusa

2.1.1. Elementos doctrinales

La doctrina militar rusa es objeto de numerosos estudios y debates en la propia Rusia. Nuestra percepción occidental de este pensamiento es extremadamente simplista y está distorsionada por el prisma estadounidense. No trataremos aquí todos los aspectos del pensamiento y la doctrina rusos. Nos concentraremos en aquellos que están relacionados con el conflicto ucraniano y en las lecciones que podemos aprender de ellos.

2.1.1.1. Los principios del arte militar

Todos los países estructuran su pensamiento o política militar en torno a principios generales que guían el diseño de su defensa y sus operaciones. Existen unos diez, según los países, y son muy similares. En Rusia, como era de esperar, los principios del arte militar de las fuerzas soviéticas[13] inspiraron los que se utilizan actualmente[14]:

- **disposición** para llevar a cabo las tareas asignadas;
- **concentrar** los esfuerzos en resolver una misión específica;
- la **sorpresa** (no convencionalidad) de la acción militar frente al enemigo;
- el **propósito** determina un conjunto de tareas y el nivel de resolución de cada una de ellas;
- **todos los recursos** disponibles determinan cómo se resuelve la misión y se alcanza el objetivo (correlación de fuerzas);
- coherencia del liderazgo (**unidad de mando**);
- **ahorrar energía**, recursos, tiempo y espacio;
- **apoyo** y restablecimiento de la capacidad de combate;
- **libertad de maniobra**.

Cabe señalar que estos principios no sólo se aplican a la ejecución de acciones militares como tales. También son aplicables como sistema de pensamiento a otras actividades no operativas.

---

13. https://irp.fas.org/doddir/army/fm100-2-1.pdf

14. Васильев Е.В. «О некоторых принципах военного искусства», *Военная мысль*, 2005, № 4. pp. 23-29.

Un análisis honesto del conflicto en Ucrania habría permitido identificar estos diversos principios y extraer conclusiones útiles para Ucrania. Pero ninguno de los autoproclamados expertos de la televisión fue intelectualmente capaz de hacerlo.

Así, Occidente se ve sistemáticamente sorprendido por los rusos en los ámbitos de la tecnología (por ejemplo, las armas hipersónicas), la doctrina (por ejemplo, el arte operacional) y la economía (por ejemplo, la resistencia a las sanciones). En cierto modo, los rusos se aprovechan de nuestros prejuicios para explotar el principio de sorpresa. Podemos verlo en el conflicto ucraniano, donde la narrativa occidental llevó a Ucrania a subestimar totalmente las capacidades rusas, lo que fue un factor importante en su derrota. Por eso Rusia no intentó realmente contrarrestar esta narrativa y dejó que se desarrollara: la creencia de que somos superiores nos hace vulnerables.

2.1.1.2. *Correlación de fuerzas*

El pensamiento militar ruso está tradicionalmente vinculado a un enfoque holístico de la guerra, que implica la integración de un gran número de factores en el desarrollo de una estrategia. Este enfoque se plasma en el concepto de «*correlación de fuerzas*» (*Соотношение сил*). A menudo traducido como «equilibrio de fuerzas» o «relación de fuerzas», este concepto sólo es entendido por los occidentales como una cantidad de naturaleza cuantitativa, limitada al ámbito militar. Sin embargo, en el pensamiento soviético, la correlación de fuerzas refleja una lectura más holística de la guerra[15]:

> *Existen varios criterios para evaluar la correlación de fuerzas. En el ámbito económico, los factores que suelen compararse son el producto nacional bruto per cápita, la productividad del trabajo, la dinámica del crecimiento económico, el nivel de producción industrial, sobre todo en los sectores de alta tecnología, la infraestructura técnica de la herramienta de producción, los recursos y el grado de*

15.Shakhnavzarov, G., «Sobre el problema de la correlación de fuerzas en el mundo», *Kommunist*, n°3 (febrero de 1974), p. 86.

En otras palabras, la evaluación de la situación no se limita al equilibrio de fuerzas en el campo de batalla, sino que tiene en cuenta todos los elementos que influyen en el desarrollo del conflicto. Así, para su Operación Militar Especial, las autoridades rusas habían previsto poder apoyar el esfuerzo bélico a través de la economía, sin pasar a un régimen de «economía de guerra». Así, a diferencia de Ucrania, no se interrumpieron los mecanismos fiscales y de bienestar social.

Por eso, las sanciones aplicadas a Rusia en 2014 tuvieron un doble efecto positivo. El primero fue la constatación de que las sanciones no eran solo un problema a corto plazo, sino también una oportunidad a medio y largo plazo. Han animado a Rusia a producir bienes que antes prefería comprar en el extranjero. La segunda fue la señal de que Occidente utilizaría cada vez más las armas económicas como medio de presión en el futuro. Por lo tanto, se hizo imperativo, por razones de independencia y soberanía nacionales, prepararse para sanciones más amplias que tuvieran un impacto más profundo en la economía del país.

De hecho, se sabe desde hace tiempo que las sanciones no funcionan[16]. Lógicamente, han tenido el efecto contrario y han actuado como medidas proteccionistas para Rusia, que ha podido así consolidar su economía, como ocurrió tras las sanciones de 2014. Una estrategia de sanciones podría haber dado sus frutos si la economía rusa hubiera sido realmente el equivalente a la italiana o a la española, es decir, con un alto nivel de endeudamiento; y si todo el planeta hubiera actuado al unísono para aislar a Rusia.

La inclusión de la correlación de fuerzas en el proceso decisorio es una diferencia fundamental con respecto a los procesos decisorios occidentales, más ligados a una política de comunicación que a un planteamiento racional de los problemas.

Esto explica, por ejemplo, los objetivos limitados de Rusia en Ucrania, donde no pretende ocupar todo el territorio, ya que la correlación de fuerzas en la parte occidental del país le sería desfavorable.

En cada nivel de mando, la correlación de fuerzas forma parte de la evaluación de la situación. En el nivel operativo, se define del siguiente modo[17]:

Es el resultado de comparar las características cuantitativas y cualitativas de las fuerzas y recursos (subunidades, unidades, armamento, material militar, etc.) de sus propias tropas (fuerzas) y las del enemigo. Se calcula a escala operativa y táctica en toda la zona de operaciones, en la dirección principal y en otras direcciones, para determinar el grado de superioridad objetiva de uno de los bandos adversarios. La evaluación de la correlación de fuerzas permite tomar una decisión informada sobre una operación (batalla), establecer y mantener la superioridad necesaria sobre el enemigo durante el mayor tiempo posible cuando se redefinen (modifican) las decisiones durante las operaciones militares (de combate).

Esta simple definición es la razón por la que los rusos se comprometieron con fuerzas inferiores a las de Ucrania en febrero de 2022, o por

---

16. https://elgar.blog/2022/02/11/do-sanctions-work/
17. https://encyclopedia.mil.ru/encyclopedia/dictionary/details.htm?id=10162@morfDictionary

la que se retiraron de Kiev, Kharkov y Kherson en marzo, septiembre y octubre de 2022.

2.1.1.3. *Guerra nuclear*

2.1.1.3.1. Desarrollo continuo

En 1945, la URSS ganó la carrera hacia Berlín. Salió victoriosa de la guerra, pero a diferencia de Estados Unidos, fue desangrada. En Estados Unidos y Gran Bretaña, algunos dirigentes vieron en ello una oportunidad para reanudar la ofensiva hacia Moscú, pues se pensaba que Stalin tenía la misma intención hacia el Atlántico... Pero no era el momento de reanudar las hostilidades y comenzó la Guerra Fría.

Hoy, quienes afirman que Rusia tiene intenciones expansionistas no hacen más que transponer —sin tener en cuenta el contexto— el pensamiento marxista que guiaba la política soviética. En este esquema, la URSS se veía a sí misma como la punta de lanza de la lucha de clases, comprometida en una guerra permanente y sistémica con Occidente como parte de un proceso histórico de lucha contra el capitalismo. Hasta la muerte de Stalin, el pensamiento militar estratégico de la URSS estuvo dominado por la idea de que su seguridad sólo estaría garantizada por una victoria del socialismo sobre el capitalismo, y que la confrontación entre ambos sistemas era inevitable. Los estrategas soviéticos hablaban del principio de *la «inevitabilidad de la guerra»* (*неизбежность войны*). Esta idea se mantuvo hasta el XX Congreso del Partido Comunista de la Unión Soviética, celebrado en febrero de 1956, cuando, a instancias de Nikita Jruschov, la URSS adoptó el principio de «coexistencia pacífica». A partir de entonces, se denominó «no inevitabilidad de la guerra».

Esto no impidió que Occidente se preparara para una posible agresión soviética, aunque documentos estadounidenses, ahora desclasificados, demuestran que los soviéticos no tenían intención de invadir Europa[18]:

---

18. Dr. Mahir J. Ibrahimov, Sr. Gustav A. Otto & Col Lee G. Gentile, Jr, «Cultural Perspectives, Geopolitics & Energy Security of Eurasia: Is the Next Global Conflict Imminent?», *US Army Command and General Staff College Press*, Fort Leavenworth, 2017 (https://www.armyupress.army.mil/Portals/7/combat-studies-institute/csi-books/cultural-perspectives.pdf).

Documentos soviéticos recientemente desclasificados, artículos y actas de reuniones indican que los dirigentes soviéticos no tenían intención de invadir Europa[19].

Por otra parte, en la URSS, el temor a nuevos intentos occidentales de invadir su territorio seguía siendo muy real y la llevó a adoptar una política de disuasión[20]:

Sin embargo, las experiencias de la Primera y Segunda Guerras Mundiales hicieron temer que Occidente invadiera la URSS si ésta se mostraba militarmente débil.

En 1949, la URSS adquirió armas nucleares. Esto llevó a la creación de la OTAN ese mismo año, con el objetivo de situar a Europa Occidental bajo el paraguas nuclear de Estados Unidos. En esta fase, la guerra nuclear se planteaba principalmente a nivel estratégico y no se hablaba de armas nucleares tácticas. El riesgo era que las dos potencias nucleares se vieran empujadas a una confrontación directa y a un intercambio nuclear, lo que daría lugar *a una Destrucción Mutua Asegurada* (MAD).

2.1.1.3.2. La indivisibilidad de la seguridad

Una de las particularidades de las armas nucleares es que pueden causar daños considerables, incluso existenciales, sin dejar tiempo para encontrar una respuesta, ni siquiera para aprovechar un último espacio de negociación.

La situación asimétrica de Estados Unidos y Rusia significa que el primero puede utilizar Europa como «zona tampón», mientras que Rusia podría encontrarse muy rápidamente ante un problema existencial. Por eso, desde el final de la Segunda Guerra Mundial, una constante de la política de defensa rusa ha sido mantener una «zona tapón» (también conocida como «glacis» en francés y «Vorfeld» en alemán) entre la OTAN

---

19. Raymond Garthoff, Deterrence and the Revolution in Soviet Military Doctrine, *The Brookings Institute*, Washington D.C., 1990, p. 11.
20. Vladislav Zubok, *The Kremlin's Cold War: From Stalin to Khrushchev,* Harvard University Press, Boston, 1997, p. 20.

y su territorio, con el objetivo de dar más espacio a un conflicto convencional y evitar que se convierta en nuclear con demasiada rapidez.

Durante la Guerra Fría, la Organización del Tratado de Varsovia (conocida en Occidente como el Pacto de Varsovia) formaba este espacio. Con la extensión de la OTAN hacia el Este y la progresiva denuncia de los tratados de desarme por parte de Estados Unidos desde 2002, este espacio ha desaparecido. Por eso Rusia ha modificado su doctrina de enfrentamiento nuclear, lo que le permite utilizar armas nucleares con mayor rapidez.

Es importante subrayar aquí que Rusia no teme tanto la ampliación de la OTAN como la explotación que Estados Unidos pueda hacer de ella.

En 1952, la adhesión de Turquía a la OTAN acercó la Alianza a la URSS y alarmó a los soviéticos. Sin embargo, no reaccionaron. La crisis no estalló hasta 9 años después, cuando los estadounidenses desplegaron misiles nucleares PGM-19 JUPITER. En aquella época, los estadounidenses aún no disponían de la tecnología necesaria para construir misiles intercontinentales y los JUPITER no eran más que una versión mejorada de los V2 alemanes, con un alcance de 2.400-2.700 km.

A los estadounidenses no les gusta que les hagan lo que ellos hacen a los demás. Los soviéticos lo comprendieron y empezaron a desplegar misiles en Cuba, lo que desencadenó una violenta reacción de Estados Unidos, conocida como la «crisis de los misiles de Cuba», en 1962. Al final, los estadounidenses, atrapados en su propio juego, tuvieron que retirar sus misiles de Turquía... La URSS ganó.

Hasta principios de la década de 2000, los nuevos miembros de la OTAN eran aceptados con euforia y sin ninguna reflexión estratégica, porque Rusia y China eran débiles. Hoy la situación es radicalmente distinta: el problema es que las legítimas preocupaciones de seguridad de los países europeos están acercando el poder nuclear norteamericano a la frontera rusa, aumentando la probabilidad de una guerra nuclear en caso de que aumenten las tensiones. Los problemas de un país pueden convertirse rápidamente en los de toda la Alianza, como en 1914.

En 2002, cuando Estados Unidos se retiró del Tratado sobre Misiles Antibalísticos (Tratado ABM) e inició negociaciones con Polonia, la

República Checa y Rumanía para instalar lanzaderas de doble uso (anti-balístico y nuclear), los rusos percibieron una amenaza directa. Esto es lo que dijo Vladimir Putin en Múnich en 2007, y lo que subrayó el 7 de febrero de 2022 en Moscú en su conferencia de prensa con Emmanuel Macron. El problema es que no escuchamos lo que nos dice.

No se trata de una cuestión completamente nueva. Ya fue identificada en 1949 por los autores del Tratado de Washington, acta fundacional de la OTAN, cuyo artículo 10 establece que

> *las Partes podrán, por acuerdo unánime, invitar a adherirse al Tratado a cualquier otro Estado europeo que pueda fomentar los principios del presente Tratado y contribuir a la seguridad de la zona del Atlántico Norte. Cualquier Estado así invitado podrá convertirse en Parte del Tratado depositando su instrumento de adhesión ante el Gobierno de los Estados Unidos de América. El Gobierno de los Estados Unidos de América informará a cada una de las Partes del depósito de cada instrumento de adhesión.*

En otras palabras, los países son «invitados» en la medida en que puedan «*contribuir a la seguridad de la región del Atlántico Norte*». Evidentemente, el criterio no es la seguridad de cada país miembro individual, sino la seguridad colectiva de la región.

Esto es lo que los países de la «nueva Europa» no han entendido. Fueron aceptados en la OTAN en un momento en que Rusia estaba debilitada. Hoy, la OTAN les ofrece una especie de seguro, a cuyo abrigo aplican políticas ultranacionalistas y discriminatorias hacia sus minorías rusoparlantes, con la intención declarada de provocar a Rusia. De hecho, su pertenencia a la OTAN y a la UE es fundamentalmente desestabilizadora para el continente europeo. Es más, incluso dentro del ejército de la OTAN, su reputación es especialmente mala, como he podido comprobar.

También significa que, potencialmente, todos los países del área euroatlántica pueden ser miembros, pero que la Alianza no está obligada a aceptar a todos los países que deseen ingresar. Esta es una de las razones por las que la entrada de Ucrania en la OTAN es objeto de un debate tan acalorado dentro de la propia Alianza.

Pero un principio clave de la política de seguridad rusa es el de la *«indivisibilidad de la seguridad»* (неделимость безопасности)[21]. No es exclusivamente ruso y ha sido aceptado por los miembros de la OSCE y sellado en *el Documento de Estambul* (1999)[22] y en la *Declaración de Astana* (2010)[23]:

> *La seguridad de cada Estado participante está inextricablemente ligada a la de todos los demás.*

En otras palabras, la seguridad de un país no puede lograrse a expensas de otro. Un ejemplo fue la presencia de los misiles nucleares tácticos franceses PLUTON, luego HADES, que amenazaban la existencia de poblaciones «amigas» en Alemania y Suiza[24].

Sin embargo, cuando la OTAN —y Estados Unidos en particular— despliega armamento, reduciendo así los tiempos de aviso y alerta temprana de un país vecino (en este caso Rusia), este principio no se respeta.

Lo que molesta a los rusos, por tanto, no es tanto la proximidad de la OTAN como el deseo estadounidense de desplegar armas nucleares allí[25]. La instalación de armas nucleares a «quemarropa» hace prácticamente imposible poner en marcha un mecanismo bilateral de gestión de crisis. De hecho, fue a raíz de la crisis cubana cuando se estableció el famoso «teléfono rojo» entre Washington y Moscú, que no es ni un teléfono ni un teléfono rojo, sino un canal de comunicación de emergencia destinado a facilitar la gestión de crisis.

Lo sorprendente es que Occidente no parece haber percibido este riesgo. El avance de la OTAN se ha considerado un éxito geográfico, pero no se han sacado conclusiones estratégicas. Sin embargo, al acercarse a la frontera rusa, la OTAN también está eliminando su capacidad de alerta

---

21. http://www.kremlin.ru/acts/news/70811
22. https://www.osce.org/files/f/documents/0/2/39570.pdf
23. https://www.osce.org/files/f/documents/b/3/74987.pdf
24. «Atomziel Württemberg», *Der Spiegel*, 20 de julio de 1975 (https://magazin.spiegel.de/Epub-Delivery/spiegel/pdf/41458263)
25. https://www.mid.ru/tv/?id=1744872&lang=ru

temprana. *La Corporación RAND* ha advertido claramente al gobierno de EEUU de este problema[26]:

> *Aunque situar los medios de ataque cerca de Rusia reduciría el tiempo de que disponen los mandos militares rusos para detectar y responder a los ataques aéreos y con misiles de crucero, dejaría a los mandos estadounidenses y aliados aún menos tiempo para detectar y responder a los ataques con misiles rusos contra los medios situados actualmente en estas bases. Esta combinación de vulnerabilidad mutua y riesgo de ataque por sorpresa podría ser gravemente desestabilizadora en caso de crisis, sobre todo si también se almacenan armas nucleares tácticas en emplazamientos cercanos.*

Así que el despliegue de misiles cerca de la frontera rusa no tiene absolutamente nada que ver con el papel defensivo de la OTAN —o la falta de él— porque la Alianza corre exactamente el mismo riesgo. Esto es lo que Vladimir Putin trató de explicar en su conferencia de prensa del 7 de febrero de 2022, tras la visita de Emmanuel Macron a Moscú.

El 25 de marzo de 2023, durante una visita a Rusia de Alexander Lukashenko, Vladimir Putin declaró en el canal *Rossiya 24* que el presidente bielorruso le había pedido que desplegara «*armas nucleares tácticas*» en su territorio[27]. La razón aducida fue la decisión británica de suministrar proyectiles antitanque de uranio empobrecido[28]. Pero —como siempre— la realidad es más compleja.

En primer lugar, Vladimir Putin no hace más que repetir las palabras de Lukashenko, porque los rusos no hacen ninguna distinción doctrinal entre armas nucleares tácticas, operativas y estratégicas. Además, las armas mencionadas tienen un alcance superior a 1.000 km, mientras que —tradicionalmente— las armas nucleares con un alcance de 150-500 km se consideran tácticas.

---

26. James Dobbins, Raphael S. Cohen, Nathan Chandler, Bryan Frederick, Edward Geist, Paul DeLuca, Forrest E. Morgan, Howard J. Shatz, Brent Williams, «Extending Russia: Competing from Advantageous Ground», *RAND Corporation*, 2019.

27. «Белоруссия давно просит у России ядерное оружие», *Vesti.ru*, 25 de marzo de 2023 (https://www.vesti.ru/article/3268612)

28. https://www.rts.ch/play/tv/redirect/detail/13894210

La petición bielorrusa llega tras una serie de acontecimientos que nuestros medios de comunicación han evitado cuidadosamente mencionar. En particular, la actitud de Polonia, nostálgica de su grandeza pasada y que pretende reconstituir el Intermarium[29]. Tiene en su punto de mira la parte occidental de Bielorrusia, que considera que le pertenece históricamente, y cuya reconquista forma parte de su política de seguridad[30]. Por eso apoya política, material y ostensiblemente a la oposición en Bielorrusia, con el beneplácito de Estados Unidos. El 11 de enero de 2023, la firma de una declaración conjunta de Polonia, Ucrania y Lituania formando el Triángulo de Lublin, una mini-alianza militar vinculada a la OTAN, preocupó a Lukashenko[31].

Además, a medida que se deterioraba la situación en Ucrania y se alejaba el pronosticado colapso de Rusia, Estados Unidos comenzó a trabajar en el «cambio de régimen» en Bielorrusia, con el fin de lograr un pequeño «éxito». El 22 de marzo de 2023, Wendy Sherman, subsecretaria de Estado, se reunió con Svetlana Tikhanovskaya, líder de la oposición militante bielorrusa, para coordinar sus acciones. Estados Unidos pretendía así utilizar a la oposición bielorrusa en beneficio de Ucrania, como señaló el medio de comunicación estadounidense *The Atlantic Council*[32].

Sin embargo, otro acontecimiento más significativo explica la decisión rusa: el despliegue, a finales de febrero de 2023, de cuatro bombarderos nucleares estratégicos estadounidenses del tipo B-52H STRATOFORTRESS en la base aérea de Morón (España) *«para enviar un mensaje a Rusia»*[33]. El 11 de marzo de 2023, uno de estos aviones (nombre

---

29. Emil Avdaliani, «Polonia y el éxito de su proyecto 'Intermarium'», *moderndiplomacy.eu*, 31 de marzo de 2019.
30. Jacek Bartosiak, «Belarus as a Pivot of Poland's Grand Strategy», *The Jamestown Foundation*, 16 de diciembre de 2020 (https://jamestown.org/program/belarus-as-a-pivot-of-polands-grand-strategy/)
31. «Los Presidentes de Ucrania, Lituania y Polonia firmaron la Declaración Conjunta tras la Segunda Cumbre del Triángulo de Lublin en Lviv», *página web del Presidente de Ucrania*, 11 de enero de 2023 (https://www.president.gov.ua/en/news/u-lvovi-prezidenti-ukrayini-lit-vi-ta-polshi-pidpisali-spilnu-80313).
32. Stephen Nix & Mark Dietzen, «La oposición bielorrusa puede ayudar a derrotar a Putin en Ucrania», *The Atlantic Council*, 7 de febrero de 2023 (https://www.atlanticcouncil.org/blogs/ukrainealert/the-belarusian-opposition-can-help-defeat-putin-in-ukraine/)
33. Tom Dunlop, «American B-52 bombers overfly Estonia in message to Russia», *UK Defence Journal*, 3 de marzo de 2023 (https://ukdefencejournal.org.uk/american-b-52-bombers-overfly-estonia-in-message-to-russia/)

en clave: NOBLE61) llevó a cabo un ataque nuclear simulado (*simulacro de ataque con misiles*) contra la ciudad de San Petersburgo desde el Golfo de Finlandia[34]. El sitio web de la oposición rusa *Meduza*[35] se hizo eco de la información ese mismo día y, obviamente, los principales medios de comunicación occidentales no se hicieron eco de ella. Sin embargo, fue probablemente lo que llevó a Vladimir Putin, dos semanas más tarde, a acceder a la petición del Presidente Lukashenko de desplegar armas nucleares en territorio bielorruso[36].

La decisión de Rusia es una oportunidad para que nuestros «expertos» hagan nuevas elucubraciones, jugando con las palabras. El experto suizo Alexandre Vautravers declaró en *RTS* que se trataba de una *transferencia* de armas, lo que contravendría el Tratado de No Proliferación Nuclear (TNP)[37]. Pero esto no es cierto. Como confirmó el mismo día el medio de comunicación de la oposición rusa *Meduza*, Vladimir Putin precisó que no se trataba de una *transferencia*, sino sólo de un *despliegue*[38]. La diferencia esencial es que estas armas permanecen bajo la autoridad exclusiva de Rusia. En otras palabras, Rusia no es diferente de Estados Unidos, con sus depósitos de armas nucleares en Alemania, Bélgica, Países Bajos y Turquía.

Rusia está reproduciendo el escenario de los misiles cubanos en Bielorrusia. Al tener las mismas causas los mismos efectos, la administración estadounidense dio un giro de 180 grados. El 2 de junio de 2023, Jake Sullivan, consejero de Seguridad Nacional de Joe Biden, declaró[39]:

---

34. David Cenciotti, «Let's Have A Look At B-52's Mission Over The Baltics And Close To Russia Yesterday», *The Aviationist*, 12 de marzo de 2023 (https://theaviationist.com/2023/03/12/lets-have-a-look-at-b-52s-mission-over-the-baltics-and-close-to-russia-yesterday/)
35. «Un bombardero estadounidense B-52 capaz de transportar armas nucleares realizó maniobras planeadas sobre el Mar Báltico», *Meduza.io*, 12 de marzo de 2023 (https://meduza.io/en/news/2023/03/12/an-american-b-52-bomber-capable-of-carrying-nuclear-weapons-conducted-planned-maneuvers-over-the-baltic-sea)
36. Jones Hayden, «Putin says Russia to deploy tactical nuclear weapons in Belarus», *Politico*, 25 de marzo de 2023 (https://www.politico.eu/article/putin-says-russia-to-deploy-tactical-nuclear-weapons-in-belarus-reports/)
37. https://www.rts.ch/play/tv/redirect/detail/13894210
38. «Путин пообещал разместить тактическое ядерное оружие в Беларуси. ЕС пригрозил санкциями, Украина потребовала созвать заседание Совбеза ООН», *medusa.io*, 26 de marzo de 2023 (https://meduza.io/feature/2023/03/26/putin-poobeschal-razmestit-takticheskoe-yadernoe-oruzhie-v-belarusi-v-germanii-zayavili-chto-rossiya-prodolzhaet-yadernoe-zapugivanie).
39. «White House wants to engage Russia on nuclear arms control in post-treaty world», *PBS News*, 2 de junio de 2023 (https://www.pbs.org/newshour/politics/white-house-wants-to-engage-russia-on-nuclear-arms-control-in-post-treaty-world)

---

*La administración Biden está dispuesta a discutir **incondicionalmente** con Rusia un futuro marco para el control de armas nucleares [...].*

Al igual que durante la crisis cubana, los estadounidenses sólo lo entienden por las malas: en lugar de intentar provocar el cambio mediante la cooperación —como se hizo con éxito durante la Guerra Fría—, lo intentan hacer mediante la confrontación y la exclusión.

2.1.1.3.3. Doctrina nuclear rusa

El 27 de octubre de 2022, en un programa de *France 5* dedicado a la «bomba sucia» que Rusia acusa a Ucrania de desarrollar, el criminólogo Alain Bauer explicó que los rusos consideran que las armas nucleares tácticas son armas convencionales[40]. Esto es completamente falso.

En realidad, la doctrina rusa no distingue las armas nucleares *tácticas*. Rusia dispone de una gama de armas nucleares de distinta potencia, que pueden utilizarse según las circunstancias y los objetivos. Pero consideran que el uso de armas nucleares —cualquiera que sea su potencia— es de carácter estratégico, porque pueden provocar una escalada nuclear.

En un artículo sobre este tema, Diego A. Ruiz Palmer, Jefe de la Sección de Evaluación Comparativa de la División de Política de Defensa y Planificación de la OTAN, señala que los soviéticos consideraban el uso de armas nucleares sólo como último recurso[41]:

Ya en 1966, la Agencia Central de Inteligencia había detectado un creciente interés por parte de la Unión Soviética en llevar a cabo operaciones militares sin utilizar armas nucleares.

Así lo demostraron las grandes maniobras de la DNIEPR 67 y lo confirmó «*la creciente preferencia de la Unión Soviética por una opción puramente convencional*».

---

40. Programa «C dans l'air», «Bombe sale»: que prépare Poutine? #cdanslair 27.10.2022», *France 5/ YouTube*, 28 de octubre de 2022 (https://youtu.be/1Ub3buKx-yg?t=153)

41. Diego A. Ruiz Palmer, «La competición OTAN-Pacto de Varsovia en las décadas de 1970 y 1980: ¿una revolución en ciernes en los asuntos militares o el fin de una era estratégica?», *Historia de la Guerra Fría*, 3 de septiembre de 2014, (DOI: 10.1080/14682745.2014.950250).

Los soviéticos se dieron cuenta de que el uso de armas nucleares de teatro sólo podía complicar las operaciones. Rusia siempre había favorecido la maniobra y el avance rápido como sus principales principios operativos y tácticos. Por ello, están abandonando gradualmente la idea de utilizar armas nucleares tácticas en favor de nuevas armas convencionales[42]. Esto es lo que estamos viendo hoy con los misiles de velocidad supersónica o hipersónica. Así pues, el arte operacional y la táctica rusos no se basan en las armas nucleares, sino en conceptos como la concentración de fuerzas en el eje principal, la victoria parcial y la economía de fuerzas[43].

El concepto de armas nucleares tácticas fue desarrollado esencialmente por los estadounidenses en los años sesenta, con el fin de distinguir entre las armas que podían utilizarse en el continente europeo y las que podían afectar a Estados Unidos. Para evitar llegar demasiado rápido al punto de holocausto nuclear (MAD), se desarrollaron estrategias para controlar una posible escalada nuclear. Tanto en el Este como en el Oeste, se desarrollaron armas que harían de la MAD una posibilidad remota.

En 1967, la OTAN adoptó la estrategia *de «respuesta flexible»*. Su propósito era dejar claro a los soviéticos que Estados Unidos no pasaría directa y automáticamente a un intercambio nuclear estratégico. De hecho, a pesar de su evolución a lo largo del tiempo y de las tecnologías, la estrategia nuclear de Estados Unidos mantuvo un elemento constante: mantener el uso de armas nucleares lejos de su suelo nacional. Esta es la razón por la que los estadounidenses abogan por el regreso de estas armas al teatro de operaciones europeo[44], y también por la que insisten tanto en la idea de que los rusos pretenden utilizar armas nucleares tácticas en Ucrania.

La diferencia de enfoque entre las dos superpotencias se explica por las situaciones geoestratégicas profundamente asimétricas de Estados Unidos y Rusia. Estados Unidos puede alcanzar territorio ruso con armas nucleares tácticas/operativas, mientras que Rusia sólo puede alcanzar suelo estadounidense con armas estratégicas o de alcance intermedio.

---

42. James M. McConnell, «*The Soviet Shift in Emphasis from Nuclear to Conventional*», Center for Naval Analyses, Department of the Navy, Monterey (CA), junio de 1983 (CRC490-VOI. II).
43. https://nuke.fas.org/guide/russia/doctrine/intro.htm
44. «Nonstrategic NuclearWeapons», *Congressional Research Service (CRS)*, Washington DC, 17 de enero de 2019 (actualizado el 7 de marzo de 2022) (https://fas.org/sgp/crs/nuke/RL32572.pdf)

Así pues, en caso de conflicto grave, para evitar un intercambio nuclear estratégico que afecte a su territorio, Estados Unidos trataría de mantener un conflicto nuclear en el teatro de operaciones europeo. Para ello, evitaría cuidadosamente golpear directamente suelo ruso, para no desencadenar un «duelo estratégico» con Rusia.

Paradójicamente, esta situación también es asimétrica. Al mantener el intercambio nuclear a un nivel táctico, Rusia podría utilizar armas de baja intensidad en Europa, mientras que Estados Unidos sólo podría responder golpeando el territorio de sus aliados. Fue esta paradoja la que provocó la crisis de los euromisiles a principios de los ochenta y dio origen al movimiento pacifista y antinuclear en Alemania y el norte de Europa. Culminó con la firma del Tratado sobre Fuerzas Nucleares de Alcance Intermedio (Tratado INF).

La doctrina nuclear rusa cortocircuita el razonamiento estadounidense al afirmar que no cabe distinguir entre lo táctico y lo estratégico. Así, el uso de armas nucleares en suelo europeo (y a fortiori contra Rusia) podría desencadenar una respuesta intercontinental. Esta es la esencia de la disuasión nuclear rusa.

Rusia ha adoptado la política coherente de la URSS *de no ser el primero en utilizar las armas*. Sin embargo, no ha especificado —como Francia— cómo piensa gestionar una escalada. Este es el principio de disuasión.

La doctrina nuclear rusa sólo prevé el uso de armas nucleares en caso de amenaza existencial para el Estado ruso, tal y como establece el decreto presidencial de 2 de junio de 2020[45]:

> *La Federación Rusa se reserva el derecho a utilizar armas nucleares en respuesta al uso de armas nucleares y otras armas de destrucción masiva contra ella y/o sus aliados, así como en caso de agresión contra la Federación Rusa por medio de armas convencionales, **cuando se vea amenazada la existencia misma del Estado**.*

El problema, en un intercambio nuclear a corta distancia y, por tanto, con tiempos de alerta cortos, es determinar cuándo el país se encuentra

---

45. Decreto Presidencial nº 355 de 2 de junio de 2020 «Sobre los fundamentos de la política estatal de la Federación Rusa en el ámbito de la disuasión nuclear» (http://www.consultant.ru/document/cons_doc_LAW_354057/752b5672d30c8f49fddf240797c7daca7e53d781/)

bajo amenaza existencial y, por tanto, cuándo reaccionar. Esta es la razón por la que la edición 2020 de la doctrina nuclear rusa rebaja un poco el nivel en el que Rusia puede prever el uso de armas nucleares. Curiosamente, esto es lo que Suecia y Finlandia no han entendido: su petición de entrar en la OTAN ha sido muy aplaudida, pero en caso de guerra, estos países podrían ser los primeros en ser nuclearizados preventivamente...

Esto es probablemente lo que motivó la decisión del Presidente Joe Biden, a finales de marzo de 2022, de abandonar el principio de *no ser el primero en utilizar las* armas nucleares[46]. Hasta entonces, Estados Unidos había considerado el uso de armas nucleares únicamente como elemento de disuasión (política de *único uso*). Pero la decisión de Joe Biden «*deja abierta la opción de utilizar armas nucleares no sólo en represalia por un ataque nuclear, sino también para responder a amenazas no nucleares*»[47]. Obviamente, ningún medio de comunicación occidental informó de este importante cambio en la política nuclear estadounidense. Por ejemplo, el informe anual Swiss Security Report[48], publicado en septiembre de 2022 por el Servicio Federal de Inteligencia Suizo (SRC), ¡no dice ni una palabra al respecto!

En aras de la claridad, utilizamos aquí la terminología estratégica anglosajona, más refinada que la francesa[49]:

- Un ataque *preventivo* se lanza cuando una confrontación es inevitable y se piensa que el adversario podría atacar.
- Un ataque *preventivo* se lanza cuando hay indicios concretos de que el adversario va a atacar (en el caso de las armas nucleares, sobre la base de las observaciones de los satélites de vigilancia).
- *El lanzamiento sobre aviso* es un disparo efectuado cuando el adversario ya ha lanzado un misil y éste aún está en el aire.

---

46. Daryl G. Kimball, «Biden Policy Allows First Use of Nuclear Weapons», *Arms Control Today*, 29 de abril de 2022 (https://www.armscontrol.org/act/2022-04/news/biden-policy-allows-first-use-nuclear-weapons)
47. Daryl G. Kimball, «Biden Policy Allows First Use of Nuclear Weapons», *Arms Control Association*, 29 de abril de 2022 (https://www.armscontrol.org/act/2022-04/news/biden-policy-allows-first-use-nuclear-weapons)
48. https://www.newsd.admin.ch/newsd/message/attachments/72369.pdf
49. Karl P. Mueller... [et al], «Striking first: preemptive and preventive attack in U.S. national security policy», *RAND Corporation*, 2006 (https://www.rand.org/content/dam/rand/pubs/monographs/2006/RAND_MG403.pdf)

Como explicó Vladimir Putin en la cumbre de la Unión Económica Euroasiática celebrada en Bishkek (Kirguistán) en diciembre de 2022[50], el principio del compromiso nuclear sigue siendo *el Lanzamiento bajo Alerta* (LOW). Es decir, la activación de los sistemas de vigilancia nuclear en alerta.

Diagrama de los mecanismos nucleares de decisión y respuesta

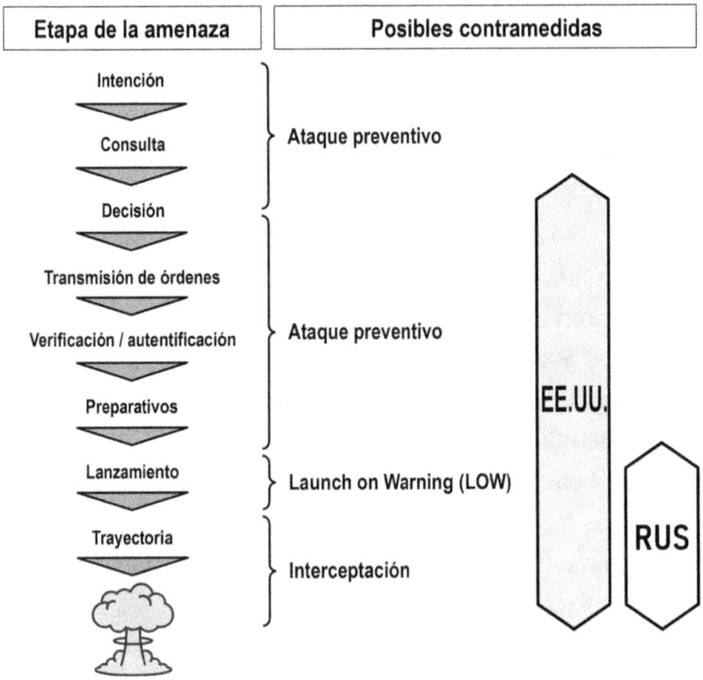

Figura 2 — *La decisión de Joe Biden de abandonar la política de «no ser el primero» permitiría a Estados Unidos llevar a cabo ataques preventivos (o incluso preventivos), mientras que Rusia se limita a los ataques LOW, que algunos consideran parte de los ataques preventivos.*

En otras palabras, mientras que los rusos sólo planean utilizar las armas nucleares en primer lugar en caso de amenaza existencial, los estadounidenses se permiten hacerlo en cualquier momento. Por lo tanto, Rusia utilizaría armas nucleares si Moscú y las instituciones del país se vieran

---

50. «Putin dice que Rusia podría adoptar el concepto de ataque preventivo de EE.UU.», *AP News*, 9 de diciembre de 2022 (https://apnews.com/article/putin-moscow-strikes-united-states-government-russia-95f1436d23b94fcbc05f1c2242472d5c)

El arte de la guerra rusa

directamente amenazadas. Por ejemplo, un ataque ucraniano a Crimea muy probablemente no se consideraría existencial para el Estado ruso. Por otro lado, Estados Unidos podría utilizar armas nucleares si una de sus bases militares fuera atacada.

En octubre de 2022, Volodymyr Zelensky encendió las pasiones al proponer atacar Rusia para evitar el uso de armas nucleares[51]:

¿Qué debería hacer la OTAN? Imposibilitar a Rusia el uso de armas nucleares. Pero lo importante es que vuelvo a hacer un llamamiento a la comunidad internacional, como antes del 24 (de febrero de 2022) para que ataque de forma preventiva, para que sepa lo que le ocurrirá si las utiliza, y no, por el contrario, para que espere los ataques nucleares de Rusia. [...]

Nuestros medios y *fact-checkers* intentan entonces suavizar el discurso de Zelensky. En el sitio de medios *20minutes.fr*, la expresión «*ataque preventivo*» (*превентивний удар*) pronunciada claramente por Zelensky se convierte en «*medidas preventivas*»[52], lo que es literalmente desinformación. El hecho de que Zelensky esté dispuesto a iniciar un conflicto nuclear se niega diciendo que no habló de «*ataques nucleares*». Esto es cierto, pero es irrelevante. No importa qué tipo de arma tenía en mente, porque la doctrina nuclear rusa prevé[53]:

19. Las condiciones que determinan la posibilidad del uso de armas nucleares por parte de la Federación Rusa son las siguientes:
a) recepción de información fiable sobre el lanzamiento de misiles balísticos que ataquen los territorios de la Federación Rusa y/o de sus aliados;
b) el uso por parte del enemigo de armas nucleares u otras armas de destrucción masiva en el territorio de la Federación Rusa y/o de sus aliados;

51. https://www.newsweek.com/zelensky-nuclear-putin-russia-war-pre-emptive-1749781
52. https://www.20minutes.fr/monde/ukraine/4004256-20221007-volodymyr-zelensky-appele-utiliser-arme-nucleaire-contre-russie-faux
53. http://kremlin.ru/acts/bank/45562

*c) acción enemiga contra instalaciones estatales o militares críticas de la Federación Rusa, **cuya inutilización perturbaría la respuesta de las fuerzas nucleares** ;*

d) la agresión contra la Federación Rusa con armas convencionales, cuando esté amenazada la existencia misma del Estado.

Las declaraciones de Zelensky entran claramente en el ámbito del apartado c). Pues —seguramente sin ser consciente del alcance de su discurso— está llamando a un ataque *«que haga imposible el uso de armas nucleares»*. Lo que, para Rusia, podría ser precisamente una razón para utilizarlas. Una vez más, nuestros medios de comunicación mienten.

El problema es que ocultan sistemáticamente la información que nos ayudaría a comprender la situación. Recordemos que durante el conflicto con Ucrania, contrariamente a lo que afirma Jean-Philippe Schaller, un «periodista» suizo acostumbrado a teorizar sobre conspiraciones[54], Vladimir Putin nunca mencionó las armas nucleares antes de que los dirigentes occidentales amenazaran con utilizarlas, ¡como Liz Truss, entonces candidata al puesto de Primera Ministra británica, que se declaró dispuesta a desencadenar una *«aniquilación global»*[55]! Pero el mismo periodista sugirió que Rusia quería utilizar armas químicas en Ucrania[56] sin ninguna prueba... Aquí tenemos la creación de *noticias falsas con* fines de influencia.

2.1.1.4. Guerra híbrida

La guerra híbrida que libra Rusia es un mito cuidadosamente alimentado en Occidente, al que cada cual da su propia definición. Se ha convertido en un «concepto» comodín[57], utilizado por nuestros medios de comunicación y políticos (¡e incluso por nuestros generales!) para

---

54. https://pages.rts.ch/emissions/geopolitis/12938579-armes-la-course.html

55. https://www.independent.co.uk/news/uk/politics/liz-truss-nuclear-button-ready-b2151614.html; https://youtu.be/IvH7cgbdazU

56. https://www.rts.ch/play/tv/redirect/detail/13027609

57. François Heisbourg, «Ucrania: una 'guerra híbrida', ¿en serio?», *Ouest-France*, 22 de diciembre de 2022 (https://www.ouest-france.fr/monde/guerre-en-ukraine/point-de-vue-ukraine-une-guerre-hybride-vraiment-c87142da-813d-11ed-a33c-a84555e230e2)

dar una aparente coherencia a acontecimientos que, a primera vista, no tienen nada que ver entre sí[58]. En términos técnicos, es conspiracismo.

En 2017, Vladimir Putin declaró a *Le Figaro*[59]:

> *No hay que inventar amenazas imaginarias de Rusia, guerras híbridas u otros espectros semejantes, los inventáis vosotros mismos. Os estáis asustando a vosotros mismos y es en esos datos imaginarios en los que pretendéis basar vuestras políticas.*

La idea de que Rusia ha desarrollado ese concepto de «guerra híbrida» se basa en la interpretación de un artículo escrito en 2013 por Valery Guerassimov, jefe del Estado Mayor ruso, en un artículo titulado «*El valor de la ciencia en la prospectiva*»[60].

De hecho, el artículo original se publicó en la *Revista de la Academia de Ciencias Militares* el 26 de enero de 2013 bajo el título «Principales tendencias en el desarrollo de las formas y métodos de empleo de las fuerzas armadas y las tareas actuales de la ciencia militar para mejorarlas»[61]. En él se describe la evolución de las guerras tal y como las está librando Occidente contra el mundo árabe, y la palabra «híbrido» no aparece en él.

De hecho, el término «guerra híbrida» se originó en Occidente. Pseudoexpertos y otros periodistas han tratado de describirla sin ser capaces de entender lo que podría ser, dándonos un concepto vago e impalpable. Tras la crisis ucraniana de 2014, los occidentales intentaron dar sentido a una «invasión rusa» sin tropas rusas, a una revolución democrática de militantes nacionalistas de extrema derecha o incluso neonazis, a la legitimidad de un gobierno que gobernaba sin haber sido elegido, etc. A continuación se construye una lógica que reúne la ciberguerra, el terrorismo, la guerra clandestina, la guerra convencional

---

58. Nathalie Loiseau en el programa «C dans l'air» el 17 de octubre de 2021 («Poutine, maître du jeu #cdanslair 17.10.2021», *France 5/YouTube*, 18 de octubre de 2021) (1h18'07")
59. https://video.lefigaro.fr/figaro/video/vladimir-poutine-l-interview-exclusive/5453365155001/
60. Герасимов Валерий, «Ценность науки в предвидении», *vpk-news.ru*, 26 de febrero de 2013 (https://vpk-news.ru/articles/14632).
61. Valeri V. Gerasimov. «Principales tendencias en el desarrollo de formas y métodos de empleo de las fuerzas armadas y tareas actuales de la ciencia militar para mejorarlas» (Основные тенденции развития форм и способов применения Вооруженных Сил, актуальные задачи военной науки по их совершенствованию), *Revista de la Academia de Ciencias Militares*, n⁰ 1, 26 de enero de 2013.

y, por supuesto, la guerra de la información. El artículo de Guerassimov se convierte entonces en la clave de lectura de unos acontecimientos naturalmente incoherentes.

Nuestros periodistas han creado así artificialmente una «base doctrinal», que la revista *Le Point* afirma haber sido «*validada por el propio Vladimir Putin*»[62]. No sabemos si condenar el racismo o la imbecilidad del periodista.

En realidad, el concepto de «guerra híbrida» no existe en el pensamiento militar ruso, y Rusia nunca lo ha teorizado ni invocado. El problema vino del especialista en Rusia Mark Galeotti, que fue el primero en comentar el artículo de Guerassimov y deducir de él la existencia de una «*Doctrina Guerassimov*», que supuestamente ilustraba el concepto ruso de guerra híbrida[63]. Pero en 2018, al darse cuenta del daño que había causado involuntariamente, Galeotti se disculpó —con valentía e inteligencia— en un artículo titulado «Siento haber creado la Doctrina Guerassimov», publicado en la revista *Foreign Policy*[64]:

> *Fui el primero en escribir sobre la infame estrategia militar rusa de alta tecnología. Un pequeño problema: no existe.*

Para comprender la idea de guerra híbrida, debemos remontarnos a la tipología de las guerras. Sin entrar en demasiados detalles, la guerra convencional es la que conocemos desde la Segunda Guerra Mundial y para la que se han preparado nuestros ejércitos. Es una guerra que utiliza una combinación de medios terrestres, aéreos y navales para alcanzar objetivos. Las fuerzas se enfrentan como un sistema. Es lo que se conoce como guerra de tercera generación, de la que la *Blitzkrieg* librada por los alemanes en 1939-1940 es el arquetipo.

---

62. Marc Nexon, «Gerasimov, le général russe qui mène la guerre de l'information», *Le Point*, 2 de marzo de 2017.
63. Mark Galeotti, «The 'Gerasimov Doctrine' and Russian Non-Linear War», *inmoscowsshadows.wordpress.com*, 7 de junio de 2014.
64. Mark Galeotti, «Siento haber creado la 'doctrina Gerasimov'», *Foreign Policy*, 5 de marzo de 2018.

Tipología de las guerras según las tecnologías

Tipo de guerra	Breve descripción
1ª generación	Combate cuerpo a cuerpo entre individuos con armas simples (espada, escudo, etc.)
2ª generación	Utilización de armas modernas (fusil, ametralladora, artillería, aviones), pero aún no de forma integrada (Primera Guerra Mundial)
3ª generación	Integración de las armas en un sistema de combate (armas combinadas) (Segunda Guerra Mundial)
4ª generación	Combate no lineal por parte de actores no estatales (guerra de guerrillas, terrorismo, etc.) (Irak, Afganistán)
5ª generación	Combate «no cinético» en el ámbito de la tecnología de la información y la gestión de la percepción (ejército ucraniano 2022-)

Figura 3 — Tipología de las guerras. En el pensamiento militar ruso, no existe ningún tipo de guerra híbrida. En cambio, la confrontación de dos tipos de guerra diferentes puede dar lugar a una «confrontación híbrida». En cierto modo, éste es el caso de Ucrania, donde se enfrentan una guerra de 3ª generación (en el bando ruso) y una guerra de 5ª generación (en los bandos ucraniano y occidental). Por tanto, el carácter «híbrido» no es una «estrategia», sino un estado de cosas entre dos lógicas bélicas.

Al final de la Guerra Fría, cuando los ejércitos occidentales participaban en conflictos de tipo insurreccional (contra intervenciones que ellos mismos habían creado), se enfrentaban a fuerzas más rústicas, incluso a guerrillas rudimentarias. Eran las guerras de la 4ª generación.

Se dice que las guerras de 5ª generación son «no cinéticas», es decir, que se libran sin contacto real con el adversario. El objetivo es someter al adversario provocando el colapso de su sistema mediante la guerra cibernética, la subversión y la guerra de la información. Aunque este tipo de guerra ha estado presente en todos los conflictos desde 1939, sigue siendo en gran medida producto de la imaginación. Esta es la visión de la guerra que Ucrania esperaba librar con Rusia. Todo el mundo (y el sentido común) sabía que el ejército ucraniano no era capaz de derrotar a Rusia por sí solo. La idea era derrotar a Rusia mediante una combinación de sanciones, aislamiento económico político y cultural y una narrativa que convirtiera a Rusia en un Estado paria.

Para los rusos, la visión es más clara: la guerra híbrida no es una forma de guerra que elegimos, sino el resultado de un enfrentamiento entre dos países o entidades que utilizan diferentes tipos de guerra[65]. Así pues, el enfrentamiento entre Rusia y Ucrania es de naturaleza híbrida, porque Ucrania intenta librar una guerra de 5ª generación, mientras que Rusia se encuentra en un conflicto de 3ª generación.

En su artículo, Guerassimov analiza la evolución reciente de los conflictos liderados por Occidente y extrae lecciones sobre cómo incorporarlos al pensamiento militar. Su artículo es un enfoque metodológico, no una descripción de cómo Rusia habría incorporado estas lecciones a su doctrina.

El concepto de «guerra híbrida» ofrece un espacio indefinido que permite a los autoproclamados «expertos» de todo pelaje crear coherencia en torno a acusaciones (en su mayoría no verificadas) y dar una «lógica» a las acciones atribuidas a Rusia. Occidente insiste en explicar un conflicto en términos de una doctrina que no existe, y nuestros «expertos» imaginan conflictos quiméricos, como un «*proyecto de desestabilización de la Unión Europea*»[66].

En noviembre de 2022, *TV5* Monde y la analista de *CAP Europe* Christine Dugoin-Clément nos dieron ejemplos de la «guerra híbrida» que libra Moscú[67]. Pero cuando comparamos estos ejemplos con la realidad, vemos que ni los medios de comunicación ni los «investigadores» tienen una visión honesta y sincera de los hechos. Nuestra imagen es más conspirativa que periodística o científica.

---

65. V. B. Andrianov & V. V. Loïko, «Cuestiones sobre la aplicación de las Fuerzas Armadas de la Federación Rusa en situaciones de crisis en tiempos de paz» (Вопросы применения ВС РФ в кризисных ситуациях мирного времени), *Voennaya Mysl,* enero de 2015, p. 68.
66. https://youtu.be/Ft9fQzjky5Q
67. https://youtu.be/aA-yoCdingk

Conspiración de TV5 Monde sobre la guerra híbrida

TV5 Monde afirma...	En realidad...
Polonia califica de «guerra híbrida» la inmigración ilegal procedente de Bielorrusia y del exclave de Kaliningrado.	No hay ninguna prueba que apoye esta acusación, que se basa únicamente en el *«miedo»* del gobierno polaco después de que las autoridades rusas abrieran el aeropuerto de Kaliningrado a las compañías aéreas internacionales[68]. No sólo no hay indicio alguno, sino que es difícil ver por qué Rusia enviaría inmigrantes en avión a Kaliningrado para venir a «invadir Polonia». De hecho, con el pretexto de la «guerra híbrida», Polonia está legitimando la construcción de una barrera física entre los dos países, que de otro modo habría sido condenada por la UE.
Los ataques a los gasoductos NORD STREAM 1 y 2 se consideran parte de la guerra híbrida que libra Moscú «como y cuando las tropas rusas están en apuros».	Por el momento no sabemos nada al respecto y nuestros colaboradores se inventan cosas. Después de un artículo del famoso periodista estadounidense Seymour Hersh, que señaló con el dedo a Estados Unidos en febrero de 2023[69], la versión oficial es que los atentados fueron perpetrados por Ucrania[70].
Interrupción del tráfico ferroviario en el norte de Alemania debido al corte de cables de datos en Berlín-Karow y Herne, en Renania del Norte-Westfalia.	Los rusos no tienen nada que ver con esto: es un robo de cables de cobre por bandas organizadas[71].
La rotura de los cables de fibra óptica que unen las islas Shetland con Gran Bretaña, donde «la mano del Kremlin está en la mente de todos».	Ya sabemos que la «mano del Kremlin» es sólo un daño bastante frecuente[72], causado por los arrastreros[73] y no por sabotaje[74].

68. Claudia Ciobanu, «Fearing New Hybrid War Front, Poland to Build Wall on Kaliningrad Border», *Reporting Democracy*, 2 de noviembre de 2022 (https://balkaninsight.com/2022/11/02/fearing-new-hybrid-war-front-poland-to-build-wall-on-kaliningrad-border/)

69.Seymour Hersh, «How America Took Out the Nord Stream Pipeline», *Substack*, 8 de febrero de 2023 (https://seymourhersh.substack.com/p/how-america-took-out-the-nord-stream)

70.Shane Harris & Souad Mekhennet, «U.S. had intelligence of detailed Ukrainian plan to attack Nord Stream pipeline», *The Washington Post*, 6 de junio de 2023 (https://www.washingtonpost.com/national-security/2023/06/06/nord-stream-pipeline-explosion-ukraine-russia/)

71. «Keine Sabotage, sondern Gier», *Tagesschau.de*, 27 de julio de 2023 (https://www.tagesschau.de/investigativ/bahn-ausfall-sabotage-kabel-diebstahl-100.html)

72. Olivia Solon & Mark Bergen, «Los barcos de pesca no pueden dejar de atropellar los cables submarinos de Internet», *Bloomberg*, 24 de abril de 2023 (https://www.bloomberg.com/news/articles/2023-04-24/fishing-boats-keep-running-over-ocean-internet-cables#xj4y7vzkg)

73. Derrick Bryson Taylor & Christine Chung, «Shetland Cut Off From the World After Undersea Cable Breaks», *The New York Times*, 20 de octubre de 2022 (actualizado el 21 de octubre de 2022) (https://www.nytimes.com/2022/10/20/world/europe/shetland-scotland-outage.html)

74. https://therecord.media/fishing-vessel-not-sabotage-to-blame-for-shetland-island-submarine-cable-cut

Joven ruso detenido en Noruega por espionaje tras utilizar drones.	En realidad, estaba tomando fotografías de paisajes, pero estaba infringiendo una nueva ley noruega aprobada a principios de 2022, que prohíbe a los ciudadanos rusos utilizar drones[75]. ¡Un país que ni siquiera fue capaz de impedir el sabotaje de NORD STREAM!

Figura 4 — Desde el inicio de la SVO, el objetivo de los medios estatales europeos ya no es la información, sino la propaganda y la desinformación. Sus periodistas están «a las órdenes», así que tiene sentido. Lo que es más sorprendente es la implicación de personas que dicen ser académicos, que confunden «hipótesis» con «hechos», e incluso afirman cosas que ya sabemos que son falsas.

Quienes han pregonado que los rusos practican la guerra híbrida (por ejemplo, en Francia, Natalie Loiseau, los generales Dominique Trinquand y Michel Yakovlev, el coronel Pierre Servent, etc.) nos han engañado, como explica Ofer Fridman en la revista *PRISM*[76]:

El intento de utilizar el concepto occidental de guerra híbrida para definir el enfoque ruso de la guerra ha conducido a un análisis incorrecto del modus operandi ruso.

Como resultado, los occidentales tendemos a perdernos en conceptos que no tienen ni pies ni cabeza, y a librar guerras falsas. Es el mismo fenómeno que ocurre con el terrorismo, contra el que, desde hace más de un cuarto de siglo, ningún país occidental ha conseguido desarrollar una verdadera estrategia: hemos explicado el fenómeno para que «encaje» en nuestro discurso, sin intentar comprenderlo. Al alinear nuestras estrategias con nuestra representación de la realidad, y no con la realidad sobre el terreno, no estamos resolviendo el problema: lo estamos perpetuando. Por eso países como Malí, Níger y Burkina Faso ya no ven nuestra «ayuda» como una solución, sino como un problema.

---

75. «Hombre ruso encarcelado 90 días en Noruega por volar ilegalmente un dron», *Euronews/AP/ AFP*, 23 de noviembre de 2022 (actualizado el 28 de noviembre de 2022) (https://www.euronews.com/2022/11/23/russian-man-jailed-for-90-days-in-norway-for-illegally-flying-drone)

76. Ofer Fridman, «On the «Gerasimov Doctrine» - Why the West Fails to Beat Russia to the Punch», *PRISM*, Vol. 8, N° 2, Institute for National Strategic Security, National Defense University, 2019, pp. 100-113 (https://ndupress.ndu.edu/Portals/68/Documents/prism/prism_8-2/PRISM_8-2_Fridman.pdf).

2.1.1.5. *El vínculo entre política y guerra*

Los principios de Clausewitz impregnan el pensamiento militar ruso. Esto no es nada nuevo. Durante la Guerra Fría, la ideología marxista que sustentaba el sistema soviético veía la guerra como una continuación de la política por otros medios. Pero mientras Clausewitz veía este proceso en el contexto de la política exterior, los soviéticos lo veían en el contexto de la lucha de clases que se extendía de la política interior a la exterior.

Hoy en día, la lucha de clases es un concepto muy lejano en Rusia y los vínculos entre guerra y política se entienden, como para Clausewitz, en el marco de la política exterior. Esto significa que la acción militar no es un fin en sí mismo, sino que está al servicio de la política:

> *Las victorias tácticas, la consecución de los objetivos militares de la guerra, conducen a la victoria política.*

Así, el uso de la fuerza y la consecución de los objetivos tácticos y operativos (*Ziele*) deben conducir al objetivo político (*Zweck*).

Se trata de una posición muy diferente a la de Occidente, que libra guerras (en Afganistán, Irak, Siria, Libia, etc.) desconectadas de un proceso político. Incluso se sienten perdidos cuando intentamos vincularlas a un proceso político (como en Mali o Níger). Está claro que libramos guerras para nada.

La interpretación rusa de la guerra implica una transición fluida entre la política y la guerra. Por eso la negociación forma parte del proceso, mientras que para Occidente es un proceso aparte. Esto explica su reticencia a negociar soluciones (¡o incluso a respetar los acuerdos firmados!).

Por ejemplo, en febrero de 2012, en respuesta al empeoramiento de la situación en Siria, Rusia propuso a los países occidentales un plan de tres puntos que exigía la salida de Bashar al Assad, según informó *The Guardian*[77]. Fue discutido por Vitalii Churkin, embajador ruso ante las Naciones Unidas, y Martti Ahtisaari, Premio Nobel de la Paz y ex

---

77. Julian Borger & Bastien Inzaurralde, «West 'ignored Russian offer in 2012 to have Syria's Assad step aside'», *The Guardian*, 15 de septiembre de 2015 (https://www.theguardian.com/world/2015/sep/15/west-ignored-russian-offer-in-2012-to-have-syrias-assad-step-aside).

presidente finlandés[78]. Desde el principio, por tanto, hubo una solución para la salida de Bashar al-Assad sin recurrir a la violencia. Pero el «P3» (Francia, Gran Bretaña y Estados Unidos) se negó: su objetivo no era sustituir a Bashar al-Assad, sino desmantelar Siria, porque Israel —y, por tanto, Estados Unidos— veía en Siria un bastión avanzado de Irán.

El 25 de febrero de 2022, después de que Ucrania hubiera perdido gran parte de su potencial militar, Volodymyr Zelensky hizo un llamamiento a las negociaciones[79]. Se puso en contacto con Ignazio Cassis, ministro suizo de Asuntos Exteriores, para que organizara una mediación y una conferencia de paz[80]. Rusia se declaró dispuesta a negociar y se celebró una primera ronda de conversaciones en Gomel, cerca de la frontera bielorrusa. Pero la Unión Europea no estaba de acuerdo. El 27 de febrero llegó con un paquete de 450 millones de euros para financiar armas, detener el proceso de negociación y animar a Ucrania a luchar[81].

A mediados de marzo de 2022, Volodymyr Zelensky, al darse cuenta de que la OTAN no estaba dispuesta a aceptar a Ucrania como miembro y declarar que quería renunciar a su candidatura[82], presentó sus propuestas para las negociaciones de Estambul. Las perspectivas de solución entre rusos y ucranianos parecían buenas[83]. La Unión Europea desbloqueó inmediatamente 500 millones de euros para proporcionar ayuda militar letal[84] y no letal[85] a Ucrania. Por su parte, Boris Johnson intervino y destruyó los esfuerzos de negociación, como informó

78. Fanny Arlandis, «En 2012, la France et ses alliés auraient ignoré un plan prévoyant le départ de Bachar el-Assad», *Slate.fr*, 15 de septiembre de 2015.
79. Olga Rudenko, «Ucrania dispuesta a negociar con Rusia», *The Kyiv Independent*, 25 de febrero de 2022 (https://kyivindependent.com/national/ukraine-ready-to-negotiate-with-russia/)
80. Arthur Rutishauser, «Schweiz will Friedenskonferenz in Genf organisieren», *Tages Anzeiger*, 26 de febrero de 2022 (https://www.tagesanzeiger.ch/schweiz-will-friedenskonferenz-in-genf-organisieren-129475547083)
81. Maïa de La Baume & Jacopo Barigazzi, «EU agreements to give €500M in arms, aid to Ukrainian military in 'watershed' move», *Politico*, 27 de febrero de 2022 (https://www.politico.eu/article/eu-ukraine-russia-funding-weapons-budget-military-aid/)
82. Zoya Sheftalovich, «Russia's Lavrov sees hope of 'compromise' with Kyiv as Zelenskyy signals NATO shift», *Politico*, 16 de marzo de 2022 (https://www.politico.eu/article/zelenskyy-peace-talks-russia-realistic-accept-compromise-nato/)
83. Isobel Koshiw & Daniel Boffey, «Russia and Ukraine 'close to agreeing' on neutral status, says Sergei Lavrov», *The Guardian*, 16 de marzo de 2022 (https://www.theguardian.com/world/2022/mar/16/russia-and-ukraine-close-to-agreeing-on-neutral-status-says-sergei-lavrov)
84. https://eur-lex.europa.eu/legal-content/FR/TXT/PDF/?uri=CELEX:32022D0472
85. https://eur-lex.europa.eu/legal-content/FR/TXT/PDF/?uri=CELEX:32022D0471

Ukrainska Pravda[86]. De hecho, «BoJo» no hizo más que chantajear a Ucrania durante una conversación telefónica y luego, una semana más tarde, durante su visita a Kiev[87]: cambió la retirada de su propuesta por un apoyo occidental ilimitado[88].

A mediados de agosto de 2022, durante su visita a Ucrania, el presidente turco Tayyip Erdogan se ofreció a organizar una reunión con Volodymyr Zelensky y Vladimir Putin[89]. Después de algunas vacilaciones, Vladimir Putin dijo que estaba dispuesto a reunirse[90], pero Boris Johnson intervino —una vez más— y advirtió a Ucrania contra los planes de paz «frívolos»[91]. La iniciativa turca fue abandonada…

Así, mientras que los rusos ven un vínculo fluido y bidireccional entre la guerra y la política, Occidente tiende a ver la guerra como un fin en sí mismo. Por eso Occidente lucha por salir de los conflictos, mientras que los rusos han previsto vías de salida (en febrero, marzo y agosto de 2022). Esto confiere a los rusos un enfoque más estratégico, más meditado y menos impulsivo de los conflictos que sus homólogos occidentales.

2.1.2. *Estructura de la doctrina*

Los rusos siempre han concedido especial importancia a la doctrina. Mejor que Occidente, han comprendido que *«una forma común de ver las cosas, pensar y actuar»* —como decía el mariscal Foch[92]— da coherencia al tiempo que permite infinitas variaciones en el diseño de las operaciones. La doctrina militar es una especie de «núcleo común» que sirve de referencia para diseñar las operaciones.

---

86. Iryna Balachuk & Roman Romaniuk, «Possibility of talks between Zelenskyy and Putin came to a stop after Johnson's visit», *Ukrainska Pravda*, 5 de mayo de 2022 (https://www.pravda.com.ua/eng/news/2022/05/5/7344206/)
87. https://peoplesdispatch.org/2022/05/09/ukrainian-news-outlet-suggests-uk-and-us-governments-are-primary-obstacles-to-peace/
88. https://www.gov.uk/government/news/pm-call-with-president-zelenskyy-of-ukraine-2-april-2022
89. «Erdoğan sugiere reactivar las negociaciones entre Ucrania y Rusia sobre la base de los acuerdos de marzo», *Ukrainska Pravda*, 18 de agosto de 2022 (https://www.pravda.com.ua/eng/news/2022/08/18/7363895/).
90. https://www.cnnturk.com/turkiye/dunyanin-gozu-uclu-zirvede
91. Tom Balmforth & Andrea Shalal, «UK's Boris Johnson, in Kyiv, warns against 'flimsy' plan for talks with Russia», *Reuters*, 24 de agosto de 2022 (https://www.reuters.com/world/europe/uks-johnson-kyiv-warns-against-flimsy-plan-talks-with-russia-2022-08-24/)
92. Maréchal Foch, *Des principes de la guerre*, Economica, 2017.

La doctrina militar rusa divide el arte militar en tres componentes principales: *estrategia (strategiya)*, *arte operativo* (*operativnoe iskoustvo*) y *táctica (taktika)*. Cada uno de estos componentes tiene sus propias características, muy similares a las que se encuentran en las doctrinas occidentales. Utilizando la terminología de la doctrina francesa sobre el empleo de las fuerzas :

- El nivel estratégico es el de la *concepción*. El objetivo de la acción estratégica es llevar al adversario a la negociación o a la derrota.
- El nivel operativo es el de la *cooperación y coordinación de las* acciones entre fuerzas, con vistas a alcanzar un objetivo militar determinado.
- Por último, el nivel táctico es el de la *ejecución de la maniobra* a nivel de las armas, como parte integrante de la maniobra operativa.

Los objetivos tácticos deben contribuir a la consecución de los objetivos operativos, que a su vez deben contribuir a la consecución de los objetivos estratégicos de carácter político o militar. De hecho, en el pensamiento militar ruso, cada nivel juega con factores multiplicadores que deben permitir alcanzar los objetivos del nivel superior: la consecución de los objetivos operativos resulta del efecto multiplicador de las sinergias interejércitos y la consecución de los objetivos estratégicos resulta del efecto multiplicador de la consecución de los objetivos operativos.

A diferencia del pensamiento militar ruso, más holístico y en red, el occidental tiende a ser secuencial y lineal. Mientras que los occidentales tienden a ver el éxito operativo como la suma de éxitos tácticos, los rusos tienden a verlo como el resultado de la multiplicación. Por eso, a finales de 2023, el fracaso —por previsible que sea— de la contraofensiva ucraniana dejará a las cancillerías en un callejón sin salida.

En Rusia, mientras que la estrategia se considera una actividad esencialmente intelectual de carácter político y la táctica una actividad esencialmente técnica, el «arte de las operaciones» es el arte de aprovechar al máximo las sinergias entre las fuerzas implicadas.

Estos tres componentes corresponden a niveles de dirección, que se reflejan en las estructuras de mando y en el espacio en el que se desarrollan las operaciones militares. Para simplificar, digamos que el nivel estratégico proporciona la dirección del *teatro de guerra (Театр Войны)* (TV); una entidad geográficamente muy grande, con sus propias estructuras de mando y control, dentro de la cual hay una o varias direcciones estratégicas. El teatro de guerra comprende un conjunto de *teatros de operaciones militares (Театр Военных Действий)* (TVD), que representan una dirección estratégica y son el dominio de la acción operativa. Estos diversos teatros no tienen una estructura predeterminada y se definen en función de la situación. Por ejemplo, aunque es habitual hablar de la «guerra en Afganistán» (1979-1989) o de la «guerra en Siria» (2015-), estos países se consideran en la terminología rusa TVD y no TV.

Organización del espacio estratégico en la concepción rusa

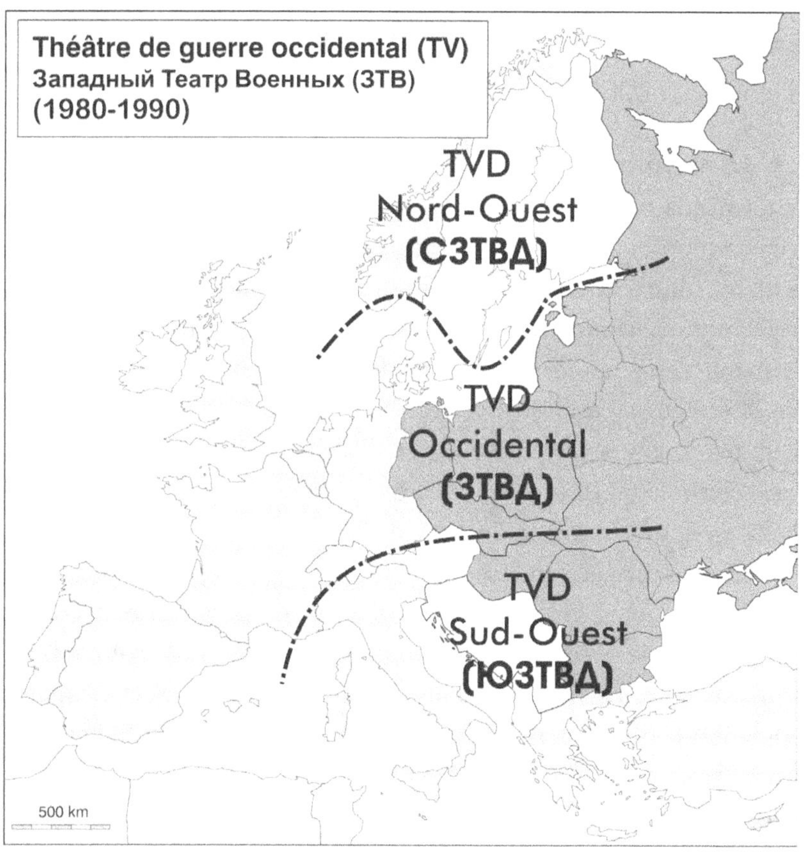

Figura 5 — Visión soviética del teatro de guerra occidental durante la Guerra Fría. El teatro de guerra (TV) es un concepto tanto político como militar de muy amplio alcance. Se subdivide en teatros de operaciones militares (TVD). Esta estructuración del espacio estratégico por parte de Rusia ilustra por qué Ucrania es un teatro de operaciones militares (TVD) y no un teatro de guerra (TV).

Lo mismo se aplica a Ucrania, que Rusia considera un *teatro de operaciones militares* (TVD) y no un *teatro de guerra* (TV), lo que explica por qué la acción en Ucrania se denomina «*Operación Militar Especial*» (Специальная Военная Операция —*Spetsial'naya Voyennaya Operatsiya*— SVO) y no una «guerra».

El uso de la palabra «guerra» implicaría una estructura de conducta distinta de la prevista por los rusos en Ucrania y tendría otras implicaciones estructurales en la propia Rusia. Además —y este es un punto clave—, como reconoce el propio Jens Stoltenberg, secretario general de la OTAN, «*la guerra comenzó en 2014*»[93] y debería haber llegado a su fin con los Acuerdos de Minsk. La SVO es, por tanto, una «operación militar» y no una nueva «guerra», como afirman muchos «expertos» occidentales.

2.1.3. La estrategia

En términos sencillos y genéricos, la estrategia es la forma de alcanzar un objetivo político, militar o de otro tipo.

Es un término totalmente incomprendido por nuestros periodistas, que lo utilizan indiscriminadamente, a menudo como sinónimo de «táctica» para evitar repeticiones, o incluso de «doctrina». A su favor hay que decir que algunos militares confunden ellos mismos estos conceptos. Anecdóticamente, esto puede llevar a confusión durante las presentaciones, como la realizada por el coronel Michel Goya el 2 de noviembre de 2022 ante una comisión del Senado[94].

En términos más generales, esta confusión se refleja en la incapacidad de los militares para formular estrategias de conducción de un conflicto. Esta confusión se deriva de otra confusión que a menudo cometen nuestros militares entre estrategia política y estrategia militar. La incapacidad de los militares para formular estrategias de lucha en conflictos con los que no están familiarizados les lleva a culpar a los políticos. Es un hecho que los políticos son a menudo incapaces de hacerlo. Pero —y esto es algo que he observado personalmente— nuestros generales suelen ser incapaces de formular estrategias. Lo que llamamos «estrategia» a menudo no es más que un conjunto de medidas operativas dispares a las

---

93. https://www.nato.int/cps/en/natohq/opinions_211698.htm
94. https://youtu.be/aZe5diu87sk

que intentamos dar coherencia. Es el caso del Sahel, donde los soldados franceses mueren literalmente por nada.

En el pensamiento militar ruso, como en la mayoría de los Estados constitucionales, el nivel estratégico se desglosa en una estrategia política y una estrategia militar. La estrategia política está en función de las decisiones tomadas por las autoridades políticas del país, mientras que la estrategia militar es la traducción de estas decisiones al plano militar. Las estrategias política y militar se complementan y, por tanto, deben converger hacia el objetivo principal, que es de naturaleza política. El concepto de *Gran Estrategia*, con el que están familiarizados los norteamericanos, consiste en definir un enfoque global de los problemas internos y externos. En Rusia no existe. De hecho, ya no existe. Sólo la Unión Soviética tenía una forma superior de estrategia, determinada por el papel que quería desempeñar en su rivalidad con el mundo capitalista.

En la actualidad, el enfoque estratégico de Rusia es extremadamente pragmático y mucho menos dogmático que el de Occidente. Aunque las estrategias políticas y militares son responsabilidad del poder político y del mando militar, respectivamente, deben elaborarse en concertación y son fruto del diálogo. Sería erróneo pensar que las estrategias se elaboran en algún oscuro despacho del Kremlin y luego se imponen a los militares. Pero estas estrategias no se elaboran en el vacío. Deben tener en cuenta una serie de condiciones determinadas por el contexto y por las propias capacidades del país. Este es el principio de «correlación de fuerzas» del que hablábamos más arriba y que determina la elección de la estrategia. Como consecuencia probable de la herencia profesional de Vladimir Putin, y a diferencia de lo que ocurre en Europa, las decisiones se toman tras un análisis metódico de los hechos con los servicios de inteligencia.

Mientras Occidente se esforzaba por convertir sus éxitos militares en éxitos políticos (Argelia, Vietnam, Afganistán, Irak, Libia, Sahel, etc.), los soviéticos, y luego los rusos, aplicaban el principio clausewitziano de que «*la guerra es la continuación de la política por otros medios*». Existe, por tanto, una continuidad entre la guerra y la política. Así pues, aunque la expansión de la OTAN hacia el este es motivo de preocupación para Rusia, y el posible despliegue de armas nucleares en su frontera es un aspecto importante, *no es* la razón por la que Rusia intervino en Ucrania.

El motivo de la intervención fue la amenaza a la población de Donbass tras la decisión de Volodymyr Zelensky del 24 de marzo de 2021 de reconquistar Crimea y Donbass. Por otra parte, es seguro que en la mente de los dirigentes rusos, esta intervención pretendía abrir la puerta a negociaciones que incluyeran la cuestión de la adhesión de Ucrania a la OTAN. El propio Zelensky así lo entendió, como demuestra su propuesta de marzo de 2022.

En otras palabras, se trata de transformar los éxitos operativos en éxitos estratégicos, y los éxitos estratégicos en éxitos políticos. A diferencia de Occidente (que tiene dificultades para negociar y no sabe cómo hacerlo), los rusos consideran que la idea de negociación es consustancial a la guerra. Por eso se mostraron abiertos a las distintas propuestas de negociación de Volodymyr Zelensky (25 de febrero y mediados de marzo de 2022) y de Tayyip Erdogan (agosto de 2022). En noviembre de 2022, Zelensky confesó que había recibido señales de los rusos de que estaban dispuestos a entablar negociaciones directas con él, pero que no las había seguido[95].

Esto explica también por qué Rusia no ha visto las sanciones como un problema, sino como una oportunidad. Al igual que China, ve la crisis como una oportunidad para afrontar nuevos retos. Cegados por nuestro discurso, no hemos sabido ver que las sanciones aplicadas a partir de 2014 fueron una oportunidad para dar un impulso a la economía rusa. No solo tuvieron un efecto proteccionista, sino que abrieron nuevos horizontes, como en el caso de los productos agrícolas que Rusia importaba entonces y exporta ahora.

A diferencia de los rusos, Occidente solo entiende la victoria en términos de aplastamiento total del adversario. Por eso, a partir de 2014, trataron gradualmente de excluir a Rusia de todos los foros internacionales, y por eso obligaron a Ucrania a dar marcha atrás en sus propuestas de compromiso[96]. Su incapacidad para entender la estrategia militar en un contexto político tiende a llevarles a guerras interminables

---

95. «Zelensky admite haber recibido insinuaciones de que Putin quería negociar», *The Kyiv Independent*, 16 de noviembre de 2022 (https://kyivindependent.com/zelensky-admits-receiving-hints-that-putin-wanted-to-negotiate/)
96. Roman Romaniuk, «Possibility of talks between Zelenskyy and Putin came to a stop after Johnson's visit», *Ukrainska Pravda*, 5 de mayo de 2022 (https://www.pravda.com.ua/eng/news/2022/05/5/7344206/)

(Afganistán, Irak, Siria, Sahel, etc.). La ausencia total de objetivos, de estrategias y, por tanto, de perspectivas de resolución de los conflictos conduce a situaciones como las de Malí o Níger, donde los gobiernos locales se han dado cuenta de que las guerras emprendidas por Francia no les llevan a ninguna parte.

A diferencia de los estadounidenses y sus aliados de la OTAN, los soviéticos entraron en Afganistán con una estrategia y un objetivo. A diferencia de los estadounidenses y de la OTAN posteriormente, los soviéticos fueron capaces de mantener la coherencia estratégica durante toda su intervención. Se concentraron en preservar el poder comunista afgano y no en destruir las fuerzas de la resistencia. Así que, a diferencia de Occidente, no tuvieron que llevar a cabo ataques aéreos que afectaran masivamente a la población civil. Además, gracias a la experiencia adquirida durante la revuelta de Basmatchi en los años veinte, no intentaron transformar la sociedad afgana ni sus tradiciones seculares y religiosas. A diferencia de los occidentales, sólo tenían que luchar contra los combatientes y no contra la sociedad afgana. Como resultado, el ejército soviético no se vio obligado a marcharse y el gobierno al que apoyaban se mantuvo otros dos años, mientras que treinta años después, los estadounidenses se vieron obligados a marcharse y el gobierno al que apoyaban sólo duró… ¡48 horas!

En general, desde el final de la Guerra Fría, existen dos filosofías diferentes en el enfoque de la toma de decisiones entre Rusia y Occidente. Las decisiones que se toman en Moscú son el resultado de un análisis en profundidad y de una visión a largo plazo que no se ve lastrada por la opinión pública. En Occidente, en cambio, las decisiones se toman desde una perspectiva a corto plazo, con la vista puesta en la comunicación y la opinión pública. Por eso se excluyen desde el principio todos los factores que puedan molestar y se silencian las voces discrepantes. Esto es lo contrario de un enfoque holístico, y es exactamente lo que condujo a la derrota de Ucrania.

En Rusia, la estrategia se adapta al adversario y no a la opinión pública. Como hemos visto en las comparecencias de militares ante las comisiones parlamentarias, les resulta difícil alejarse de su concepción personal de la guerra y de la estrategia militar. Su incapacidad para adaptarse a la estrategia del adversario les lleva a situaciones asimétricas que juegan en su contra. Por eso han perdido en Afganistán, Irak, el Sahel y otros lugares, y por eso seguirán perdiendo.

2.1.4. Arte operativo

2.1.4.1. La esencia del arte operativo: la sinergia

Como suele ocurrir en Francia, la prosa del Sr. Jourdain está siendo reelaborada, y algunos investigadores parecen haber redescubierto el arte de las operaciones. Aunque la expresión «arte operacional» es característica del vocabulario y el pensamiento militares rusos, el arte de las operaciones que engloba se conoce desde hace muchas décadas. Sin embargo, atrapado en su «guerra contra el terrorismo», Occidente lo ha olvidado y el pensamiento militar ha permanecido confinado al ámbito táctico.

El arte de las operaciones no es ni un tipo de operación (como han declarado algunos expertos[97]), ni un método para «*desustancializar*» al enemigo, ni una forma de «*apuntar al colapso del adversario como sistema*»[98], sino la parte de la doctrina militar que rige el nivel de conducta entre los niveles táctico y estratégico. Es el marco general en el que se diseñan las operaciones militares. [99]Cabe señalar que es un «arte», es decir, una actividad en la que se fomenta la imaginación y la creatividad, como subraya el *Diccionario Enciclopédico Militar* (VES) .

Hay muchas razones que explican esta pérdida de memoria occidental. Recordemos que las referencias estratégicas clásicas, como Clausewitz o Jomini, no mencionan el nivel operativo. En cambio, el uso que hacen de la palabra «estrategia» evoca la noción moderna de «arte operativo». Esta ausencia aparente se explica por la naturaleza de la guerra a principios del siglo XIX y explica probablemente el empleo de la expresión «*estrategia operativa*», utilizada frecuentemente en el vocabulario militar francés para designar lo que los rusos llaman «art opératif».

No fue hasta después de la Primera Guerra Mundial cuando el progreso combinado de la aviación, la artillería, la movilidad, el blin-

---

97. https://www.rts.ch/info/monde/13135499-bernard-wicht-le-succes-de-loperation-russe-cest-davoir-reussi-a-mystifier-tout-le-monde.html
98. https://youtu.be/jWyJgFv88Mk
99. https://encyclopedia.mil.ru/encyclopedia/dictionary/details.htm?id=13724@morfDictionary

daje y las comunicaciones dio una nueva importancia a las nociones de «tiempo» y «espacio». Esto condujo a la conceptualización del «arte operativo» en el periodo de entreguerras en Gran Bretaña, Alemania y Rusia.

El resultado arquetípico de este pensamiento fue la llamada *Blitzkrieg* («guerra relámpago») que los alemanes implantaron en Europa en 1939-1941. En Francia, el término *Blitzkrieg* sigue asociado a la propaganda antialemana de la época y tiende a designar una forma brutal de hacer la guerra. [100]Hoy en día, comparar la SVO con una *Blitzkrieg* tiende a sugerir una analogía entre la Rusia actual y la Alemania nazi . Pero muy pocos de los «expertos» y «estrategas» de nuestras pantallas de televisión saben de lo que están hablando. Empezando por el hecho de que ¡los alemanes nunca teorizaron este tipo de guerra como *Blitzkrieg*!

El principio de la guerra relámpago Blitzkrieg

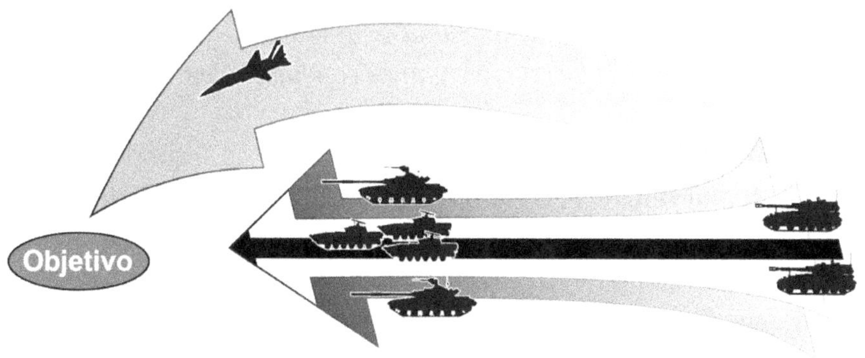

Figura 6 — El término «Blitzkrieg» se ha malinterpretado ampliamente. Para los especialistas, sin embargo, la «blitzkrieg» sigue siendo el modelo de acción operativa, en la que la calidad vence a la cantidad. Esto es lo que ocurrió en 1940, cuando la ventaja cuantitativa estaba claramente del lado de Francia. Pero, como siempre, allí donde Francia contaba con varios «solos», los alemanes sabían formar una orquesta. Es exactamente el mismo problema de hoy... En la visión rusa, el arte de las operaciones es el arte de poner en juego las sinergias entre los diversos componentes de las fuerzas, para alcanzar objetivos que puedan transformarse en éxitos estratégicos.

---

100. Luke Harding, «Demoralised Russian soldiers tell of anger at being 'duped' into war», *The Guardian*, 4 de marzo de 2022 (https://www.theguardian.com/world/2022/mar/04/russian-soldiers-ukraine-anger-duped-into-war)

Esta «guerra relámpago» no es una forma de hacer la guerra, sino una manera de llevar a cabo operaciones enfrentándose a un adversario numéricamente superior con un número menor de tropas. Es un enfoque dinámico de las operaciones que combina sinergias entre las fuerzas terrestres y aéreas. Las maniobras crean superioridades locales y temporales que permiten abrumar a una fuerza más poderosa.

Teorizado por Sir Basil Liddell Hart en los años 20 y 30, y retomado por los alemanes en los años 30, inspiró a los soviéticos Georgii S. Isserson y, sobre todo, Mijaíl Tukhachevsky, que desarrolló el concepto ruso de *«operaciones en profundidad»* en 1936[101]:

Ataque simultáneo de las defensas enemigas por la aviación y la artillería en la profundidad de la defensa, penetración de la zona táctica de la defensa por las unidades atacantes con amplio empleo de fuerzas acorazadas y conversión brutal del éxito táctico en éxito operacional para cercar y destruir completamente al enemigo. El papel principal lo desempeña la infantería, y el apoyo mutuo de todos los tipos de fuerzas se organiza en función de sus necesidades.

Fue sobre todo durante los últimos meses de la Segunda Guerra Mundial cuando más evolucionó el pensamiento operativo. En las vastas llanuras de Europa del Este, los soviéticos pudieron desarrollar su arte de las operaciones militares. La Operación Bielorrusia (23 de junio de 1944 - 29 de agosto de 1944) (también conocida como Operación Bagration), que permitió al Ejército Rojo ampliar su ventaja más de 600 km en dos meses, fue un paso decisivo en el desarrollo del pensamiento militar soviético, y más tarde ruso[102].

Inmediatamente después de la Segunda Guerra Mundial, los occidentales se vieron envueltos en conflictos coloniales, en los que el arte de las operaciones (en el sentido de acción conjunta) tendió a desaparecer. Con la probable excepción de la primera Guerra del Golfo (1991), los occidentales sólo libraron guerras tácticas contra adversarios numérica y tecnológicamente inferiores.

---

101. Jack D. Kem (Ed.), «Deep Operations», *Army University Press*, Fort Leavenworth, Kansas, noviembre de 2021.
102. https://mil.ru/winner_may/history/more.htm?id=11960765@cmsArtículo

Desde principios de los años ochenta, con la eliminación progresiva de las armas nucleares de teatro, la perspectiva de las operaciones en profundidad se abrió de nuevo a ambos lados del Telón de Acero. El arte de las operaciones se convirtió en objeto de numerosos estudios y debates en el seno de los servicios de inteligencia occidentales, preocupados por unas capacidades soviéticas que no tenían equivalente real en Occidente.

Resulta sintomático que los norteamericanos sólo conceptualizaran realmente la dimensión ofensiva de las operaciones en las ediciones de 1982 y 1986 de su manual de *operaciones FM-100-5*. Más de 40 años después que los soviéticos, comprendieron la importancia de la interacción entre las operaciones, que se apoyan mutuamente en las profundidades del territorio enemigo. Su concepto se perfeccionó en la versión de 1993 del *FM-100-5*, con la formalización del espacio operativo.

La experiencia demuestra que los occidentales tienden a confundir los términos «operativo» y «operacional». A diferencia del francés, el alemán y el ruso, la palabra «operational» no existe en inglés. Por eso la terminología de la OTAN utiliza la palabra *«operational»* para designar ambos aspectos, lo que lleva a confusión.

En la actualidad, las fuerzas rusas siguen inspirándose en las experiencias de la Segunda Guerra Mundial.

Contrariamente a la opinión popular en Occidente, no es la masa la fuente del éxito, sino la combinación dinámica de recursos:

> *El principio de la concentración de esfuerzos no es tanto cuantitativo como cualitativo, es decir, la capacidad de encontrar una forma dinámica (...) capaz de aturdir y «saturar» al enemigo por su novedad y sorpresa[103].*

En el centro de este enfoque dinámico se encuentra la maniobra. Como elemento de la capacidad de combate, la maniobra no puede cuantificarse, pero a menudo es tan importante como la potencia de fuego para lograr el éxito. Consiste en explotar la vulnerabilidad del enemigo (una

---

103. http://tutunnikovnn.ucoz.ru/3710_1.pdf

brecha en su frente) para penetrar en sus defensas con el fin de ocupar una posición más favorable para atacar[104].

Los rusos ven el arte operativo como un multiplicador de la acción táctica para alcanzar objetivos estratégicos. Esto es posible gracias a la sinergia creada a) entre los componentes conjuntos y b) entre las propias acciones operativas. Es esta dimensión dinámica la que confiere al concepto de «*operación conjunta*» (*общевойсковая операция*) el significado de arte operativo.

2.1.4.2. Gestión operativa

Mientras que los estadounidenses ven el arte de las operaciones como una yuxtaposición de operaciones dentro de un concepto coherente, los rusos tienden a ver las operaciones como un todo, donde cada componente trabaja en apoyo de otro. Por analogía con las artes marciales, los rusos lo ven un poco como el kárate: son la agilidad y la velocidad las que dan la ventaja, más que el peso. No son los números los que confieren la superioridad, sino la forma en que involucras a tus fuerzas y creas superioridades locales y temporales, y anticipas el despliegue de las fuerzas contrarias.

Por eso los rusos buscan el éxito en la dinámica de las operaciones. En cuanto el combate se vuelve estático, hay que cambiar de modelo. Eso es lo que vimos al final del verano de 2022.

Como en cualquier negocio, la clave del éxito es integrar el proceso de toma de decisiones. Esto es especialmente cierto en Ucrania, donde los medios de reconocimiento de ambas partes dejan poco tiempo para la toma de decisiones.

En 1940, la coordinación y sincronización de las distintas armas dependía en gran medida de la radio. En gran medida por esta razón, los carros franceses —aunque técnicamente superiores— no pudieron explotar sus cualidades contra sus homólogos alemanes: sólo algunos de ellos disponían de radio.

Hoy en día, la proliferación de medios de reconocimiento táctico (por ejemplo, mini-UAV) ha comprimido el bucle que va de la observación a la destrucción de un objetivo. Se trata del bucle OODA (*Observe, Orient,*

---

104. http://tutunnikovnn.ucoz.ru/3710_1.pdf

Decide and Act), familiar para los ejércitos occidentales, que es un proceso cada vez más automatizado, gracias a las conexiones en red y a la inteligencia artificial.

En Afganistán, donde fuerzas relativamente pequeñas se enfrentaban a terrenos complicados, los soviéticos empezaron a trabajar en sistemas conectados en red. Para responder con gran rapidez y precisión a las incursiones y emboscadas de los muyahidines, intentaron acortar el tiempo entre la observación y la reacción. Técnicamente, esto significaba integrar recursos de reconocimiento y elementos de fuego para reaccionar casi en tiempo real. En pocos meses, la estructura del 40° Ejército se adaptó a esta realidad eliminando carros de combate, añadiendo fuerzas especiales y aeromóviles, y aumentando los recursos de artillería y señales.

Estos experimentos dieron lugar al concepto «ROK/RUK»:

* El «*Complejo de Reconocimiento-Fuego*» *(Разведывательно-огневой комплекс —Razvedivatel'no-Ognevoï Kompleks— ROK)* que integra sistemas de combate a nivel táctico (artillería de 122 y 152 mm, lanzacohetes múltiples y morteros)[105].

* El «*Complejo de Reconocimiento y Ataque*» *(Разведывательно-ударный комплекс —Razvedivatel'no-Udarnyy Kompleks— RUK)*, que es la variante interservicios del concepto para el nivel operativo. Incluye sistemas de misiles de teatro de operaciones (por ejemplo, hipersónicos), medios de artillería de gran calibre, helicópteros de combate, aviación y medios de guerra electrónica[106].

Ya discutido a principios de los años ochenta, el concepto ha sido objeto de innumerables debates en la prensa especializada rusa. La intervención rusa en la TVD siria permitió validar las tecnologías que han llevado a la ROK/RUK a su madurez actual.

El conflicto ucraniano ha aportado una nueva dimensión a estos conceptos, que parecen haber cogido por sorpresa a los observadores.

---

105. https://bigenc.ru/c/razvedyvatel-no-ognevoi-kompleks-ba42cf
106. https://bigenc.ru/c/razvedyvatel-no-udarnyi-kompleks-f2079c

Resumen de las diferencias entre ROK y RUK

	ROK	RUK
Nivel de conducción	Tácticas	Operativo
Sistemas de conducción	CALLEJAS KRUS	AKATSIYA-M SOZVEZDIYE-M2 ANDROMEDA-D
Medios de reconocimiento	Razvedchiki UAV ligeros: KUB ORLAN-10/30	Spetsnaz Vehículos aéreos no tripulados medios y pesados: ORION
Medios de acción (ejemplos)	Artillería (122/152 mm) Drones suicidas: GERAN-2 LANCET-3 KUB-BLA	Artillería (152/203 mm) Aviación Misiles: ISKANDER KINJAL ZIRKON Sistemas de guerra electrónica (REB)

Figura 7 — Ejemplos de sistemas de control y armas asociados a ROK y RUK.
La lista no es exhaustiva, sino que tiene fines meramente ilustrativos.

Su rasgo distintivo no es la proliferación de drones, sino la aparición de una multitud de bucles OODA cada vez más cortos en los niveles tácticos más bajos. Esto significa que no solo el campo de batalla se ha vuelto «cuasi transparente», sino que las capacidades de acción pueden desplegarse con mayor rapidez.

Además, la utilización de sistemas de armas como el CAESAR francés o el HIMARS estadounidense por parte de Ucrania ha obligado a adaptar drásticamente los sistemas rusos ROK/RUK. Esto se debe a dos razones: la rapidez con la que estos sistemas pueden desplegarse y dispararse y —en el caso de los HIMARS, cuyos misiles tienen trayectorias no balísticas— el cálculo de trayectorias para localizar los lanzadores.

El resultado fueron dos tendencias que ya habían comenzado en Rusia:

- una automatización cada vez mayor, gracias al uso de la inteligencia artificial.
- la necesidad de una gestión operativa centrada en la red.

Basándose en la experiencia adquirida en el TVD de Siria, los rusos han creado un sistema centralizado de gestión de operaciones para dirigir todas las fuerzas de Rusia, incluidas las nucleares. Conocido como *Centro de Control de la Defensa Nacional (Национальный центр управления обороной - НЦУО)* (NTsUO), reúne en un único punto todos los elementos necesarios para la gestión de las operaciones[107]. Desde esta NTsUO se emiten boletines informativos sobre el conflicto en Ucrania.

El gasoducto ruso se articula en torno a varias redes integradas:

- Una red de mando operativo-estratégico y operativo de las Fuerzas Armadas rusas, AKATSIYA-M, que es una especie de Internet militar, creada ya en 2005 y que es una plataforma de información a la que están conectadas las redes unificadas de mando operativo-táctico y táctico;
- Redes unificadas de control operativo-táctico y táctico (ESU TZ) para el despliegue operativo de tropas. Se trata de los sistemas SOZVEZDIYE-M2 (para tropas terrestres) y ANDROMEDA-D (para tropas aerotransportadas).
- TZ ESU para fuerzas aéreas y de defensa antiaérea.

Todos estos sistemas se desplegaron en el TVD de Siria en 2015 y desde entonces se han actualizado. Integran el reconocimiento, la toma de decisiones y los recursos de fuego/fuego para acortar los tiempos de respuesta.

Estos sistemas tienen su extensión en el nivel táctico más bajo en forma de un pequeño terminal de bolsillo, que es la verdadera novedad en el TVD Ucrania: el Sistema de Inteligencia, Control y Comunicación (комплекс разведки, *управления и связи*, KRUS STRELETS).

El KRUS STRELETS permite la conducción de combate, las comunicaciones de voz, la transmisión de datos (coordenadas, identificación y designación de objetivos) y la navegación sobre el terreno. Es interoperable con todos los sistemas nacionales de reconocimiento, vigilancia, designación de objetivos, radar, telémetro, inclinómetro y UAV. Es uno de los elementos centrales de la ROK/RUK en el terreno ucraniano.

---

107. https://sneg5.com/obshchestvo/armiya/centr-upravleniya-oboronoy-rf.html

Figura 8 — En contra de la creencia popular, las fuerzas armadas rusas están muy descentralizadas. Aquí los terminales UNKV-E del sistema STRELETS para unidades de infantería tácticas inferiores hasta el nivel de grupo de combate.

Desplegado por primera vez en el TVD de Siria en 2015, el sistema STRELETS ha estado conectando drones tácticos, artillería mecanizada, tanques e infantería rusos desde 2017. En particular, permitió el ataque ruso del 20 de septiembre de 2016 contra un puesto de mando del Estado Islámico (que mencioné en mi libro *Gobernar con noticias falsas*), en el que al parecer murieron una treintena de oficiales estadounidenses, israelíes, qataríes y turcos[108]...

En Ucrania, según un comandante ucraniano, los rusos detectan un tanque en menos de 5 minutos y le disparan en 3 minutos. La capacidad de supervivencia de un tanque sería de sólo 10 minutos[109]. Es difícil decir si estas cifras son realistas, pero demuestran que los complejos ROK/

---

108. Judah Ari Gross, «Russia: Mossad, other foreign agents killed in Aleppo strike», *The Times of Israel*, 22 de septiembre de 2016 (https://www.timesofisrael.com/russia-mossad-other-foreign-agents-killed-in-aleppo-strike/).
109. Thibault Spirlet, «Tanks and troops out in the open in Ukraine can't go 10 minutes without being spotted and fired upon, Ukrainian official says», *Business Insider*, 28 de septiembre de 2023 (https://www.businessinsider.com/tanks-troops-in-the-open-are-hit-within-10-minutes-ukraine-official-2023-9)

RUK funcionan muy bien. Resulta (medio) sorprendente que no se mencionen en los medios de comunicación francófonos.

Ejemplos de ROK a nivel de batallón de artillería

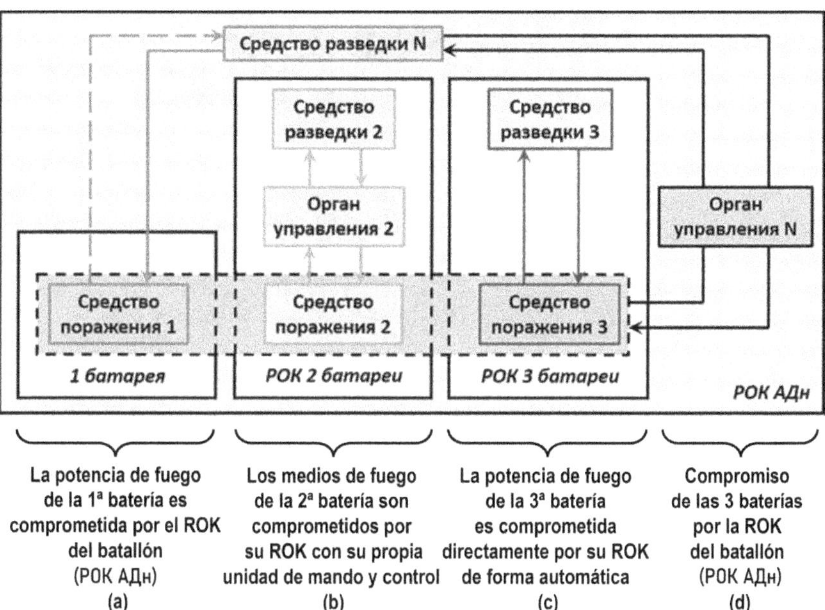

Figura 9 — Cuatro ejemplos de integración de la ROK a nivel de batallón de artillería: a nivel de batería de artillería (b) y (c) o a nivel de batallón con una batería (a) o con todo el batallón (d). [Fuente: documentos sobre la doctrina rusa, presentados por el ejército ucraniano].

Dicho esto, en el segmento operativo superior, la inteligencia rusa sigue mostrando debilidades. La falta de recursos de detección y vigilancia de largo alcance del campo de batalla explica algunos de los éxitos ucranianos. El tamaño del TVD significa que los recursos de detección deben tener la profundidad correspondiente. Este fue el caso de los ataques ucranianos en la península de Crimea, que no pudieron anticiparse debido a la falta de sistemas de alerta temprana.

En comparación, Estados Unidos tiene una arquitectura de defensa global. Es el único país del mundo que ha estructurado sus fuerzas armadas en torno a comandos para cada continente. Esta estructura tiene consecuencias para los medios de inteligencia destinados a seguir la situación en cada una de las zonas de responsabilidad de estos comandos.

El M-55 MYSTIC-B

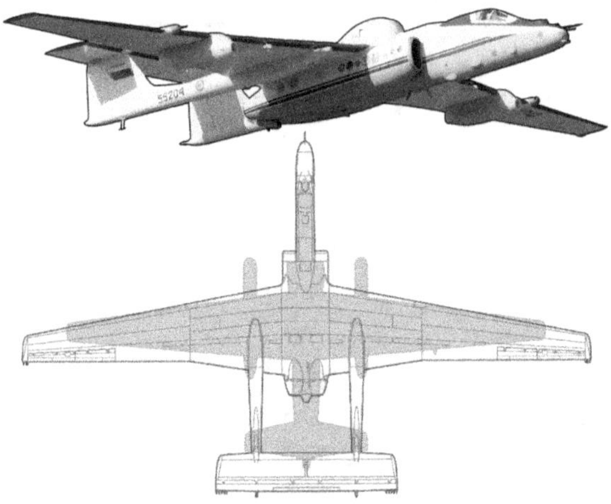

Figura 10 — El M-55 MYSTIC-B es el sucesor del proyecto M-17 STRATOSFERA (MYSTIC-A) de los años ochenta. Se trata de un avión capaz de operar a altitudes muy elevadas (20.000-30.000 m), equipado con sofisticados sensores electrónicos y optrónicos para controlar la profundidad de operación. Debería desempeñar funciones similares a las del famoso avión estadounidense U-2R (silueta en gris). Según los servicios de inteligencia británicos, los primeros M-55 están llegando al TVD de Ucrania[110].

Rusia no dispone de la misma densidad de satélites de observación que Estados Unidos. Sus recursos de inteligencia se concentran en Ucrania, pero no son lo suficientemente granulares como para salvar la distancia entre la inteligencia estratégica y la conducción de operaciones de alto nivel. Esto explica los esfuerzos para acelerar la producción del avión de alerta temprana A-50U MAINSTAY, y la reactivación del proyecto del avión espía M-55 MYSTIC-B[111].

---

110. https://twitter.com/DefenceHQ/status/1726153057971401130
111. https://www.thedrive.com/the-war-zone/soviet-era-m-55-spy-plane-may-be-headed-to-war-in-ukraine

2.1.4.3. Operaciones ofensivas

2.1.4.3.1. Diagrama básico

En la concepción rusa, las operaciones ofensivas se dividen en:

- Un «*empuje principal*» (основное направление *наступления*) dirigido al objetivo mismo de la acción u operación. En la terminología estadounidense, se trata de una «*operación decisiva*».

- Un «*empuje(s) secundario(s)*» (второстепенное направление *наступления*) cuyo objetivo es facilitar la ejecución del empuje principal, empujando al adversario a dividir sus fuerzas. En la terminología de la OTAN, se trata de una «*operación de apoyo*».

Si bien la operación decisiva suele comprenderse bien, no puede decirse lo mismo de las operaciones de apoyo (empujes secundarios), que la mayoría de las veces tienen la función de atraer parte de la resistencia del adversario para aliviar las fuerzas del empuje principal. Estas operaciones de apoyo o empujes secundarios pueden adoptar diversas formas. Una de ellas es lo que los estadounidenses llaman «*shaping operation*»[112]:

> *Las operaciones de configuración son operaciones que emplean capacidades militares para crear las condiciones necesarias para la ejecución de operaciones decisivas. Las operaciones de conformación utilizan toda la gama de capacidades militares para reducir la capacidad del enemigo de resistir coherentemente antes o mientras el comandante ejecuta una operación decisiva. El comandante aplica el principio de economía de fuerzas a las operaciones de configuración, equipándolas con el mínimo de recursos militares esenciales necesarios para crear las condiciones para que la operación decisiva se beneficie de unas capacidades militares abrumadoras.*
>
> *Al igual que la operación decisiva, las operaciones de configuración pueden llevarse a cabo en toda la profundidad de la zona de operaciones y por cualquier fuerza. Sin embargo, el comandante*

---

112. Mayor David R. Moore, «Decisive, Shaping, Sustaining Operations: An Operational Organization For The Contemporary Mission Environment», *School of Advanced Military Studies, United States Army Command and General Staff College*, Fort Leavenworth, Kansas, 27 de mayo de 1999 (https://apps.dtic.mil/sti/pdfs/ADA370239.pdf).

debe establecer claramente cómo contribuyen las operaciones de conformación a la operación decisiva. En acciones ofensivas o defensivas, las operaciones de conformación pueden consistir en impedir que el enemigo utilice una zona o el espectro electromagnético, destruir o degradar sus principales medios (en particular sus medios de mando y control, logísticos, de apoyo de fuego y de defensa antiaérea), o aislar elementos clave de sus fuerzas.

La mejor ilustración de este concepto fue la Operación Militar Especial lanzada el 24 de febrero de 2022, consistente en un *empuje principal* sobre el Donbass y un *empuje secundario* hacia Kiev. Contrariamente a las afirmaciones de ciertos estrategas, como Bernard Wicht en el canal argelino *AL24*, el empuje sobre Kiev no fue una «*mistificación*»[113]. No se trata de desinformación, sino de una operación de «*conformación*». El objetivo era obligar a Ucrania a desplegar sus fuerzas de tal manera que no pudiera reforzar su posición contra el principal empuje ruso hacia el Donbass. Volveremos sobre este tema más adelante.

Otro ejemplo de operación de conformación fue la campaña de ataques contra instalaciones eléctricas ucranianas entre octubre de 2022 y mayo de 2023. El objetivo era obligar a los ucranianos a utilizar sus misiles antiaéreos, para que la fuerza aérea rusa pudiera operar después libremente en la línea del frente. Documentos secretos estadounidenses filtrados en abril de 2023 muestran que los sistemas antiaéreos ucranianos SA-10/S-300 y SA-11/BUK y su munición se agotaron entre finales de marzo y finales de mayo de 2023. En abril de 2023, el coronel Yuriy Ignat, portavoz de las Fuerzas Aéreas ucranianas, señaló que la campaña había tenido «*un efecto perceptible*» y que las capacidades antiaéreas ucranianas eran ahora insuficientes[114]. A nuestros «expertos» se les han ocurrido todas las explicaciones posibles... excepto la correcta.

Esta campaña contra la infraestructura eléctrica ha permitido a Rusia configurar el campo de batalla para la contraofensiva ucraniana de 2023,

---

113. https://youtu.be/jWyJgFv88Mk
114. Ellie Cook, «Russian Glider Bombs Spark New Air Defence Woes for Ukraine», *Newsweek*, 13 de abril de 2023 (https://www.newsweek.com/russia-glider-bombs-ukraine-air-defense-jdams-1794155)

que ahora está desprotegida contra la aviación táctica rusa[115]. Como informan los medios indios: «*El helicóptero de combate Kamov Ka-52 Alligator parece haberse consolidado como el mejor asesino de tanques*»[116]. Es para combatir estos helicópteros, que se han convertido en uno de los principales obstáculos para su contraofensiva, que Ucrania está tratando de obtener cazas F-16...

2.1.4.3.2. El avance

Ampliamente utilizado en las últimas grandes ofensivas soviéticas de 1944-1945, y a pesar de su formidable eficacia, el concepto de «ruptura» desapareció brevemente de la doctrina soviética en los años 1960-1970. La aparición de las armas nucleares tácticas en el teatro de operaciones europeo permitió aniquilar instantáneamente grandes concentraciones de fuerzas. Pero a principios de la década de 1980, tras la crisis de los euromisiles y el abandono de la idea de utilizar armas nucleares de teatro de operaciones en Europa, volvió la idea de la «ruptura». En 1984, el manual *FM 100-2-1* del ejército estadounidense sobre tácticas soviéticas describía las operaciones de ruptura soviéticas de la siguiente manera[117]:

> *Por ejemplo, en un caso, a un Cuerpo de Infantería de la Guardia se le asignó un huso de avance de 22 kilómetros de ancho, pero concentró entre el 80 y el 90 por ciento de sus fuerzas en menos de un tercio de la anchura total de su huso. Así, en una anchura de 7 kilómetros, el Cuerpo concentró 27 batallones, 1.087 piezas de artillería y morteros remolcados, y 156 tanques y armas de artillería autopropulsadas, lo que le daba una superioridad de 4 a 1 en infantería, 10 a 1 en artillería y 17 a 1 en tanques.*

Esta concentración de fuerzas en una línea de frente muy estrecha parece contraria al sentido común. Cualquier cabo de infantería sabe que, para evitar bajas, los soldados deben estar lo más dispersos posible. Esta fue la lección duramente aprendida por los soldados de infantería

---

115. https://air-cosmos.com/article/ukraine-aviation-russe-la-contre-offensive-en-danger-65273
116. https://www.eurasiantimes.com/double-kill-russias-ka-52-alligator-hunts-2-ukrainian-tanks/
117. «Field Manual 100-2-1, The Soviet Army: Operations and Tactics, *Department of the Army* Washington, DC, 16 de julio de 1984 (https://irp.fas.org/doddir/army/fm100-2-1.pdf)

de la Primera Guerra Mundial. Pero lo que es cierto a nivel táctico no lo es necesariamente a nivel operativo, porque el principio que domina la noción de ruptura es la saturación de la defensa del enemigo. En pocas palabras: frente a un arma capaz de destruir tres tanques por minuto, el atacante aumenta sus posibilidades de supervivencia presentando más de tres tanques por minuto.

La idea de una ruptura es crear una superioridad temporal sobre una parte de la línea del frente. Suponiendo una relación de fuerzas media de 3:1 para el conjunto de la línea del frente, podrían reunirse recursos suficientes para crear una superioridad local de 5-6:1 en el sector de la ruptura. Este concepto dio origen al mito de las «oleadas de infantería» u «oleadas humanas» que utilizaban los soviéticos, según «expertos» mal informados.

Esta leyenda fue creada por la propaganda ucraniana para explicar la necesidad de aferrarse a Bajmut para desgastar al ejército ruso. En febrero de 2023, el canal de televisión francés *LCI* nos mostró una «*ola humana*» de... ¡8 hombres![118] Nuestros «expertos» no han entendido nada. En abril de 2023, Christopher Perryman, un veterano británico que luchaba por Ucrania, explicaba en *The Spectator* que apenas había visto un caza ruso. De hecho, los rusos utilizan la artillería y luego entran para despejar el terreno. Casi nunca se exponen al fuego de la infantería. Señala: «*Sus equipos de artillería son realmente excelentes. No se puede comparar Irak con eso, es mucho más intenso*[119].»

De hecho, el concepto de ruptura sólo es plenamente eficaz contra una defensa dinámica. Las primeras incursiones de la SVO en las profundidades de la defensa ucraniana no se configuraron como rupturas y los rusos no utilizaron realmente este concepto en Ucrania.

Por otra parte, éste es el concepto recomendado por los estrategas occidentales a Ucrania para su contraofensiva en 2023. Sin embargo, cuando el enemigo está sólidamente anclado en un sistema defensivo reforzado, una ruptura sólo es posible con una superioridad aérea clara

---

118. https://youtu.be/pe2khpEykc4
119. Colin Freeman, «'Iraq does not compare to this': the British soldier on Ukraine's front line», *The Spectator*, 15 de abril de 2023 (https://www.spectator.co.uk/article/iraq-does-not-compare-to-this-the-british-soldier-on-ukraines-front-line/)

y masiva. Esta será la amarga experiencia de los ucranianos. Volveremos sobre ello más adelante.

En Ucrania, ni los ucranianos ni los rusos luchan con *«oleadas de infantería»*.

2.1.4.3.3. Operaciones en profundidad

Para atacar a una fuerza con medios inferiores en número, los rusos utilizan la maniobra para lograr superioridades limitadas en el tiempo y el espacio, suficientes para obtener la ventaja, antes de redesplegar tropas para crear otra superioridad local en otro sector. Se trata del *Grupo de Maniobra Operativa* (OMG) (*Группа оперативного маневра - Gruppa operativnovo manevra*), que es la versión moderna de conceptos teorizados en los años 30 en la Unión Soviética.

En 1982, los estadounidenses se basaron en este concepto para esbozar la *AirLand Battle*, cuyo objetivo era precisamente atacar la retaguardia soviética. Sin embargo, a diferencia del concepto soviético, no pretendían realmente comprometer fuerzas sobre el terreno. Su objetivo era llevar a cabo ataques aéreos y de artillería en las profundidades del enemigo (*batalla profunda*). No se trata realmente de un arte operacional, sino de una forma de acción táctica a larga distancia.

A menudo confundida con la noción de «arte operacional» por algunos «expertos»[120], la LDA es *una* fuerza *ad hoc*, altamente móvil, que se adentra profundamente en el sistema enemigo. Avanza según el principio del «agua que fluye», sorteando los puntos fuertes y las localidades importantes del enemigo, para atacar el segundo escalón y las reservas del enemigo. De hecho, el objetivo de la LDA no es destruir al enemigo, sino impedirle que refuerce sus fuerzas del primer escalón.

En Ucrania, en la primera fase de la SVO, los rusos participaron en una forma de LDA para posicionarse alrededor de Kiev y llevar a cabo una *operación de conformación* destinada a fijar el segundo escalón ucraniano para evitar que refuerce el Donbass y empuje a Zelensky hacia la negociación. El objetivo es transformar un éxito operativo en un éxito estratégico. Esto es exactamente lo que está ocurriendo, con sus peti-

---

120. https://www.rts.ch/info/monde/13135499-bernard-wicht-le-succes-de-loperation-russe-cest-davoir-reussi-a-mystifier-tout-le-monde.html

ciones de finales de febrero, y luego mediados de marzo de 2022, para iniciar las conversaciones.

A finales de marzo de 2022, en respuesta a la propuesta negociadora de Volodymyr Zelensky, las tropas rusas se retirarán del sector de Kiev. Esto permitirá al ejército ucraniano reforzar las tropas en el Donbass y preparar una ofensiva hacia el sur.

2.1.4.4. *Operaciones defensivas*

Aunque estática en apariencia, la defensa obtiene su eficacia de la sinergia del combate conjunto. Durante la guerra fría, la Unión Soviética siempre supuso que la OTAN tomaría la primera decisión de atacarla. Las grandes maniobras del Pacto de Varsovia comenzaban invariablemente con un ataque sorpresa de la OTAN, a menudo precedido de un ataque nuclear. Esto fue especialmente cierto en el ejercicio ZAPAD 77 (mayo-junio de 1977), que validó el concepto de un mando de teatro de operaciones (TVD).

Hacia el final de la Guerra Fría, en la URSS se produjeron interminables debates sobre la naturaleza de las operaciones, si eran «ofensivas defensivas» u «ofensivas defensivas». El final de la Guerra Fría y las esperanzas de Rusia de unirse a la comunidad occidental pusieron fin a estas disputas bizantinas.

En la SVO, nuestros «expertos» prefirieron presentar al ejército ruso como les gustaría que fuera, en lugar de como es. Veían el sistema defensivo puesto en marcha por los rusos desde octubre de 2022 como esencialmente estático y lineal, más bien como lo que vimos en 1914-1918. Lo han visto exclusivamente desde el punto de vista de los tácticos que son. Naturalmente, este análisis simplista era necesario para hacer creer a los ucranianos que tendrían éxito en su contraofensiva.

Pero la realidad es muy diferente. Los rusos dominan el arte de las operaciones, incluidas las defensivas, como pudimos comprobar durante la contraofensiva ucraniana del verano de 2023. Los mapas del sistema defensivo ruso que se han publicado en Occidente se han elaborado a partir de datos recogidos por sistemas de reconocimiento estadounidenses, como el MQ-9 REAPER o el RQ-4 GLOBAL HAWK, que sobrevuelan el Mar Negro. Sin embargo, éstos no pueden mostrar la dimensión dinámica de la defensa rusa y, por tanto, su dimensión operativa.

Contrariamente a la opinión generalizada en Occidente, las fuerzas rusas no operan según patrones rígidos. Todo lo contrario. Como ya hemos visto durante la Segunda Guerra Mundial y la guerra de Afganistán, hacen evolucionar sus prácticas operativas en función de las necesidades y los avances tecnológicos. Esta es particularmente la tarea del Centro de Entrenamiento e Investigación Militar de las Fuerzas Terrestres (VUNts SV).

En abril de 2023, en un artículo publicado por *la revista Voïennaya Mysl'* (*Pensamiento Militar*) del Ministerio de Defensa ruso, el coronel general Aleksandr Romantchuk y el coronel A. Chigine presentaron tres variantes de formas de defensa[121].

2.1.4.4.1. Defensa descentralizada

La primera es una «defensa descentralizada». Combina una red de puntos de apoyo y una zona intermedia cubierta por sistemas de combate robotizados (como los URAN-9, los NEREKHTA o los PLATFORM-M), guiados por drones e inteligencia artificial para desarticular los ataques adversarios. Este concepto se habría puesto a prueba durante el ejercicio ZAPAD-21 (septiembre de 2021) en Bielorrusia. Este ejercicio fue mencionado en mi libro *Putin: Master of the Game,* pero nadie le prestó atención, porque Occidente buscaba entonces indicios de una operación ofensiva.

2.1.4.4.2. Defensa dinámica

La segunda variante, conocida como «defensa dinámica», se asemeja a la situación en el sur de Ucrania en el verano de 2023. Divide el área de operaciones en tres zonas:
• Una «zona de cobertura», en la que combaten unidades móviles que operan de forma autónoma y utilizan ampliamente los conceptos de «reconocimiento-fuego» (ROK) y «reconocimiento-arresto» (RUK). Su objetivo es identificar las direcciones de ataque del enemigo,

---

121. Coronel general Aleksander Romantchuk y coronel A. Shiguin, «Перспективы повышения эффективности армейских оборонительных операций» (Perspectivas de mejora de la eficacia de las operaciones de defensa del Ejército), *Voïennaya Mysl'*, nº 4-2023, 22 de abril de 2023 (https://limited-vm.ric.mil.ru/Stati/item/486826/).

debilitarlo, impedir que se despliegue y evitar que utilice sus armas en fuego directo contra las fuerzas de la zona de defensa principal.

- La «zona principal de defensa», en la que el grueso de las fuerzas está organizado y preparado para contener un ataque. Su objetivo es detener el avance del enemigo. Los medios se organizan en función de los principales esfuerzos del enemigo y pueden ser reforzados por elementos de las fuerzas de cobertura.

- La «zona de espera», en la que las fuerzas están listas para ser desplegadas en la zona de defensa principal, en función de las prioridades del atacante. Esta zona contiene recursos de apoyo operativo, que pueden desplegarse en las otras dos zonas, así como reservas.

El concepto de defensa dinámica

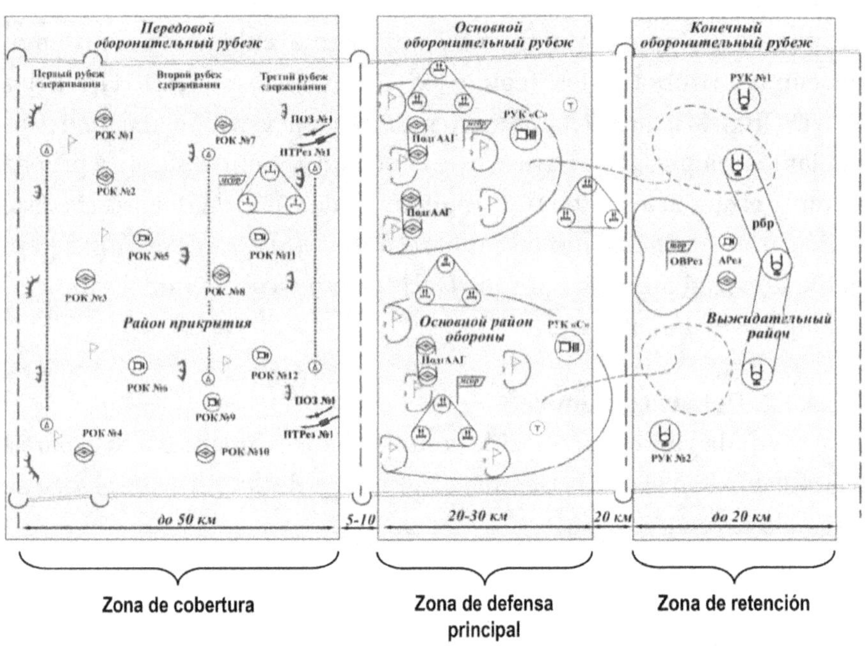

Figura 11 — El sistema de «defensa dinámica» está implantado en Ucrania bajo el mando del general Surovikin desde octubre de 2022. Puede verse que la «zona de cobertura» hace un uso masivo de conceptos ROK/RUK.

Según el general de brigada ucraniano Oleksandr Tarnavskiy, comandante del grupo estratégico-operativo TAVRIA, este es el modelo que están aplicando los rusos frente a la contraofensiva ucraniana. La clave de este sistema dinámico de defensa es la utilización de la ROK en la zona de cobertura y de la RUK en las zonas de defensa y contención. Este sistema ha sido posible gracias a la proliferación de sistemas UAV de reconocimiento (ORION, ORLAN-10/30) y de ataque (LANCET-3 y FPV).

En la región de Zaporozhye, por ejemplo, la principal zona de defensa está formada por tres líneas de defensa fortificadas que se suceden en una profundidad de hasta 50 km o más[122].

2.1.4.4.3. Defensa aire-tierra

La tercera variante es una «defensa aire-tierra», que consiste en un sistema defensivo convencional al que se añade un gran sistema aeromóvil que puede operar en las profundidades del adversario y crear esfuerzos principales en función de la evolución de la situación.

2.1.5. Tácticas

Al juzgar a un adversario, es esencial evitar ceder a los prejuicios. Vemos a los rusos del mismo modo que los franceses ven a los alemanes en *La Grande Vadrouille*. Por eso, tras declarar *urbi et orbi* que los rusos eran ineficaces, estaban mal dirigidos, mal equipados y desmotivados, Occidente debe reconocer que los ucranianos —motivados, armados y entrenados por la OTAN— fueron incapaces de imponerse.

En la terminología rusa, la táctica es el empleo de diferentes formaciones militares (tanques, infantería mecanizada, artillería, aviación, defensa antiaérea, etc.) en combate. Es la integración de estos elementos lo que conduce al arte de las operaciones. No trataremos aquí todos los aspectos para concentrarnos en los que son relevantes para comprender el conflicto ucraniano.

2.1.5.1. La defensa

En octubre de 2022, por una serie de razones que analizaremos más adelante, Rusia cambió a una estrategia defensiva en Ucrania. Esto

---

122. https://www.bbc.com/news/world-europe-65615184

implica una postura más estática, en la que la superioridad está asegurada por reservas que tienen que intervenir en un frente de más de 800 km de longitud.

No se trata de entrar en todos los detalles de la defensa rusa, sino de comprender su principio. A nivel táctico, encontramos la misma lógica que a nivel operativo. El diagrama del sistema ruso[123] de defensa de batallones muestra dos zonas principales: una gran zona de vigilancia, seguida de una zona de defensa.

Desde la línea de contacto hasta la primera línea de defensa, hay una zona de vigilancia de 5 a 10 km de profundidad, que sirve para detectar los empujes enemigos e impedir que se desplieguen. Para ello, hay una primera cortina de minas antitanque. Normalmente tiene 120 m de profundidad, pero para adaptarse a los sistemas de desminado de asalto MICLIC suministrados por Occidente y al UR-77 ucraniano, su profundidad se ha aumentado a 500 m. Sin embargo, como los rusos no siempre disponen de la cantidad de minas necesaria para este cambio, se han producido irregularidades en la estructura de los campos de minas, lo que supone una dificultad añadida para los ucranianos.

Detrás de esta primera «cortina» de minas antitanque operan unidades de cazas («*Okhotniki*»), que son «*destacamentos especializados*» (*спецотряд*) de gran movilidad especialmente entrenados para el combate antitanque[124]. No disponen de armamento pesado, pero colaboran ampliamente con los sistemas ROK/RUK para combatir al adversario con artillería, sistemas antitanque, helicópteros de combate o robots[125].

En Ucrania, las fuerzas rusas adoptaron una postura defensiva en octubre de 2022. La desproporcionada atención prestada a la batalla de Bajmut provocó una relativa calma en el resto del frente, lo que permitió la instalación de un sistema especialmente denso y escalonado en profundidad.

---

123. «Общая Тактика». *Ministerio de Defensa de la Federación de Rusia*, Krasnoyarsk, 2017, p. 90 (vii.sfu-kras.ru/images/pdf/u26_obshhaya-taktika.pdf).
124. https://www.dialog.ua/russia/267455_1675683736
125. https://hromadske.radio/ru/news/2023/02/02/okhotnyky-za-leopardamy-okkupant-zavezly-na-donbass-ustroystva-kotor-e-iakob-mohut-popast-v-tanky-zapadnoho-obraztsa

Sistema ruso de defensa de batallones

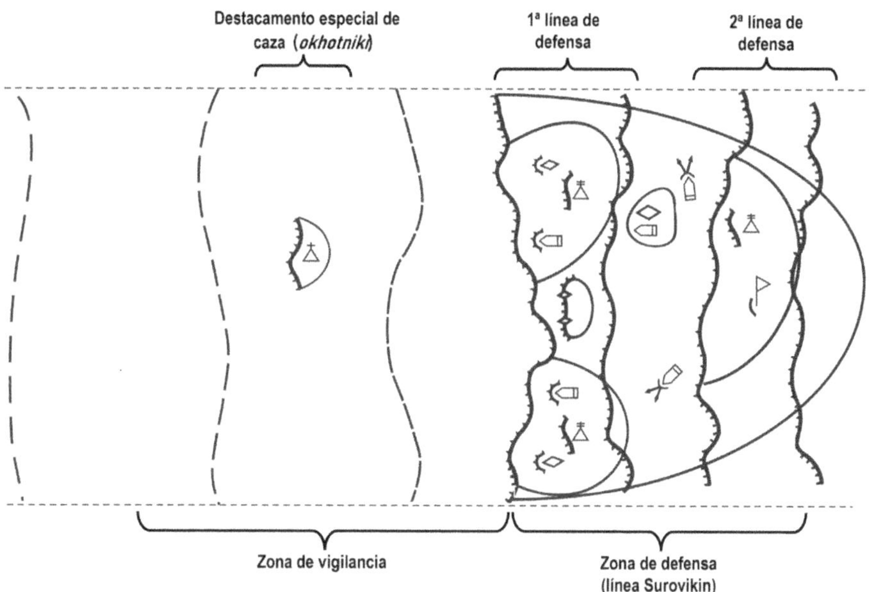

Figura 12 — Estructura defensiva rusa. La «zona de defensa» es el área donde se reúnen las fuerzas para librar una batalla defensiva. Comprende refuerzos y fortificaciones que se extienden a lo largo de toda la línea del frente. En Ucrania, se conoce como la «Línea Surovikin». En septiembre de 2023, tras más de tres meses de combates, la contraofensiva ucraniana no había atravesado la «zona de vigilancia». [Fuente: «Общая Тактика», 2017, p. 90].

Luego viene la zona de defensa, de 10 a 20 km de profundidad, que incluye el sistema defensivo propiamente dicho, con obstáculos antitanque, minas, refuerzo del terreno, etc.[126]

En agosto de 2023, cuando los esfuerzos ucranianos se centraban en la pequeña aldea de Robotino, el general de brigada Oleksandr Tarnavskiy, del ejército ucraniano, afirmó que sus fuerzas habían roto la primera línea de defensa rusa y alcanzado la segunda. Los expertos occidentales sugieren que miente y que, en realidad, los ucranianos nunca alcanzaron la primera línea de defensa.

De hecho, probablemente estén en lo cierto, pero hablan de cosas diferentes. El general Tarnavskiy supone que los rusos aplican el modelo

---

126. https://studfile.net/preview/7511393/page:4/

71

de defensa dinámica descrito por el general Romantchuk. Así, considera que sus fuerzas empujaron hacia la zona de cobertura, para tocar la zona de vigilancia de los batallones de la línea Sourovikine.

Entender las declaraciones de Ucrania

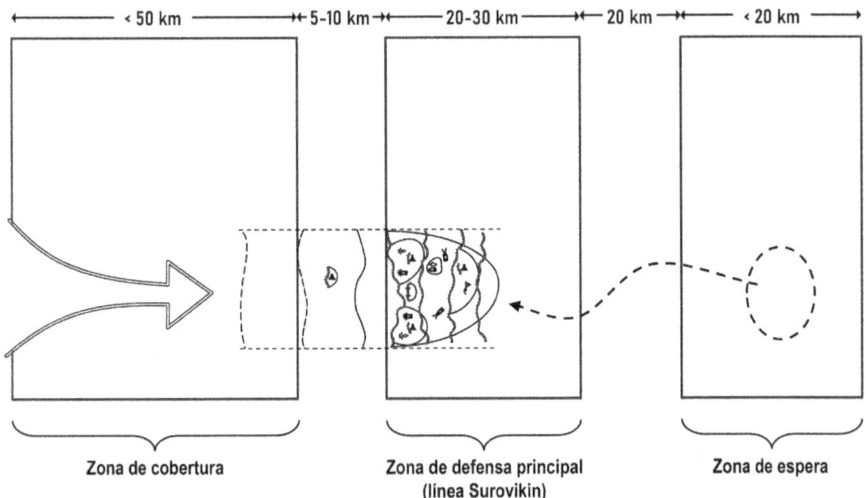

Ilustración 13 — Cuando el general ucraniano Tarnavskiy afirma que sus tropas han atravesado la primera línea de defensa rusa en el sector de Rabotino, se refiere al sistema operativo ruso y considera que la zona de cobertura es una línea de defensa. Esto es técnicamente falso. Por su parte, los comentaristas occidentales —incluido el autor— que afirman que las tropas ucranianas no sobrepasaron la zona de vigilancia se refieren al sistema táctico ruso. De hecho, entre principios de junio y principios de septiembre de 2023, en ningún punto del frente las tropas ucranianas alcanzaron la zona de defensa principal (la línea Sourovikine).

También es importante comprender que los rusos ven el campo de batalla como algo dinámico. Así, lo que nosotros llamamos «campos de minas» —que generalmente son grandes rectángulos en los que las minas se distribuyen siguiendo un patrón geométrico preciso— son entendidos por los rusos como un elemento dinámico del combate. Así, cuando un destacamento consigue entrar en una zona minada con aviones especiales, los rusos proyectan inmediatamente nuevas minas antitanque detrás de estos elementos, que aíslan al destacamento avanzado y privan a los siguientes elementos de sistemas de desminado.

El arte de la guerra rusa

2.1.5.2. El «bolsillo de fuego»

En febrero de 2021, la revista militar rusa *Zvezda* describió el entrenamiento de las fuerzas del Distrito Militar Sur (que un año más tarde participarían en Ucrania)[127]:

> *Durante los ejercicios de campo, las subunidades de fusileros motorizados llevaban a cabo una retirada repentina de las líneas ocupadas para atraer al enemigo a una bolsa de fuego, seguida de una ofensiva intensiva con apoyo de fuego de artillería.*

Este es exactamente el escenario que veremos en Kiev (marzo de 2022), Kharkov (septiembre de 2022) y Kherson (octubre de 2022), ¡y que se repetirá a lo largo de todo el frente durante la contraofensiva ucraniana en 2023! Pero nuestros «expertos» no saben leer. Tratando de convencerse a sí mismos y al resto del mundo de sus prejuicios, han contribuido a propagar una imagen falsa de estos acontecimientos, que dará a Ucrania la ilusión de una posible victoria.

Por eso, desde finales del verano de 2022, cuando los rusos empezaron a adoptar una estrategia defensiva, se habló de «contraofensivas» ucranianas. Pero nuestros medios solo informan de la noticia de su lanzamiento, nunca del resultado.

Según explica a *USA Today* Steven Myers, miembro del panel asesor del Departamento de Estado y experto en Rusia, los ucranianos informan de sus «pinchazos» para mostrar a Occidente los progresos realizados, pero «*no hablan de los contraataques de los rusos, a quienes no les importa ganar o mantener terreno en los «focos de fuego» y son expertos en tender trampas*»[128].

Esto da la impresión de que los ucranianos sólo avanzan. Sin embargo, un examen del mapa muestra que la línea del frente fluctúa constantemente sin cambiar en lo fundamental. El problema es que cada movimiento se traduce en pérdidas colosales en el bando ucraniano.

---

127. https://zvezdaweekly.ru/news/2021291350-Qy88G.html
128. https://eu.usatoday.com/story/news/world/ukraine/2023/09/07/ukraine-russia-war-live-updates/70783569007/

El concepto de «bolsa de fuego»

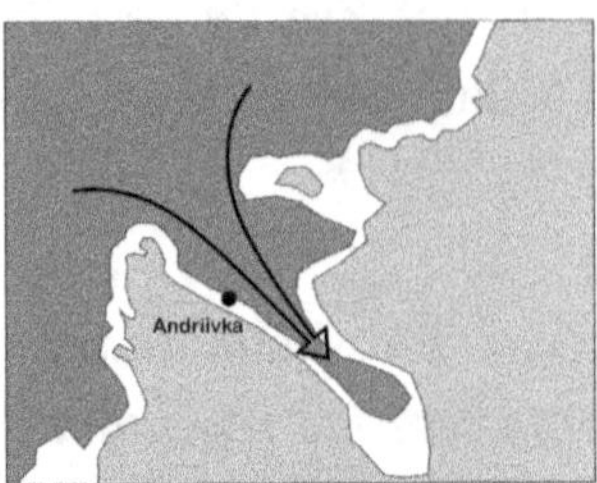

2 de septiembre de 2022
Las fuerzas ucranianas lanzan
una ofensiva sobre la ciudad
de Andriivka. Los rusos permiten
a los ucranianos avanzar,
atrayéndolos hacia una «bolsa».

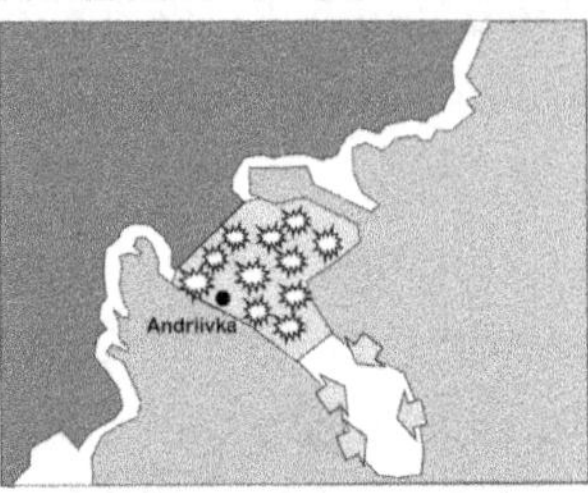

2 de septiembre de 2022
Las fuerzas rusas «cierran»
la bolsa con un intenso fuego
de artillería y luchan contra
las formaciones ucranianas
en la bolsa.

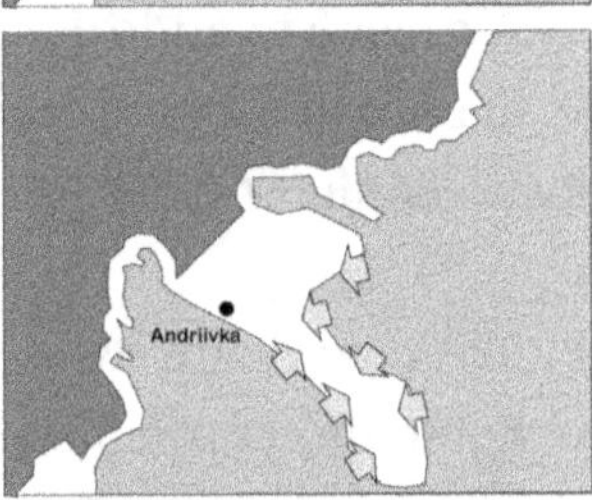

3 de septiembre de 2022
Las fuerzas ucranianas restantes
intentan retirarse bajo el fuego ruso.

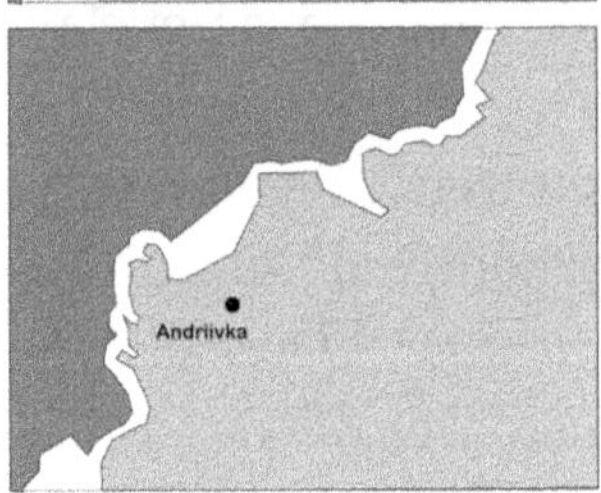

4 de septiembre de 2022
Se restablece la situación.
Las fuerzas ucranianas han
sufrido importantes pérdidas,
pero no han ganado territorio.

Figura 14 — El concepto de «bolsa de fuego» consiste en replegarse para empujar al adversario a una ruptura, rodeándolo así en un «caldero» (котел) donde es metódicamente destruido. Esta táctica, que se remonta a la Segunda Guerra Mundial, fue utilizada por los autonomistas del Donbass en 2014-2015, luego en Kharkov (septiembre de 2022), en Kherson (octubre de 2022), y en múltiples puntos a lo largo de la línea del frente durante la contraofensiva ucraniana de 2023.

El cálculo ruso es que el terreno perdido puede recuperarse, mientras que las vidas humanas no. Obligados a actuar por sus patrocinadores occidentales, los ucranianos no han incorporado este factor a su pensamiento operativo. Por eso sufrirán pérdidas considerablemente mayores que los rusos, pero tendrán que proteger una narrativa decisiva para no desanimar a Occidente.

2.1.5.3. La agrupación táctica (BTG)

En Ucrania, la acción táctica está dirigida por las Agrupaciones Tácticas (BTG). Se trata de pequeñas fuerzas del tamaño de un batallón reforzado, que reúnen todos los componentes del combate conjunto a nivel táctico. Estas fuerzas de unos 600-800 hombres tienen una gran movilidad y una capacidad de combate conjunto autónoma. La creación de las Agrupaciones Tácticas de Combate (BTG) fue el resultado de la reestructuración de las fuerzas armadas soviéticas y luego rusas que comenzó a finales de la década de 1980.

En Europa, en un terreno relativamente compartimentado, la unidad básica de combate era la compañía o el batallón. Pero en el ejército soviético, concebido para operar en vastos territorios, la unidad de maniobra era el regimiento o el batallón. Sobre todo en una época en la que los medios de comunicación estaban muy jerarquizados, el grado de autonomía de las pequeñas unidades era muy limitado. Esto explica por qué la noción de iniciativa era diferente en el ejército soviético y en los ejércitos occidentales.

Pero todo cambió con la guerra de Afganistán. Contrariamente a la creencia popular en Occidente, en la Unión Soviética, y luego en Rusia, las fuerzas armadas y la doctrina militar siempre han sido objeto de debate, hasta en los niveles más bajos de mando. La guerra de Afganistán no fue una excepción. El personal militar podía intercambiar opiniones sobre tácticas y técnicas de combate en revistas militares soviéticas como *Voïenny Vestnik*.

Las lecciones aprendidas sobre el terreno se incorporaron rápidamente a la conducción de las operaciones y a las doctrinas de empleo. Esto explica, en particular, la completa reestructuración del 40º Ejército, que entró en Afganistán en 1979 con una estructura «tradicional» y que, en 1983, tenía una estructura completamente diferente, compuesta principalmente por infantería ligera, fuerzas especiales, unidades helitransportadas, artillería y unidades de señales.

En febrero de 2023, el experto suizo Alexandre Vautravers afirmaba que en 2007 Vladimir Putin había encargado a su nuevo ministro de

Defensa, Anatoly Serdyukov, la tarea de transformar el ejército ruso para que estuviera «*listo para la guerra dentro de diez años*», y veía en ello un presagio del SVO de 2022. También dice que estas reformas deben seguir el modelo de la OTAN, para que también Rusia pueda proyectar fuerzas en el extranjero y «*crear Estados en los Balcanes (...) queremos hacer lo mismo*»[129]. Esto es un culebrón.

De hecho, según el muy prooccidental *Moscow Times*, la misión de Serdyukov era «*limpiar el Ministerio de Defensa y aportar algún tipo de transparencia y preparación para el combate a las fuerzas armadas*»[130]. El ejército ruso heredado del periodo de Yeltsin era profundamente corrupto, disfuncional y difícil de manejar. Estas observaciones se vieron confirmadas por los problemas de liderazgo y coordinación observados en Osetia del Sur en agosto de 2008[131]. Estos problemas impulsaron la puesta en marcha de las reformas de Serdyukov.

Con Serdyukov, que era un civil, Vladimir Putin quería alejarse del sistema *siloviki*, que hacía del Ministerio de Defensa una fuente de corrupción. El objetivo era reducir el tamaño de las fuerzas armadas a un tamaño razonable y financieramente viable. El ejército ruso se sometió a una drástica cura de adelgazamiento. Se redujo de más de un millón de hombres en 2008 a 845.000 en 2013, se hizo hincapié en un ejército profesional, el número de oficiales superiores se redujo en un 70%, los sistemas ya no se desarrollaban sino que se compraban «listos para usar», etc.

Básicamente, el ejército ruso ha hecho exactamente lo mismo que los países occidentales en la última década: las reformas no se guían por cambios doctrinales, sino por la situación económica del país y la prioridad que se da al desarrollo del país.

Sin embargo, la idea de reducir el tamaño de las unidades operativas, manteniendo al mismo tiempo una elevada capacidad de fuego, data de mucho antes de la reforma Serdyukov. Ya en 1989, basándose en la experiencia de la guerra de Afganistán, los soviéticos habían percibido la

---

129. https://www.club-44.ch/mediatheque/
130. https://www.themoscowtimes.com/2012/11/13/serdyukov-leaves-big-shoes-to-fill-a19363
131. Michael Kofman, «Russian Performance in the Russo-Georgian War Revisited», *War on the Rocks*, 4 de septiembre de 2018 (https://warontherocks.com/2018/09/russian-perfor-mance-in-the-russo-georgian-war-revisited/).

necesidad de dividir sus fuerzas en módulos más pequeños con un alto grado de autonomía operativa[132]:

La experiencia de las guerras y conflictos locales de los últimos años demuestra que un batallón, reforzado con artillería, armas de defensa antiaérea, etc. (en total, hasta ocho subunidades adscritas), es la entidad táctica básica en el campo de batalla. En cierta medida, esto se debe a que el comandante sigue teniendo la oportunidad de observar personalmente la situación en su frente y reaccionar inmediatamente.

2.1.5.3.1. El concepto de BTG

La idea es crear formaciones capaces de combatir de forma autónoma. Dentro de la OTAN, una idea similar condujo a la creación de los *Brigade Combat Teams* (BCTs) en Estados Unidos y los *Battlegroups* en Gran Bretaña[133].

Para Rusia, el objetivo era mantener una gran potencia de fuego al tiempo que disponía de formaciones más pequeñas. Tras probar con brigadas al final de la Guerra Fría, optó por una estructura de batallones.

El batallón es la unidad militar más pequeña con Estado Mayor, por lo que tiene capacidad para analizar la situación, tomar decisiones complejas y llevar a cabo combates conjuntos. Además, el batallón es más ágil que una estructura regimental. Puede gestionar todos los elementos de combate y de apoyo necesarios para su acción.

Lo que hace tan especial al BTG es su énfasis en la potencia de fuego y la movilidad. Es una formación diseñada para un conflicto dinámico como el imaginado durante la Guerra Fría y como el visto en las primeras semanas de la SVO.

---

132. LTC Lester W. Grau, «The Soviet Combined Arms Battalion Reorganization for Tactical Flexibility», *Soviet Army Studies Office*, Fort Leavenworth (Kansas), septiembre de 1989 (https://apps.dtic.mil/sti/pdfs/ADA216368.pdf).

133. http://www.armedforces.co.uk/army/listings/l0014.html

2.1.5.3.2. Estructura del BTG

Los BTG son una forma de batallón de fusileros motorizado o aerotransportado reforzado, diseñado para operar de forma relativamente autónoma en combate dinámico. La idea es poder penetrar rápidamente en las profundidades del territorio enemigo, evitando las posiciones defensivas que requieren un combate sostenido (como las zonas urbanas o forestales).

Pero esta estructura tiene un inconveniente: es pequeña en cuanto al número de combatientes. Un BTG sólo cuenta con unos 200 soldados de infantería. En consecuencia, cuando se ve obligada a combatir en zonas urbanas o en terrenos especiales, tiene que ser reforzada por soldados de infantería. Esta es la razón por la que las fuerzas rusas han tenido que ser reforzadas por tropas como WAGNER (en Bakhmout) o formaciones chechenas (en Marioupol).

Al parecer, esta escasez crónica de soldados de infantería ha llevado a los rusos a contratar fuerzas especiales en algunas zonas en las que habría bastado con infantería especializada. En las fuerzas rusas, las «fuerzas especiales» o *spetsnaz* (войска специального *назначения*) son el equivalente de los Navy SEAL estadounidenses: tropas destinadas a operaciones de alto riesgo en territorio enemigo, a menudo para acciones de reconocimiento operativo en profundidad. Hoy en día, esta última función ha sido asumida por los drones, dejando a los *spetsnaz* un poco ociosos. Entablar combate con ellos en puntos calientes resultaba tentador, pero subóptimo.

Algunos «expertos» han señalado la debilidad de las capacidades logísticas de la BTG y han ironizado sobre las largas columnas de vehículos paradas al norte de Kiev nada más comenzar la ofensiva. Si estas columnas eran realmente una avería, nuestros «expertos» fueron incapaces de comprender los mecanismos que había detrás de ellas.

La logística de las BTG se organiza en torno al «*principio push*» (o *Bringprinzip* en alemán). En otras palabras, se trata de descargar al mando de la U BTG de la tarea, organizar su propia logística y proporcionarle lo que necesita, según unas necesidades calculadas de antemano. Este sistema difiere del «*principio pull*» (*Holprinzip* en alemán), en el que el mando de la unidad va a buscar lo que necesita a la retaguardia. La desventaja del *principio «push»* es que los esfuerzos logísticos pueden estar mal sincronizados con la situación operativa de la BTG. Esto es lo que ocurrió al norte de Kiev y provocó los atascos, cuyas imágenes han sido ampliamente comentadas por nuestros «expertos».

Composición de un BTG genérico

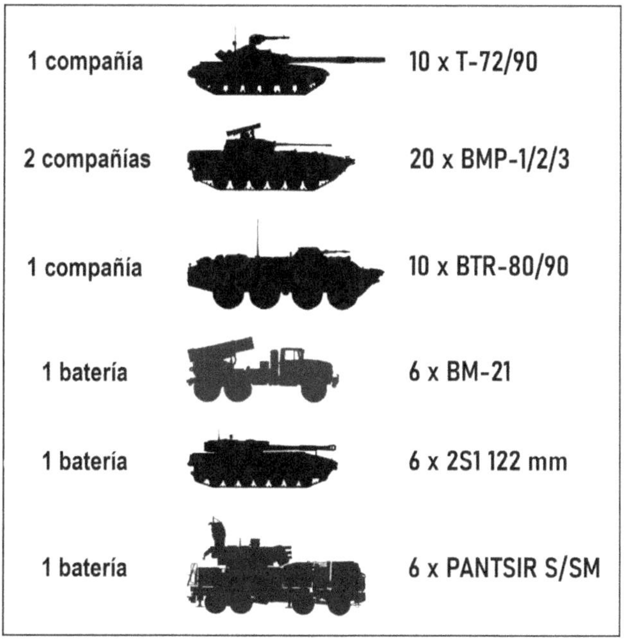

*Figura 15 — El BTG es un pequeño grupo operativo con una notable potencia de fuego.
Su principal debilidad es la relativa falta de infantería.*

2.1.5.3.3. Respeto de la población civil

El 21 de marzo de 2022, la *RTS* suiza informó de «*bombardeos indiscriminados*» [que] «*mataron a todo el mundo*»[134]. Pero esto no es lo que ven los analistas estadounidenses. Al día siguiente, en la revista estadounidense *Newsweek*, un oficial de las Fuerzas Aéreas de Estados Unidos señalaba: «*Sé que los medios de comunicación no dejan de repetir que Putin está atacando a civiles, pero no hay pruebas de que Rusia lo esté haciendo inten-*

---

134. https://www.rts.ch/info/monde/12958379-les-relations-avec-washington-sont-au-bord-de-la-rupture-dit-moscou.html

cionadamente». En el mismo artículo, un analista de la DIA señala que «*la gran mayoría de los ataques aéreos tienen lugar sobre el campo de batalla, con aviones rusos que proporcionan 'apoyo aéreo cercano' a las fuerzas terrestres. El resto —menos del 20%, según los expertos estadounidenses— tiene como objetivo aeródromos militares, cuarteles y depósitos de apoyo»*.

Los medios de comunicación suizos contradicen así al analista de inteligencia estadounidense que señala que «*si nos contentamos con convencernos de que Rusia bombardea indiscriminadamente, o de que no consigue infligir más daños porque su personal no está a la altura de las circunstancias o porque es técnicamente inepto, entonces no estamos viendo el conflicto tal y como es*»[135].

En octubre de 2022, Peter Maurer, presidente del *Comité Internacional de la Cruz Roja* (CICR), declaró en la revista suiza *Die Weltwoche*:

Observamos que ambas partes hacen verdaderos esfuerzos para que este conflicto no degenere por completo. Existen medidas cautelares contra la población civil.[136]

En abril de 2022, los medios de comunicación estatales suizos retomaron el tema, declarando que Rusia estaba practicando «*tácticas estratégicas de tierra quemada*»[137].

De hecho, las estrategias utilizadas por los defensores se atribuyen a las fuerzas rusas. El objetivo de la «*política de tierra quemada*», por ejemplo, es impedir que un atacante explote los recursos de los territorios conquistados. Al retirarnos, destruimos sistemáticamente las infraestructuras, los depósitos de combustible, etc., para que el atacante no pueda utilizarlos en su provecho y sus «ganancias» se conviertan en

---

135. William M. Arkin, «Putin's Bombers Could Devastate Ukraine But He's Holding Back. Here's Why», *Newsweek*, 22 de marzo de 2022 (https://www.newsweek.com/putins-bombers-could-devastate-ukraine-hes-holding-back-heres-why-1690494)

136. «El presidente de Roten Kreuzes, Peter Maurer, afirma: «Der Ukraine-Krieg markiert eine Trendwende». Das humanitäre Völkerrecht werde wieder stärker beachtet. Die Rolle des neutralen Vermittlers bleibe unverzichtbar. Friede sei nur durch Gespräche möglich», *Die Weltwoche*, 7 de octubre de 2022 (https://weltwoche.ch/daily/praesident-des-roten-kreuzes-peter-maurer-sagt-der-ukraine-krieg-markiert-eine-trendwende-das-humanitaere-voelkerrecht-werde-wieder-staerker-beachtet-die-rolle-des-neutralen-vermittlers/)

137. «La stratégie future de l'armée russe en Ukraine analysée par des experts», *RTS Info*, 24 de abril de 2022 (https://www.rts.ch/info/monde/13040980-la-strategie-future-de-larmee-russe-en-ukraine-analysee-par-des-experts.html)

una desventaja. Esta fue la estrategia ordenada por Stalin durante el avance alemán en 1941-1942.

Utilizar la presencia de civiles para impedir que un atacante utilice sus armas es también una estrategia defensiva, generalmente denominada *«escudo humano»*. La realidad es que las fuerzas ucranianas intentan compensar su inferioridad táctica situando a sus tropas cerca o en el centro de objetivos civiles. Como dice William Schabas, catedrático de Derecho Internacional de la Universidad Middlesex de Londres:

> *Soy muy reacio a decir que Ucrania es responsable de las víctimas civiles, porque Ucrania está luchando para defender a su país contra un agresor, pero en la medida en que Ucrania lleva el campo de batalla a zonas civiles, aumenta el peligro para los civiles[138].*

Así que no sólo son los rusos los atacantes de hoy, sino que no buscan conquistar territorio. Su objetivo es proteger a una población. Resulta difícil entender por qué intentan sistemáticamente destruir las infraestructuras de esas mismas poblaciones, ¡que en general están a su favor!

2.2. Conducta rusa

2.2.1. *Una filosofía de conducción pragmática*

En diciembre de 2022, la comparecencia del general Bruno Clermont ante una comisión del Senado ilustró la visión extremadamente esquemática y simplista de la conducta rusa que tienen nuestros generales[139]. Más allá del estereotipo, el conflicto ucraniano demuestra que la conducta rusa es extremadamente flexible y está muy bien integrada. Incluso en plena Guerra Fría, el manual del ejército estadounidense *FM-100-2* sobre las fuerzas soviéticas afirmaba[140]:

---

138. Sudarsan Raghavan, «Rusia ha matado a civiles en Ucrania. Kyiv's defense tactics add to the danger», *The Washington Post*, 28 de marzo de 2022 (https://www.washingtonpost.com/world/2022/03/28/ukraine-kyiv-russia-civilians/)
139. https://youtu.be/INa_9ZzEgfM
140. https://irp.fas.org/doddir/army/fm100-2-1.pdf

Las operaciones y tácticas soviéticas no eran tan rígidas como pensaban muchos analistas occidentales.

El ejército soviético se organizó sobre la base de las experiencias del Ejército Rojo durante la Gran Guerra Patria (22 de junio de 1941 - 9 de mayo de 1945): operaciones a gran escala, lanzadas sobre vastas zonas con fuerzas masivas. La unidad de maniobra era el regimiento, o incluso el batallón. Por eso, la iniciativa de los jefes se esperaba a partir de este nivel. La guerra de Afganistán lo cambió todo: la extrema compartimentación del terreno, los numerosos pequeños enfrentamientos a nivel táctico y la imposibilidad de enfrentarse a grandes formaciones militares dieron una nueva importancia al nivel táctico inferior. El 40° Ejército, articulado como un ejército conjunto convencional, se transformó rápidamente en una fuerza dotada de helicópteros y artillería en abundancia, capaz de apoyar muy rápidamente a una multitud de pequeñas unidades independientes, gracias a una plétora de medios de transmisión.

Para las fuerzas rusas, la principal lección de este conflicto es la promoción de la iniciativa individual en el nivel táctico inferior, con el corolario de rebajar el nivel de aplicación de lo que denominan «conducción *descentralizada*» (децентрализация управления - ДЦУ) (DTsU). Más conocido por su nombre alemán *Auftragstaktik*, el DTsU es el equivalente de lo que se conoce como «*conduite par objectifs*» en la industria o «*conduite par missions*» (*mando por misión*) en algunos ejércitos. Se define como el[141]:

principio de desarrollar una solución específica basada en el encargo recibido.

En Francia, este concepto de liderazgo por objetivos se entiende muy mal, por lo que es criticado por algunos historiadores y «expertos» militares sin experiencia de mando[142].

No es un elemento de táctica militar, como sugiere el término, sino un método de liderazgo (*Führungstil*). Por eso, aunque el término

---

141. Цепков И. В. «Терминологические основания выделения терминов-реалий и способы их перевода (рус.)», *Вестник* МГЛУ, № 19-2 (679), 2013.
142. https://www.vududroit.com/2022/06/ukraine-le-temps-des-mauvais-generaux/

Auftragstaktik sigue utilizándose ampliamente en el lenguaje cotidiano, la *Bundeswehr* prefiere la expresión *Führen mit Auftrag* («dirigir por misión»). Esto contrasta con *Befehlstaktik* (*mando detallado*), en el que los subordinados reciben instrucciones detalladas sobre cómo llevar a cabo su misión.

Con la gestión por objetivos, el directivo formula una intención y fija un objetivo para su subordinado. Corresponde al subordinado encontrar la mejor solución para alcanzar ese objetivo, dada la situación. Contrariamente a lo que afirman algunos, el subordinado no tiene libertad total: debe actuar dentro de su ámbito de competencia, dentro de los límites territoriales (por ejemplo, zonas de ataque) y en la asignación de recursos (por ejemplo, medios aéreos o de artillería). La interpretación de que esto significa que puede «*tomar iniciativas por su cuenta sin referirse a sus superiores*» es sencillamente errónea. El subordinado actúa en el marco de la intención de su superior.

Este sistema de gestión no sólo evita la «microgestión», sino que permite una mayor flexibilidad y es más eficaz cuanto más se asciende en la jerarquía. El problema es que los jefes suelen estar poco formados para mandar y dar a los subordinados los medios y la flexibilidad para tomar decisiones. En el ejército británico, que adoptó este estilo de liderazgo en 1987, un estudio interno realizado en 2004 demostró que las órdenes emitidas en Irak eran aún más detalladas que antes. Esto significa que no se entiende el principio mismo del liderazgo por objetivos. Así que el problema no es el método en sí, sino su aplicación.

En el TVD Ucrania, las fuerzas ucranianas y rusas se dirigen según el principio de mando por objetivos. Al comienzo de la operación rusa, los expertos occidentales consideraron que el enfoque *basado en objetivos* daría a las fuerzas ucranianas una ventaja decisiva sobre las rusas, que tenían fama de contar con un sistema de mando más centralizado y rígido[143]. La experiencia demuestra lo contrario. En Ucrania no parece que el concepto haya sido realmente asimilado por las tropas. Por parte rusa, hay que distinguir entre las fuerzas rusas, suficientemente experimentadas y entrenadas en el DTsU, y las milicias de Donbass, menos experimentadas, que han sufrido una gran parte de las pérdidas atribuidas a Rusia.

---

143. https://www.bbc.com/russian/features-60881647

2.2.2. La cuestión de los grados y las funciones

En febrero de 2023, el «experto» militar Alexandre Vautravers intentó demostrar la escasez de oficiales en el ejército ruso utilizando el ejemplo de un teniente primero (en Francia: sous-lieutenant) que era comandante de batallón. No sabía cómo funcionaba el ejército ruso.

En el ejército ruso, la función prima sobre el rango. En otras palabras, los mandos se otorgan en función de las capacidades reales de los oficiales y no de su rango. Se trata de un fenómeno ampliamente observado durante la Segunda Guerra Mundial y la Guerra Fría, cuando se ascendía a puestos superiores a personas más capaces, a pesar de la disponibilidad de «rangos».

Como explica Viktor Suvorov, antiguo oficial del GRU, en su libro *Inside the Soviet Army*, cuatro principios determinan la colocación de los cuadros[144]:

1. La antigüedad no depende del grado, sino del tiempo que se lleva en un puesto;

2. La elegibilidad para el mando superior no viene determinada por el rango, sino por la capacidad para desempeñar la función;

3. La duración de una orden no es fija, sino que se determina en función de las necesidades;

4. El cargo que ocupa un ejecutivo le permite acceder a un grado superior, pero no a la inversa.

No existe una correlación automática entre rango y función. El mando no se otorga según criterios burocráticos, sino en función de los resultados. Aunque no se puede descartar que en algunos nombramientos influya la falta de cuadros, el ejército ruso es lo suficientemente grande como para que no le falten *comandantes*.

2.2.3. La «falta de suboficiales»

Una crítica a menudo repetida por nuestros «expertos», como en el informe del Senado francés de febrero de 2023, para explicar los «malos» resultados del ejército ruso es la escasez de suboficiales[145]. De hecho, hay

---

144. Viktor Suvorov, *Inside the Soviet* Army, Hamish Hamilton, Londres, 1982.
145. «Ucrania: un año de guerra. Lecciones para Francia», Documento informativo nº 334 (2022-2023), *senat.fr*, 8 de febrero de 2023 (https://www.senat.fr/rap/r22-334/r22-334_mono.html)

proporcionalmente menos suboficiales (alrededor del 12% en 2010)[146] que en los ejércitos francés (34% en 2019)[147] o estadounidense (45% en 2022)[148]. Pero hay que tener cuidado de no sacar conclusiones demasiado rápidamente, ¡como han hecho nuestros senadores!

El ejército ruso favorece tradicionalmente el papel de los oficiales, en particular de los oficiales subalternos (de subtenientes a capitanes). Los oficiales representan alrededor del 30% de la plantilla en Rusia, frente al 12% en Francia y el 18% en el ejército estadounidense. En otras palabras, los oficiales subalternos desempeñan funciones que en Occidente desempeñarían los suboficiales. La razón es histórica.

En los países occidentales, el cuerpo de suboficiales es en gran medida (aunque no exclusivamente) un subproducto de la profesionalización de las fuerzas armadas: el objetivo es ofrecer al personal alistado una carrera profesional. El ejército ruso es tradicionalmente un ejército de reclutas. Produce suboficiales subalternos que tienden a abandonar el ejército al final de su servicio obligatorio. Por eso, los oficiales siguen siendo los responsables de transmitir la experiencia y los conocimientos técnicos. Sobre todo en Ucrania, los oficiales rusos están menos alejados de sus hombres que en Occidente, y pueden asumir tareas operativas en caso de emergencia. Esto explica en particular el índice de bajas entre los oficiales rusos, que es globalmente más elevado que en los ejércitos occidentales.

Por otra parte, en noviembre de 2023, con sus fuerzas casi rodeadas en Avdiivka, los soldados ucranianos expresaron su desilusión con su mando, que acababa de ser evacuado de la ciudad, dejando a los combatientes sin oficiales. Formados en la tradición soviética, esperaban que sus oficiales compartieran su destino. Pero sus oficiales habían sido formados en la escuela occidental...

Dicho esto, uno de los elementos de la reforma de las fuerzas rusas emprendida por el ministro de Defensa Anatoly Serdyukov en 2008 era precisamente profesionalizar a los suboficiales y aumentar su número[149],

---

146. https://www.globalsecurity.org/military/world/russia/personnel-nco.htm
147. https://fr.wikipedia.org/wiki/Forces_arm%C3%A9es_fran%C3%A7aises
148. https://sgp.fas.org/crs/natsec/IF10684.pdf
149. https://jamestown.org/program/russian-military-plans-new-nco-training-center/

reduciendo al mismo tiempo el de oficiales[150]. Sin embargo, el ejército ruso sigue contando con un elevado número de oficiales.

En Occidente, el número de oficiales en Rusia es sinónimo de rigidez de mando, mientras que el número y el papel de los suboficiales están vinculados a una imagen de liderazgo descentralizado. Esto es lo que Occidente trató de corregir en Ucrania en 2014, aumentando drásticamente el número de suboficiales y reduciendo el de oficiales. Esto jugó en contra de los ucranianos porque no crearon un cuerpo de suboficiales experimentados. Durante la SVO, los oficiales ucranianos tendían a dejar que los suboficiales tomaran la iniciativa en el frente, mientras que los suboficiales tendían a quedarse atrás. Esto provocaba situaciones en las que se perdían soldados en medio de los combates.

La idea de que Rusia carece de suboficiales se basa en la suposición de que un ejército profesional es más eficiente que un ejército de reclutas. Esto no es cierto. La complejidad de los sistemas de armas, a menudo esgrimida como argumento a favor de un ejército profesional, es un argumento falaz porque esta complejidad está diseñada para facilitar el uso de las armas y reducir los tiempos de aprendizaje, incluso para las actividades logísticas y de mantenimiento. En otras palabras, la mecánica ha sido sustituida por el intercambio de módulos estándar, y las reparaciones corren a cargo del proveedor de armas. Es el mismo sistema que el de nuestros teléfonos móviles.

Sin embargo, la profesionalización sigue siendo una ventaja para las actividades que requieren competencias y conocimientos precisos y especializados.

---

150. https://en.wikipedia.org/wiki/2008_Russian_military_reform

3. Operación Militar Especial (SVO) en Ucrania

> *Con calma, rítmicamente, sin aspavientos.*
> *Así es como las tropas rusas llevan a cabo sus tareas,*
> *así es como comienza esta semana de Operación Militar Especial.*
> *Paso a paso, hacia la victoria.*
> Ministerio de Defensa de la Federación Rusa
> 23 de octubre de 2023[151]

3.1. Correlación de fuerzas

Los rusos adoptan una visión holística de la guerra, teniendo en cuenta todos los factores que influyen directa o indirectamente en el conflicto.

Por el contrario, como hemos visto en Ucrania y en otros lugares, los occidentales adoptan una visión mucho más política de la guerra y acaban mezclando ambas cosas. Por eso la comunicación desempeña un papel tan esencial en la conducción de la guerra: la percepción del conflicto juega un papel casi más importante que su realidad. Por eso, en Irak, los estadounidenses inventaron literalmente episodios que glorificaban a sus tropas.

El análisis ruso de la situación en febrero de 2022 era, sin duda, bastante más pertinente que el occidental. Sabían que estaba en marcha una ofensiva ucraniana contra el Donbass y que podía poner en peligro al Gobierno. En 2014-2015, tras las masacres de Odessa y Mariupol, la población rusa estaba muy a favor de una intervención. La obstinación

---

151. https://pravda-en.com/world/2023/10/23/149768.html

de Vladimir Putin en aferrarse a los Acuerdos de Minsk era mal comprendida en Rusia.

Los factores que contribuyeron a la decisión rusa de intervenir fueron dos: el apoyo esperado de la población étnicamente rusa de Ucrania (a la que llamaremos «rusoparlante» por comodidad) y una economía lo suficientemente robusta como para soportar las sanciones.

La población rusoparlante se levantó en masa contra las nuevas autoridades tras el golpe de Estado[152] de febrero de 2014, cuya primera decisión fue despojar al ruso de su estatus de lengua oficial[153]. Kiev intentó dar marcha atrás, pero en abril de 2019 se confirmó definitivamente la decisión de 2014[154].

Desde la aprobación de la Ley de Pueblos Indígenas el 1 de julio de 2021, los rusoparlantes (rusos étnicos) ya no se consideran ciudadanos ucranianos normales y no gozan de los mismos derechos que los ucranianos étnicos[155]. Por tanto, cabe esperar que no opongan resistencia a la coalición rusa en la parte oriental del país.

Sobre la cuestión de la soberanía, Maria Zakharova, portavoz del Ministerio de Asuntos Exteriores ruso, explica[156]:

En el artículo 1 del Tratado sobre los Principios de las Relaciones entre la RSFSR y la RSS de Ucrania, de 19 de noviembre de 1990, ambas repúblicas se reconocen mutuamente como «Estados soberanos». El Tratado de 1990 fue sustituido posteriormente por el Tratado de Amistad, Cooperación y Asociación entre la Federación Rusa y Ucrania de 31 de mayo de 1997 (artículo 39), que fue denunciado por Ucrania y expiró el 1 de abril de 2019.

---

152. Jim Rutenberg, «The Untold Story of 'Russiagate' and the Road to War in Ukraine», *The New York Times Magazine*, 2 de noviembre de 2022 (actualizado el 7 de noviembre de 2022) (https://www.nytimes.com/2022/11/02/magazine/russiagate-paul-manafort-ukraine-war.html)

153. *Rebeldes sin causa: los apoderados de Rusia en el este de Ucrania*, International Crisis Group, Informe sobre Europa N° 254, 16 de julio de 2019, p. 2

154. https://www.opendemocracy.net/en/odr/ukraine-language-law-en/

155. «Нардеп від «Слуги народу» Семінський заявив про «позбавлення конституційних прав росіян, які проживають в Україні», *AP News*, 2 de julio de 2021 (https://apnews.com.ua/ua/news/nardep-vid-slugi-narodu-seminskii-zayaviv-pro-pozbavlennya-konstitutciinikh-prav-rosiyan-yaki-prozhivaiut-v-ukraini/)

156. https://mid.ru/en/press_service/spokesman/briefings/1890329/

De hecho, fue Petro Poroshenko, entre las dos vueltas de las elecciones presidenciales, quien denunció este tratado, que también define los deberes de Ucrania hacia su minoría rusa, para «limpiar el expediente» de su rival Volodymyr Zelensky[157].

Desde el 24 de marzo de 2021, las fuerzas ucranianas han intensificado su presencia en torno a la región de Donbass y han aumentado la presión sobre los autonomistas disparando contra ellos.

Proceso de adhesión de Ucrania a la OTAN

Intensificación de los ataques contra la población de Donbass

Intervención de Rusia

Lanzamiento de sanciones masivas contra Rusia

Colapso económico de Rusia

Descontento popular
Revueltas y derrocamiento de Vladímir Putin

Proceso de «descolonización» de Rusia

Ucrania podría entrar en la OTAN

Ilustración 16 — El 18 de marzo de 2019, Olekseï Arestovitch, asesor de Zelensky, explica que la adhesión de Ucrania a la OTAN debe implicar un enfrentamiento con Rusia. Esboza el proceso que conducirá a la derrota de Rusia, permitiendo así a Ucrania ingresar en la Alianza.

---

157. http://opiniojuris.org/2019/05/01/termination-of-the-treaty-of-friendship-between-ukraine-and-russia-too-little-too-late-%EF%BB%BF/

El decreto de Zelensky del 24 de marzo de 2021 para la reconquista de Crimea y el Donbass fue el verdadero detonante del SVO. A partir de ese momento, los rusos comprendieron que si se producía una acción militar contra ellos, tendrían que intervenir. Pero también sabían que la causa de la operación ucraniana era el ingreso en la OTAN, como había explicado Oleksei Arestovitch. Por eso, a mediados de diciembre de 2021, presentarán propuestas a Estados Unidos y a la OTAN para la ampliación de la Alianza: su objetivo es entonces eliminar de Ucrania el motivo de una ofensiva en el Donbass.

La razón de la Operación Militar Especial de Rusia (SVO) es, en efecto, proteger a la población de Donbass, pero esta protección era necesaria debido al deseo de Kiev de unirse a la OTAN a través de una confrontación. Por lo tanto, la expansión de la OTAN es sólo una causa indirecta del conflicto en Ucrania. Ucrania podría haberse ahorrado este calvario aplicando los Acuerdos de Minsk, pero lo que se quería era una derrota de Rusia.

En 2008, Rusia intervino en Georgia para proteger a la minoría rusa[158] que entonces estaba siendo bombardeada por su Gobierno, como confirmó la embajadora suiza Heidi Tagliavini, encargada de la investigación de este suceso[159]. En 2014, muchas voces se alzaron en Rusia pidiendo la intervención cuando el nuevo régimen de Kiev enfrentó a su ejército contra la población civil de los cinco oblasts autonomistas (Odessa, Dnepropetrovsk, Kharkov, Lugansk y Donetsk) y llevó a cabo una feroz represión. En 2022, era de esperar que la población rusa no entendiera la inacción del gobierno, después de que ni la parte ucraniana ni la occidental hicieran ningún esfuerzo por hacer cumplir los Acuerdos de Minsk.

---

158. https://www.cfr.org/event/conversation-sergey-lavrov
159. Timothy Heritage, «Georgia started war with Russia: EU-backed report», *Reuters*, 30 de septiembre de 2009 (https://www.reuters.com/article/us-georgia-russia-report-idUSTRE58T-4MO20090930)

Figura 17 — La responsabilidad de proteger según las Naciones Unidas. Como puede verse, ni las Naciones Unidas, ni la Unión Europea, ni la diplomacia de los países occidentales han sido capaces de respetar los dos primeros pilares, defendidos por la diplomacia rusa desde 2014. El pilar III se ha convertido en la única opción posible para Rusia. Pero está claro que Rusia utilizará el objetivo de proteger a la población rusa de Ucrania para servir a sus objetivos más amplios de seguridad nacional.

Como resultado, la intervención militar podría ganarse el apoyo de la población de etnia rusa de Ucrania y las fuerzas militares no tendrían que enfrentarse a la «resistencia» en el este y el sur del país.

Desde el principio de la SVO, quedó claro que Rusia no tenía intención de ir más allá de la barrera lingüística e intentar establecer una presencia duradera allí. Fueron el discurso occidental y nuestros medios de comunicación los que echaron leña al fuego atribuyendo a Rusia objetivos que no tenía.

Sin embargo, a nivel internacional, estaba segura de que cualquier intervención, por pequeña que fuera, acarrearía sanciones. Ahora, tras la experiencia de 2014, Rusia se ha dado cuenta de que necesita preparar su economía para otro choque y hacerla menos dependiente de Occidente. Los dirigentes rusos conocían sin duda el proyecto elaborado por la *RAND*

Corporation en marzo de 2019, y previeron la extensión de las sanciones a las que podrían verse sometidos[160]. Sabían que no disponían de medios para lanzar una represalia económica. Pero también sabían que una guerra económica contra Rusia sería inevitablemente contraproducente para los países occidentales. Además, esta eventualidad se menciona explícitamente como un riesgo en la estrategia de *RAND*.

Un elemento importante del pensamiento militar y político ruso es su dimensión legalista. La forma en que nuestros medios de comunicación presentan los acontecimientos omite sistemáticamente sucesos o hechos que podrían explicar, justificar, legitimar o incluso legalizar las acciones de Rusia. Tendemos a pensar que Rusia actúa fuera de todo marco legal. Por ejemplo, nuestros medios presentan la intervención rusa en Siria como decidida unilateralmente por Moscú[161], cuando se llevó a cabo a petición del gobierno sirio[162], después de que Occidente permitiera al Estado Islámico acercarse a Damasco, como confesó John Kerry, entonces secretario de Estado[163]. Sin embargo, nunca se menciona la ocupación del este de Siria por las tropas estadounidenses, ¡que ni siquiera fueron invitadas allí!

Podríamos multiplicar los ejemplos, a los que nuestros periodistas opondrán los crímenes de guerra cometidos por las fuerzas rusas. Puede que sea cierto, pero el simple hecho de que estas acusaciones no se basen en ninguna investigación imparcial y neutral (como exige la doctrina humanitaria) o internacional, porque se niega sistemáticamente la participación de Rusia, arroja una sombra sobre la honestidad de estas acusaciones. Por ejemplo, el sabotaje de los gasoductos Nord Stream 1 y 2 se atribuyó inmediatamente a Rusia, a la que se acusó de violar el Derecho internacional[164].

---

160. James Dobbins, Raphael S. Cohen, Nathan Chandler, Bryan Frederick, Edward Geist, Paul DeLuca, Forrest E. Morgan, Howard J. Shatz, Brent Williams, «Extending Russia: Competing from Advantageous Ground», *RAND Corporation*, 2019.

161. https://www.lexpress.fr/monde/proche-moyen-orient/intervention-russe-en-syrie_1722867.html

162. «Syrie : Bachar el-Assad appelle à l'aide militaire» de la Russie», *Le Point/AFP*, 30 de septiembre de 2015 (https://www.lepoint.fr/monde/syrie-bachar-el-assad-appelle-a-l-aide-militaire-de-la-russie-30-09-2015-1969436_24.php).

163. John Kerry, grabación de una reunión con la oposición siria en la Misión de las Naciones Unidas en los Países Bajos, 22 de septiembre de 2016, publicada por *Wikileaks* («Leaked audio of John Kerry's meeting with Syrian revolutionaries/UN (improved audio)»), *YouTube*, 4 de octubre de 2016).

164. https://www.huffingtonpost.fr/international/article/nord-stream-le-sabotage-des-gazoducs-ne-fait-plus-de-doute-pour-les-europeens_208315.html

De hecho, a diferencia de Occidente, que aboga por un «orden internacional basado en normas», los rusos insisten en un «orden internacional basado en el derecho». A diferencia de Occidente, aplicarán la ley al pie de la letra. Ni más ni menos.

El marco jurídico de la intervención rusa en Ucrania ha sido meticulosamente trazado. Como esta cuestión ya se ha tratado en uno de mis libros anteriores, no entraré en detalles aquí, pero presentaré el gráfico, que arroja luz sobre la forma de proceder de los rusos, totalmente ausente del pensamiento occidental.

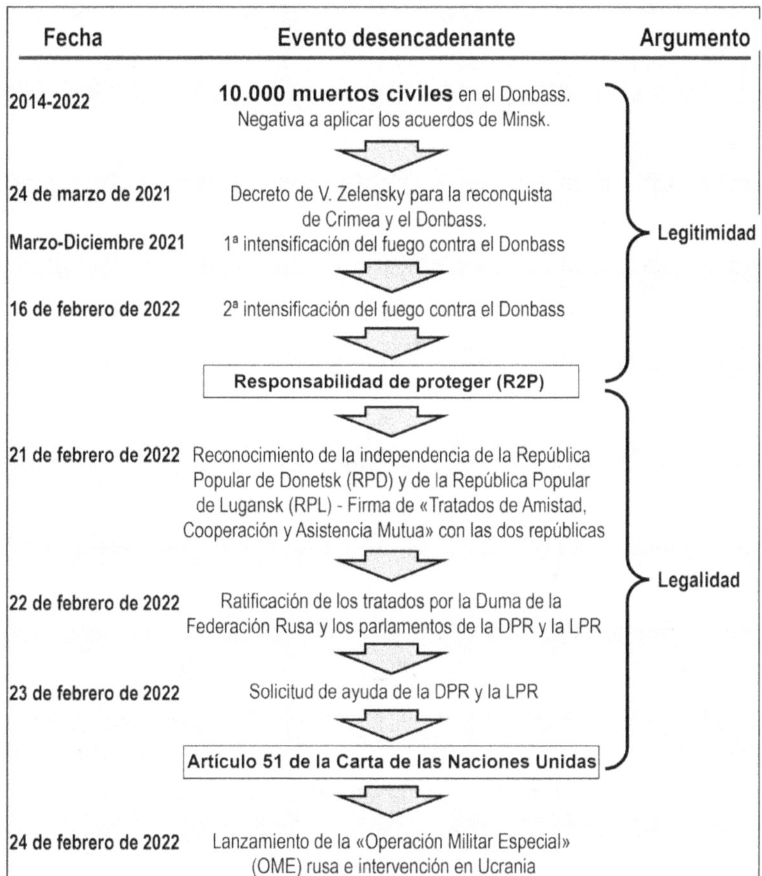

Figura 18 — La lógica jurídica de la intervención de Rusia en Ucrania. El objetivo de este proceso era permitir a Rusia someter a la SVO al Artículo 51 de la Carta de las Naciones Unidas y a las autoproclamadas repúblicas del Donbass invocar la autodefensa. Los debates en torno a la invocación por Israel del artículo 51 contra Hamás —que no es un Estado— muestran la relevancia del proceso iniciado por Rusia en febrero de 2022.

93

3.2. Fuerzas rusas

3.2.1. La mano de obra al inicio de la SVO

En diciembre de 2021, la CIA contabilizó 50 grupos de combate rusos (BTG) en la frontera ucraniana, que podrían ser reforzados por otros 50 BTG. La agencia estimaba así el potencial total disponible en 175.000 hombres[165], cifra retomada por la mayoría de los comentaristas. En realidad, teniendo en cuenta la fuerza de los BTG (600-800 hombres), los rusos tenían como máximo entre 60.000 y 80.000 hombres disponibles para la SVO, cifras confirmadas posteriormente por el Pentágono[166].

Además de las propias tropas rusas, había unos 60.000 milicianos de las Repúblicas Populares de Donetsk y Lugansk. Así que la fuerza «rusa» era, en realidad, una coalición formada por fuerzas del ejército de la Federación Rusa, tropas de la República Popular de Donetsk (RPD) y de la República Popular de Lugansk (RPL) y un contingente de la Guardia Nacional chechena.

Mientras que los militares rusos son en su mayoría profesionales, no ocurre lo mismo con las tropas de la DPR y la LPR, que son «ciudadanos en armas», según un principio muy similar al conocido en Suiza como «sistema de milicias».

Con alrededor de un 40% de no profesionales, la coalición rusa dista mucho de ser homogénea. Como resultado, la calidad del entrenamiento y del armamento dentro de la coalición varía ampliamente. Nuestros medios de comunicación y los expertos pseudomilitares han borrado sistemáticamente estas diferencias para atribuir al ejército ruso las debilidades de las milicias del Donbass, sobre todo en términos de equipamiento. Volveremos sobre ello más adelante. Además, las milicias de Donbass tienen diferentes estructuras de liderazgo, que requieren «coordinación» con el ejército ruso. Este es un problema que Rusia se comprometerá a resolver durante la segunda fase de la SVO.

---

165. https://www.washingtonpost.com/national-security/russia-ukraine-invasion/2021/12/03/98a3760e-546b-11ec-8769-2f4ecdf7a2ad_story.html
166. «Senior Defense Official Holds a Background Briefing, April 18, 2022», *defense.gov*, 18 de abril de 2022 (https://www.defense.gov/News/Transcripts/Transcript/Article/3002867/senior-defense-official-holds-a-background-briefing-april-18-2022/)

Por otro lado, las milicias del Donbass, por inexpertas que sean, demostrarán ser duros combatientes. Luchan por la gente de «su» región, que conocen y en la que tienen a sus familias y seres queridos. No olvidemos que, según la legislación ucraniana, los ciudadanos ucranianos de etnia rusa no tienen los mismos derechos que los «ucraniano-ucranianos». Por eso estas milicias sienten que están «liberando» su tierra y por eso, contrariamente a lo que han propagado nuestros medios de comunicación, han tratado de proteger a los civiles en sus acciones.

Mapa publicado por el **Washington Post** *(3 de diciembre de 2021)*

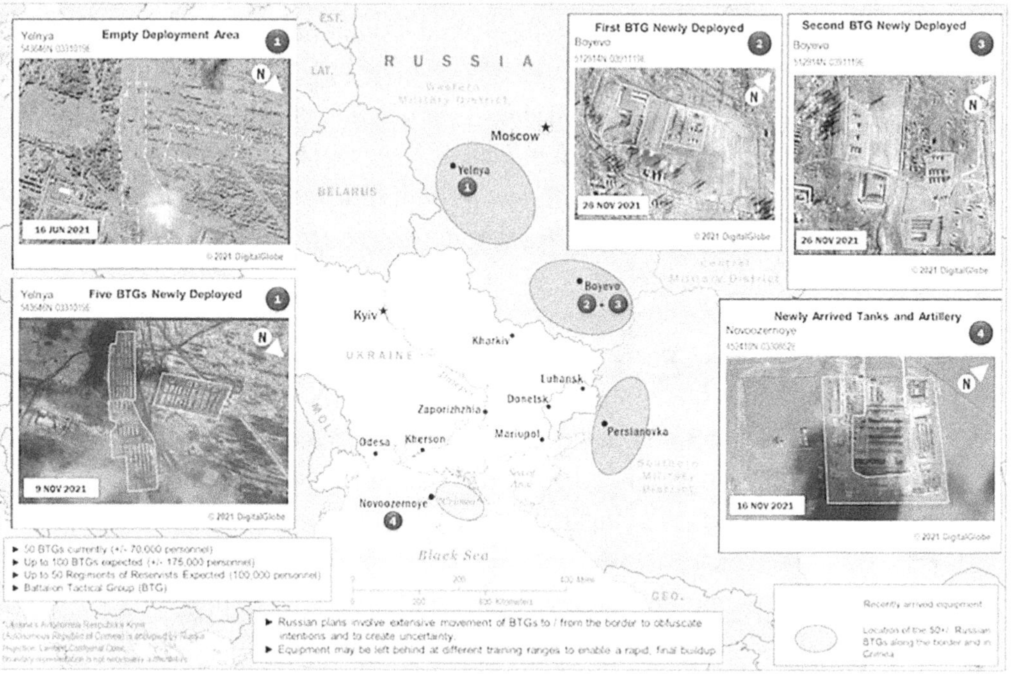

Figura 19 — Mapa de la inteligencia estadounidense de las fuerzas rusas desplegadas alrededor de Ucrania en diciembre de 2021. No hay tropas rusas en el Donbass. Los políticos occidentales —sobre todo Estados Unidos, Francia y Gran Bretaña— han mentido sistemáticamente al respecto para justificar la falta de avances en la aplicación de los Acuerdos de Minsk. Francia no ha desempeñado su papel de garante de los Acuerdos y ha hecho la vista gorda ante los ataques ucranianos contra civiles en el Donbass. Esto es lo que impulsará a los rusos a pasar a la ofensiva el 24 de febrero de 2022. [Fuente: Washington Post]

Por tanto, la coalición rusa lanzó la SVO con una fuerza de 90.000 a 140.000 hombres, dependiendo de la disponibilidad de refuerzos. Esta cifra tan baja sorprendió a los observadores occidentales. Aquí hay que recordar dos cosas.

En primer lugar, aunque la operación rusa hubiera sido objeto de una *«planificación de contingencia»*, probablemente los rusos no estaban totalmente preparados para lanzar esta operación. Fueron los indicios de una inminente ofensiva ucraniana los que impulsaron a los rusos a poner en marcha su planificación de contingencia y lanzar la SVO. En otras palabras, probablemente el momento no era el óptimo para Rusia.

La OTAN define el *plan de contingencia* del siguiente modo[167]:

> *Plan elaborado para posibles operaciones cuyos elementos de planificación han sido identificados o pueden estimarse. Este plan se elabora con el mayor detalle posible e incluye los recursos necesarios y las opciones de despliegue que servirían de base para la planificación posterior.*

En segundo lugar, Rusia no tiene por costumbre desplegar grandes contingentes. «Tradicionalmente, el tamaño de sus fuerzas expedicionarias ha sido mucho menor que el que suele desplegar Occidente: en Afganistán (1979-1989), el contingente ruso nunca superó los 115.000 hombres, y en Siria (2015), los 20.000 hombres. En Osetia del Sur (Georgia, 2008), las fuerzas rusas alcanzaron un máximo de 14.000 hombres, mientras que los georgianos desplegaron entre 16.000 y 20.000[168].

Así pues, los rusos no sólo tienden a desplegar contingentes relativamente pequeños, sino que también tienen la «tradición» de lanzar operaciones con un equilibrio de fuerzas desfavorable.

Así, al inicio de la SVO, teniendo en cuenta las fuerzas de la DPR y la LPR, la proporción de fuerzas a favor de Ucrania en el frente del Donbass puede estimarse en 0,6:1. En mayo de 2022, con la movilización

---

167. *Glosario de términos y definiciones de la OTAN (inglés y francés)*, AAP-6, Oficina de Normalización de la OTAN (NSO), 2021
168. https://warontherocks.com/2018/09/russian-performance-in-the-russo-georgian-war-revisited/

en Ucrania, 700.000 soldados[169] se enfrentarán a los 100.000-190.000 soldados de la coalición rusa (Rusia, DPR y LPR). Esto significaría una proporción de 3-4:1 a favor de Ucrania durante la fase 1 de la operación.

Nuestros estrategas televisivos repiten una y otra vez que las reglas del arte militar recomiendan una superioridad de 3 a 1 para tener éxito en un ataque. En realidad, se trata sólo de un valor de planificación, válido para un ataque frontal. Un examen de las grandes batallas de la historia muestra que en el 57% de los casos, ¡el atacante logró la victoria a pesar de una proporción que le era desfavorable[170]! La explicación de esta aparente contradicción reside en el arte de las operaciones: es la maniobra y la sucesión de acciones dentro de una operación lo que permite compensar una relación desfavorable. La maniobra debe impedir que el enemigo se reagrupe para organizar su defensa. Esto es lo que no pudieron hacer los ucranianos en 2022, porque ya no tenían capacidad de maniobra.

3.2.2. La fuerza de las fuerzas armadas rusas

El conocimiento del sistema ruso por parte de nuestros llamados «expertos militares» es extremadamente fragmentario y está teñido de prejuicios. Desde el punto de vista ruso, esto es una ventaja considerable, porque estos «expertos» tienden a subestimar constantemente las capacidades de Rusia. Esta es la razón principal por la que Ucrania lleva perdiendo frente a Rusia desde febrero de 2022. Desde el punto de vista de nuestros estados mayores, estos «expertos» son muy peligrosos, porque distorsionan nuestro pensamiento y nos llevan a conclusiones erróneas.

Desde el comienzo de la SVO, nuestros medios de comunicación y «expertos» han estado presentando a las fuerzas rusas como cuantitativa y cualitativamente insuficientes, explicando que sólo pueden perder la guerra. Esta narrativa ha llevado a nuestros «expertos» a predecir una

---

169. «700.000 soldados defienden Ucrania ahora, dice Zelenskyy, mientras arrecian las batallas en el Donbás», *Euronews/AP/AFP*, 21 de mayo de 2022 (https://www.euronews.com/2022/05/21/live-sievierodonetsk-shelling-brutal-and-pointless-zelenskyy-says-as-russia-continues-offe)
170. T.N. Dupuy, *Números, predicción y guerra: Using history to evaluate combat factors and predict the outcome of battles*, MacDonald & Jane's, 1 de enero de 1979 (https://www.amazon.com/Numbers-prediction-war-history-evaluate/dp/0672521318) (pp. 12-16)

movilización general el 9 de mayo de 2022[171]... que los rusos nunca han mencionado.

Hasta 2022, las fuerzas armadas rusas contaban con un total de 1.154.000 efectivos en activo y 2.000.000 de reservistas. En diciembre de 2022, el gobierno ruso decidió aumentar la plantilla activa a 1,5 millones de efectivos para 2026, lo que supone un incremento de alrededor del 30%[172].

Se trata de un aumento que afecta a toda la estructura, independientemente de lo que ocurra en Ucrania, al igual que en algunos países occidentales, donde nos hemos dado cuenta de que el potencial resultante del «dividendo de la paz» ya no se ajusta a la situación geopolítica actual.

3.2.2.1. Movilización parcial

El 21 de septiembre de 2022, Vladimir Putin promulgó un decreto para la movilización parcial de 300.000 reservistas, que finalizará el 28 de octubre. En Occidente, esta movilización fue muy mal presentada y comprendida. Hay varias razones para ello.

La primera razón es la confusión fomentada por nuestros expertos pseudomilitares entre «movilización» y «reclutamiento». Así pues, contrariamente a lo que afirma Alexandre Vautravers, no hubo «*movilizaciones diferentes*» en Rusia de «*reservistas, reclutas o como quieran llamarlo*»[173]. No, ¡no se puede «llamar de diferentes maneras»!

El discurso occidental ha presentado esta «movilización parcial» como un caso especial de la «movilización general». Pero para los que saben leer, existe una diferencia fundamental. La movilización general pretende movilizar todos los recursos materiales y humanos de la nación para responder a un estado de guerra. La movilización parcial está destinada a hacer frente a una situación específica que sólo requiere cierto tipo de recursos, lo que se traduce en una llamada a filas de los reservistas. Esto

---

171. https://www.rts.ch/emissions/infrarouge/13079683-guerre-en-ukraine-la-russie-dans-lim-passe.html

172. Julia Shapero, «Russia lays out plans to boost size of military to 1.5 million», *The Hill*, 17 de enero de 2023 (https://thehill.com/policy/international/3816314-russia-lays-out-plans-to-boost-size-of-military-to-1-5-million/)

173. https://www.lemanbleu.ch/fr/Emissions/189661-Geneve-a-Chaud.html

es exactamente lo que dijo Vladimir Putin en su discurso a la nación el 21 de septiembre de 2022[174].

Así pues, las personas movilizadas en septiembre-octubre de 2022 no son «reclutas» inexpertos formados «a toda prisa» para reforzar las fuerzas en Ucrania. Son reservistas que ya han servido en las fuerzas armadas durante los diez años anteriores y que tienen funciones especializadas. No son, por tanto, tropas destinadas a ser enviadas al frente, sino personal con una función técnica fuera de las zonas de combate. Esto es lo que explica Vladimir Putin cuando dice que 41.000 hombres han sido destinados a tropas de combate y 259.000 a misiones de apoyo en una amplia variedad de especialidades[175]. Contrariamente a lo que afirman algunos de nuestros «expertos», como el coronel Michel Goya[176], sólo se les envía a la zona de operaciones tras seis meses de formación de «refresco». Los primeros «retirados» llegaron en marzo-abril de 2023 al TVD de Ucrania y fueron destinados principalmente al oblast de Kherson, a lo largo del Dniéper, que no había visto ninguna acción de combate significativa.

La segunda razón es el carácter sumamente espontáneo y aparentemente improvisado de su ejecución, que nuestros periodistas y seudoexpertos han interpretado como que Rusia estaba «en fuga». Un análisis más serio ofrece una evaluación más matizada.

Dos factores explican el calendario de esta movilización parcial. En primer lugar, algunos de los soldados rusos participaban en la operación con contratos de seis meses. Por tanto, se sabía que a finales de agosto de 2022 algunos de los soldados volverían a la vida civil. Por ello, algunos generales rusos habían pedido que el reclutamiento comenzara en junio. Luego, al parecer, las autoridades rusas no quisieron movilizar más soldados hasta tener una idea clara del impacto de las sanciones y de la situación económica. A principios de verano, la economía rusa está convaleciente y la preocupación de Vladimir Putin es no debilitarla en esta fase. Por eso se retrasó la decisión de movilizarse. En última

---

174. https://news.sky.com/story/putin-says-he-has-lots-of-weapons-to-reply-to-nuclear-blackmail-of-west-12702322
175. http://kremlin.ru/events/president/news/69730
176. https://youtu.be/CvAYOHc8sv4?t=3263

instancia, sin embargo, demuestra que la economía rusa está en mejor forma de lo que Occidente esperaba.

Además de estas consideraciones funcionales, existen consecuencias estructurales. La integración de los cuatro oblasts del sur de Ucrania en la Federación Rusa amplía la frontera rusa en casi 1.000 kilómetros. Esto requiere una capacidad adicional para establecer un sistema de defensa más sólido, construir instalaciones logísticas y de mando y control permanentes, etcétera. En consecuencia, la movilización parcial es consecuencia de dos fenómenos: el cambio a una estrategia defensiva, en la que los números y no la maniobra desempeñan un papel importante, y los referendos celebrados en las oblasts del sur de Ucrania, que implican la creación de infraestructuras militares en esta región.

En cuanto al desarrollo de esta movilización parcial, nuestra imagen de la situación es muy imperfecta, incluso caricaturesca. Es cierto que la decisión no fue unánime y fue criticada en Rusia, incluso por los medios de comunicación oficiales. En general, no a todos los jóvenes les entusiasma la idea de entrar en combate, y probablemente los rusos no sean una excepción. Sin embargo, es interesante que los jóvenes entrevistados por nuestros medios de comunicación en la frontera georgiana no entendieran que esta movilización parcial sólo afectaba a los reservistas[177]. Se dejaron engañar por la narrativa occidental, lo que demuestra que la sociedad rusa tiene un amplio acceso a los medios de comunicación occidentales.

En realidad, este fenómeno refleja más la debilidad de la comunicación oficial que una resistencia generalizada a la SVO, ya que al mismo tiempo más de 70.000 voluntarios (que no habían sido llamados a filas) se alistaron espontáneamente. Cabe señalar que la huida de la obligación de servir es un problema que afecta mucho más masivamente a Ucrania, donde una parte muy importante de su personal movilizable puede verse en las grandes capitales europeas al volante de potentes deportivos alemanes. ¡Por ello, Ucrania ha tenido que recurrir masivamente a voluntarios extranjeros, incluidos militantes de movimientos

---

177. «Thousands of Russians cross borders to escape mobilisation», *rts.ch*, 28 de septiembre de 2022 (https://www.rts.ch/info/monde/13421767-des-milliers-de-russes-traversent-les-frontieres-pour-fuir-la-mobilisation.html); «Russian military call-up sparks major exodus», *DW*, 24 de septiembre de 2022 (https://www.dw.com/en/russian-military-call-up-sparks-major-exodus/a-63227879)

yihadistas[178] considerados terroristas en Occidente, como Hayat Tahrir al-Sham[179]!

Dicho esto, los rusos no están acostumbrados a movilizar y comprometer grandes contingentes de tropas. En este caso, tuvimos que gestionar simultáneamente la movilización de 300.000 hombres, el reclutamiento de 140.000 hombres (que forma parte de la rutina normal) y el alistamiento de 70.000 voluntarios, es decir, más de medio millón de hombres. Evidentemente, esto provocó fricciones y los fallos observados en el sistema de movilización fueron observados y comentados por las autoridades rusas.

Los voluntarios son supernumerarios que han aceptado incorporarse a las fuerzas armadas por encima de las cuotas de movilización. En preparación de los combates en Ucrania, se formaron unidades de voluntarios para reforzar las capacidades de los batallones, que tradicionalmente tienen una baja dotación de infantería.

3.2.2.2. Conscripción

En Rusia, el servicio militar obligatorio está abierto a todos los jóvenes de entre 18 y 27 años (el límite se elevará pronto a 30). Hay dos sesiones al año (una de primavera, del 1 de abril al 15 de julio, y otra de otoño, del 1 de octubre al 31 de diciembre), durante las cuales se forma a unos 140.000 jóvenes reclutas, que luego se integran en las fuerzas armadas. En 2022, la sesión de otoño se ha pospuesto al 1 de noviembre debido a la movilización parcial de septiembre.

Nuestros medios de comunicación hacen pasar estas actividades rutinarias por «movilizaciones», con el fin de apoyar la narrativa de una Rusia débil que sufre enormes pérdidas[180].

Todo es bueno para criticar al Ejército ruso, incluso cuando actúa exactamente igual que nosotros. Tal es el caso del mecanismo de reclu-

---

178. «Cientos de militantes de Al-Qaeda llegan a Ucrania desde Siria», *The Cradle*, 8 de marzo de 2022 (https ://thecradle.co/Article/news/7669)

179. https://www.state.gov/executive-order-13224/ ; https ://www.gov.uk/government/publications/proscribed-terror-groups-or-organisations--2/proscribed-terrorist-groups-or-organisations-accessible-version; https://www.publicsafety.gc.ca/cnt/ntnl-scrt/cntr-trrrsm/lstd-ntts/crrnt-lstd-ntts-en.aspx

180. «Guerre en Ukraine : Vladimir Poutine signe un décret pour augmenter les effectifs de l'armée», *Euronews / AFP*, 26 de agosto de 2022, (https://fr.euronews.com/2022/08/26/guerre-en-ukraine-vladimir-poutine-signe-un-decret-pour-augmenter-les-effectifs-de-larmee)

tamiento que pasa por los Distritos Militares *(Военный Округ* - BO) (VO). En febrero de 2023, Alexandre Vautravers, un «experto» militar suizo, explicó que este sistema era *«extremadamente peligroso»* para Rusia, utilizando el ejemplo de Gran Bretaña en la Primera Guerra Mundial. La comparación es irrelevante, porque el problema con los británicos no era el método de reclutamiento, sino el hecho de que tenían regimientos formados por una sola nacionalidad, y que enviaban a estos regimientos a las zonas más peligrosas. Este fue el caso de los australianos enviados a Gallipoli, donde fueron masacrados por los turcos, dejando un sabor amargo en la boca de los australianos supervivientes. En el ejército ruso, los regimientos están formados por varios grupos étnicos o nacionales para evitar este problema.

3.2.2.3. *La empresa militar y de seguridad privada «Wagner»*

Las empresas militares privadas (EMP) o las empresas militares y de seguridad privadas (EMSP) parecen estimular la imaginación. Muchos periodistas y expertos hablan del intento o el deseo de «privatizar la guerra». Pero no es así. Ni para los estadounidenses ni para los rusos se trata de convertir la guerra en un «negocio» (aunque algunos acaben beneficiándose de ello). Se trata simplemente de externalizar un cierto número de funciones que no requieren competencias particulares de combate (funciones logísticas, seguridad de los emplazamientos, etc.). La ventaja de estos MPS es que, a diferencia de los aumentos del tamaño de las fuerzas armadas, que requieren ajustes jurídicos y estructurales, su utilización no requiere decisiones parlamentarias.

Las Naciones Unidas son uno de los principales usuarios de las EMSP (en particular las rusas), ya que ello les permite llevar a cabo tareas de seguridad sin depender de la buena voluntad de los países que aportan contingentes (TCC). Como las EMSP no están bajo la autoridad del ejecutivo de un país miembro, se les pueden dar instrucciones sin referencia a su gobierno de origen. Por ejemplo, el personal militar estadounidense —cualquiera que sea su compromiso— está siempre bajo la autoridad del Presidente de Estados Unidos. En un contexto multilateral, tal situación conduce a una duplicación de las cadenas de mando, que está en el origen de incidentes como los atentados de Beirut contra Francia y Estados Unidos en 1983, y la muerte de los *Rangers* en Mogadiscio en 1993.

En Rusia hay varias decenas de EMSP, conocidas por las siglas TchVK (*Частная Военная Компания*). La mayoría tiene misiones de seguridad en Rusia y en todo el mundo, y una pequeña parte opera desde 2014 en beneficio de las autoproclamadas repúblicas del Donbass. Compuestos por excadres de las fuerzas armadas rusas, en particular de las fuerzas especiales (*spetsnaz*), han tenido tareas de adiestramiento de las jóvenes milicias de las repúblicas.

Hace varios años que se habla de la existencia de la SMSP «Wagner». Pero fue en 2021 cuando los medios de comunicación franceses empezaron a interesarse, después de que el gobierno maliense decidiera reclutar personal «Wagner» y exigiera la retirada de los militares franceses. Esta decisión provocó la ira de Jean-Yves Le Drian, ministro francés de Asuntos Exteriores, y una campaña de propaganda sin precedentes contra Rusia, que combinaba racismo antiafricano, rusofobia, mala fe y mentiras. Para más detalles, remito a los lectores a mi libro *Putin, ¿maestro del juego?*[181]

Lo que se conoce como «Wagner» es una entidad poco conocida. Se describe como un *«ejército paralelo de Vladimir Putin»*[182], pero nadie sabe nada de él y es inventado. Algunos expertos se preguntan incluso si existe en la forma que se le atribuye. Según una fuente ucraniana, parece tratarse de una constelación de pequeñas empresas de seguridad con sede en países europeos (Hungría, Serbia, Suiza, Italia, Alemania, Grecia y Taiwán), que responden a varios nombres distintos de «Wagner»[183] y que reciben encargos ad hoc[184].

Al parecer, su origen se encuentra en la necesidad de gestionar a los combatientes voluntarios que acudieron a ayudar a los autonomistas de las autoproclamadas repúblicas de Donetsk y Lugansk allá por 2014. Formadas por un variopinto grupo de voluntarios sin formación uniforme y equipados con armas ligeras, estas formaciones solo eran

---

181. Jacques Baud, *Putin: maestro del juego*, Max Milo, París, 2022
182. Charlotte Lalanne, «Centrafrique, Mali... Comment les mercenaires russes de Wagner tissent leur toile», *L'Express*, 3 de octubre de 2021 (actualizado el 4 de octubre de 2021).
183. Nykolaï Koval, «»Фабрики» наемников: где в России готовят террористов», *obozrevatel.com*, 12 de junio de 2018.
184. Amy Mackinnon, «Russia's Wagner Group Doesn't Actually Exist», *Foreign Policy*, 6 de julio de 2021.

---

aptas para misiones de seguridad y labores de infantería. Wagner, que no era más que una de ellas, fue engullendo poco a poco a las demás.

Estas compañías no están equipadas ni adiestradas para sustituir la formación militar de combate tradicional, con la excepción del combate urbano, que es extremadamente exigente y peligroso. Requiere mucho personal, combatientes experimentados, duros y curtidos, pero no equipos sofisticados ni materiales pesados.

En Francia, desde los sucesos de Malí, la forma en que las autoridades y nuestros medios de comunicación han retratado al ejército es más una cuestión de desinformación que de análisis real. Los «documentales» basados más en el cotilleo que en la investigación periodística tienden a presentarnos la imagen de un ejército compacto, una especie de fuerza en la sombra, calificada por *CNews* de «*ejército secreto de Vladimir Putin*»[185]. Según *Africa Intelligence,* la «*diplomacia paralela*» de Wagner es un problema para Moscú[186]...

En Rusia, como en todos los países, las tareas de las empresas privadas y las fuerzas armadas están estrictamente separadas. Hay excepciones, como la CIA estadounidense, pero son raras. Integrar una estructura de combate privada en una estructura de mando militar plantea muchos problemas. El más trivial es el de la lealtad. Generalmente se asume que los soldados luchan por convicción por su país, como es el caso de los soldados rusos que luchan por sus hermanos en el Donbass. Los «mercenarios» suelen estar más motivados por el dinero que por el amor a la patria.

En general, las EMSP pueden plantear otro tipo de problemas: es probable que contribuyan a la militarización de situaciones sin tener las mismas limitaciones jurídicas y políticas que los ejércitos tradicionales. Otros problemas, relacionados con la ley, la confidencialidad, la formación, etc., obstaculizan su integración en las fuerzas armadas. Por lo tanto, estas unidades privadas se utilizan la mayoría de las veces para acciones independientes, fuera de la cadena de mando normal.

---

185. François Blanchard, «Mali: ¿qué es el grupo Wagner, «el ejército secreto de Vladimir Putin»?», *CNews,* 7 de octubre de 2021 (actualizado el 11 de octubre de 2021).
186. «La diplomacia paralela de Wagner avergüenza a Moscú», *AfricaIntelligence.fr,* 28 de octubre de 2021.

A finales de octubre de 2022, el general Sergei Surovikin encargó a Wagner la destrucción del enemigo en Bajmut, en virtud de un contrato de seis meses. El objetivo no era tomar la ciudad, sino destruir allí al enemigo[187], de acuerdo con el objetivo inicial de «desmilitarización» establecido por Vladimir Putin el 24 de febrero de 2022. Se trata de la Operación Bakhmut Chopper («БАХМУТСКАЯ МЯСОРУБКА»).

Cómo y por qué «Wagner» llegó a participar en las operaciones rusas en Ucrania sigue siendo un misterio. No es imposible que Evgueny Prigozhin, director de «Wagner», se beneficiara del apoyo de Sourovikine, que asumió el mando de las fuerzas rusas en la TVD de Ucrania en octubre de 2022. Esto podría explicar la aparente caída en desgracia de este último a finales de junio de 2023, tras el motín dirigido por Prigozhin, al que el general se había opuesto.

Desde un punto de vista técnico, el uso de Wagner para una operación de este tipo no es incongruente. El combate en zonas urbanas apenas requiere operaciones conjuntas y puede ser llevado a cabo por una formación independiente, al margen del plan de batalla. Wagner no es una unidad militar y, por tanto, no está integrada en la estructura de mando rusa. Operó en paralelo, con una misión autónoma. No disponía de artillería, pero se le asignaron fuegos para cumplir su misión.

Contrariamente a lo que afirma Bernard Wicht en el canal argelino *AL24*, Wagner nunca estuvo integrado en la estructura de la SVO, que le fue asignada para cooperar. Es lo que la OTAN denomina control táctico (TACON). En otras palabras, la misión fue fijada por el Ministerio de Defensa ruso; el comandante de las fuerzas de la SVO debe facilitar la misión de Wagner, en particular proporcionándole artillería y apoyo logístico, pero no puede darle otra misión.

Desde finales de 2022, el mando ruso se prepara para hacer frente a la «gran» contraofensiva anunciada por Ucrania para finales de la primavera de 2023. Los rusos esperan una operación de gran envergadura. Por ello, Valery Guerassimov, jefe del Estado Mayor (*GenStab*), asumirá el mando de la SVO el 11 de enero de 2023. Lo que nuestros medios de comunicación y «expertos» ven como la expresión de un problema no es más que una forma de asignar más recursos a la SVO. Pero Guerassimov quiere

---

187. https://dzen.ru/a/ZD5JTKwhFzM0r_oo

integrar todas sus fuerzas en una única estructura de mando basada en el principio de *la unidad de mando*. Es probable que este cambio haya repercutido en las normas de asignación del fuego de artillería, que enfurecieron a Prigozhin en febrero.

Lógicamente, el 10 de junio de 2023, tras la victoria de Bajmut, el Ministerio de Defensa decidió desmantelar todas las formaciones privadas o semiautónomas y ponerlas bajo el mando de *la GenStab*, según explica el medio ruso *Gazeta.ru*[188]:

> *Hay que desmantelar los ejércitos paralelos y restablecer la más estricta cadena vertical de mando en la organización militar del Estado.*

Los miembros de todas las EMSP que operan en el TVD de Ucrania deben integrarse en las fuerzas armadas antes del 1 de julio de 2023. Para protestar contra esta decisión, Prigozhin quiso reunirse «cara a cara» en Rostov-na-Donu con el ministro de Defensa, Sergei Choïgou, y con Valery Gherassimov.

Al no poder reunirse con ellos en Rostov, Prigozhin decidió, en un movimiento espectacular, ir a buscarlos a Moscú. En realidad, no se trataba más que de la acción de unos empleados enfadados por la decisión de la dirección de cerrar su empresa. Gracias a la mediación de Alexander Lukashenko, Presidente de Bielorrusia, Prigozhin se dio cuenta de que su acción tenía una resonancia internacional con consecuencias que seguramente no había previsto, y decidió detener su movimiento.

Como él mismo explicó más tarde en un mensaje de voz[189]:

> *El objetivo de la marcha era no permitir la disolución de la PMC Wagner y pedir cuentas a la cúpula militar por los errores cometidos durante la guerra.*

---

188. https://www.gazeta.ru/army/2023/06/27/17198912.shtml
189. https://twitter.com/DAlperovitch/status/1673341994804838402

Naturalmente, nuestros teóricos de la conspiración vieron esto como una expresión de oposición a Vladimir Putin y la fragilidad de su poder[190]. Incluso lo ven como otra razón para empujar a Ucrania a continuar su contraofensiva[191]. Este error de apreciación, que ilustra el enfoque occidental de tomar sus deseos por realidades, pone a Ucrania en una disyuntiva entre sus capacidades operativas y las promesas de apoyo occidental. La juventud occidental pagará el precio…

Hoy en día, los combatientes «Wagner» han tenido la oportunidad de unirse a las fuerzas armadas rusas, en particular dentro de los batallones de voluntarios. Sería un error —como han afirmado algunos «expertos» franceses— considerar que se trata del resurgimiento de la EMSP con otro nombre. El criterio no es el salario o quién lo paga, sino si puede integrarse en una estructura de liderazgo. Un principio fundamental del liderazgo militar es no mezclar estructuras de liderazgo. Como en todos los países, una EMSP sólo puede cooperar con las fuerzas armadas, pero no integrarse en ellas. Un batallón de voluntarios es una formación integrada en la estructura militar. Por la misma razón, la Legión Extranjera es una formación del ejército francés y no una EMSP.

3.2.2.4. Fuerzas chechenas

Tras los incidentes de «Wagner», los comentaristas y otros «expertos» se sucedieron en los medios de comunicación, asociando a las fuerzas chechenas con estructuras semiprivadas. Esto también es un malentendido del sistema ruso. Las fuerzas chechenas comprometidas en Ucrania bajo el mando de Ramzan Kadyrov no son una estructura privada.

A pesar de la cobertura mediática de su líder, el contingente checheno es una formación de la Guardia Nacional de la República de Chechenia, por lo que está bajo la autoridad del Ministerio de Defensa ruso. Comúnmente conocidos como «kadyrovitas», los chechenos no están equipados para el combate abierto. Son más adecuados para combatir en

---

190. «Guerre en Ukraine : Emmanuel Macron affirme que la Russie est "fragile politiquement et militairement"», *BFM TV/AFP*, 12 de julio de 2023 (https://www.bfmtv.com/international/asie/russie/guerre-en-ukraine-emmanuel-macron-affirme-que-la-russie-est-fragile-politique-ment-et-militairement_AD-202307120583.html)
191. Taras Kuzio, «Putin's Wagner weakness is a signal to support Ukraine's counteroffensive», Atlantic Council, 29 de junio de 2023 (https://www.atlanticcouncil.org/blogs/ukrainealert/putins-wagner-weakness-is-a-signal-to-support-ukraines-counteroffensive/)

zonas urbanas y asegurar la retaguardia. Por ejemplo, fueron chechenos quienes acudieron a asegurar la zona de Belgorod tras las incursiones de combatientes de extrema derecha del movimiento Rusia Libre, que llevan a cabo acciones terroristas en nombre de Ucrania.

3.2.3. Integración de los desertores ucranianos

Tras la decisión del 23 de febrero de 2014 de abolir la ley de 2012 sobre las lenguas oficiales, todo el sur de Ucrania ardió en llamas. Las tropas ucranianas enviadas para restablecer el orden se unieron entonces a sus compañeros y se pasaron al bando de los rebeldes con armas y bagajes. Así surgieron las milicias del Donbass. Hoy, la situación es menos clara que en 2014, pero muchos ucranianos no comparten la política de Kiev. Esto explica en parte el gran número de deserciones del ejército ucraniano.

Un nuevo fenómeno es la integración de estos desertores en las fuerzas rusas. Es el caso del batallón de voluntarios *«Bogdan Khmelnitsky»*, que se integró en el grupo de combate táctico-operativo ruso KASKAD a finales de octubre de 2023. Al parecer, el batallón se formó a principios de 2023 en la República Popular de Donetsk y se integró en las fuerzas rusas más de seis meses después, lo que corresponde al tiempo necesario para entrenar a los combatientes. Los medios de comunicación ucranianos sugieren que fueron «probablemente forzados»[192]. Esto es poco probable. En primer lugar, a los rusos no les faltan tropas, al contrario. En segundo lugar, es arriesgado integrar a combatientes que podrían suponer un peligro para tus propias tropas. Por último, después del motín de Prigozhin, es poco probable que el mando ruso se arriesgue a dar un golpe de Estado.

3.3. Objetivos y estrategia de Rusia

El 23 de febrero de 2023, el «experto» militar suizo Alexandre Vautravers escribió sobre los objetivos de Rusia en Ucrania[193]:

---

192. https://zn.ua/war/rossijane-zastavili-ukrainskikh-voennoplennykh-perejti-na-sluzhbu-k-vrahu-isw.html
193. https://www.radiolac.ch/podcasts/6-minutes-avec-23022023-0917-094529/

El objetivo de la Operación Militar Especial era decapitar el gobierno político y militar ucraniano en el espacio de cinco, diez, tal vez incluso dos semanas, y eso sí que fue un fracaso. Los rusos cambiaron entonces su plan y sus objetivos con una serie de otros fracasos y así cambian sus objetivos y sus direcciones estratégicas casi cada semana o cada mes.

El problema es que nuestros propios «expertos» definen los objetivos de Rusia según lo que ellos imaginan, sólo para poder decir que no los ha alcanzado. Así que tenemos que volver a los hechos.

El 24 de febrero de 2022, Rusia lanzó su «*Operación Militar Especial*» (*OME*) en Ucrania «*con poca antelación*». En su discurso televisado, Vladimir Putin explicó que su objetivo estratégico era proteger a la población de Donbass. Este objetivo puede desglosarse en dos partes:
- «desmilitarizar» las fuerzas armadas ucranianas reagrupadas en el Donbass para preparar la ofensiva contra la DPR y la LPR, y
- «Desnazificar» (es decir, «neutralizar») las milicias paramilitares ultranacionalistas y neonazis del sector de Mariupol.

La formulación elegida por Vladimir Putin ha sido muy mal analizada en Occidente. Se inspira en la Declaración de Potsdam de 1945, que preveía el desarrollo de una Alemania derrotada según 4 principios: desmilitarización, desnazificación, democratización y descentralización.

Los rusos entienden la guerra desde una perspectiva Clausewitziana: la guerra es la búsqueda de la política por otros medios. Esto significa que buscan transformar los éxitos operativos en éxitos estratégicos y los éxitos militares en objetivos políticos. Así, mientras que la desmilitarización mencionada por Putin está claramente vinculada a la amenaza militar a las poblaciones de Donbass en aplicación del decreto de 24 de marzo de 2021, firmado por Zelensky.

Pero este objetivo esconde un segundo: la neutralización de Ucrania como futuro miembro de la OTAN. Zelensky lo entendió muy bien cuando presentó su propuesta para resolver el conflicto en marzo de 2022. Inicialmente su propuesta fue apoyada por los países occidentales, probablemente porque en ese momento pensaban que Rusia había fracasado en su intento de apoderarse de Ucrania en tres días y que no podría mantener su esfuerzo bélico debido a las sanciones masivas que se le habían impuesto. Pero en la reunión de la OTAN del 24 de marzo de 2022, los aliados decidieron no apoyar la propuesta de Zelensky. Como explicó el *Washington Post* el 5 de abril[194]:

Para algunos miembros de la OTAN, es mejor que los ucranianos sigan luchando y muriendo que lograr una paz demasiado temprana o demasiado costosa para Kiev y el resto de Europa.

Sin embargo, el 27 de marzo, Zelensky defendió públicamente su propuesta y el 28 de marzo, como gesto de apoyo a este esfuerzo, Vladimir Putin alivió la presión sobre la capital y retiró sus tropas del sector. La propuesta de Zelensky sirvió de base para el Comunicado de Estambul del 29 de marzo de 2022, que es un acuerdo de alto el fuego, preludio de un acuerdo de paz[195]. Fue este documento el que Vladimir Putin presentó en junio de 2023, durante la visita de una delegación africana a Moscú. Boris Johnson intervino y Zelensky retiró su propuesta, cambiando la paz y la vida de sus hombres por apoyo «durante el tiempo que sea necesario»[196].

Esta versión de los hechos —que ya había presentado en mis libros anteriores— fue finalmente confirmada a principios de noviembre de 2023 por David Arakhamia, entonces negociador jefe de Ucrania[197]. Explicó que Rusia nunca había tenido la intención de tomar Kiev[198].

En esencia, Rusia aceptó retirarse a las fronteras del 23 de febrero de 2022 a cambio de un límite máximo para las fuerzas ucranianas y

194. Michael Birnbaum & Missy Ryan, «NATO says Ukraine to decide on peace deal with Russia - within limits», *The Washington Post*, 5 de abril de 2022 (https://www.washingtonpost.com/national-security/2022/04/05/ukraine-nato-russia-limits-peace/)

195. https://braveneweurope.com/michael-von-der-schulenburg-hajo-funke-harald-kujat-frieden-fur-ukraine

196. Roman Romaniuk, «Possibility of talks between Zelenskyy and Putin came to a stop after Johnson's visit», *Ukrainska Pravda*, 5 de mayo de 2022 (https://www.pravda.com.ua/eng/news/2022/05/5/7344206/)

197. «Entrevista con David Arakhamia, jefe de la delegación ucraniana en las conversaciones de paz», *1+1*, 25 de noviembre de 2023 (https://youtu.be/0G_j-7gLnWU)

198. Olena Roshchina, «Head of Ukraine's leading party claims Russia proposed 'peace' in exchange for neutrality», *Ukrainska Pravda*, 24 de noviembre de 2023 (https://www.pravda.com.ua/eng/news/2023/11/24/7430282/)

el compromiso de no convertirse en miembro de la OTAN, junto con garantías de seguridad de una serie de países[199]:

> *Según varios ex altos funcionarios estadounidenses con los que hablamos, en abril de 2022, los negociadores rusos y ucranianos parecían haber acordado las líneas generales de un acuerdo provisional negociado: Rusia se retiraría a sus posiciones del 23 de febrero, cuando controlaba parte de la región de Donbass y la totalidad de Crimea, y, a cambio, Ucrania prometería no solicitar el ingreso en la OTAN y recibiría, en cambio, garantías de seguridad de una serie de países.*

De ello se pueden extraer dos conclusiones:

- El objetivo de Rusia no era conquistar territorio. Si Occidente no hubiera intervenido para empujar a Zelensky a retirar su oferta, Ucrania probablemente seguiría teniendo su propio ejército[200].
- Mientras que los rusos intervinieron para garantizar la seguridad y la protección de la población del Donbass, su SVO les permitirá alcanzar un objetivo más amplio, que concierne a la seguridad de Rusia.

Esto significa que, aunque *no se formule* este objetivo, la desmilitarización de Ucrania podría abrir la puerta a su neutralización. Esto no es sorprendente ya que, a la inversa, en una entrevista concedida el 18 de marzo de 2019 al canal ucraniano *«Apostrof»*, Olekseï Arestovitch, consejero de Volodymyr Zelensky, explica cínicamente que, como Ucrania quiere entrar en la OTAN, tendrá que crear las condiciones para que Rusia ataque Ucrania y sea definitivamente derrotada[201].

El problema es que el análisis ucraniano y occidental está alimentado por su propia narrativa. La convicción de que Rusia perderá ha hecho que no se haya preparado ninguna contingencia alternativa. En septiembre de 2023, Occidente, que empezaba a ver desmoronarse esta narrativa y

---

199. Matthew C. Mai, «Could the War in Ukraine Have Been Stopped?», *The National Interest*, 20 de septiembre de 2022 (https://nationalinterest.org/feature/could-war-ukraine-have-been-stopped-204872)
200. https://twitter.com/ArmchairW/status/1670181878866018304/photo/1
201. «Predicted Russian —Ukrainian war in 2019— Alexey Arestovich», *YouTube*, 18 de marzo de 2022 (https://youtu.be/1xNHmHpERH8)

su realización, intentó avanzar hacia una «congelación» del conflicto, sin tener en cuenta la opinión de los rusos, que sin embargo dominaban sobre el terreno.

Rusia se habría dado por satisfecha con una situación como la propuesta por Zelensky en marzo de 2022. Lo que Occidente quiere en septiembre de 2023 es simplemente una pausa hasta que estalle un conflicto aún más violento, después de que las fuerzas ucranianas se hayan rearmado y reconstituido.

Lo que demuestra este triste episodio es que las cancillerías occidentales estaban (y siguen estando) tan obsesionadas con destruir a Rusia y cambiar el régimen que pasaron completamente por alto las intenciones de Ucrania. Al parecer, el embajador suizo en Kiev por aquel entonces desconocía estos hechos, que ya se habían publicado en la prensa ucraniana en abril de 2022.

3.4. El concepto operativo y el liderazgo ruso en Ucrania

Los rusos no comunican nada sobre su planificación ni sobre el progreso de sus operaciones. Si bien es relativamente fácil reconstruir con precisión el concepto inicial de su SVO, resulta más difícil identificar las fases posteriores de esta operación, que evoluciona —de forma bastante lógica— con el tiempo y la situación sobre el terreno.

Es muy probable que el concepto original de la operación sólo incluyera lo que describimos a continuación como fases 1 y 2, porque como podemos ver, todos los objetivos definidos por Vladimir Putin el 24 de febrero de 2022 se lograron en estas dos fases. Testigo de ello son los dos intentos de negociación iniciados por Volodymyr Zelensky e impedidos en el último momento por Occidente. Es probable que Rusia planeara retirarse de Ucrania tras un acuerdo como el propuesto por Zelensky en marzo. Es muy poco probable que Rusia tuviera intención de cruzar la barrera lingüística y aventurarse en la parte occidental del país. Por eso es probable que se haya añadido la fase 3, debido a la determinación de Occidente de continuar la guerra.

Sin embargo, las pruebas disponibles nos permiten sacar algunas conclusiones. En efecto, aunque el escalonamiento de la SVO es discutible, la lógica que se desprende de ello demuestra que lo que nuestros medios de comunicación —y ciertos servicios de inteligencia— nos presentaron era completamente falso. Y sin embargo, sobre la base de estas interpretaciones erróneas, nuestros ministerios de Defensa empiezan a planificar el «rearme» de nuestras fuerzas armadas.

Entre la fase 2 y la fase 3, Rusia se encontró en una situación similar a la de los estadounidenses en Afganistán, que poco a poco tuvieron que combinar una operación puramente estadounidense (ENDURING FREEDOM) con una operación multilateral de la OTAN (ISAF). El problema es que nuestros «expertos» no han entendido nada de estas cuestiones y han sido incapaces de comprender la situación en Ucrania. Su rusofobia hizo el resto...

Concepto general de la Operación Militar Especial (OME)

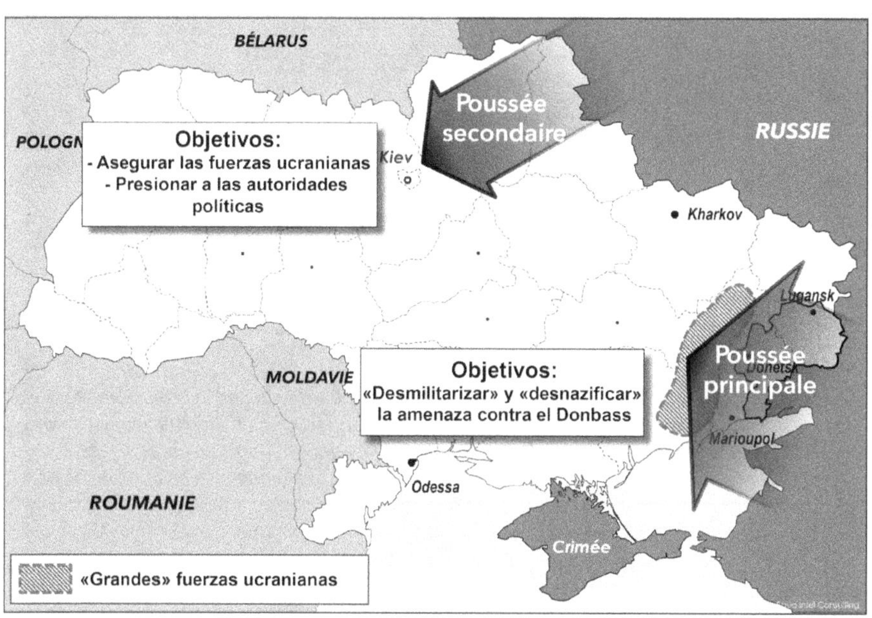

Figura 20 — La mecánica general de la operación especial rusa sigue fielmente su doctrina operativa. Consiste en un empuje principal y un empuje secundario. La función de la ofensiva secundaria es crear condiciones favorables para la ofensiva principal. El empuje hacia Kiev no pretende capturar la ciudad, sino contener los refuerzos del norte que puedan avanzar hacia el Donbass.

Se borraron las diferencias entre el ejército ruso y las milicias de Donbass para poner en entredicho la conducta de Rusia. Los cambios en la cúpula de la SVO fueron interpretados por los medios de comunicación occidentales, como *RTS*[202] en Suiza, *Figaro*[203] en Francia y la *BBC*[204] en el Reino Unido, como una señal de crisis en el seno de la cúpula rusa y del «fiasco» de la operación. Se trata técnicamente de una forma de conspiración, cuyo tiro le ha salido por la culata a Ucrania.

La realidad es exactamente la contraria. El mando ruso se ha reforzado y tiene mayor libertad de acción que antes. Los análisis occidentales sólo han llevado a subestimar las capacidades rusas y a que los ucranianos bajaran la guardia, como vimos en los días posteriores.

Gestión de la SVO (24 de febrero de 2022 - 7 de octubre de 2022)

Figura 21 — Al inicio de la SVO, la coalición rusa reunió a las fuerzas de la Federación Rusa y a las milicias de las Repúblicas Populares de Donetsk y Lugansk. Estas últimas tienen equipos diferentes, están formadas por «ciudadanos-soldados» y tienen su propio mando. Esto explica la falta de coordinación en los inicios de la SVO, que nuestros medios de comunicación han atribuido al ejército ruso.

---

202. https://www.rts.ch/play/tv/redirect/detail/13449035

203. «En pleine mobilisation, la Russie limoge le général chargé de la logistique», *Le Figaro / AFP*, 24 de septiembre de 2022 (https://www.lefigaro.fr/flash-actu/en-pleine-mobilisation-la-russie-limoge-le-general-charge-de-la-logistique-20220924)

204.Matt Murphy, «Dmitry Bulgakov: Putin fires deputy defence chief amid supply failures», *BBC News*, 24 de septiembre de 2022, (https://www.bbc.com/news/world-europe-63021117)

Gestión de la SVO a partir del 8 de octubre de 2022

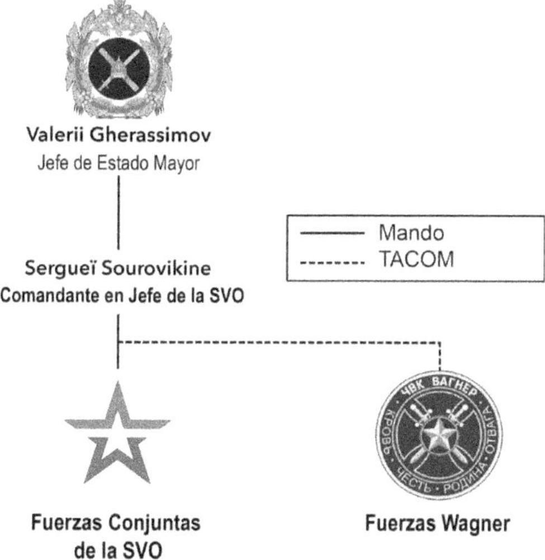

Figura 22 — A partir de octubre de 2022, las fuerzas rusas integran tropas de las repúblicas del Donbass (ahora parte de la Federación Rusa). Pasaron a modo defensivo y se enfrentaron a las tropas de Wagner en la batalla de Bajmut. Esta asociación antinatural se debió a la falta de infantería en las estructuras rusas.

Gestión de SVO a partir del 11 de enero de 2023

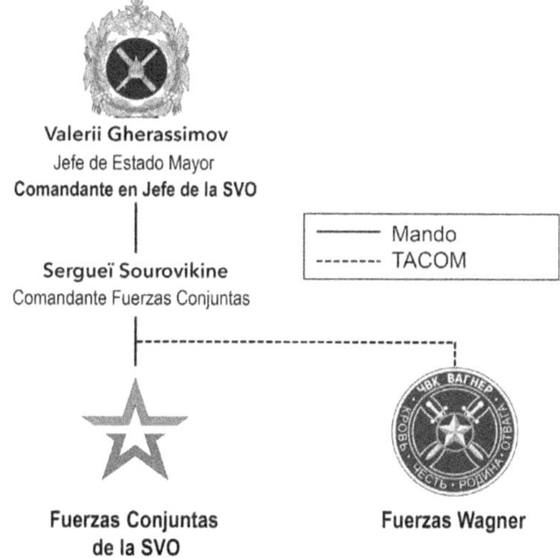

Figura 23 — A partir de enero de 2023, el aumento de las acciones ucranianas en territorio ruso exige una ampliación de la TVD Ucrania para coordinar mejor las acciones en la retaguardia de la SVO, en particular para la defensa aérea. El general Sourovikine no ha sido destituido, como han pregonado los medios de comunicación, sino que la zona de operaciones se ha ampliado para incluir ciertas regiones del territorio de la Federación Rusa, razón por la cual el general Gherassimov ha pasado a ser Jefe de la SVO.

3. Operación Militar Especial (SVO) en Ucrania

Figura 24 — Tras la batalla de Bajmut, resultó difícil integrar las milicias privadas en el sistema ruso. El Ministerio de Defensa decidió poner fin a este tipo de colaboración para simplificar la estructura de mando. El coronel general Sourovikin fue sustituido por el coronel general Afzalov.

3.4.1. *Fase I*

El desarrollo de esta fase sigue exactamente los modelos de arte operativo que conocemos desde la Guerra Fría. Esta fase ofensiva se divide en dos ejes:

- Un empuje principal («*operación decisiva*») dirigido hacia el sur del país en la región de Donbass[205] y a lo largo de la costa del Mar de Azov (Z).
- Un empuje secundario («*operación de apoyo*») sobre Kiev, dirigido por fuerzas rusas de Bielorrusia (V) y Rusia (O).

La mecánica de la operación se deriva del hecho de que la coalición rusa está atacando con una fuerza que, en general, es inferior a la de Ucrania. Si tomamos sólo las fuerzas rusas en Rusia, las únicas capaces de llevar a cabo operaciones conjuntas en profundidad, la proporción de fuerzas es de 1 a 3-4 a favor de los ucranianos.

---

205. https://donpatriot.news/ru/article/britanska-rozvidka-nazvala-osnovniy-napryamok-nastupu-okupantiv

La explicación de esta aparente contradicción es que los rusos compensan su inferioridad dominando el arte de las operaciones. Al adentrarse en territorio ucraniano, pueden «abrirse paso» creando superioridades limitadas en el espacio y en el tiempo, obligando a las fuerzas ucranianas del oeste del país a dividirse e impidiéndoles reforzar el grueso de sus fuerzas ya desplegadas en el Donbass.

Sorprendentemente, esta fina mecánica del arte operacional no ha sido comprendida en Francia, aunque está muy bien descrita en la doctrina para el empleo de las fuerzas francesas en 2002.

3.4.1.1. Los objetivos

3.4.1.1.1. Objetivos en el eje de empuje principal

De acuerdo con la doctrina militar —y con toda lógica—, los principales objetivos se sitúan en el eje del empuje principal: la neutralización de las fuerzas armadas ucranianas que se habían reagrupado en el Donbass para preparar la ofensiva contra la RPD y la RPL (objetivo de «desmilitarización») y la neutralización de las milicias paramilitares ultranacionalistas en Mariupol (objetivo de «desnazificación»).

3.4.1.1.2. Objetivos en el eje de empuje secundario

El objetivo del empuje secundario hacia Kiev es «fijar» las fuerzas ucranianas, impidiéndoles reforzar las fuerzas comprometidas en el empuje principal ruso.

3.4.1.1.3. Realización de operaciones

En el eje principal, la ofensiva está dirigida por una coalición (Z) formada por fuerzas rusas de Crimea y del Distrito Militar Sur de Rusia, milicias de las Repúblicas Populares de Donetsk y Lugansk, y un contingente de la Guardia Nacional chechena para los combates en la zona urbana de Marioupol.

Con las fuerzas ucranianas concentradas en el sur del país en preparación de una ofensiva contra el Donbass, la frontera ruso-ucraniana al norte de Járkov estaba prácticamente indefensa. Las fuerzas V y O y la agrupación norte de la fuerza Z pudieron avanzar con bastante facilidad y rapidez hacia Kiev. Con la fase 1, Rusia pretendía crear condiciones favorables para alcanzar sus objetivos. Al impedir que los ucranianos concentraran sus fuerzas en el Donbass y crear esfuerzos principales, está permitiendo a sus fuerzas afianzarse en un frente de casi 1.000 km de longitud y mantener en jaque a un ejército mayor.

El 24 de febrero de 2022, el aeropuerto Antonov de Gostomel fue tomado por fuerzas aerotransportadas. El periódico suizo *Neue Zürcher Zeitung* (NZZ) afirma que los rusos querían tomar Kiev y no lo consiguieron[206]. Esto no es cierto. Un análisis inteligente y honesto demostró ya en marzo de 2022 que nunca desplegaron tropas suficientes para hacerlo. Por lo tanto, ¡era lógico que no lograran un objetivo que nunca se fijaron! De hecho, el aeropuerto fue tomado en dos horas por sólo 200 paracaidistas. Fue el mismo escenario que el de la toma del aeropuerto de Praga en 1968: un pequeño grupo se apoderó de las instalaciones críticas, y luego fue reforzado por un destacamento mayor. En Ucrania, este refuerzo de 3 a 400 paracaidistas llegó el 26 de febrero por carretera, ya que la artillería ucraniana impidió el refuerzo aéreo. Como vemos, las fuerzas rusas estaban lejos de ser suficientes para tomar la capital.

La función de las tropas aerotransportadas está perfectamente descrita en la doctrina rusa: «*perturbar el despliegue de las reservas del adversario*»[207]. Esto es exactamente lo que hicieron.

Mientras que una proporción de fuerzas de 3 a 1 se utiliza generalmente para planificar un ataque, una proporción de 6 a 12 a 1 se utiliza para llevar a cabo un ataque en una zona urbana[208]. En aquel momento, Kiev estaba defendida por unos 60.000 hombres y, en estas condiciones, los rusos habrían tenido que desplegar alrededor de medio millón de hombres para tomarla. Esto sería a una escala similar a la toma de Berlín en 1945.

A las tropas aerotransportadas se unieron pronto las fuerzas terrestres: unos 22 BTG (entre 13.200 y 17.600 hombres), según el Pentágono, alrededor de la capital ucraniana. Así que tenemos alrededor de 20.000 hombres «amenazando» la capital. Al crear esta presión, el mando ruso obliga al Estado Mayor ucraniano a proteger Kiev y descuidar así el

---

206. https://www.nzz.ch/international/krieg-gegen-die-ukraine/warum-russland-im-kampf-um-kiew-scheiterte-ld.1679477?reduced=true
207. «Вооруженные Силы Российской Федерации: их состав и предназначение», *Армейский Сборник*, 1/2023, 2 de enero de 2023 (https://army.ric.mil.ru/Stati/item/460541/).
208. http://www.dupuyinstitute.org/blog/2018/04/25/u-s-army-force-ratios/

refuerzo de sus fuerzas en la región de Donbass, en línea con el principal empuje ruso. En comparación, se calcula que desplegaron unos 40.000 hombres para tomar Marioupol, una ciudad considerablemente más pequeña. Así que los rusos nunca tuvieron intención de tomar la capital.

Equilibrio de fuerzas para la toma de una ciudad

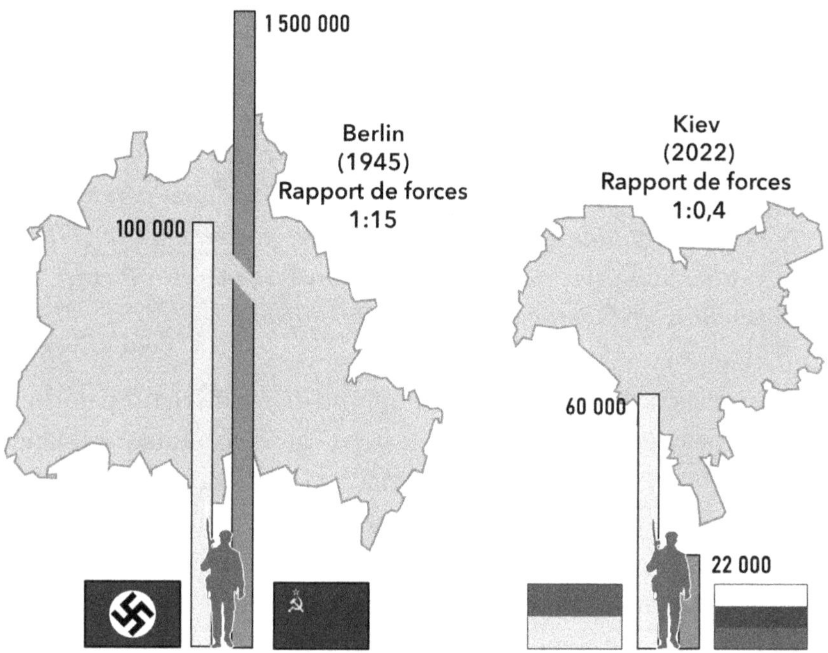

Figura 25 — En 1945, los soviéticos tomaron Berlín con una fuerza 15 veces superior a la de los alemanes. En 2022, para una ciudad de tamaño comparable, los rusos habrían tenido una relación de fuerzas 37 veces inferior. Para la ciudad de Marioupol, los rusos tenían una proporción de 8 a 1 a su favor.

El 29 de marzo, basándose en una propuesta de Zelensky, se publicó el Comunicado de Estambul. Este documento era un proyecto de armisticio, destinado a servir de base para una solución duradera de la crisis. Como señal de buena voluntad, Vladimir Putin ordenó inmediatamente una reducción de las acciones militares en los sectores de Chernigov y Kiev, según informaron Michael von der Schulenburg, ex subsecretario de las Naciones Unidas, Hajo Funke, profesor de Ciencias Políticas de la Universidad Libre de Berlín y el general Harald Kujat, ex inspector general de la *Bundeswehr*[209], así como el medio ruso *RT*[210]. Pero la esperanza duró poco ya que, una vez más presionado por Occidente, Zelensky retiró su propuesta, según informa *Ukrainska Pravda*[211].

En su comunicado de prensa de 30 de marzo de 2022, el Ministerio de Defensa ruso explica este mecanismo[212]:

> *El objetivo de la primera fase de la Operación Militar Especial llevada a cabo por las fuerzas armadas rusas en el Donbass y Ucrania era obligar al enemigo a concentrar sus fuerzas, recursos y equipos de combate para defender las principales zonas urbanas de estas regiones, incluida Kiev. El objetivo era fijarlas, sin asaltar las ciudades, para evitar víctimas civiles, e infligir tales pérdidas a las fuerzas armadas del régimen de Kiev que no pudiera utilizarlas en la dirección principal de las operaciones de nuestras fuerzas en el Donbass. Todos estos objetivos se han logrado.*

La presencia rusa en el norte de Ucrania no estaba diseñada para durar. Debía ampliarse mediante una ofensiva en la retaguardia ucraniana o retirarse. No hay indicios de que el Estado Mayor ruso se hubiera planteado continuar esta ofensiva. La retirada era por tanto inevitable, y las negociaciones de Estambul dieron a Rusia la oportunidad de presentar esta retirada como un paso hacia Ucrania.

La captura de Marioupol permite a los rusos reagrupar sus fuerzas en el Donbass y concentrar sus esfuerzos en el objetivo de la «desmilitarización». Ahora en condiciones de disfrutar de superioridad en su zona decisiva de operaciones, Rusia pudo retirar sus tropas del sector de Kiev para reforzar su posición en el sur del país. El 29 de marzo de 2022, las negociaciones de Estambul parecían a punto de llegar a buen puerto. Los rusos vieron la oportunidad de hacer un gesto de apaciguamiento, según

---

209. https://braveneweurope.com/michael-von-der-schulenburg-hajo-funke-harald-kujat-frie-den-fur-ukraine
210. https://www.rt.com/russia/552910-istanbul-peace-talks-explainer/
211. https://www.gov.uk/government/news/pm-call-with-president-zelenskyy-of-ukraine-2-april-2022
212. https://z.mil.ru/spec_mil_oper/news/more.htm?id=12415372@egNews

informa el medio alemán *DW*[213]. Han anunciado la retirada de las tropas rusas del sector norte de Ucrania. ¿Hasta qué punto la retirada rusa de Kiev estaba planeada o era un gesto de buena voluntad con motivo de las constructivas propuestas de Zelensky en Estambul? Se trata de una cuestión abierta. El hecho es que los rusos pudieron explotar políticamente la retirada.

Ucrania está haciendo que la retirada rusa parezca una victoria, lo cual es bastante justo. Lo más preocupante es que Occidente no ha entendido en absoluto la maniobra, como demostró el general Thierry Burkhard, jefe del Estado Mayor de las Fuerzas Armadas[214]. En mayo de 2022, Claude Wild, embajador suizo en Kiev, declaró en *RTS* que los rusos habían *«perdido la batalla de Kiev»*[215]. En realidad, es todo lo contrario. Como confirmó David Arakhamia, el negociador jefe para Ucrania en aquel momento[216], el objetivo era empujar a Ucrania hacia la negociación, y este objetivo se consiguió. Pero el atrincheramiento de Occidente en una narrativa de su propia creación empujará a Ucrania hacia el desastre.

El objetivo es simplemente confirmar que «*Rusia no puede, ni debe, ganar esta guerra*»[217]. Así que esta supuesta victoria, que se atribuye a la pericia del Estado Mayor ucraniano, se debe en realidad a la buena voluntad de los rusos. El problema es que esto animará a los occidentales a pensar:

a) que los ucranianos son superiores en el arte de maniobrar y

b) oponerse a cualquier intento de negociación por parte de Kiev.

Un año después, la interpretación algo simplista de nuestro embajador, compartida por los «expertos» y nuestros medios de comunicación, le

---

213. «Rusia se compromete a reducir sus operaciones en torno a Kiev», *DW.com*, 29 de marzo de 2022 (https://www.dw.com/en/russia-pledges-to-scale-down-military-activity-near-kyiv-cher-nihiv-as-it-happened/a-61286047)

214. Laurent Lagneau, «Según el general Burkhard, Rusia está «desarrollando una estrategia a largo plazo» en Ucrania», *opex360.com*, 21 de noviembre de 2022 (https://www.opex360.com/2022/11/21/selon-le-general-burkhard-la-russie-developpe-une-strategie-de-long-terme-en-ukraine/)

215. «Nadie habría apostado un franco a tal resistencia, dice el embajador suizo en Ucrania», *RTS Info*, 24 de mayo de 2022 (https://www.rts.ch/info/monde/13121067-personne-naurait-parie-un-franc-sur-une-telle-resistance-estime-lambassadeur-suisse-en-ukraine.html)

216. «Entrevista con David Arakhamia, jefe de la delegación ucraniana en las conversaciones de paz», *1+1*, 25 de noviembre de 2023 (https://youtu.be/0G_j-7gLnWU)

217. https://www.assemblee-nationale.fr/dyn/16/rapports/cion_def/l16b1111_rapport-information.pdf

---

habrá costado a Ucrania varias decenas o incluso cientos de miles de muertos. Cuando se ama, no se cuenta.

Diagrama de la fase 1 de SVO

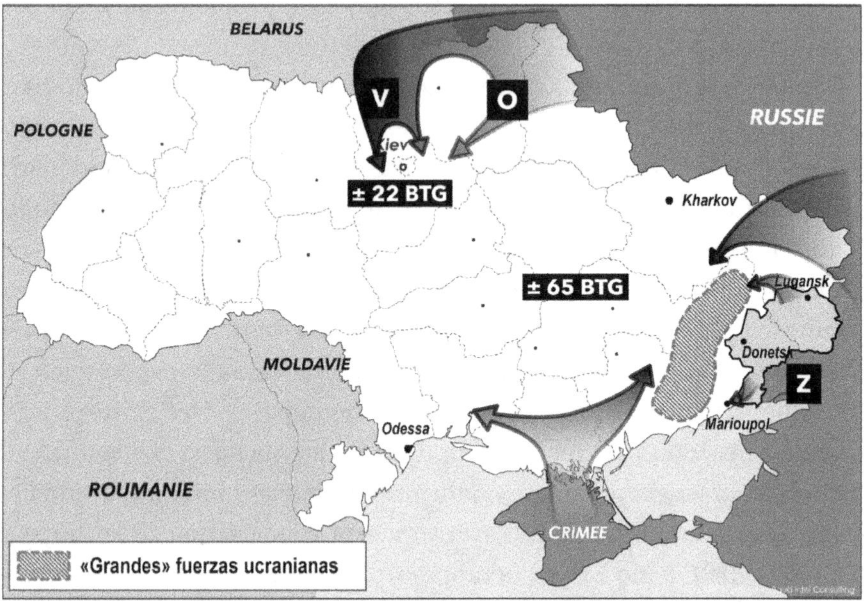

Figura 26 — Fase 1 de la operación rusa del 24 de febrero al 30 de marzo de 2022. El número de tropas comprometidas por Rusia demuestra que la toma de Kiev nunca fue un objetivo.

3.4.1.2. Evaluación de la fase 1

La Fase 1 es un ejemplo ejemplar de la aplicación del arte operacional ruso. En un mes, Rusia había alcanzado la mayoría de los objetivos definidos el 24 de febrero:

- A partir del 25 de febrero, Zelensky se mostró dispuesto a negociar con Rusia y pidió la apertura de negociaciones[218]. Las primeras negociaciones se iniciaron en Gomel, pero el 27 de febrero la Unión Europea intervino con un paquete armamentístico de 450 millones de euros para animar a Ucrania a seguir luchando[219].

---

218. Olga Rudenko, «Ucrania dispuesta a negociar con Rusia», *The Kyiv Independent*, 25 de febrero de 2022 (https://kyivindependent.com/national/ukraine-ready-to-negotiate-with-russia/)
219. Maïa de La Baume & Jacopo Barigazzi, «EU agreements to give €500M in arms, aid to Ukrainian military in «watershed» move», *Politico*, 27 de febrero de 2022 (https://www.politico.eu/article/eu-ukraine-russia-funding-weapons-budget-military-aid/)

- El 28 de marzo, con Mariupol (cuna del movimiento neonazi AZOV) rodeada, el coronel general Sergei Rudskoy, jefe de la Dirección Principal de Operaciones del Estado Mayor ruso (GOU), anunció que se habían alcanzado los objetivos de la 1ª fase de la SVO[220]. *El Financial Times*[221] y *Business Insider*[222] afirman que el mando ruso considera que el objetivo de «desnazificación» se ha alcanzado y ya no será objeto de negociaciones.

Fueron los europeos quienes echaron por tierra los intentos de resolver el conflicto a finales de febrero y a finales de marzo de 2022. Los rusos saben que Zelensky está tentado a negociar, pero se encuentra bajo la influencia de los elementos neonazis de su entorno, apoyados por *la intelectualidad* y los medios de comunicación occidentales. Los rusos no tienen ningún interés en intentar derrocarlo, al contrario.

Así pues, en conjunto, los rusos han logrado sus objetivos, pero la intervención masiva de Occidente está obligando a los dos adversarios a ganar tiempo. En términos operativos, la retirada de las tropas rusas del norte de Ucrania y de la región de Kiev marca el final de la fase 1.

3.4.2. Fase 2

Tras la fase 1, que pretendía sacudir a las fuerzas ucranianas, la fase 2 es una fase de transición. Comienza con las propuestas constructivas de Zelensky durante las negociaciones de Estambul en marzo de 2022, y termina con el nombramiento del nuevo comandante de las fuerzas rusas en Ucrania a principios de octubre de 2022.

Durante las negociaciones de Estambul, se envió a Rusia un documento de propuestas firmado por la delegación ucraniana, que lo consideró una base prometedora para el debate. Pero en el último momento, bajo la presión británica, Zelensky retiró su propuesta: había cambiado la posibilidad de una solución y las decenas de miles de vidas de sus soldados

---

220. «Ukraine: EU doubles military aid to €1 billion - as it happened», *dw.com*, 23 de marzo de 2022 (https://www.dw.com/en-ukraine-eu-doubles-military-aid-to-1-billion-as-it-happened/a-61226171; https://p.dw.com/p/48tit)

221. «Russia no longer requesting Ukraine be «denazified» as part of ceasefire talks», *Financial Times*, 28 de marzo de 2022 (https://www.ft.com/content/7f14efe8-2f4c-47a2-aa6b-9a755a39b626)

222. Matthew Loh, «Russia is prepared to drop its demand for Ukraine to be 'denazified' from its list of ceasefire conditions», *Business Insider*, 29 de marzo de 2022 (https://www.businessinsider.com/russia-nazi-demand-for-ukraine-dropped-in-ceasefire-talks-2022-3?r=US&IR=T)

por un apoyo ilimitado y sistemas HIMARS. Ninguno de nuestros medios de comunicación está informando de este hecho, que indica a Rusia que Ucrania ahora no tiene más opción que luchar.

En esta fase aumentará la implicación occidental para reemplazar el potencial ucraniano destruido en la fase 1. En cierto modo, se reinicia la desmilitarización de Ucrania, que puede declararse formalmente lograda en mayo-junio de 2022. A partir de entonces, Ucrania dependerá por completo de Occidente para librar sus batallas, según informa el muy antirruso periódico británico *The Guardian*[223]:

> *Estamos casi sin municiones y dependemos de las armas occidentales, dice Ucrania [...] El director adjunto de inteligencia militar dice que ahora es una guerra de artillería y que «todo depende de lo que nos dé Occidente».*

Contrariamente a lo que dicen nuestros medios de comunicación, Rusia no tiene intención de continuar más allá del Dniéper hacia Kiev y el oeste del país. Sabe que las fuerzas ultranacionalistas se han concentrado en esta región desde el final de la Primera Guerra Mundial y no tiene intención de repetir la guerra de contraguerrillas que libró allí entre 1943 y 1960. Por lo tanto, la SVO debe cambiar su carácter y pasar a un modo defensivo.

3.4.2.1. Los objetivos

Los objetivos de la fase 2 son dos:

- Reducir la vulnerabilidad de su posición en previsión de la decisiva contraofensiva anunciada por Ucrania. Se trata de endurecer la posición reduciendo la longitud del frente, para aumentar la densidad de tropas a lo largo de la línea de contacto.
- Seguir «desmilitarizando» la amenaza para la población de Donbass.

---

223. https://www.theguardian.com/world/2022/jun/10/were-almost-out-of-ammunition-and-relying-on-western-arms-says-ukraine

3.4.2.2. Realización de operaciones

En la fase 1, los rusos lograron sus objetivos con una fuerza relativamente pequeña gracias a su capacidad de maniobra. Para la fase 2, dos factores esenciales determinarán la siguiente etapa de las operaciones: la perspectiva de un largo conflicto (que no quieren protagonizar) si continúan en modo ofensivo; la perspectiva de una gran contraofensiva con un millón de hombres.

Por tanto, los rusos tuvieron que pasar a un modo más defensivo y estático, en el que la ventaja venía dada menos por la maniobra que por el número y la densidad de las tropas. Desde febrero, tienen entre 100.000 y 150.000 km^2 más de territorio que defender.

Menos espectacular que la primera, esta fase es exigente para los dirigentes rusos y el trabajo del personal. Esto tiene varios aspectos:

- La integración de las fuerzas V y O retiradas del norte de Ucrania (alrededor de 20 BTG) en la Fuerza Z, responsable del esfuerzo principal en el sureste, a saber, la «desmilitarización» de la amenaza que pesa sobre las poblaciones del Donbass.

- El endurecimiento de la posición en el Donbass, asegurando al mismo tiempo la protección de los flancos. En la primavera de 2022, estaba claro que los sectores de Kharkov y Kherson, calificados de «estratégicos» en Occidente, no eran una prioridad para los rusos. La densidad de tropas desplegadas allí (alrededor de 1 BTG por cada 20 km) es demasiado baja para ataques a gran escala. Además, las fuerzas desplegadas en estos sectores están aisladas de las principales fuerzas rusas por el río Oskol en la región de Kharkov y por el Dniepr en el sector de Kherson.

- Modernización e integración en una única estructura de mando de las tropas de la DPR y la LPR, así como de los voluntarios de los territorios recién integrados en la Federación Rusa, para que no haya ningún eslabón débil en el sistema de defensa.

- La movilización parcial de 300.000 soldados en septiembre de 2022, para tener en cuenta la ampliación del territorio ruso y prepararse para la contraofensiva ucraniana anunciada en verano.

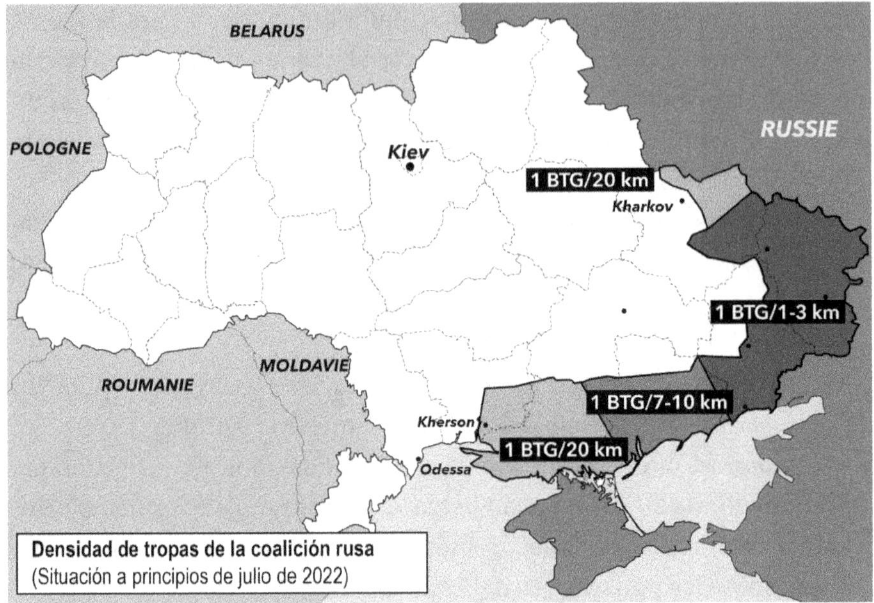

Figura 27 — La densidad de BTG es una indicación de los principales esfuerzos de Rusia. El 10 de junio de 2022, en los sectores de Kharkov y Kherson, la densidad es de un BTG por cada 20 km. En el sector al oeste de Donetsk, la densidad es de un BTG por cada 10 km. Pero en el sector de Lissitchansk, la densidad es de un BTG por cada 1-3 km de fachada. En otras palabras, los sectores de Kharkov y Kherson no son zonas prioritarias para Rusia.

3.4.2.2.1. La retirada de Kharkov

A partir de agosto de 2022, los ucranianos están bajo presión para lograr el éxito sobre el terreno. Joe Biden no quiere implicarse en su campaña presidencial ante el desastre que se avecina, mientras que Volodymyr Zelensky teme que el apoyo occidental se esté agotando. Por ello, los estadounidenses están presionando a Ucrania para que monte una serie de contraofensivas. Desorganizadas y mal dirigidas, fueron sistemáticamente rechazadas y provocaron enormes pérdidas en las filas ucranianas, creando tensiones entre Zelensky y su personal.

A principios de agosto, la prensa rusa ya planteaba la posibilidad de una ofensiva ucraniana en el sector de Kharkov[224]. No se trata de un sector

---

224. Алина Корнеева, «"СП": Президент Украины Зеленский собрал миллионную армию под Харьковом для вторжения в РФ», *RK-News*, 8 de agosto de 2022 (https://rk-news. com/2022/08/08/568521166248.html).

prioritario para los rusos. Solo tienen allí un pequeño número de tropas, cuya función es flanquear y vigilar la zona decisiva de las operaciones, que es el Donbass.

En lugar de intentar combatir los empujes ucranianos en sectores secundarios, los rusos prefirieron replegar sus tropas a sectores más fáciles de defender, aumentando al mismo tiempo la densidad de sus fuerzas. Esto es lo que ocurrió en los alrededores de Kharkov a principios de septiembre y en Kherson un mes más tarde. En estos dos sectores, su presencia no era directamente útil para alcanzar sus objetivos, y se encontraban en la misma situación que con la Isla de la Serpiente en junio: la energía necesaria para defender estos territorios era superior a su importancia estratégica.

Tras detectar la salida de los rusos de la región de Kharkov, los servicios de inteligencia estadounidenses vieron una oportunidad de éxito para los ucranianos y transmitieron la información. Los ucranianos se dedicaron entonces a realizar contraofensivas en el sector de Kherson. El 6 de septiembre de 2022, siguiendo las indicaciones estadounidenses, lanzaron una ofensiva y retomaron una zona que los rusos habían abandonado. El enorme depósito de municiones de Balaklaya estaba vacío cuando los ucranianos lo descubrieron, lo que demostraba que ya había sido evacuado en buen estado varios días antes. Los rusos abandonaron incluso zonas que Ucrania no atacó posteriormente.

Por lo tanto, las tropas rusas se están replegando a lo largo de una línea de defensa más corta, protegida por el río Oskol. Esta densificación del frente permite a Rusia reforzar su capacidad ofensiva en el Donbass.

Para los ucranianos fue una victoria pírrica. Avanzaron hasta Járkov sin encontrar resistencia y prácticamente sin luchar. Pero entraron en una enorme *«bolsa de fuego»* («*огневой мешок*») (en español, *zona de muerte*), donde la artillería rusa pudo destruir a unos 4.000-5.000 ucranianos (unas 2 brigadas), mientras que la coalición rusa sólo sufrió pérdidas marginales.

3.4.2.2.2. Retirada de Kherson

Desde junio de 2022, la ciudad de Kherson ha sido blanco de multitud de «contraofensivas» ucranianas, que han causado enormes pérdidas a las fuerzas ucranianas[225]. Han sido sistemáticamente rechazadas, pero ninguna ha logrado romper las defensas rusas. El 10 de noviembre, cuando las fuerzas rusas estaban en proceso de retirada, fue rechazada una última contraofensiva ucraniana.

Sin embargo, el 8 de noviembre de 2022, el mando ruso anunció la retirada de sus tropas de la orilla oriental del Dniéper. La cuestión se venía debatiendo en la propia Rusia desde septiembre. Los militares lo pedían, pero los políticos se oponían más bien.

El Estado Mayor ruso ha hecho el mismo análisis de la situación que en Járkov: su objetivo no es conquistar territorio. La unión entre el territorio ruso y la península de Crimea se produjo al ser destruidas las fuerzas ucranianas, y ahora sabemos que los rusos estaban dispuestos a negociar su abandono en marzo de 2022, antes de que Zelensky retirara su propuesta bajo la presión de Occidente[226].

Los ucranianos ya habían lanzado varios ataques con misiles HIMARS contra la presa de Nova Kajovka y los militares rusos temían que las tropas desplegadas en la orilla occidental del Dniéper quedaran totalmente aisladas si la presa cedía. Además, al replegar estas tropas detrás del río, el estado mayor quería beneficiarse de una muralla natural y acortar la longitud del frente.

Para los políticos rusos, el territorio en cuestión, aunque sólo representara el 40% del oblast de Kherson, formaba parte formalmente del territorio nacional. Temían, y con razón, que una retirada daría a Ucrania una victoria fácil que sería explotada por la propaganda occidental. Al final, los militares se impusieron.

Nuestros medios de comunicación están exultantes, pero Volodymyr Zelensky es más reservado y teme, con razón, una trampa[227], porque sabe lo que ocurrió en Kharkov un mes antes: sus tropas fueron diezmadas sin luchar. Eso es lo que ocurrirá también en Kherson...

225. Jeremy Bowen, «Guerra Rusia-Ucrania: At the front line of Ukraine's struggle for Kherson», *BBC News,* 4 de noviembre de 2022 (https://www.bbc.com/news/world-europe-63489081)
226. Matthew C. Mai, «Could the War in Ukraine Have Been Stopped?», *The National Interest,* 20 de septiembre de 2022 (https://nationalinterest.org/feature/could-war-ukraine-have-been-stopped-204872)
227. https://www.dailymail.co.uk/news/article-11411551/Is-Russias-retreat-Kherson-actually-trap-laid-Ukraine.html

A diferencia de los ucranianos, y como señaló el general Sourovikine, la prioridad de Rusia es preservar la vida de sus combatientes. En Kherson, en septiembre de 2022, los rusos se encuentran en la misma situación que en la Isla de la Serpiente en junio o en Kharkov en agosto: la energía necesaria para defender estas zonas es mayor que el interés estratégico de conservarlas. Lo que Occidente ha pregonado como una derrota rusa no es más que la expresión de un equilibrio entre el objetivo estratégico y el coste de alcanzarlo. Como hemos visto desde el comienzo de la SVO, la conducción rusa de las operaciones es extremadamente eficiente.

Se trata de una retirada, no de un repliegue. Una retirada es un movimiento realizado bajo presión y en contacto constante con el enemigo. Una retirada es una operación destinada a reagrupar fuerzas, estrechar una línea de frente o prepararse para una acción posterior.

Como ya habíamos visto cerca de Kiev seis meses antes, las tropas rusas no se encontraban en estado de fallo. Por tanto, Rusia se retira por voluntad propia y no bajo presión ucraniana. Hay que recordar que el objetivo de Rusia no es territorial, sino de seguridad, a diferencia de Ucrania, que da prioridad a la reconquista del territorio sobre la vida de sus hombres. Esto hace que la retirada sea una victoria compartida por ambas partes.

Lo que demuestra esta retirada es que la dirección rusa de las operaciones es menos política que militar: los objetivos operativos y tácticos los fijan los militares. Esto contrasta con Ucrania, donde la dirección de las operaciones es política, lo que explica las enormes pérdidas y la ineficacia. Esta ineficacia (es decir, la cantidad de recursos utilizados para alcanzar un objetivo) puede medirse por la rapidez con la que los ucranianos pierden el material suministrado por Occidente. Veremos el mismo fenómeno en Bajmut en la primavera de 2023 y en Rabotino en el verano de 2023.

Sin embargo, la decisión de Rusia no carece de consecuencias en términos de política exterior e interior. En el frente exterior, es evidente que Ucrania y Occidente se apresuraron a dar publicidad a la «victoria» ucraniana, con el resultado de que se sobrestimaron las capacidades ucranianas y se rechazó la idea de negociar. En el frente interno, cabía esperar una decepción en forma de desconfianza hacia las autoridades de Moscú. Pero el Estado Mayor ruso ha aprendido la lección de la retirada de Kharkov: en lugar de explicar los motivos de la decisión a posteriori, el general Sourovikine lo comunicó con antelación. De este modo, el gobierno ruso no parece haber perdido la confianza de la opinión pública. Incluso «halcones» como Ramzan Kadyrov acogieron con satisfacción la retirada[228].

Sin embargo, aunque sus tropas han abandonado la parte occidental de la provincia de Kherson, Rusia sigue considerándola territorio ruso[229]. Esto deja abierta la posibilidad de una ofensiva posterior para recuperarlo, o para utilizarlo *como moneda de cambio* en una negociación.

El problema para Ucrania es que los medios de comunicación occidentales han transmitido su propaganda y han presentado esta retirada como una prueba del debilitamiento de Rusia y de la perspectiva de una inminente victoria final. Este fue el análisis realizado (entre otros) por el coronel Michel Goya y el general Bruno Clermont ante una comisión del Senado en Francia, y por Alexandre Vautravers en Suiza, que condujo a una sobreestimación de las capacidades de Ucrania y empujó al país de derrota en derrota.

Para evitar este tipo de problemas, el análisis de inteligencia debe seguir siendo imparcial y estar libre de juicios fáciles y de propaganda. Volveremos sobre este tema.

3.4.2.3. *Evaluación de la fase 2*

La fase 2 es una fase de transición poco espectacular. Sin embargo, entre finales de mayo y principios de junio de 2022, Rusia logró su segundo objetivo: la «desmilitarización» de las fuerzas ucranianas. A partir de entonces, dependían de Occidente para sus suministros militares[230].

Las retiradas de Kharkov y Kherson pueden interpretarse de diferentes maneras:

- Desde un punto de vista militar, se trata de una victoria táctica para los ucranianos y una victoria operativa/estratégica para la coalición rusa.

228. Mark Trevelyan, «Russia's war hawks rally behind decision to abandon Ukrainian city of Kherson», *Reuters*, 10 de noviembre de 2022 (https://www.reuters.com/world/europe/russias-war-hawks-rally-behind-decision-abandon-ukrainian-city-kherson-2022-11-09/)
229. «Peskov afirma que «Kherson sigue siendo rusa» mientras las fuerzas ucranianas entran en la ciudad», *The Kyiv Independent*, 11 de noviembre de 11 (https://kyivindependent.com/news-feed/peskov-says-kherson-remains-russian-as-ukrainian-forces-enter-city)
230. https://www.france24.com/en/live-news/20220610-ukraine-dependent-on-arms-from-allies-after-exhausting-soviet-era-weaponry

Los objetivos declarados de Vladimir Putin de «desmilitarización» y «desnazificación» no consisten en ganar territorio, sino en destruir potencial. Los ucranianos luchan por el territorio, mientras que los rusos buscan destruir capacidades. Siempre se puede recuperar territorio, pero no vidas humanas.

- En términos operativos, los rusos han reducido la longitud de su línea de frente a 815 km[231], lo que les permite una mayor densidad de tropas para responder a la próxima contraofensiva ucraniana.

- Desde un punto de vista estratégico, Occidente percibió la retirada rusa como un signo de debilitamiento. Las «victorias» de Kiev, Járkov y Jerson se repetirán en la narrativa occidental para persuadir a los ucranianos de que emprendan su contraofensiva.

- En términos políticos, podría considerarse una victoria estratégica para los ucranianos. Es la primera vez que los ucranianos reconquistan tanto territorio desde 2014. La línea oficial es que al final ganarán, lo que suscita expectativas y esperanzas sin duda exageradas. El problema no es tanto que Ucrania se atribuya la victoria, sino que Occidente está convencido de que Rusia es débil. Este éxito es un cáliz envenenado para Ucrania, que lleva a nuestros expertos a sobrestimar sus capacidades. A mediados de septiembre de 2022, Ursula von der Leyen declaró que «*no era el momento del apaciguamiento*»[232], incitando a los ucranianos a llevar a cabo nuevas ofensivas y a rechazar cualquier idea de negociación. En septiembre de 2022, Volodymyr Zelensky declaró que sólo aceptaría negociar con Rusia a condición de que Vladimir Putin dejara de estar en el poder[233], y unos días más tarde promulgó un decreto prohibiendo cualquier negociación con Rusia hasta que Vladimir Putin se hubiera marchado[234].

231. https://telegraf.com.ua/novosti-rossii/2022-12-22/5726885-vydal-voennuyu-taynu-glava-putinskogo-genshtaba-rasskazal-kakie-strany-bolshe-vsego-pomogayut-ukraine

232. https://www.francetvinfo.fr/monde/europe/manifestations-en-ukraine/guerre-en-ukraine-ursula-von-der-leyen-promet-la-solidarite-avec-kiev-sans-convaincre-tous-les-eurode-putes_5362294.html

233. «Ucrania no negociará con Rusia mientras Putin esté en el poder: Zelensky», *Barron's/AFP*, 30 de septiembre de 2022 (https://www.barrons.com/news/ukraine-will-not-negotiate-with-russia-as-long-as-putin-is-in-power-zelensky-01664548507)

234. Vladimir Socor, «Zelenskyy Bans Negotiations with Putin», *Eurasia Daily Monitor* (Volumen 19, nº 147), 5 de octubre de 2022 (https://jamestown.org/program/zelenskyy-bans-negotia-tions-with-putin/)

En última instancia, tanto Ucrania como Rusia cuentan con algún tipo de éxito en esta fase. Pero para los ucranianos, estos éxitos serán fatales, pero Occidente se cuidará de no advertirles.

3.4.3. *Fase 3*

La SVO fue una acción conjunta de las fuerzas armadas rusas y las fuerzas de las repúblicas del Donbass. Como estas últimas eran oficialmente independientes, no estaban subordinadas al mando ruso, sino coordinadas por el Estado Mayor ruso. Tras los referendos de septiembre de 2022, todas las fuerzas de la coalición rusa se integraron en la estructura de mando de Moscú. Esto dio lugar a la creación de un mando específico, dirigido desde el 8 de octubre de 2022 por el General Sergei Sourovikin, nombrado para el puesto de Comandante de la Fuerza de Tarea Conjunta en el área de la Operación Militar Especial en Ucrania. Este es el punto de partida de la fase 3.

La implantación de las nuevas estructuras de mando comenzó durante la fase 2. Llevar a cabo operaciones militares complejas mientras se establecían nuevas estructuras de mando y se adaptaba toda la cadena de mando estratégico-operativa fue una fuente de vulnerabilidad. Esta reestructuración es, por tanto, la razón fundamental por la que los rusos no intentaron combatir la ofensiva ucraniana sobre Kharkov durante la fase 2. Al hacerlo, intercambiaron territorio con los ucranianos. Al hacerlo, cambiaron territorio que no era prioritario (y que puede recuperarse) por las vidas de sus soldados y tiempo (que no puede recuperarse).

La fase 3 está marcada por la transición a una postura defensiva, cuyo objetivo es desgastar a las fuerzas atacantes.

Varios factores importantes influyen en las decisiones del Estado Mayor ruso durante esta fase:

- El aumento de los suministros militares occidentales a Ucrania y el anuncio de una contraofensiva de un millón de soldados por parte de Volodymyr Zelensky[235]
- La contribución de 300.000 reservistas, llamados a filas por la movilización parcial de septiembre de 2022

---

235. https://www.independent.co.uk/news/world/europe/ukraine-million-army-russia-weapons-b2120445.html

- Los referendos en los cuatro oblasts ocupados por Rusia y la integración de las milicias de la DPR y la LPR en las fuerzas rusas. Esto ha llevado a la necesidad de crear administraciones locales capaces de prestar servicios a los habitantes de las regiones recién integradas en la Federación Rusa.
- Los objetivos definidos en febrero de 2022 se han alcanzado y no es necesario apoderarse de nuevos territorios. Por otra parte, la ayuda occidental significa que el nuevo potencial ucraniano debe ser combatido a medida que llegue a la TVD. En otras palabras, seguirá siendo necesario poder actuar en las profundidades del territorio ucraniano.

El cambio en la estrategia rusa hacia un modo más defensivo fue explicado el 18 de octubre de 2022 por el general Sourovikine[236]:

> *Tenemos una estrategia diferente. [...] No intentamos avanzar a gran velocidad, cuidamos a cada uno de nuestros soldados y «aplastamos» metódicamente al enemigo que avanza.*

La consecuencia de este cambio de estrategia y del paso a un modo más estático es que la superioridad se consigue menos mediante la maniobra que mediante la densidad y la flexibilidad del sistema defensivo.

Esta es la estrategia que se mantendrá a lo largo de 2023.

3.4.3.1. Los objetivos

No sabemos qué objetivos se definieron formalmente para esta fase. Sólo podemos deducirlos de las acciones observadas sobre el terreno:

Estos son:
- integrar las fuerzas conjuntas y consolidar las nuevas estructuras de mando unificadas;
- consolidar las ganancias territoriales y reforzar el terreno con vistas a pasar a una estrategia más defensiva, capaz de resistir la contraofensiva ucraniana;

---

236. «Суровикин: российская группировка на Украине методично "перемалывает" войска противника», *TASS*, 18 de octubre de 2022 (https://tass.ru/armiya-i-opk/16090805).

- recuperar el espacio aéreo para impedir que el enemigo adquiera la superioridad aérea necesaria para llevar a cabo operaciones de ruptura.

3.4.3.2. Realización de operaciones

La batalla de Bajmut es emblemática de la fase 3 y en sí misma ilustra la estrategia establecida por el general Sourovikine el 18 de octubre de 2022: dejar avanzar a los ucranianos y destruirlos a su paso. El objetivo no era tomar la ciudad, sino destruir al enemigo[237]. Esta es la aplicación literal de lo que Vladimir Putin dijo el 24 de febrero de 2022, y que se deriva del principio de Clausewitz:

> *La victoria no reside simplemente en la conquista de un territorio, sino en el aplastamiento físico y moral de las fuerzas armadas del enemigo.*

El combate urbano es una forma especial de combate que no requiere realmente una acción conjunta. Pueden librarlo hombres simplemente armados, pero experimentados y decididos. Por eso, en octubre de 2022, Surovikin encargó a la compañía «Wagner» que destruyera al enemigo en Bajmut: fue la operación Bajmut Chopper («БАХМУТСКАЯ МЯСОРУБКА»).

A diferencia de sus homólogos francófonos, el *New York Times* parece haber entendido muy bien la maniobra rusa. En su edición del 27 de noviembre de 2022, describe muy claramente la batalla de Bajmut[238]:

> *Aunque las esperanzas de Rusia de ampliar su territorio hayan disminuido, aún puede convertir la ciudad en un agujero negro de recursos para Kiev retirando tropas de otras prioridades, incluso, potencialmente, para futuras ofensivas.*

Alentado por los europeos, Zelensky no escuchó a sus generales y siguió enviando a sus hombres al matadero durante seis meses[239].

---

237. https://dzen.ru/a/ZD5JTKwhFzM0r_oo
238. https://www.nytimes.com/2022/11/27/world/europe/ukraine-war-bakhmut.html
239. Kate Tsurkan, «Zelensky, Zaluzhnyi have conflicting views on Bakhmut», *The Kyiv Independent*, 6 de marzo de 2023 (https://kyivindependent.com/bild-zaluzhnyi-and-zelensky-have-conflicting-views-on-bakhmut/)

El 17 de febrero de 2023, Prigozhin acusó al mando de Moscú de desear el fin de Wagner y de no asignarle suficiente munición de artillería. El informe de inteligencia del Ministerio de Defensa británico veía tensiones en el seno de la cúpula rusa debido a la dificultad de tomar a Bajmut antes del aniversario de la SVO, el 24 de febrero[240]. Los medios de comunicación occidentales repitieron este análisis, que no se basaba en nada[241].

Según fuentes ucranianas, las fuerzas rusas han reducido su consumo de proyectiles de artillería a 20.000 cartuchos diarios[242]. Difícil de verificar, pero esto podría explicarse por sus preparativos para la gran contraofensiva ucraniana de primavera. El ejército ruso está tratando de extender sus capacidades, hasta ahora concentradas en la región del Donbass, a toda la línea del frente. No obstante, las acusaciones de Prigozhin parecen infundadas.

El Ministerio de Defensa ruso afirma haber asignado a Wagner 1.660 cohetes para lanzacohetes múltiples y 10.171 proyectiles de artillería para el período comprendido entre el 18 y el 20 de febrero[243], es decir, más de 800 cohetes y 5.000 proyectiles al día. En otras palabras, se dice que Wagner disponía de más munición de artillería al día sólo en el sector de Bakhmout que todo el ejército ucraniano en todo el teatro de operaciones[244].

A finales de abril de 2023 expiró el contrato de seis meses con Wagner y se alcanzó el objetivo de destruir al enemigo en Bajmout. Por tanto, el ejército ruso cesó su apoyo artillero y logístico a las tropas de Wagner, que tuvieron que ser retiradas y sustituidas por tropas regulares rusas. Pero aunque Wagner había cumplido su contrato, una pequeña parte de la ciudad permaneció bajo control ucraniano. Prigozhin pidió entonces que se le permitiera terminar el trabajo, es decir, reducir los últimos focos de resistencia y tomar el control de toda la ciudad.

Este fue el motivo del psicodrama de principios de mayo de 2023, cuando Prigozhin exigió[245] que se le dieran los medios para completar la

---

240. https://twitter.com/DefenceHQ/status/1627555726628425728
241. https://www.newsweek.com/wagner-ammo-problem-bakhmut-1783134
242. https://en.defence-ua.com/industries/russia_spends_20000_artillery_shells_per_day_production_cannot_keep_up_with_such_rates_ukraines_intelligence_chief-5312.html
243. https://function.mil.ru/news_page/country/more.htm?id=12455382@egNews
244. https://www.nytimes.com/2022/11/25/us/ukraine-artillery-breakdown.html
245. https://t.me/Prigozhin_hat/3251

captura de Bajmout[246]. Su tono muy virulento y agresivo contra Choïgou y Gherassimov llevó a los medios de comunicación occidentales a fantasear sobre la división interna en el bando ruso[247] y un posible «golpe»[248] contra el «régimen» de Moscú.

Rusia no necesita polémicas que alimenten la propaganda occidental. Para calmar los ánimos y, sobre todo, para zanjar de una vez por todas la cuestión de «Bakhmout», el Ministerio de Defensa ruso aceptó prorrogar el contrato de Wagner. Este contrato finalizará al día siguiente de la toma de la ciudad, el 21 de mayo de 2023, y las tropas de Wagner se retirarán del teatro de operaciones.

Contrariamente a lo que afirman algunos «expertos», la batalla de Bajmut en sí no tiene nada que ver con el arte de las operaciones: se trata de una batalla librada exclusivamente a nivel táctico con una tropa que no está integrada en una estructura de mando conjunta. Tal es la dificultad de integrar una estructura privada en su estructura de mando que el Ministerio de Defensa ruso decidió poner fin a su colaboración con Wagner y ofreció a sus miembros la posibilidad de incorporarse a las fuerzas armadas.

Sin embargo, en línea con el pensamiento militar ruso, esta batalla contribuyó a la estrategia de defensa adoptada en octubre de 2022. Al igual que con los ataques contra las instalaciones eléctricas que obligaron a Ucrania a desaprovechar sus defensas aéreas, el objetivo de los rusos era debilitar las capacidades ucranianas a medio y largo plazo.

3.4.3.3. La campaña aérea contra la infraestructura eléctrica

Nuestra propaganda se apropió de la campaña rusa contra la infraestructura eléctrica ucraniana, para que nadie entendiera nada. Occidente no se dio cuenta hasta muy (demasiado) tarde y trató de encontrar una solución.

Al comienzo de la SVO, la fuerza aérea ucraniana quedó rápidamente en tierra por los primeros ataques rusos, pero sus capacidades antiaéreas se vieron poco afectadas. Éstas se basaban principalmente en los sistemas

---

246. https://www.cnn.com/2023/05/05/europe/wagner-military-group-prigozhin-ammunition-tirade-intl-hnk-ml/index.html
247. https://www.cnn.com/2023/05/05/europe/wagner-prigozhin-russia-ukraine-analysis-intl/index.html
248. https://www.cnn.com/2023/05/24/europe/wagner-prigozhin-russia-manpower-ukraine-intl/index.html

S-300 suministrados por Rusia. El objetivo de Rusia no era apoderarse de Ucrania, por lo que no necesitaba controlar los cielos de todo el país. Sus misiles le permitían operar en profundidad sin tener que arriesgar sus aviones y sus pilotos.

En el verano de 2022, viendo que Occidente les arrastraba a una guerra de desgaste entregando armas a Ucrania, los rusos decidieron completar la destrucción de las fuerzas ucranianas. El objetivo principal era impedir que Ucrania reconstituyera sus fuerzas para la gran ofensiva que llevaba prometiendo desde la primavera.

Sin embargo, los rusos se están dando cuenta de que las bombas de aviación son más eficaces (y probablemente menos caras) que los misiles cuando se trata de combatir objetivos terrestres. Para ello, sus aviones tienen que poder volar libremente por los cielos ucranianos. El objetivo operativo pasa a ser el agotamiento de las capacidades antiaéreas de Ucrania, para poder llevar a cabo misiones de bombardeo en la línea del frente. Esto significa atacar objetivos que los ucranianos están obligados a proteger. Esta es la razón de la campaña de ataques contra la infraestructura eléctrica del país, que no había sido golpeada hasta octubre de 2022.

Esto obliga a los ucranianos a utilizar sus misiles S-300 y BUK e incluso a disparar varios de ellos contra un mismo objetivo. Algunos de estos misiles no sirven para nada. Viejos y mal mantenidos, su mecanismo de autodestrucción falla a menudo. Como resultado, acaban cayendo en lugares habitados, como en Dnipro en enero de 2023[249], o en Polonia, como en Przewodow en noviembre de 2022[250].

Gracias a nuestros «expertos» (que han dado todas las explicaciones posibles menos la correcta), la estrategia rusa ha funcionado. En abril de 2023, Yuriy Ignat, portavoz de las fuerzas aéreas ucranianas, señaló que los rusos habían lanzado una vasta campaña de bombardeos «*con un efecto perceptible*», y que las capacidades antiaéreas ucranianas eran insuficientes para responder...[251]

---

249. https://www.businessinsider.com/zelenskyy-aide-resigns-after-saying-ukraine-shot-down-dnipro-missile-2023-1
250. «Coraz bliżej prawdy o rakiecie w Przewodowie. Wiadomo czyj był pocisk», *Rzeczpospolita*, 26 de septiembre de 2023 (https://www.rp.pl/kraj/art39165861-coraz-blizej-prawdy-o-rakiecie-w-przewodowie-wiadomo-czyj-byl-pocisk).
251. Ellie Cook, «Russian Glider Bombs Spark New Air Defence Woes for Ukraine», *Newsweek*, 13 de abril de 2023 (https://www.newsweek.com/russia-glider-bombs-ukraine-air-defense-jdams-1794155)

La táctica rusa consiste en enviar una primera oleada de drones baratos o misiles obsoletos como señuelos, que incitan a los ucranianos a activar sus radares. Al mismo tiempo, con un avión de alerta temprana A-50U MAINSTAY que vigila el espacio aéreo desde Bielorrusia, los rusos analizan los patrones de respuesta ucranianos. Entonces pueden enviar una segunda oleada de misiles de crucero capaces de destruir las posiciones de defensa antiaérea ucranianas.

Al saturar las defensas aéreas con una combinación de misiles, drones y señuelos, los rusos obligan a los ucranianos a utilizar misiles que cuestan varios cientos de miles de dólares para alcanzar drones que valen unos pocos miles. Según la revista estadounidense *Forbes*, Ucrania disponía de 300 sistemas SA-10/S-300 en febrero de 2022. Un año después, documentos clasificados estadounidenses filtrados en abril de 2023 muestran que sólo le quedaban 25 sistemas y que los sistemas antiaéreos SA-10/S-300 y SA-11/BUK y su munición se agotaron entre finales de marzo y finales de mayo de 2023.

Nuestros medios de comunicación anunciaron a bombo y platillo que los rusos se habían quedado sin misiles y se veían obligados a utilizar otros obsoletos. Es más, ¡los resultados anunciados por la propaganda sugerían que las defensas aéreas ucranianas estaban funcionando bien! Acostumbrados a entender la estrategia sólo a través de nuestro propio prisma, nuestros brillantes «expertos» no ven nada. En noviembre de 2022, ante una comisión del Senado, el coronel Michel Goya explicó que se trataba simplemente de «¡*hacer algo, porque no sabemos qué hacer!*»[252] Gracias a ellos, nadie entendió la maniobra rusa.

Esto explica por qué Occidente descuidó el suministro de armas antiaéreas antes de enero de 2023 y concentró sus esfuerzos en la artillería. Irónicamente, al tratar de restar importancia a los éxitos rusos, nuestros medios de comunicación y expertos militares han amplificado la eficacia de la estrategia rusa y han contribuido directamente a debilitar los recursos ucranianos.

---

252. https://youtu.be/aZe5diu87sk?t=1520

Estado de la defensa aérea ucraniana

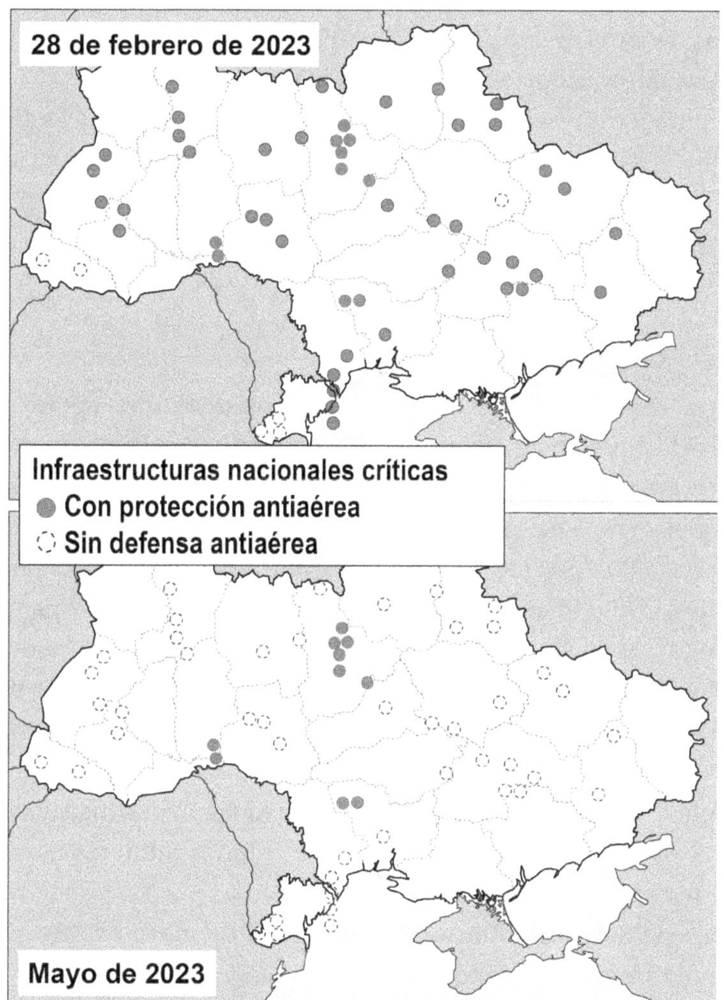

Figura 28 — Información de documentos clasificados filtrados a principios de abril de 2023. Muestran que, en mayo, Ucrania ya no dispone de una defensa antiaérea operativa. Este es el resultado de la campaña rusa contra la infraestructura eléctrica del país y la consecuencia de las declaraciones de la propaganda ucraniana y de nuestros medios de comunicación en el sentido de que Rusia ya no tenía misiles ni aviones.

La estrategia rusa ha funcionado, porque entre finales de 2022 y principios de 2023, Occidente debe enviar urgentemente sistemas antiaéreos a Ucrania. Estados Unidos prometió una unidad de MIM-104 PATRIOT. En marzo de 2023, Francia decidió enviar dos sistemas

CROTALE con un alcance de 11 km y se unió a Italia para enviar un sistema MAMBA SAMP/T en verano. A pesar de la calidad de estos sistemas, estos esfuerzos fueron insuficientes para permitir a Ucrania restablecer su equilibrio.

Pero tampoco en este caso los occidentales tuvieron éxito del todo. El 16 de mayo de 2023, inmediatamente después de su despliegue, el sistema PATRIOT suministrado por Estados Unidos resultó dañado según ellos[253] (o destruido según los rusos[254]), como parecen confirmar las imágenes de satélite. Más sobre esto más adelante.

3.4.3.4. *La guerra clandestina*

Junto a las operaciones convencionales, parece que operan movimientos de resistencia muy poderosos en los territorios controlados por Kiev en el sur y el este del país (Odessa, Nikolayev, Zaporozhie, Dnepropetrovsk, Kharkov, Soumy, Chernigov). Se filtra poca información sobre ellos porque perturban la narrativa occidental, pero son conocidos, como el «*Kherson ruso*» (*Русский Херсон*), que apareció en abril de 2023. En las provincias de Kherson, Zaporozhie y Soumy se observan eliminaciones de mercenarios extranjeros, miembros de milicias paramilitares neonazis, etc. Según informes no confirmados, estas eliminaciones ascendieron al equivalente de un batallón. Las acciones de sabotaje también tuvieron como objetivo las líneas logísticas ucranianas. Depósitos de municiones e instalaciones militares ucranianas fueron destruidos con explosivos plásticos.

Durante la Segunda Guerra Mundial, el 30 de mayo de 1942, el Alto Mando Supremo soviético (VGK) decidió crear un Estado Mayor Central del movimiento partisano, encargado de coordinar, abastecer, entrenar y equipar a los movimientos partisanos de Europa del Este[255]. ¿Hicieron los rusos lo mismo en Ucrania? No lo sabemos. Pero parece que algunas de las acciones partisanas se coordinaron con las de las fuerzas rusas.

253. https://www.cnn.com/2023/05/16/politics/patriot-missile-damage-ukraine/index.html
254. Elena Teslova, «Russia says it destroyed 5 launchers, radar of US Patriot missile defence system in Ukraine», *aa.tr*, 18 de mayo de 2023 (https://www.aa.com.tr/en/russia-ukraine-war/russia-says-it-destroyed-5-launchers-radar-of-us-patriot-missile-defense-system-in-ukraine/2900064)
255. *Vtoraya Mirovaya Voïna - Itogi i uroki*, Moscou, Voenizdat, 1985, p. 161

Hay que señalar que no se ha producido un movimiento equivalente en las zonas ocupadas por los rusos, ya que la mayoría de la población allí está a su favor. Los que permanecieron leales a Kiev se han marchado.

3.4.3.5. Evaluación de la fase 3

La fase 3 ilustra la dimensión asimétrica a la que la narrativa occidental ha empujado a Ucrania. El objetivo de Rusia es el potencial, mientras que el de Ucrania es el territorio. En otras palabras, cuanto más se aferre Ucrania a su objetivo, mejor podrá Rusia alcanzar el suyo.

De hecho, Rusia logró su objetivo de «desnazificación» el 28 de marzo de 2022. Logró su segundo objetivo de «desmilitarización» por primera vez a finales de mayo de 2022: los ucranianos dependen ahora de Occidente para su armamento. Lo logra por segunda vez, cuando el material de la antigua URSS suministrado por los países de Europa del Este se agota a finales de 2022. Lo alcanza una tercera vez, cuando el equipamiento occidental suministrado para la contraofensiva ucraniana en 2023 también se ha agotado, y Occidente se ve obligado a admitir que no puede mantener el ritmo a finales de 2023.

El suministro de armas por parte de Occidente ha llevado a Rusia a librar una guerra de desgaste, en la que el potencial de Ucrania se va erosionando poco a poco. Sacrificar tropas para proteger territorio es la peor estrategia en esta situación. Se puede recuperar territorio, pero nunca las vidas humanas perdidas. Actualmente, Occidente anima a los ucranianos a poner en peligro el capital humano que les queda. Nuestros intelectuales lo ven como una gran epopeya romántica (es fácil hacer la guerra con vidas ajenas), pero hay que recordar que Ucrania tendrá que reconstruirse a sí misma.

Nuestros medios de comunicación pueden aclamar la heroica defensa de Bajmut por parte de los ucranianos, pero eso no resuelve nada. Los ucranianos son muy conscientes de ello, ya que existen dos enfoques opuestos: el del general Valerii Zaloujny, que preferiría abandonar la ciudad para preservar a sus tropas, y el de Volodymyr Zelensky y el general Oleksandr Syrskyi, jefe de las Fuerzas Terrestres, que ven en la defensa de la ciudad una dimensión simbólica, necesaria para obtener el apoyo de Occidente. La visión de Zelensky prevaleció, gracias a los occidentales.

Como resultado, durante su contraofensiva, los ucranianos continuaron su asalto con la esperanza de retomar Bajmout.

4. El pensamiento militar ucraniano

Mientras que el pensamiento militar de Rusia está perfectamente construido y documentado, el de Ucrania está mucho menos estructurado. Hasta 2014, el ejército ucraniano siguió fuertemente influido por su tradición militar derivada del Pacto de Varsovia. En el marco de la *Asociación para la Paz* (*APP*) y del *Consejo de Asociación Euroatlántico* (CAEA) (y no en el marco de la OTAN, como afirman algunos «expertos») sus fuerzas armadas se están acercando a los estándares occidentales. Esta influencia, de la que hará buen uso durante su participación en las operaciones estadounidenses en Irak y Afganistán, la encerrará en un enfoque táctico del combate.

Este pensamiento militar táctico lucha por coexistir con la tradición militar más operativa surgida durante la Guerra Fría. Se ha mantenido así en una forma de transición doctrinal que le priva de la coherencia intelectual entre los niveles estratégico, operativo y táctico que necesita hoy en día.

Enfrentada a los rebeldes del Donbass, sufrió dos grandes derrotas que la llevaron a firmar los Acuerdos de Minsk I (septiembre de 2014) y II (febrero de 2015). Ya entonces, las operaciones mostraban un déficit de pensamiento operativo que ha persistido hasta la actualidad: combate tácticamente, no operativamente. El resultado es una asimetría en la forma de combatir que jugará a favor de los rusos a partir de 2022.

A finales de 2014, Ucrania se embarcó en una *Operación Antiterrorista* (ATO) (demostrando que no se enfrentaba a una amenaza exterior) para la que no estaba preparada ni doctrinal, ni estructural, ni materialmente. La ayuda para la formación proporcionada por Occidente se centra en la contrainsurgencia. Desgraciadamente, sus conocimientos no sólo no han dado la victoria ni en Irak ni en Afganistán, sino que resultarán totalmente inadecuados para la naturaleza del conflicto ucraniano.

La principal debilidad de las fuerzas ucranianas se deriva de esta contribución dispar: la ausencia de una columna vertebral y de coherencia doctrinal.

La población ucraniana goza en general de un nivel educativo muy alto y Ucrania es un país conocido por sus hackers altamente cualificados. Esto fue todo lo que necesitaron los países occidentales para ver una oportunidad de preparar a sus ejércitos para los llamados conflictos de 5ª generación, con un fuerte componente «cibernético». Se creó la imagen de un enemigo (Rusia) que pretendía «destruir nuestras democracias» influyendo en las elecciones de Estados Unidos, Francia, Alemania y Reino Unido (¡algo que nunca se ha demostrado!). El problema era que se trataba sólo de una percepción y no de la realidad.

Pero la guerra que libra Rusia es una guerra de 3ª generación. Así que no hemos preparado al ejército ucraniano para la guerra adecuada.

Así que, paradójicamente, el enfoque ucraniano del conflicto es totalmente... ¡híbrido! Es una combinación apresurada de principios de combate que datan de la era soviética, readaptados por instructores de la OTAN cuya experiencia operativa es totalmente diferente de la de Ucrania. A partir de 2022, esta falta de homogeneidad se verá exacerbada por equipos de distintas procedencias, diseñados para diferentes doctrinas de uso, mal adaptados al teatro de operaciones ucraniano y con sistemas de control militares y civiles compuestos.

4.1. Fuerzas ucranianas

Antes de 2014, las relaciones entre ucraniano-ucranianos y ucraniano-rusos eran tradicionalmente buenas. Sobre todo entre la población «educada», todos hablaban ruso y ucraniano por igual. Los lazos entre ambos grupos étnicos eran fuertes y estrechos. La llegada al poder de una pequeña camarilla de «kievianos» de extrema derecha con la ayuda de fanáticos ultranacionalistas desentonó por completo con el resto del país. Pero fue sobre todo la abolición de la ley Kivalov-Kolesnichenko sobre las lenguas oficiales, el 23 de febrero de 2014, lo que más sintieron las poblaciones más modestas del sur del país y del Donbass. El ruso, utilizado hasta entonces para las interacciones entre los ciudadanos y la administración y en las escuelas, iba a ser sustituido por el ucraniano. Todo el sur del país ardió en llamas y el ejército fue movilizado para sofocar las manifestaciones.

Estos cambios están teniendo un profundo efecto en las fuerzas armadas, muchas de las cuales simpatizan con la minoría rusoparlante. Esto provocó un aumento masivo de la indisciplina y las deserciones. Muchas unidades del ejército se unieron a los autonomistas con armas y bagajes. Esto explica el rápido armamento de los rebeldes, que nuestros medios de comunicación atribuyen a Rusia.

Tradicionalmente, el ejército ucraniano funcionaba según el principio del servicio militar obligatorio. En octubre de 2013, el presidente Yanukóvich decidió pasar a un ejército profesional a partir de 2014. Sin embargo, el 1 de mayo de 2014, el nuevo Gobierno decidió volver al servicio militar obligatorio para jóvenes de entre 18 y 25 años en todo el país, incluidas las regiones del sur[256]. En 2015, las fuerzas ucranianas contaban con 250.800 hombres.

De hecho, el ejército está minado por la corrupción de sus cuadros y ya no goza del apoyo de la población. Según un informe del Ministerio del Interior británico, en la llamada a filas de reservistas de marzo-abril de 2014, el 70% *no* se presentó a la primera sesión, el 80% a la segunda, el 90% a la tercera y el 95% a la cuarta[257]. En octubre-noviembre de 2017, el 70% de los reclutas no se presentó a la campaña de llamada a filas «*Otoño 2017*»[258]. Eso sin contar los suicidios y las deserciones (a menudo de autonomistas), que alcanzaron hasta el 30% de los efectivos en la zona de la ATO[259].

---

256. «Ucrania promulga el reclutamiento militar obligatorio», *NBC News*, 1 de mayo de 2014 (https://www.nbcnews.com/storyline/ukraine-crisis/ukraine-enacts-compulsory-military-draft-n94906).

257. «*Country Policy and Information Note - Ukraine: Military service*», versión 4.0, Ministerio del Interior, abril de 2017 (https://www.refworld.org/docid/590748164.html).

258. «ВСУ заявили о 70% неявки во время осеннего призыва», *iPress.ua*, 13 de diciembre de 2017 (https://ipress.ua/ru/news/v_vsu_zayavyly_o_70_neyavky_vo_vremya_osennego_pryziva_237367.html).

259. *Fact Finding Mission Report - Ukraine*, Office français de protection des réfugiés et apatrides (OFPRA) y Bundesamt für Fremdenwesen und Asyl (BFA), mayo de 2017 (p. 36); Mikhail Klikushin, «Why Are So Many Ukrainian Soldiers Committing Suicide?», *Observer.com*, 30 de junio de 2017.

En 2018, según Anatoly Matios, Fiscal Militar Jefe, tras cuatro años de conflicto con los autonomistas de Donbass, 2.700 militares murieron *fuera de* situaciones de combate (accidentes, drogas, manejo indebido de armas, asesinatos y suicidios)[260].

Pérdidas del ejército ucraniano en el Donbass (2014-2018)

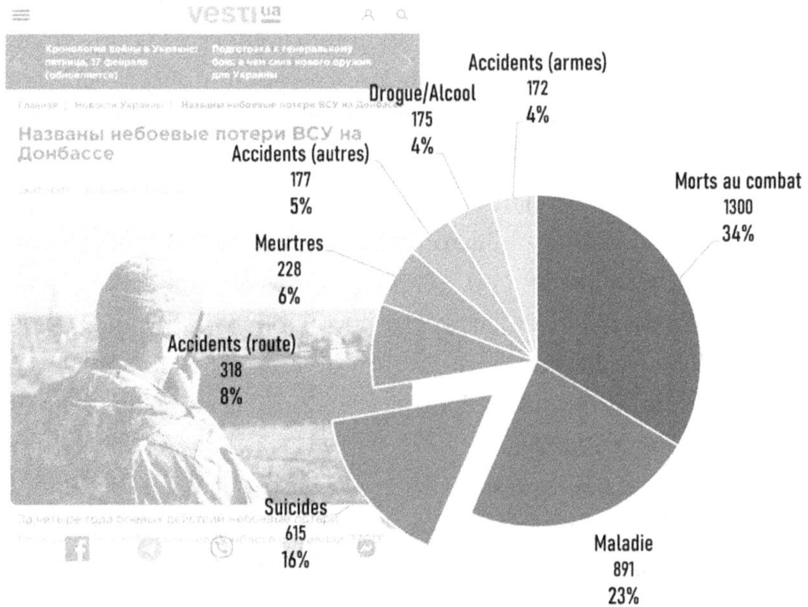

Figura 29 — Situación de las fuerzas ucranianas entre 2014 y 2020.
Por este motivo, Ucrania solicita la ayuda de la OTAN para volver a ponerse en pie.
La OTAN proporcionará ayuda principalmente para mejorar las condiciones marco
de las fuerzas armadas. Al mismo tiempo, los países de la OTAN (en particular Estados Unidos,
Gran Bretaña, Francia y Canadá) participan bilateralmente en el entrenamiento de militares
y paramilitares (incluidos neonazis y ultranacionalistas). [Fuente: Vesti.ua]

Ha habido innumerables deserciones a regiones rebeldes. Según el Gobierno británico, hubo 33.000 desertores entre 2014 y 2018, y 9.300

---

260. «На Донбассе небоевые потери ВСУ составили 2700 человек, - Матиос», *focus.ua*, 27 de octubre de 2018 (https://focus.ua/ukraine/410520-na-donbasse-neboevye-poteri-vsu-sostavi-li-2700-chelovek--matios).

para 2019[261]. Para hacer frente a esta situación, las autoridades ucranianas están adoptando un doble enfoque:

- Solicitar la ayuda de la OTAN para poner en marcha programas sociales dentro de las fuerzas armadas y facilitar la reintegración de los militares en la vida civil tras su alistamiento, así como para luchar contra la corrupción (programa BUILDING INTEGRITY). El objetivo es elevar el estatus de la carrera militar y animar a los jóvenes a alistarse. También en este contexto me he implicado con Ucrania. El objetivo es revitalizar el ejército ucraniano haciéndolo más atractivo. Pero era una actividad a largo plazo, que no daba respuesta a la urgencia de la situación.

- La falta de fiabilidad del ejército está impulsando a las nuevas autoridades de Kiev a crear más unidades paramilitares políticas, principalmente de extrema derecha (de tendencia «neonazi» o «ultranacionalista»), que reprimirán brutalmente las revueltas populares en todo el sur del país y provocarán el endurecimiento de la minoría rusa. Se trata de una solución a corto plazo, adaptada a la urgencia del momento.

Este tema se ha tratado ampliamente en mis otros libros, *Operación Z* y *Ucrania entre la guerra y la paz*, por lo que no entraremos en detalles aquí.

Baste decir que, a partir de 2014, se formaron una serie de unidades de voluntarios financiadas por oligarcas como Igor Kolomoïski (que llegó a promover la carrera artística y luego política de Volodymyr Zelensky), como los batallones AÏDAR, AZOV, DNIEPR-1, DNIEPR-2 y DONBASS. Por lo tanto, las fuerzas ucranianas necesitan una columna vertebral ideológica suficiente para compensar la desmotivación de los soldados que participan en una guerra contra sus propios compatriotas. También hay que recordar que, según el Jefe del Estado Mayor ucraniano, no había tropas regulares rusas en Donbass[262]. Esta información fue confirmada 9

---

261. «Country policy and information note: military service, Ukraine, version 8.0, June 2022 (accessible)», Ministerio del Interior, junio de 2022 (actualizado el 27 de julio de 2022) (https://www.gov.uk/government/publications/ukraine-country-policy-and-information-notes/country-policy-and-information-note-military-service-ukraine-june-2022-accessible#preface)
262. https://www.dw.com/uk/генштаб-україна-не-воює-з-російськими-регулярними-військами/a-18225044

meses después por el jefe del SBU ucraniano, que declaró que sólo se habían observado 56 combatientes rusos individuales en el Donbass[263].

Desinformación occidental: tropas rusas en Ucrania

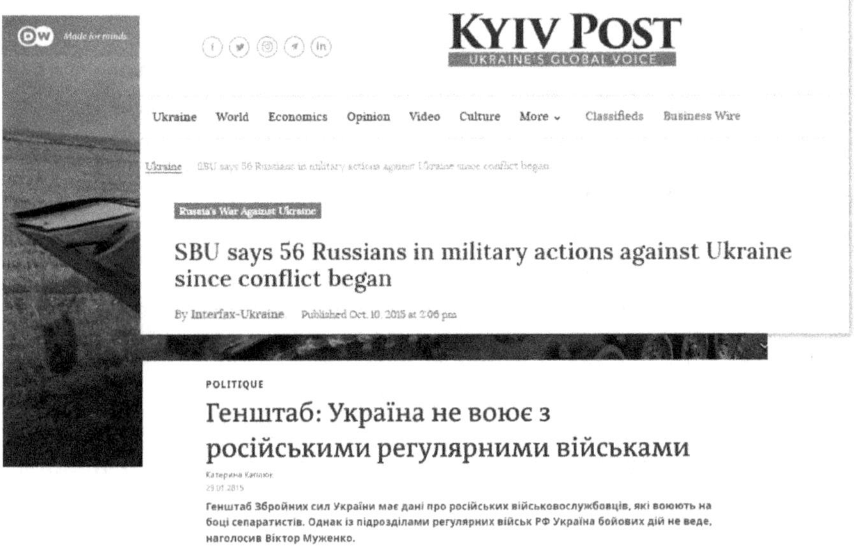

Ilustración 30 — Para justificar las sanciones contra Rusia, se inventa una invasión de tropas rusas en Ucrania. Sin embargo, según el jefe del Estado Mayor ucraniano en enero de 2015, el ejército ucraniano no luchaba contra tropas rusas y, en el Kyiv Post del 10 de octubre de 2015, el jefe del SBU, el servicio de seguridad ucraniano, declaró que solo 56 individuos rusos habían participado en acciones de combate.

La deserción es un problema endémico en las fuerzas ucranianas. Tanto es así que el Parlamento ucraniano aprobó una ley que autoriza a los oficiales a utilizar sus armas contra sus hombres si intentan desertar[264]. En mayo de 2022, se propuso a la Rada[265] una enmienda a esta ley , en la que se pedía la supresión de la frase *«sin causar la muerte»*.

---

263. https://www.kyivpost.com/article/content/war-against-ukraine/sbu-registers-involvement-of-56-russian-in-military-actions-against-ukraine-since-military-conflict-in-eastern-ukraien-unfolded-399718.html

264. Damien Sharkov, «Ucrania aprueba una ley que permite a los militares disparar a los desertores», *Newsweek*, 6 de febrero de 2015 (https://www.newsweek.com/ukraine-passes-law-shoot-deserters-304911).

265. https://itd.rada.gov.ua/billInfo/Bills/Card/39562

La propuesta provocó indignación en las redes sociales y fue retirada[266]. Sin embargo, la propuesta no modificaba realmente la legislación vigente. Los comandantes están autorizados a utilizar sus armas «*para poner fin a una infracción penal, si es imposible detenerla de otro modo*». En situaciones de combate, según el código de disciplina militar, estos delitos son: desobediencia, resistencia o amenaza a un jefe, violencia y deserción[267]. Desde el inicio de la SVO rusa, las milicias extremistas se han dedicado a la retaguardia de las fuerzas regulares ucranianas, con el fin de eliminar a los combatientes que pudieran intentar desertar.

Independientemente de sus simpatizantes, que intentan presentarlos como «desaparecidos», los neonazis existen en las fuerzas ucranianas[268] y siguen teniendo un efecto movilizador en las tropas regulares[269].

Existen dos tipos de fuerzas paramilitares voluntarias ucranianas: las pertenecientes a la Guardia Nacional y las independientes del Ministerio de Defensa. Es el caso del Ejército Voluntario Ucraniano (UDA), dirigido por Dmitro Yarosh, que es una rama del Sector Derecho y una milicia que puede calificarse de ultranacionalista y neonazi. Unidades de este tipo fueron retiradas de las zonas de combate de Donbass en el verano de 2018. Es lo que nuestros periodistas llaman la «desnazificación» del ejército ucraniano. Pero contrariamente a lo que afirman, estas unidades no han desaparecido. De hecho, fueron retiradas porque eran difíciles de gestionar, se negaban a obedecer a la jerarquía militar y eran responsables de numerosos crímenes de guerra[270]. Hoy la UDA lucha junto a las fuerzas ucranianas, pero independientemente de las decisiones del Estado Mayor ucraniano.

---

266. «La Rada retirará el proyecto de ley sobre el asesinato de desertores», *The News 24*, 24 de mayo de 2022 (https://then24.com/2022/05/24/the-rada-will-withdraw-the-bill-on-the-murder-of-deserters/)

267. Anna Stechenko e Irina Gamaliy, «З Верховної Ради відкликали законопроєкт про розстріл дезертирів», *lb.ua*, 24 de mayo de 2022 (https://lb.ua/pravo/2022/05/24/517817_z_verhovnoi_radi_vidklikali.html).

268. Josh Cohen, «Ukraine's neo-Nazi problem», *Reuters*, 19 de marzo de 2018 (https://www.reuters.com/article/us-cohen-ukraine-commentary-idUSKBN1GV2TY)

269. Thomas Gibbons-Neff, «Nazi Symbols on Ukraine's Front Lines Highlight Thorny Issues of History», *The New York Times*, 5 de junio de 2023 (actualizado el 7 de junio de 2023) (https://www.nytimes.com/2023/06/05/world/europe/nazi-symbols-ukraine.html)

270. https://zn.ua/UKRAINE/pravyy-sektor-mozhet-voyti-v-sostav-vsu-lish-kak-otdelnoe-podrazdelenie-171167_.html

Estas unidades, independientes de un mando centralizado, plantean una serie de problemas. El más evidente es el de la coordinación operativa. Numerosos ejemplos demuestran que estas unidades, como el batallón KRAKEN, que tiene fama de ser especialmente brutal, se niegan a acatar las decisiones del Estado Mayor de Kiev. Esto ha provocado sangrientos enfrentamientos entre estas milicias y el ejército ucraniano. Además, estas unidades, que no forman parte de una jerarquía, no se sienten responsables de sus actos y tienden a cometer más crímenes de guerra que otras.

4.1.1. El ejército ucraniano ante el desgaste

En enero de 2022, las fuerzas armadas ucranianas tendrán entre 200.000 y 250.000 soldados[271], además de hasta 900.000 reservistas y milicianos. Se están preparando para una ofensiva contra el Donbass, a sabiendas de que es probable que Rusia intervenga.

En abril-mayo de 2022, el ejército ucraniano de febrero prácticamente ya no existía y Occidente intervino para mantener a flote las defensas de Ucrania. Fue entonces cuando Ucrania empezó a comprometer tropas territoriales para contrarrestar a la coalición rusa. Las manifestaciones de las esposas y madres de los militares ucranianos fueron violentamente reprimidas[272].

En julio de 2022, Zelensky afirmó que quería lanzar una operación para reconquistar los territorios perdidos con un ejército de un millón de hombres[273]. Pero a pesar de estas declaraciones, no parece que Ucrania haya conseguido reunir a tantos hombres. Esto se debe a que los jóvenes ucranianos ya no quieren ir a luchar. En 2022, el número de estudiantes varones en las universidades aumentó un 82%, ¡y en algunas universidades este número se multiplicó por 12[274]!

---

271. Prasanta Kumar Dutta, Samuel Granados & Michael Ovaska, «Al borde de la guerra», *Reuters*, 26 de enero de 2022 (https://graphics.reuters.com/RUSSIA-UKRAINE/dwpkrkwkgvm/)

272. Paul Waldie, «In the small Ukraine city Khust, a rare public display of dissent over war with Russia», *The Globe and Mail*, 2 de mayo de 2022 (https://www.theglobeandmail.com/world/article-russia-ukraine-war-conscription-protest/).

273. Maxim Tucker, «Ukraine has one million ready for fightback to recapture south», *The Times*, 10 de julio de 2022 (https://www.thetimes.co.uk/article/ukraine-has-one-million-ready-for-fightback-to-recapture-south-3rhkrhstf)

274. https://gordonua.com/ukr/news/society/v-ukrajini-za-rik-vijni-kilkist-cholovikiv-studentiv-platnoji-formi-navchannja-zrosla-na-82-u-dejakih-vishah-u-12-raziv-zmi-1661079.html

En mayo de 2023, mientras los rusos hablaban de aumentar *la edad de reclutamiento* de 27 a 30 años, Ucrania la rebajaba de 27 a 25 años. Oleksiy Reznikov, ministro de Defensa, justificó esta aparente contradicción por la necesidad de reconstituir la reserva de movilización. Anteriormente, la edad máxima para el reclutamiento era de 27 años, por lo que si un hombre cumplía 27 años y no había servido en el ejército, ya no podía ser movilizado a la fuerza. Tras la modificación de la ley, los hombres de entre 25 y 60 años, incluso los que no tenían experiencia en el servicio militar, podían ser movilizados forzosamente[275].

En junio de 2023, el «experto» militar suizo Alexandre Vautravers declaró que el ejército ucraniano tenía una fuerza total de 960.000 hombres, 170.000 de los cuales estaban «de permiso». Estas cifras parecen totalmente descabelladas. De hecho, en febrero de 2023, el Departamento de Investigación *de Statista* había establecido que el potencial máximo de Ucrania era de 500.000 hombres (200.000 en activo, 250.000 de reserva y 50.000 paramilitares[276]).

Las Páginas Militares de Ucrania revelan que, según el Estado Mayor ucraniano, desde mayo de 2023 la situación del personal de las nuevas fuerzas armadas se ha deteriorado significativamente. La situación del personal se está volviendo «especialmente crítica» debido al aumento de las bajas en combate causadas por la contraofensiva ucraniana en el este y el sur y la ofensiva de las tropas rusas en la región de Kharkiv. En julio de 2023, sólo el 50% de los movilizados se presentó en los centros de entrenamiento del ejército ucraniano[277]. Este fenómeno de desafección se ve agravado por el hecho de que la disposición a servir se sitúa entre el 50% y el 60%, y desciende al 10% en las formaciones de élite, como las tropas paracaidistas[278]. Nuestro «experto» decía tonterías.

Aunque tienen prohibido salir del país, miles de jóvenes ucranianos intentan huir y escapar a la movilización[279]. Según cifras de Eurostat, el 17,7% de los 4.114.320 ucranianos que han encontrado refugio en Europa

---

275. https://visitukraine.today/blog/1974/conscription-age-cut-to-25-in-ukraine-what-will-change-and-how-will-it-affect-mobilisation
276. https://www.statista.com/statistics/1296573/russia-ukraine-military-comparison/
277. https://www.ukrmilitary.com/2023/07/mobilization-buksue.html
278. https://www.ukrmilitary.com/2023/06/50.html
279. «Miles de hombres ucranianos evitan el servicio militar», *The Economist*, 31 de agosto de 2023 (https://www.economist.com/europe/2023/08/31/thousands-of-ukrainian-men-are-avoiding-military-service)

tienen entre 18 y 64 años y podrían ser movilizados. Esto representa algo menos de 730.000 hombres que podrían alistarse en las fuerzas armadas, siempre que cumplieran los requisitos. Por eso, en agosto de 2023, Ucrania anunció que iba a ajustar su normativa en agosto-septiembre de 2023 para reducir el número de casos de exención y que pediría a los países europeos la extradición de hombres en edad de servicio. Algunos países aceptaron, como Polonia[280], pero otros se negaron, como Alemania, Austria y la República Checa[281].

Mientras Rusia tiene que hacer frente a un problema de *reclutamiento*, debido al aumento del tamaño de su ejército, Ucrania tiene un problema de *movilización* para responder a una situación de mano de obra cada vez más tensa[282]. De hecho, el fracaso de la contraofensiva de 2023, que se suponía decisiva, sólo sirvió para acentuar la desconfianza de la población en el gobierno ucraniano y en Zelensky en particular. En septiembre, un sondeo mostró que más del 78% de los ucranianos creen que es responsable de la corrupción en el país[283].

Según la revista estadounidense *Time*, la guerra ha diezmado los grupos de edad más jóvenes y ha hecho necesaria la movilización de hombres cada vez más mayores, con lo que la edad media de un soldado ucraniano ronda los 43 años[284]. Esto supone una capacidad operativa diferente y una mayor carga para la cadena logística.

4.1.2. *Personal militar mal adiestrado por la OTAN*

Desde el final de la Guerra Fría, los ejércitos occidentales nunca han tenido la oportunidad de aplicar los conceptos tácticos y operativos que se desarrollaron durante la Guerra Fría para contrarrestar a los soviéticos.

---

280. «Poland May Start to Extradite Ukrainian 'Draft Dodgers'», *Kyiv Post*, 4 de septiembre de 2023 (https://www.kyivpost.com/post/21242)

281. Zoltán Kottász, «Ukraine Demands Extradition of Its Draft-Age Men», *The European Conservative*, 9 de septiembre de 2023 (https://europeanconservative.com/articles/news/ukraine-demands-extradition-of-its-draft-age-men/)

282. Anastasia Stognei, Polina Ivanova y Christopher Miller, «Russia and Ukraine tighten conscription rules ahead of spring hostilities», *The Financial Times*, 11 de abril de 2023 (https://www.ft.com/content/35d34148-32a9-4b95-99da-db2470817329)

283. Valentyna Romanenko, «Casi el 80% de los ucranianos considera a Zelenskyy responsable de la corrupción en las administraciones gubernamental y militar», *Ukrainska Pravda*, 11 de septiembre de 2023 (https://www.pravda.com.ua/eng/news/2023/09/11/7419343/)

284. Simon Shuster, «'Nobody Believes in Our Victory Like I Do.' Inside Volodymyr Zelensky's Struggle to Keep Ukraine in the Fight», *TIME magazine*, 30 de octubre de 2023 (actualizado el 1 de noviembre de 2023) (https://time.com/6329188/ukraine-volodymyr-zelensky-interview/)

Sus equipos, doctrinas y procedimientos se adaptaron a los conflictos de tipo contrainsurgente. Por eso, hoy en día, lo que reciben los ucranianos es simplemente el excedente de lo que no se utilizó en la «guerra contra el terror».

En primer lugar, muchas de las unidades son completamente nuevas, creadas o recreadas a partir de los restos de otras unidades o formadas por soldados recién reclutados. Es el caso de la 32ª brigada mecanizada independiente, que no existía en 2022, formada *«en su mayoría por civiles que nunca habían disparado contra nadie»*, *«muchos de los cuales no querían formar parte del ejército»*, y que se enfrenta a «rusos *experimentados y bien equipados, con un gran número de proyectiles de artillería y múltiples cohetes»*[285]:

> *Los soldados de infantería dicen que les superan los competentes y aparentemente intrépidos soldados rusos que vieron en este eje de ataque.*

Esto es todo lo contrario de lo que oímos decir a nuestros pseudoexpertos y a otros fontaneros en los medios de comunicación.

Hasta julio de 2023, los países occidentales han entrenado a 17 brigadas y 63.000 soldados ucranianos[286]. El problema es que los instructores occidentales no tienen experiencia en el conflicto para el que entrenan a los cuadros y soldados ucranianos[287]. A menudo recurren a su experiencia en operaciones en Oriente Medio y entrenan a los ucranianos para limpiar casas e identificar a los rebeldes, que no tienen ningún interés en el teatro de operaciones ucraniano.

De hecho, el adiestramiento impartido por los países de la OTAN está a menudo desfasado con respecto a las condiciones sobre el terreno,

---

285. Igor Kossov, «New brigade bears heavy brunt of Russia's onslaught in Kharkiv Oblast», *The Kyiv Independent*, 1 de septiembre de 2023 (https://kyivindependent.com/new-brigade-bears-heavy-brunt-of-russias-onslaught-in-kharkiv-oblast/)
286. https://www.defense.gov/News/News-Stories/Article/Article/3462714/ukraine-defense-contact-group-members-remain-unified-in-support-to-kyiv/
287. Isobel Koshiw, «NATO training leaves Ukrainian troops 'underprepared' for war», *openDemocracy*, 8 de agosto de 2023 (https://www.opendemocracy.net/en/odr/ukraine-russia-training-nato-west-military/)

es muy burocrático e inadecuado para el conflicto de Ucrania[288]. Los instructores alemanes y británicos fueron incapaces de comunicarse eficazmente con los militares ucranianos y de adaptar la terminología a sus «clientes» ucranianos[289]. Los soldados ucranianos entrenados en Alemania declararon al *diario Kyiv* Independent que «*el entrenamiento les preparó para una guerra que no existe en Ucrania. Afirmaron que los oficiales de la OTAN no comprendían la realidad sobre el terreno*»[290].

La consecuencia prevista de esta subestimación permanente y falsa por parte de nuestros medios de comunicación es empujar a los ucranianos a luchar a pesar de que saben que su lucha es inútil. Porque la moral de los militares ucranianos es muy baja. Esto se ha convertido en un argumento para Volodymyr Zelensky, que declaró a *la CNN* que una invitación a entrar ahora en la OTAN «*sería una enorme motivación para los soldados ucranianos*»[291].

Un problema esencial, pero totalmente eludido por nuestros medios de comunicación, es la formación del personal ucraniano. La destrucción del potencial militar humano de las fuerzas ucranianas ha provocado la desaparición gradual de soldados experimentados.

A esto se añaden las limitaciones de tiempo, que hacen que cada etapa de la formación no se consolide y valide antes de pasar a la siguiente. El uso de drones durante los entrenamientos es a menudo difícil, o incluso está prohibido en algunos países de la OTAN por la posibilidad de accidentes con civiles. Se considera que sólo dos pelotones (unos 60-70 hombres) por batallón están realmente capacitados para el combate, es decir, alrededor del 10% de los efectivos.

Nuestros «expertos» militares nos dicen que el ejército ucraniano favorece la iniciativa individual y el mando por misión. Pero esta no parece ser la realidad. Según periodistas militares que visitaron el país,

---

288. Jack Watling, «West must focus on preparing Ukraine's troops - or we all pay the price», *The Guardian*, 23 de julio de 2023 (https://www.theguardian.com/world/2023/jul/23/west-must-focus-on-preparing-ukraines-troops-or-we-will-all-pay-the-price)

289. Laura Pitel, «Lost in translation: Germany's challenges training Ukrainian soldiers», *Financial Times*, 28 de agosto de 2023 (https://www.ft.com/content/5bcb359e-f0ae-475d-9773-b89c0e-be0a1b)

290. https://kyivindependent.com/new-brigade-bears-heavy-brunt-of-russias-onslaught-in-kharkiv-oblast/

291. https://edition.cnn.com/europe/live-news/russia-ukraine-war-news-07-04-23/h_9ffe-d7e97423cb666d3e0079ec06e978?embed=true

«las fuerzas armadas ucranianas no fomentan la iniciativa personal, la confianza mutua ni el mando por misión»[292].

Los rusos pueden alegrarse de que el ejército ucraniano haya sido entrenado por oficiales de la OTAN.

4.2. Conducta ucraniana

El problema central del ejército ucraniano es que no ha sido preparado para una guerra de movimiento contra un oponente mecanizado. Modernizado y entrenado desde 2014 por la OTAN, ha adolecido de la falta de experiencia de los occidentales, que solo han tenido que enfrentarse a ejércitos tecnológicamente inferiores en contextos de contrainsurgencia.

Como hemos visto en ciertas operaciones (como BARKHANE), los occidentales tienen un claro déficit en su comprensión del nivel operativo. Por eso, desde el inicio de la SVO en febrero de 2022, no hemos visto grandes batallas de tanques, como en Kursk en 1943. Los ucranianos están librando una guerra de infantería, en trincheras o en zonas urbanas, como en Mariupol, Severodonetsk o Bajmut.

Podemos concluir de ello que la llegada de tanques, especialmente occidentales con los que los ucranianos no están del todo familiarizados, no cambiará fundamentalmente la situación. Incluso con nuevo equipamiento, Ucrania ya no está en condiciones de recuperar los territorios tomados por los rusos. Permítanme recordarles que mientras Occidente habla de territorio, los rusos hablan de potencial.

Otro problema derivado de la inexperiencia de los ejércitos de la OTAN es la tendencia a la «microgestión», que está afectando al ejército ucraniano. Esta tendencia ha aumentado con la desaparición de comandantes experimentados y la llegada de cuadros formados a toda prisa.

---

292. https://warontherocks.com/2023/06/what-the-ukrainian-armed-forces-need-to-do-to-win/

4.3. Estrategias ucranianas y occidentales

4.3.1. *La estrategia occidental*

A primera vista, parecería que Ucrania y los países occidentales tienen el mismo objetivo y, por tanto, la misma estrategia. Pero esto no es cierto. Las estrategias de Ucrania y Occidente (es decir, Estados Unidos) son a veces difíciles de distinguir la una de la otra, porque se alimentan mutuamente sin conseguir satisfacer intereses muy distintos.

Desde la década de 2000, el principal interés de Ucrania ha sido acercarse a Occidente para garantizar su prosperidad. Como he mostrado en libros anteriores, considera que este acercamiento implica el ingreso en la OTAN, lo que debería abrirle las puertas a la UE, y convertirse así en un miembro «de pleno derecho» de la Europa moderna. Hasta 2014, Rusia era un socio y no se percibía como una amenaza. A partir de entonces, la política discriminatoria contra las minorías, y en particular contra la minoría rusa, aumentó la tensión entre los dos países (como lo hizo con Hungría, por cierto), culminando en el SVO en 2022.

Estados Unidos está obsesionado con China, cuyo rápido desarrollo tecnológico y comercial —dos ámbitos en los que reclama el liderazgo mundial— sigue percibiendo como una amenaza. El objetivo de Estados Unidos es, por tanto, evitar que Rusia se convierta en el «patio trasero» de China y Europa en materia de energía y recursos naturales. Inicialmente, la estrategia estadounidense hacia Rusia fue objeto de dos visiones contrapuestas dentro de la propia Casa Blanca:

- Ofrecer concesiones a Rusia para mantenerla en Occidente y debilitar así a China;
- Debilitar a Rusia, provocar la caída de Vladimir Putin y un cambio de poder para que sea inútil para China.

En ambos planteamientos, Ucrania desempeña un papel central: bien en términos de las concesiones que podrían haberse hecho a Rusia, bien utilizándola para arrastrar a Rusia a un conflicto. Al final, fue esta última opción, defendida por Victoria Nuland y Anthony Blinken, los «ultras» de la administración Biden, la que se eligió.

A ello seguiría la «descolonización» de Rusia[293], es decir, su desmembramiento y la creación de nuevos países[294]. Así lo confirmó Oleksiy Danilov, Secretario del Consejo de Defensa y Seguridad Nacional de Ucrania, en marzo de 2022 en el canal de televisión suizo *RTS*[295]:

> *Occidente debe prepararse para la descolonización de Rusia. Rusia pronto dejará de existir dentro de sus fronteras actuales. Esto no depende de nosotros. El comienzo del colapso de Rusia fue provocado por Putin el 24 de febrero de 2022. [...] Los procesos que llevaron al colapso de la URSS están ahora en marcha en la Rusia actual.*

A partir de mayo de 2022, se celebraron nada menos que cinco conferencias (una de ellas por videoconferencia) en Varsovia (mayo de 2022), Praga (julio de 2022), Gdansk (septiembre de 2022) y Bruselas (enero de 2023). Esto dista mucho de la «paranoia» que afirman los medios estatales suizos.

Para lograr este colapso, una estrategia fue descrita con mucha precisión por la *Corporación RAND*, el think tank del Pentágono, en marzo de 2019, en un documento de 300 páginas titulado «*Extending Russia: Competing from Advantageous* Ground»[296]. Los estadounidenses aplicarán escrupulosamente esta estrategia, que consiste en empujar a Rusia a un conflicto[297].

Aquí es donde entra Ucrania: se suponía que iba a actuar como una especie de cebo y cambio, permitiendo a Occidente movilizar a la comunidad internacional contra Rusia.

Pero los analistas *del RAND* habían advertido de que esta estrategia podría volverse en contra de Ucrania si no se evaluaban adecuadamente

---

293. Casey Michel, «Decolonize Russia», *The Atlantic*, 27 de mayo de 2022 (https://www.theatlantic.com/ideas/archive/2022/05/russia-putin-colonization-ukraine-chechnya/639428/)

294. https://www.csce.gov/international-impact/events/decolonizing-russia

295. https://www.rts.ch/info/monde/13818312-lukraine-demande-des-armes-des-armes-et-encore-des-armes.html

296. James Dobbins, Raphael S. Cohen, Nathan Chandler, Bryan Frederick, Edward Geist, Paul DeLuca, Forrest E. Morgan, Howard J. Shatz, Brent Williams, «Extending Russia: Competing from Advantageous Ground», *RAND Corporation*, 2019, p. 101.

297. Robert H. Wade, «Why the US and Nato have long wanted Russia to attack Ukraine», *London School of Economics and Political Science*, 30 de marzo de 2022 (https://blogs.lse.ac.uk/europpblog/2022/03/30/why-the-us-and-nato-have-long-wanted-russia-to-attack-ukraine/)

las capacidades rusas. Y eso fue exactamente lo que ocurrió. Como no tenía la escala de las economías occidentales, se pensó que su economía era frágil y que se derrumbaría rápidamente. Porque Vladimir Putin fue presentado como un «dictador»[298], pensamos que la población rusa sólo buscaba una oportunidad para derrocarlo. Como pensábamos que el ejército ruso estaba mal equipado y rígidamente dirigido, pensábamos que sería derrotado rápidamente sobre el terreno por un ejército ucraniano entrenado por la OTAN. En otras palabras, los «estrategas» occidentales pensaban que esta guerra duraría muy poco, porque las sanciones masivas[299] y el aislamiento internacional de Rusia significarían que Rusia ya no podría mantener su esfuerzo bélico, como imaginó Ursula von der Leyen ante el Parlamento Europeo el 2 de marzo de 2022[300].

Evolución de la estrategia occidental para el conflicto en Ucrania

Período aproximado	Objetivo	Estrategia
Febrero-mayo de 2022	Colapsar la economía rusa atentando contra la población civil, para provocar una catástrofe social que lleve al derrocamiento de Vladimir Putin[301].	Sanciones masivas
Junio-julio de 2022	Rearmar a Ucrania para que esté en mejores condiciones de negociar[302].	Suministro de armas y asistencia militar
Agosto-diciembre de 2022	Entablar con Rusia una guerra de desgaste para obligarla a rendirse[303].	Múltiples contraofensivas

---

298. «Biden llama "dictador" a Putin y dice que el ejército ruso está siendo "ridiculizado"», *Euronews*, 4 de mayo de 2022 (https://fr.euronews.com/2022/05/04/biden-qualifie-poutine-de-dictateur-et-estime-que-l-armee-russe-est-ridiculisee)

299. Paul De Grauwe, «Rusia no puede ganar la guerra», *London School of Economics and Political Science*, 2 de marzo de 2022 (https://blogs.lse.ac.uk/europpblog/2022/03/02/russia-cannot-win-the-war/)

300. https://www.pubaffairsbruxelles.eu/eu-institution-news/speech-by-president-von-der-leyen-at-the-european-parliament-plenary-on-the-russian-aggression-against-ukraine/

301. «Economic sanctions will hurt Russians long before they stop Putin's war in Ukraine», *The Conversation*, 1 de marzo de 2022 (https://theconversation.com/economic-sanctions-will-hurt-russians-long-before-they-stop-putins-war-in-ukraine-178009)

302. Joseph R. Biden Jr, «President Biden: What America Will and Will Not Do in Ukraine», 31 de mayo de 2022, *The New York Times* (https://www.nytimes.com/2022/05/31/opinion/biden-ukraine-strategy.html)

303. «Why Ukraine is waging a brutal war of attrition against Russia over Bakhmut», *PBS.org*, 23 de mayo de 2023 (https://www.pbs.org/newshour/world/why-ukraine-is-waging-a-brutal-war-of-attrition-against-russia-over-bakhmut)

Enero-verano de 2023	Romper las líneas rusas y cortar Crimea del territorio ruso, con el fin de provocar un pánico que conduzca al derrocamiento de Vladimir Putin[304].	Contraofensiva ucraniana masiva
Verano de 2023	Destruir gradual y sistemáticamente las capacidades del ejército ruso[305].	Guerra de desgaste contra Rusia
Agosto-septiembre de 2023	Congelar el conflicto en el frente.	Presionar a Zelensky para negociar
Octubre-noviembre de 2023	Encontrar una solución al «estancamiento» estratégico en Ucrania, sin perder la cara.	Presionar a Zelensky para que negocie con Rusia y aplique una estrategia de «contención»
Diciembre de 2023	Reavivar el apoyo internacional a Ucrania	Garantizar la supervivencia de Ucrania como Estado.

Figura 31 — Los objetivos occidentales fluctuaron a medida que se desarrollaban los acontecimientos.

El problema de estas diferentes estrategias es que todas se han basado en una percepción de las capacidades rusas, no en la realidad de los hechos. Probablemente porque han mantenido una forma de libertad de expresión, los estadounidenses son más rápidos que los europeos en darse cuenta de que las sanciones no detendrán la guerra[306]. Así, en abril de 2022, Janet Yellen, Secretaria del Tesoro de Joe Biden, trató de disuadir a los europeos de imponer sanciones a los productos petroleros rusos para no desequilibrar el mercado[307]. Pero en Europa sólo hay una narrativa, y no se puede discutir. La persecución ciega del colapso de Rusia conducirá al desastre económico y a la muerte de Ucrania y los ucranianos.

---

304. Kateryna Tyshchenko, «Rusia entrará en pánico cuando comience la contraofensiva ucraniana - Viceministro de Defensa de Ucrania», *Ukrainska Pravda*, 7 de mayo de 2023 (https://www.pravda.com.ua/eng/news/2023/05/7/7401067/)

305. http://www.ukrainianjournal.com/index.php?w=article&id=37113

306. Christine Adams, «¿Pueden las sanciones económicas acabar con una guerra?», *The Washington Post*, 1 de marzo de 2022 (https://www.washingtonpost.com/outlook/2022/03/01/can-economic-sanctions-end-war/)

307. «Yellen advierte de que la prohibición europea de la energía rusa podría perjudicar a las economías», *RFI*, 21 de abril de 2022 (https://www.rfi.fr/en/yellen-warns-european-ban-on-russian-energy-could-harm-economies)

Occidente está convencido de que Rusia sólo puede perder. Pero la acción militar no será suficiente. La clave está en desestabilizar a Rusia creando tensión entre la población y el Kremlin. Por eso Occidente apoyará la campaña terrorista dirigida por Ucrania en Rusia y difundiendo información falsa, por ejemplo sobre una posible movilización en Rusia el 5 de enero de 2023[308].

El problema de la estrategia occidental es que está instrumentalizando deliberadamente a Ucrania para adaptarla a los objetivos estratégicos de Estados Unidos. Como dijo el senador demócrata Richard Blumenthal a finales de agosto de 2023[309]:

> *Ucrania es la punta de lanza de nuestra lucha por la independencia y la libertad.*

Admite que Ucrania no sólo está haciendo el trabajo para Estados Unidos, sino que lo está haciendo a un coste modesto para los estadounidenses[310]:

> *Permítanme decir a mis compatriotas estadounidenses que en Ucrania se obtiene lo que se paga. Las fuerzas armadas rusas se han reducido a la mitad. Sus efectivos se han reducido en un 50% sin que haya muerto un solo soldado estadounidense, y todo ello con menos del 3% de nuestro presupuesto militar. Es una verdadera ganga militar.*

Este cinismo no es exclusivo de los demócratas, sino que también es ampliamente apoyado por los republicanos, como atestiguó, de nuevo en agosto de 2023, el senador republicano estadounidense Mitt Romney[311]:

---

308. Veronika Melkozerova, «El jefe de defensa ucraniano advierte de una nueva movilización rusa», *Politico*, 31 de diciembre de 2022 (https://www.politico.eu/article/ukraine-defense-chief-oleksii-reznikov-warn-russia-mobilization/)

309. Richard Blumenthal, «Zelenskyy no quiere ni necesita nuestras tropas. But he deeply and desperately needs the tools to win», *The Connecticut Post*, 29 de agosto de 2023 (https://www.ctpost.com/opinion/article/sen-blumenthal-opinion-ukraine-tip-spear-18335871.php)

310. https://twitter.com/NatalkaKyiv/status/1696759802154614836

311. https://www.youtube.com/watch?v=nXJJw9MV-ak

Poder dedicar una cantidad equivalente a alrededor del 5% de nuestro presupuesto militar [...] a ayudar a los ucranianos es, en mi opinión, el mejor gasto en defensa nacional que hemos hecho nunca. No estamos perdiendo ninguna vida en Ucrania y los ucranianos están luchando heroicamente contra Rusia, que tiene 1.500 armas nucleares apuntándonos. Así que estamos reduciendo y devastando al ejército ruso por una cantidad muy pequeña en comparación con lo que gastamos en el resto de la defensa.

Este desprecio por la vida de los ucranianos fue confirmado por Kajsa Ollongren, ministra holandesa de Asuntos Exteriores, a principios de octubre de 2023[312]:

Apoyar a Ucrania es, por supuesto, una forma muy barata de garantizar que Rusia, con este régimen, no suponga una amenaza para la Alianza Atlántica.

Se decía que los holandeses eran parcos, pero no creíamos que eso fuera tan lejos como para calificar de «barato» el sacrificio de los ucranianos.

Estas afirmaciones revelan dos cosas sobre el enfoque occidental:

- No se menciona la recuperación de los territorios ucranianos tomados por Rusia ni el precio pagado por los propios ucranianos;
- Es una admisión franca de que Estados Unidos está explotando Ucrania para luchar contra Rusia de forma más barata y así poder atacar mejor a China.

Sin embargo, en marzo de 2019, la *RAND Corporation* advirtió al Gobierno estadounidense de que aplicar la estrategia que proponía tendría consecuencias desastrosas para Ucrania, con el riesgo de perder territorio y muchas vidas humanas. Así que Occidente era muy consciente de los riesgos que corría Ucrania

---

312. https://www.republicworld.com/world-news/russia-ukraine-crisis/ukraine-a-cheap-way-to-ensure-that-russia-is-not-a-threat-to-nato-says-dutch-minister-articleshow.html

Estrategia occidental: incoherencia en el trabajo

Alemania se niega...	Pero ella acepta la...
enviar tanques LEOPARD 2 a Ucrania[313]	25 de enero de 2023[314]
suministrar cascos y chalecos antibalas	26 de enero de 2023[315]
la reexportación de obuses por Estonia[316]	26 de febrero de 2023[317]
Estados Unidos se opone a...	**Pero aceptan la...**
ataques con drones en territorio ruso[318]	9 de diciembre de 2022[319]
el suministro de tanques M-1 ABRAMS a Ucrania[320]	25 de enero de 2023[321]
el suministro de aviones F-16 a Ucrania[322]	18 de agosto de 2023[323]
el suministro de misiles ATACMS a Ucrania[324]	22 de septiembre de 2023[325]

Figura 32 — El juego del escondite de Occidente con las armas para Ucrania muestra una falta total de estrategia coherente. Por tanto, es inevitable que los ucranianos sean incapaces de ser coherentes. El problema para los ucranianos es que confiaron totalmente en la ayuda occidental desde las primeras horas del SVO.

313. Holly Ellyatt, «Germany resists intense pressure over tanks for Ukraine, saying 'the situation has not changed'», *CNBC*, 24 de enero de 2023 (https://www.cnbc.com/2023/01/24/germany-re-fuses-to-shift-position-on-tanks-for-ukraine-despite-pressure.html)
314. Arne Delfs & Michael Nienaber, «Germany to Boost Ukraine Firepower With Leopard Battle Tanks», *Bloomberg*, 25 de enero de 2023 (https://www.bloomberg.com/news/articles/2023-01-25/germany-to-send-ukraine-14-leopard-battle-tanks-in-first-step#xj4y7vzkg)
315. Hans von der Burchard, «Alemania enviará 5.000 cascos protectores a Ucrania», *Politico*, 26 de enero de 2022 (https://www.politico.eu/article/germany-export-5000-helmets-ukraine/)
316. «Germany blocks Estonia from exporting German-origin weapons to Ukraine -WSJ», *Reuters*, 21 de enero de 2022 (https://www.reuters.com/article/germany-ukraine-arms/germany-blocks-estonia-from-exporting-german-origin-weapons-to-ukraine-wsj-idUSL1N2U123W)
317. Hui Min Neo, «Germany to Send Weapons to Ukraine in Policy Reversal», *The Moscow Times*, 26 de febrero de 2022 (https://www.themoscowtimes.com/2022/02/26/germany-to-send-weapons-to-ukraine-in-policy-reversal-a76617)
318. «US 'not encouraging' drone strikes in Russia, State Department says», *France 24*, 6 de diciembre de 2022 (actualizado el 7 de diciembre de 2022) (https://www.france24.com/en/europe/20221206-live-ukraine-races-to-repair-power-grid-as-country-enters-peak-frost-period)
319. Michael Evans & Marc Bennetts, «Pentagon gives Ukraine green light for drone strikes inside Russia», *The Times*, 9 de diciembre de 2022 (https://www.thetimes.co.uk/article/ukraine-drone-warfare-russia-732jsshpx)
320. Jeff Schogol, «The US is sending tanks to Ukraine, just not American ones», *Task & Purpose*, 4 de noviembre de 2022 (https://taskandpurpose.com/news/ukraine-tanks-military-assistance-russia/)
321. Joe Gould, «In reversal, US to send 31 Abrams tanks to Ukraine», *Defense News*, 25 de enero de 2023 (https://www.defensenews.com/pentagon/2023/01/25/in-reversal-us-to-send-31-abrams-tanks-to-ukraine/)
322. Nicola Slawson, «First Thing: Biden says US will not provide F-16 fighter jets to Ukraine», *The Guardian*, 31 de enero de 2023 (https://www.theguardian.com/us-news/2023/jan/31/first-thing-biden-says-us-will-not-provide-f-16-fighter-jets-to-ukraine)
323. Dan Sabbagh & Helen Sullivan, «US has cleared way for F-16s to be sent to Ukraine, say Denmark and Netherlands», *The Guardian*, 18 de agosto de 2023 (https://www.theguardian.com/world/2023/aug/18/us-reportedly-approves-sending-f-16-jets-to-ukraine-from-denmark-and-netherlands)
324. John Ismay, «The Missile Ukraine Wants Is One the U.S. Says It Doesn't Need», *The New York Times*, 6 de octubre de 2023 (https://www.nytimes.com/2022/10/06/us/ukraine-war-missile.html)
325. David Martin & Olivia Gazis, «Biden tells Zelenskyy U.S. will provide Ukraine with ATACMS long-range missiles», *CBS News*, 22 de septiembre de 2023 (https://www.cbsnews.com/news/biden-tells-zelenskyy-u-s-will-provide-ukraine-with-atacms-long-range-missiles/)

La idea de que prolongar la guerra debilitará a Rusia se contradice con los hechos. De hecho, la guerra ha impulsado la economía rusa y está destruyendo Ucrania, sin beneficiar siquiera a Occidente. Todo lo contrario. En enero de 2023, un informe *de la RAND* Corporation, *Evitar una guerra larga*, advertía a Estados Unidos —una vez más— contra una guerra prolongada con Rusia, ya que redundaría en beneficio de este país[326].

En noviembre de 2023, fui tratado por *RTS* por haber dicho esto en mis libros anteriores. Pero ahora, un año después, lo dice el general ucraniano Valerii Zaloujny[327].

En septiembre de 2023, aunque el Bundestag ya había aceptado la idea de suministrar a Ucrania misiles de crucero TAURUS, el gobierno seguía dudando, antes de negarse en octubre. Pero el Ministro de Asuntos Exteriores ucraniano, Dmytro Kuleba, dijo a su homóloga alemana, Annalena Baerbock[328]: *«Lo haréis de todos modos, es sólo cuestión de tiempo, ¡y no entiendo por qué perdemos el tiempo!»* Está claro que los ucranianos saben que los europeos no tienen coherencia y acaban obedeciendo su narrativa.

En el verano de 2023, Zelensky parece empezar a comprender que ha sido engañado por sus supuestos aliados. Se dice una y otra vez que corresponde a Ucrania decidir si entra o no en negociaciones, pero es evidente que no es cierto. Zelensky se vio obligado a retirar su propuesta de solución en marzo de 2022, que preveía la retirada de las tropas rusas del territorio ucraniano. Pero, por otro lado, en septiembre de 2023, Olaf Scholz declaró que no podría haber negociaciones hasta que los rusos abandonaran el territorio ucraniano…

La estrategia occidental tiene dos grandes debilidades. La primera es que nuestras decisiones políticas se basan en percepciones y prejuicios, no en hechos. Tanto los medios de comunicación como los responsables políticos aplican el método «Coué», que los anglosajones llaman *wishful thinking*. Joe Biden, Ursula von der Leyen, Emmanuel Macron,

---

326. https://www.rand.org/content/dam/rand/pubs/perspectives/PEA2500/PEA2510-1/RAND_PEA2510-1.pdf

327. «"Fue mi error": el Comandante en Jefe ucraniano habla de contraofensiva y de "pólvora" para la victoria», *RBC-Ucrania*, 2 de noviembre de 2023 (https://newsukraine.rbc.ua/news/it-was-my-mistake-commander-in-chief-on-counteroffensive-1698929719.html).

328. «Alemania dice que Ucrania pertenece a la Unión Europea», *VOA Noticias*, 11 de septiembre de 2023 (https://www.voanews.com/a/germany-says-ukraine-belongs-in-the-european-union/7263496.html)

Olaf Scholz y Alexander de Croo no sólo han tomado sistemáticamente decisiones inadecuadas, sino que han empujado deliberadamente a los ucranianos a la muerte. Como dijo un soldado ucraniano en un artículo de *The Times of London* titulado «*Nuestros aliados nos piden que avancemos con una pistola en la espalda*»[329]:

> *Nuestros aliados nos han ayudado mucho, pero sus dirigentes políticos nos exigen que tomemos territorios en condiciones en las que ni siquiera se les ocurriría enviar a sus propios soldados.*

Eso lo dice todo…

La segunda debilidad es que ya no estamos en un contexto racional. Las declaraciones y explicaciones de nuestros políticos y periodistas demuestran que lo que domina hoy la política occidental no son nuestros valores, sino el odio a lo ruso. La descalificación por parte de la Galería Nacional del cuadro que Degas tituló *Bailarinas rusas* en 1899 como *Bailarinas ucranianas* ilustra perfectamente el enfoque occidental[330]. Está dominado por una dimensión irracional y revisionista en la que incluso el arte se militariza, y una incapacidad para resolver los problemas mediante un diálogo inteligente.

Como dijo el *Wall Street Journal* en noviembre de 2023, estamos en el reino del «pensamiento mágico»[331], que el *Kyiv Post* evoca[332] al referirse a un artículo de febrero de 2023 de *la Fundación Carnegie para la Paz*[333]:

> *Un año después del inicio de la guerra del Presidente ruso Vladimir Putin contra Ucrania, Rusia ha sufrido una importante derrota*

---

329. Maxim Tucker, «'Our allies ask us to advance with a gun at our backs'», *The Times*, 4 de octubre de 2023 (https://www.thetimes.co.uk/article/our-allies-ask-us-to-advance-with-a-gun-at-our-backs-vrjdnx2hv)

330. https://agauche.org/2022/04/06/nihilisme-anti-russe-un-tableau-de-degas-rebaptise-ukrainien-par-la-national-gallery-de-londres/

331. Eugene Rumer & Andrew S. Weiss, «It's Time to End Magical Thinking About Russia's Defeat», *The Wall Street Journal*, 16 de noviembre de 2023 (https://www.wsj.com/world/russia/its-time-to-end-magical-thinking-about-russias-defeat-f6d0b8de)

332. Stash Luczkiw, «What the US Means When It Talks About Strategy», *Kyiv Post*, 20 de noviembre de 2023 (https://www.kyivpost.com/opinion/24363)

333. Eugene Rumer, «Putin's War Against Ukraine: The End of The Beginning», *Carnegie Endowment for International Peace*, 17 de febrero de 2023 (https://carnegieendowment.org/2023/02/17/putin-s-war-against-ukraine-end-of-beginning-pub-89071)

> *estratégica, Ucrania ha obtenido una importante victoria estraté-*
> *gica y Occidente ha mostrado una determinación, unidad y cohe-*
> *sión que pocos esperaban.*

En otras palabras, tanto en Estados Unidos como en Ucrania somos conscientes de que hemos «fantaseado» literalmente con la victoria de Ucrania. La cuestión ahora es cómo volver a la realidad y encontrar una solución sin perder la cara.

4.3.2. La estrategia ucraniana

El objetivo estratégico de Volodymyr Zelensky y su equipo es entrar en la OTAN, como preludio de un futuro mejor dentro de la UE. Complementa el de los estadounidenses (y, por tanto, el de los europeos). El problema es que las tensiones con Rusia, sobre todo por Crimea, están haciendo que los miembros de la OTAN pospongan la participación de Ucrania. En marzo de 2022, Zelensky reveló en *la CNN* que eso es exactamente lo que le dijeron los estadounidenses[334].

Antes de llegar al poder en abril de 2019, el discurso de Volodymyr Zelensky se divide entre dos políticas antagónicas: la reconciliación con Rusia prometida durante su campaña presidencial y su objetivo de entrar en la OTAN. Sabe que estas dos políticas se excluyen mutuamente, ya que Rusia no quiere ver a la OTAN y sus armas nucleares instaladas en Ucrania y buscará la neutralidad o la no alineación.

Además, sabe que sus aliados ultranacionalistas rechazarán cualquier negociación con Rusia. Así lo confirmó Dmitro Yarosh, líder de *Praviy Sektor*, que le amenazó abiertamente de muerte en los medios de comunicación ucranianos un mes después de su elección[335]. Por tanto, Zelensky sabía desde el principio de la campaña electoral que no podría cumplir su promesa de reconciliación y que sólo le quedaba una solución: la confrontación con Rusia.

---

334. Chandelis Duster, «Zelensky: 'If we were a NATO member, a war would't have started'», *cnn. com*, 20 de marzo de 2022 (https://edition.cnn.com/europe/live-news/ukraine-russia-putin-news-03-20-22/h_7c08d64201fdd9d3a141e63e606a62e4)

335. Лилия Рагуцкая, «Ярош: если Зеленский предаст Украину - потеряет не должность, а жизнь», *Obozrevatel*, 27 de mayo de 2019, (https://incident.obozrevatel.com/crime/dmitrij-yarosh-esli-zelenskij-predast-ukrainu-poteryaet-ne-dolzhnost-a-zhizn.htm).

Pero esta confrontación no puede librarla Ucrania sola contra Rusia, y necesitará el apoyo material de Occidente. La estrategia ideada por Zelensky y su equipo fue revelada antes de su elección, en marzo de 2019, por Olekseï Arestovitch, su asesor personal, en los medios ucranianos *«Apostrof»*. Arestovitch explicó que habría que atacar a Rusia para provocar una movilización internacional que permitiera a Ucrania derrotar definitivamente a Rusia, con la ayuda de los países occidentales y de la OTAN. Describe con asombrosa precisión el curso del ataque ruso tal y como se desarrollará tres años después, entre febrero y marzo de 2022. No sólo explica que este conflicto es inevitable si Ucrania quiere entrar en la OTAN, ¡sino que sitúa este enfrentamiento en 2021-2022! Esboza las líneas maestras de la ayuda occidental[336]:

> *[...] En este conflicto, contaremos con el apoyo muy activo de Occidente. Armas. Equipamiento. Asistencia. Nuevas sanciones contra Rusia. Muy probablemente, la introducción de un contingente de la OTAN. Una zona de exclusión aérea, y así sucesivamente. En otras palabras, no lo perderemos.*

Como vemos, esta estrategia tiene mucho en común con la descrita por la *RAND* Corporation en la misma época. Tanto es así que resulta difícil no ver en ella una estrategia fuertemente inspirada por Estados Unidos. En su entrevista, Arestovitch señaló cuatro elementos que serían los pilares de la estrategia ucraniana contra Rusia y a los que Zelensky volvería con regularidad:

- Ayuda internacional y suministro de armas
- Sanciones internacionales
- La intervención de la OTAN
- La creación de una zona de exclusión aérea.

Cabe señalar que Zelensky entiende estos cuatro pilares como promesas cuyo cumplimiento es esencial para el éxito de esta estrategia. En febrero de 2023, Oleksiy Danilov, Secretario del Consejo de Defensa y

---

336. «UCRANIA 24: Nostradamus ucraniano que predijo la guerra con rusia en 2019 con asombrosa exactitud», *YouTube*, 3 de abril de 2022 (https://www.youtube.com/watch?v=RZ3GsYPRkv4)

Seguridad Nacional de Ucrania, declaró en *The Kyiv* Independent que el objetivo de Ucrania era la desintegración de Rusia[337]. La movilización de los países occidentales para suministrar armamento pesado a Ucrania parece dar cuerpo a este objetivo, que coincide con lo declarado por Oleksei Arestovitch en marzo de 2019.

Unos meses más tarde, sin embargo, quedó claro que el material suministrado a Ucrania no era suficiente para garantizar el éxito de su contraofensiva y Zelensky pidió material adicional y mejor adaptado[338]. En aquel momento, Occidente se mostró algo molesto por estas reiteradas demandas[339]. El ex ministro de Defensa británico Ben Wallace declaró que los occidentales *«no son amazónicos»*[340]. De hecho, Occidente no cumple sus compromisos.

Contrariamente a lo que nos dicen nuestros medios de comunicación y nuestros expertos pseudomilitares, desde febrero de 2022 está claro que Ucrania no puede derrotar a Rusia por sí sola. Como dijo Obama, *«Rusia siempre podrá mantener su dominio de la escalada»*[341]. En otras palabras, Ucrania sólo podrá alcanzar sus objetivos con la participación de los países de la OTAN. Esto significa que su destino dependerá de la buena voluntad de los países occidentales. Por tanto, es necesario mantener una narrativa que anime a Occidente a mantener este esfuerzo. Esta narrativa se convertirá así en lo que llamamos, en términos estratégicos, su «centro de gravedad». Volveremos sobre ello más adelante.

---

337. Alexander Query, «Danilov: 'El interés nacional de Ucrania es la desintegración de Rusia'», *The Kyiv Independent*, 6 de febrero de 2023 (https://kyivindependent.com/national/danilov-ukraines-national-interest-is-russias-disintegration)

338. Joe Barnes, «We know West can give us more weapons, says Ukraine's spy chief», *The Telegraph*, 18 de septiembre de 2023 (https://www.telegraph.co.uk/world-news/2023/09/18/western-allies-are-not-running-out-of-weapons-says-ukraine/)

339. David Averre, «¿Se le está acabando la paciencia al mundo con las exigencias de 'cheque en blanco' de Zelensky? Poland stops giving arms and US gives a fraction of what Ukraine's leader asked for as he visits Canada today to win support», *The Daily Mail*, 22 de septiembre de 2023 (https://www.dailymail.co.uk/news/article-12548375/Is-world-running-patience-Zelenskys-blank-cheque-demands-Poland-stops-giving-arms-gives-fraction-Ukraines-leader-asked-visits-Canada-today-win-support.html)

340. Dominic McGrath, «UK and other allies 'not Amazon', Wallace tells Kyiv», *The Independent*, 12 de julio de 2023 (https://www.independent.co.uk/news/uk/volodymyr-zelensky-ben-wallace-kyiv-amazon-joe-biden-b2373967.html)

341. Jeffrey Goldberg, «Obama ve a Ucrania como un Estado cliente de Putin», *The Atlantic*, 10 de marzo de 2016 (https://www.atlanticcouncil.org/blogs/natosource/obama-sees-ukraine-as-putin-s-client-state/).

A medida que pasan los meses, el curso de las operaciones demuestra que la perspectiva de una victoria ucraniana es cada vez más remota, ya que Rusia, lejos de debilitarse, se está fortaleciendo militar[342] y económicamente[343]. Incluso el General Christopher Cavoli, Comandante Supremo Americano en Europa (SACEUR), declaró ante una comisión del Congreso estadounidense que *las capacidades aéreas, navales, espaciales, digitales y estratégicas de Rusia no han sufrido una degradación significativa durante esta guerra*[344].

Occidente, que esperaba un conflicto breve, ya no puede mantener el esfuerzo prometido a Ucrania. La cumbre de la OTAN de Vilna (11-12 de julio de 2023) se saldó con un éxito parcial para Ucrania. Su adhesión se aplazó indefinidamente. La situación de Ucrania es aún peor que a principios de 2022, porque ya no hay más justificación para su ingreso en la OTAN que antes de la SVO.

Ucrania centró entonces su atención en un objetivo más concreto: recuperar la soberanía sobre la totalidad de su territorio de 1991.

Como resultado, la noción ucraniana de «victoria» está evolucionando rápidamente. La idea de un *«colapso de Rusia»* se desvaneció rápidamente, al igual que la de su desmembramiento. Se habló de *«cambio de régimen»*, que Zelensky fijó como objetivo prohibiendo cualquier negociación mientras Vladimir Putin estuviera en el poder[345]. Luego se habló de la reconquista de los territorios perdidos, gracias a la contraofensiva de 2023. Pero también aquí las esperanzas se desvanecieron con bastante rapidez. El plan consistía simplemente en reducir las fuerzas rusas a la mitad empujando hacia el Mar de Azov. Pero en septiembre de 2023, este objetivo se había reducido a la liberación de tres ciudades[346].

---

342. Holly Ellyatt, «Russia's military has adapted and is now a more formidable enemy for Ukraine, defense analysts say», *CNBC News*, 19 de mayo de 2023 (https://www.cnbc.com/2023/05/19/russias-military-has-adapted-is-now-a-formidable-enemy-for-ukraine.html)
343. https://www.intellinews.com/imf-improves-russia-s-2023-gdp-forecast-from-0-3-to-0-7-275604/
344. https://armedservices.house.gov/sites/republicans.armedservices.house.gov/files/04.26.23 Declaración de Cavoli v2.pdf
345. «Un décret de Kyiv entrench l'impossibilité de négocier avec Poutine», *Reuters*, 4 de octubre de 2022 (https://www.reuters.com/article/ukraine-crise-zelensky-poutine-idFRKBN2QZ0ZD)
346. Joe Barnes, «Zelensky vows to liberate Bakhmut and two other cities in secret plan», *The Telegraph*, 22 de septiembre de 2023 (https://www.telegraph.co.uk/world-news/2023/09/22/volodymyr-zelensky-secret-plan-liberate-cities-ukraine/)

A falta de éxitos concretos, la narrativa sigue siendo el único elemento en el que Ucrania puede confiar para mantener la atención y la voluntad de Occidente de apoyarla. Porque, como dijo Ben Wallace, ex Secretario de Defensa, a *The Telegraph* el 1 de octubre de 2023: «*el bien más preciado es la esperanza*»[347]. Y eso es cierto. Pero nuestra evaluación de la situación debe basarse en análisis realistas del adversario. Sin embargo, desde el comienzo de la crisis ucraniana, nuestros análisis *se* han basado en prejuicios.

4.3.2.1. Ayuda occidental

Ahora sabemos que para convencer a Zelensky de que retirara la propuesta que había hecho a Rusia en marzo de 2022, Occidente se comprometió a proporcionar ayuda en forma de armas y municiones durante «*el tiempo que fuera necesario*». A finales de mayo y principios de junio de 2022, las capacidades materiales del ejército ucraniano habían quedado destruidas y Ucrania dependía de la ayuda occidental[348]. A principios de 2023, sin embargo, estaba claro que Occidente ya no tenía capacidad para cumplir sus compromisos con Ucrania. Esto explica las repetidas peticiones de Zelensky de nuevo equipamiento. Lo único que hace es pedir a Occidente que cumpla sus compromisos.

El problema es que Zelensky sigue manteniendo ante su pueblo la perspectiva de la victoria, cuando, como confesó el Presidente Joe Biden en el *New York Times*, ya no se trata de que Ucrania «gane», sino simplemente de que luche[349].

El problema es que Occidente subestimó deliberadamente el poder militar ruso y sobreestimó las capacidades ucranianas[350]. Por eso pensaron que sus armas podrían traer la victoria contra Rusia. Según el *New York Times*, las armas suministradas son a menudo defectuosas. A finales de marzo de 2023, Volodymyr Zelensky *declaró a Associated* Press que los

---

347. Ben Wallace, «Ucrania está ganando. Now let's finish the job», *The Telegraph*, 1 de octubre de 2023 (https://www.telegraph.co.uk/news/2023/10/01/ben-wallace-ukraine-counteroffensive-succeeding/)
348. https://www.france24.com/en/live-news/20220610-ukraine-dependent-on-arms-from-allies-after-exhausting-soviet-era-weaponry
349. Joseph R. Biden Jr, «President Biden: What America Will and Will Not Do in Ukraine», 31 de mayo de 2022, *The New York Times* (https://www.nytimes.com/2022/05/31/opinion/biden-ukraine-strategy.html)
350. https://youtu.be/hxqIuzn32Fw

sistemas recibidos «*de un país europeo*» no funcionaban y tuvieron que ser reparados varias veces[351]. El diario *Kyiv Independent* también se hizo eco de esta información[352]. Y eso sólo cuando las armas encargadas y pagadas por Kiev llegan al frente[353]. Aquí, como en todas partes, Occidente envía a Ucrania material obsoleto y a menudo defectuoso.

Los testimonios de soldados ucranianos[354] dan cuenta de frecuentes averías y de su incapacidad para utilizar correctamente armas demasiado complicadas, diseñadas para soldados profesionales y con ciclos de entrenamiento muy largos. Mal entrenados, los soldados ucranianos tienen sin embargo derecho a manuales que obviamente no están escritos en ucraniano, ¡lo que les obliga a traducirlos con *Google Translate* para poder entenderlos[355]!

El reto para Occidente es ser capaz de abastecer el campo de batalla. Ya no se trata de ganar, sino de luchar. La idea es que la población rusa, cansada por la duración del conflicto, pueda provocar el tan esperado «cambio de régimen». En consecuencia, el criterio para suministrar armas a Ucrania no es la eficacia, sino la disponibilidad.

Al principio, los occidentales recogieron viejos equipos de la Guerra Fría, que habían estado almacenados o inactivos en Europa del Este, y los enviaron a Ucrania. A menudo mal mantenidos y en mal estado, se suministraban a falta de algo mejor. Pero estas existencias se agotaron rápidamente. Los estadounidenses están intentando reanudar la producción de munición de artillería de 152 mm en los países del antiguo Tratado de Varsovia, en Bulgaria, Rumania, la República Checa y Eslovaquia[356]. Pero lo que es posible en el caso de la munición es más complicado cuando se

---

351. Julie Pace, Hanna Arhirova y James Jordan, «Takeaways from AP's interview with Ukraine's Zelenskyy», *AP*, 30 de marzo de 2023 (https://apnews.com/article/ukraine-zelenskyy-russia-putin-war-78f55fbf4fb7e57711c2fadaf914fd45)

352. https://www.businessinsider.com/zelenskyy-says-ukraine-received-faulty-air-defense-system-europe-ally-2023-3

353. https://fr.businessam.be/ukraine-armes-achat-livraison/

354. https://t.me/HersonVestnik/5489

355. Thomas Gibbons-Neff y Natalia Yermak, «Potent Weapons Reach Ukraine Faster Than the Know-How to Use Them», *The New York Times*, 6 de junio de 2022 (https://www.nytimes.com/2022/06/06/world/europe/ukraine-advanced-weapons-training.html).

356. «NATO looking at production of Soviet-era weapons used by Ukraine, says Blinken», *The New Voice of Ukraine*, 30 de noviembre de 2022 (https://english.nv.ua/amp/nato-looking-at-production-of-soviet-era-weapons-used-by-ukraine-says-blinken-50287799.html)

trata de grandes equipos. En estos casos, las entregas se aprovechan para canibalizar los equipos ucranianos supervivientes. Es el caso de los cazas MiG-29 suministrados por Polonia y Eslovaquia, que al parecer apenas funcionan y que los ucranianos sólo pueden utilizar para «canibalizar» sus propios aviones dañados[357]. Este ejército ucraniano de «2ª generación», reequipado con material soviético y ruso, también será destruido a finales de 2022.

Principales armamentos terrestres de Ucrania (octubre de 2023)

		(1) Situación el 24.02.2022 (BBC)	(2) Material ruso capturado el 01.10.2023 (Oryx)	(3) Suministrado por Occidente el 01.10.2023	(1)+(2)+(3) Total a 01.10.2023
Carros de combate		987	551	1 135	2 673
Vehículos blindados de infantería		831	972	>2 732	>4 535
Piezas de artillería		1818	204	>967	>2 989
Lanzacohetes múltiples		-	52	>101	>153

Figura 33 — Principales equipos en manos de Ucrania desde el inicio de la SVO.
Las nuevas necesidades de equipamiento de Ucrania muestran que Rusia ha destruido entre 2 y 5 veces el potencial de Ucrania. [Fuentes: (1) https://www.bbc.com/news/world-60798352; (2) https://www.oryxspioenkop.com/2022/02/attack-on-europe-documenting-equipment.html; (3) https://www.economist.com/zaluzhny-transcript]

En segundo lugar, Occidente está entregando a Ucrania material obsoleto de sus propias reservas. El 24 de enero de 2023, Estonia anunció que regalaba todos sus obuses de 155 mm, es decir, 24 FH-70, y los D-30 de

---

357. «Ukraine's top guns need new jets to win the war», _The Economist_, 23 de abril de 2023 (https://
www.economist.com/europe/2023/04/23/ukraines-top-guns-need-new-jets-to-win-the-war)

122 mm de origen soviético con su munición[358]. Estos equipos —cuando están operativos— son obsoletos en comparación con las armas rusas. Se habían guardado para utilizarlos en guerras «coloniales», en un entorno tecnológicamente menos exigente. Este era el caso de los venerables vehículos de transporte de tropas M-113, cuyo blindaje de aluminio de 40 mm equivale al de acero de 10 mm, ofreciendo una protección precaria contra las armas actuales, como demuestra el número de sus carcasas en Ucrania. El material suministrado en aquella época permitía a Ucrania luchar, pero no era suficiente ni en número ni en calidad para llevar a cabo una contraofensiva decisiva.

Dicho esto, «la caridad empieza por casa». Porque gran parte del equipamiento suministrado a Ucrania fue una oportunidad para echar una mano al destino y obligar a nuestros parlamentos a aumentar el gasto militar para mantener a nuestros ejércitos al día con nuevos equipos.

En tercer lugar, Occidente tuvo que recurrir al equipamiento de sus propias fuerzas. Este fue el caso de los cañones CAESAR, de los que Francia ofreció a Ucrania unos 30, tomados de sus propias existencias operativas[359], y de los que Dinamarca entregó a Ucrania las 19 piezas encargadas a Francia. También es el caso de los 14 carros de combate británicos CHALLENGER 2 enviados a Ucrania. Según el almirante Anthony Radakin, jefe del Estado Mayor de la Defensa[360], se han tomado de los 40 que están realmente operativos, reduciendo la capacidad operativa del Reino Unido en un 30% a la espera del CHALLENGER 3[361].

Como vemos, están dispuestos a despojarse de sus propios arsenales para satisfacer la demanda ucraniana. Por ejemplo, según el *Financial Times*, un diputado británico afirma que el ejército británico no podría

---

358. Joe Saballa, «Estonia envía todos sus obuses de 155 mm a Ucrania», *The Defense Post*, 24 de enero de 2023 (https://www.thedefensepost.com/2023/01/24/estonia-sending-howitzers-ukraine/)

359. «La France va fournir douze canons Caesar supplémentaires à l'Ukraine», *France 24*, 31 de enero de 2023 (https://www.france24.com/fr/europe/20230131-en-direct-macron-reçoit-le-ministre-de-la-défense-ukrainien-kiev-réclame-des-avions-de-combat)

360. https://www.dailymail.co.uk/news/article-12264611/Britain-just-40-tanks-dozen-frigates-destroyers-ready-war.html

361. George Grylls, «Sending British Challenger 2 tanks to Ukraine will weaken UK, general warns», *The Times*, 16 de enero de 2023 (https://www.thetimes.co.uk/article/putin-british-tanks-will-burn-ukraine-war-russia-challenger-2-hsww7wtw9)

durar más de 5 días en caso de guerra[362]. Esto significa que el peligro de un ataque ruso a Europa no es más que retórica bélica destinada a crear el pánico entre nuestras poblaciones.

En la cuarta etapa, Occidente intentó producir el equipo necesario para Ucrania y suministrarlo justo a tiempo. Pero también en este caso fue un fracaso. La industria armamentística occidental —y la europea en particular— se ha fundido literalmente desde el final de la Guerra Fría.

En marzo de 2023, la Unión Europea decidió un presupuesto de 2.000 millones de euros para financiar municiones[363]. Mil millones eran para reembolsar a los países que habían recurrido a sus propias reservas para apoyar a Ucrania, y mil millones para movilizar los recursos industriales europeos para producir 1 millón de proyectiles de 155 mm para Ucrania en 12 meses[364]. Eso parece mucho, pero es el equivalente a lo que Rusia dispara en 20-40 días, ¡según *el Royal United Services Institute* (*RUSI*)[365]!

El resultado de estos esfuerzos occidentales es un ejército ucraniano de tercera generación, rearmado y entrenado en Occidente, que debería ser capaz de llevar a cabo una operación decisiva contra Rusia.

En septiembre de 2023, Occidente, y los estadounidenses en particular, habrán llegado al final de lo que pueden hacer. En Bélgica, las fuerzas armadas se han quedado sin municiones y ¡piden 7.000 millones de euros para reponer sus existencias[366]! El almirante Rob Bauer, que preside el Comité Militar de la OTAN, afirma que «*se ve el fondo del barril*» y que hay que acelerar la producción de armas[367]. Mientras Estados Unidos

---

362. George Parker & John-Paul Rathbone, «UK armed forces would last just 'five days' in a war, senior MP warns», *Financial Times*, 10 de febrero de 2023 (https://www.ft.com/content/4eb1af29-2491-458c-9f69-e065cba58bbb)

363. «La UE acuerda un plan de municiones de 2.000 millones de euros para Ucrania», *France 24*, 20 de marzo de 2023 (https://www.france24.com/en/live-news/20230320-eu-hammers-out-2-bn-euro-ammunition-plan-for-ukraine)

364. «Ukraine updates: EU agreements €2 billion ammo plan for Kyiv», *Deutsche Welle*, 20 de marzo de 2023 (https://www.dw.com/en/ukraine-updates-eu-agrees-2-billion-ammo-plan-for-kyiv/a-65045955)

365. Dr Jack Watling & Nick Reynolds, «Meatgrinder: Russian Tactics in the Second Year of Its Invasion of Ukraine», *Royal United Services Institute*, 19 de mayo de 2023 (https://rusi.org/explore-our-research/publications/special-resources/meatgrinder-russian-tactics-second-year-its-invasion-ukraine)

366. https://www.rtbf.be/article/defense-et-guerre-en-ukraine-larmee-belge-face-a-une-penurie-de-munitions-7-milliards-deuros-sont-demandes-11250713

367. «NATO's Military Committee head urges boost in arms production», *TVP/Reuters*, 4 de octubre de 2023 (https://tvpworld.com/73184483/natos-military-committee-head-urges-boost-in-arms-production)

se plantea reducir su ayuda a Ucrania, los europeos se ven incapaces de compensar esta reducción[368]. En otras palabras, Occidente no puede cumplir su promesa y la UE no es más que un «tigre de papel».

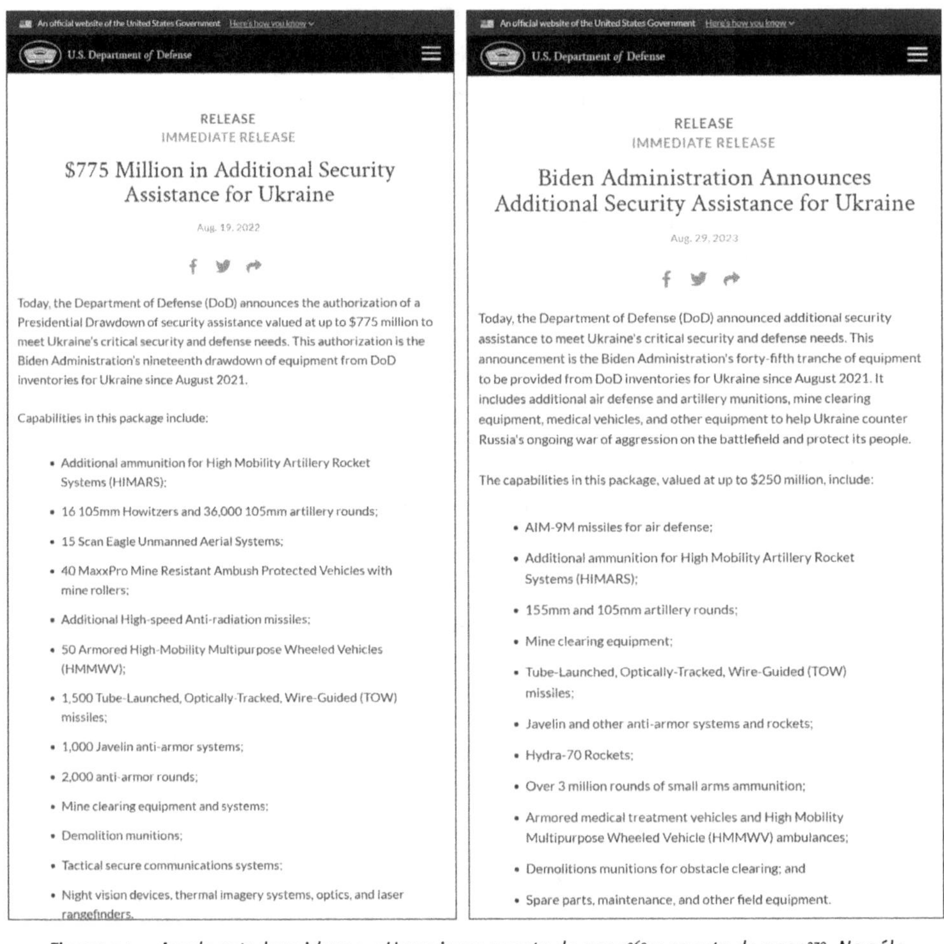

Figura 34 — Ayuda estadounidense a Ucrania en agosto de 2022[369] y agosto de 2023[370]. No sólo han cambiado los importes, sino que la administración ya no da ninguna indicación sobre las cantidades. De hecho, en 2023, Estados Unidos ya no tiene capacidad para apoyar a Ucrania al mismo ritmo que en 2022. Los misiles PATRIOT, que sin embargo Ucrania necesitaría en gran medida, ya no figuran en la lista. [Fuente: Departamento de Defensa de Estados Unidos]

---

368. Nicholas Vinocur, Clea Caulcutt y Sarah Anne Aarup, «EU to US: Help, we can't cope without you on Ukraine», *Politico*, 5 de octubre de 2023 (https://www.politico.eu/article/josep-borell-eu-ukraine-to-us-help-we-cant-cope-without-you-on-ukraine/)

369. https://www.defense.gov/News/Releases/Release/Article/3134457/775-million-in-additional-security-assistance-for-ukraine/

370. https://www.defense.gov/News/Releases/Release/Article/3509116/biden-administration-announces-additional-security-assistance-for-ukraine/

Esto está llevando a Estados Unidos a hacer malabarismos con la ayuda que presta a sus aliados. Tienen que redefinir sus prioridades: seguir apoyando una causa perdida en Ucrania o recurrir a su principal prioridad, China. Al no poder seguir apoyando ambas prioridades, la ayuda que debía destinarse a Egipto se está desviando a Taiwán, con un efecto perverso: los países del Sur saben que son una cantidad insignificante, por lo que buscan nuevos aliados más fiables.

Ya en junio de 2022, según el General de Brigada Volodymyr Karpenko, Comandante de Logística de las Fuerzas Terrestres, las entregas de armas occidentales cubrían sólo entre el 10 y el 15% de sus necesidades[371].

De hecho, los países occidentales han subestimado enormemente las capacidades de Rusia. Su apoyo a Ucrania se ha convertido más en un ejercicio de comunicación que en una ayuda real.

El problema es que Occidente no tiene capacidad para librar una guerra contra Rusia. Incluso su apoyo a Ucrania está empujando a los países de la OTAN a una precaria situación de seguridad. Lo que demuestra que los países occidentales no se toman en serio a Rusia como amenaza para Europa.

En Estados Unidos coexisten varios mecanismos de apoyo al esfuerzo bélico ucraniano. Los principales son :

- la *Iniciativa de Asistencia para la Seguridad de Ucrania* (USAI), que está sujeta a la aprobación del Congreso. Abarca los equipos adquiridos en el mercado o a países aliados;
- la *Presidential Drawdown Authority* (PDA)[372], que autoriza al Presidente de Estados Unidos, como comandante supremo de las fuerzas armadas, a retirar material de las reservas existentes para responder a una «*emergencia imprevista*». No está sujeta a aprobación parlamentaria, pero sólo puede hacerse dentro de los presupuestos existentes.

---

371. Stew Magnuson, «Ukraine to U.S. Defense Industry: We Need Long-Range, Precision Weapons», *National Defense Magazine*, 5 de junio de 2022 (https://www.nationaldefensemagazine.org/articles/2022/6/15/ukraine-to-us-defense-industry-we-need-long-range-precision-weapons)

372. https://www.state.gov/use-of-presidential-drawdown-authority-for-military-assistance-for-ukraine/

A finales de agosto de 2023, Estados Unidos había proporcionado algo menos de 24.000 millones de dólares en equipamiento en el marco del PDA[373]. En otras palabras, este equipamiento corresponde a una reducción de las capacidades operativas estadounidenses. Por tanto, habrá que reconstituirlas. En enero de 2023, *el Centro de Estudios Estratégicos e Internacionales (CSIS)* mostró que el tiempo necesario para reconstituir las existencias de algunos equipos críticos ¡alcanzará los 7 años[374]!

Tiempo de reabastecimiento de equipos críticos en Estados Unidos

	Cantidades suministradas por Ucrania	Unidades producidas al año	Tiempo de puesta en marcha (meses)	Tiempo de producción (meses)	Tiempo de reposición de existencias (meses)
Obus 155 mm	1'074'000	93'000	12-18	44	59
Obus 155 mm Excalibur	5'200	2'400	22	23	84
Javelin	8'500	2'100	24	12	56
HIMARS	20	72	26	5	30
Stinger	1600	350?	24	55	79

Figura 35 — Tabla que muestra el tiempo necesario para reconstituir las reservas estadounidenses de armas entregadas a Ucrania. La tabla ha sido elaborada por el CSIS. Para la producción, sólo se han utilizado aquí las capacidades máximas de producción. [Fuente: CSIS]

En septiembre de 2023, varios «expertos» militares franceses publicaron un artículo en el diario *La Croix* en el que pedían que se «intensificara» la producción de material militar europeo para mantener la ayuda a Ucrania[375].

Sin embargo, Estados Unidos parece cada vez más avergonzado por este conflicto, que no está cumpliendo sus promesas y se está convirtiendo en un fiasco para la política exterior norteamericana. Cuando Volodymyr

---

373. https://crsreports.congress.gov/product/pdf/IF/IF12040
374. Mark F. Cancian, «Rebuilding U.S. Inventories: Six Critical Systems», *CSIS*, 9 de enero de 2023 (https://www.csis.org/analysis/rebuilding-us-inventories-six-critical-systems)
375. https://www.la-croix.com/debat/Guerre-Ukraine-Europeens-doivent-amplifier-leur-production-materiel-militaire-2023-09-20-1201283537

Zelensky viajó a Nueva York para asistir a la Asamblea General de las Naciones Unidas, el entusiasmo occidental parecía decaer. Zelensky habló en el podio de la ONU ante una audiencia escasa, hasta el punto de que el medio de comunicación ucraniano *1+1* tuvo que «enriquecer» su reportaje con imágenes de sesiones anteriores… ¡en las que Zelensky estaba entre el público! En un tono más serio, Estados Unidos entregó a Zelensky una lista de 4 páginas de tareas que debía completar si quería seguir recibiendo ayuda[376].

4.3.2.2. Sanciones

Uno de los pilares de la estrategia occidental para derrotar a Rusia fue la aplicación de sanciones masivas y repentinas contra Rusia. La idea era —como profetizó el ministro francés de Economía, Bruno Le Maire— provocar el colapso de Rusia, con la idea de que si su economía ya no era capaz de sostener al SVO, Rusia se vería rápidamente obligada a rendirse.

Según los expertos europeos, las sanciones tuvieron el efecto de una «bomba nuclear»[377] y alimentaron la narrativa de una victoria ucraniana. Sin embargo, muy sintomáticamente, a finales de agosto de 2023, la revista alemana *BILD* reveló que Olaf Scholz y Emmanuel Macron, comparando sus experiencias de diálogo con Vladimir Putin, se sorprendieron al comprobar que en ningún momento Putin trató de discutir con ellos la cuestión de las sanciones contra Rusia[378]. En otras palabras, no es un asunto que preocupe a Rusia.

4.3.2.3. La intervención de la OTAN

Como anunció Olekseï Arestovitch en marzo de 2019, Ucrania recibió apoyo de inteligencia occidental desde el principio del SVO.

En julio-agosto de 2022, sabiendo que la OTAN no revocaría su decisión de no establecer una *zona de exclusión aérea* (NFZ) en Ucrania, Zelensky intentó desmilitarizar o enviar una fuerza internacional al

---

376. «White House letter sets out reforms that Ukraine needs to implement to receive aid», *Ukrainska Pravda*, 25 de septiembre de 2023 (https://www.pravda.com.ua/eng/news/2023/09/25/7421354/)
377. Gilles Quoistiaux, «Blockage de Swift : la bombe atomique qui n'a pas explosé», *L'Écho*, 10 de septiembre de 2022 (Actualizado el 11 de septiembre de 2022) (https://www.lecho.be/dossiers/conflit-ukraine-russie/blocage-de-swift-la-bombe-atomique-qui-n-a-pas-explose/10412813.html)
378. https://www.bild.de/politik/inland/politik-inland/ukraine-krieg-was-scholz-nach-seinem-putin-telefonat-besonders-quaelte-85191144.bild.html

sector de la NFZ. La NFZ fue entonces el blanco de fuego de artillería —obviamente— atribuido a Rusia, ¡que tenía tropas estacionadas allí! La versión occidental fue que Rusia intentaba crear una amenaza nuclear para Europa (¿con qué propósito?). *France 2 llega* incluso a presentar una chimenea dañada en el tejado de la central nuclear rusa como un misil[379]. En realidad, los restos de proyectiles encontrados in situ son de origen occidental. Se trata de misiles HIMARS y drones kamikaze estadounidenses[380] y de misiles BRIMSTONE[381] británicos[382]. Sus disparos son vigilados por los occidentales, que saben así exactamente quién lleva a cabo esos ataques contra la central de Energodar.

La estrategia ucraniana consistía en situar la ZNPP en el centro de una batalla que obligara a la comunidad internacional a intervenir de un modo u otro. Por eso, el 1 de septiembre de 2022, el día en que una misión del Organismo Internacional de Energía Atómica (OIEA) acudía a inspeccionarla, Ucrania lanzó un ataque comando contra la central, retrasando el despliegue de los expertos. Intentó varios ataques en septiembre-octubre de 2022, todos infructuosos, movilizando a 600 hombres y decenas de barcazas para cruzar el Dniepr. Estos ataques causaron docenas, si no cientos, de muertos y nuestros medios de comunicación no vieron más que desinformación rusa. *La RTS* llegó a sugerir que Rusia intentaba utilizar la central para «*chantajear a la industria nuclear*»[383].

Estos «ataques» no fueron confirmados hasta seis meses más tarde por The *Times* de Londres[384], y luego en octubre de 2023 por Kyrylo Boudanov, jefe de la inteligencia militar ucraniana, quien admitió a la prensa ucraniana que había llevado a cabo tres ataques contra la

---

379. Émilie Jehanno, «Guerre en Ukraine: Oui, France 2 a confondé une cheminée endommagée avec un missile dans un sujet», *20minutes.fr*, 23 de agosto de 2022 (https://www.20minutes.fr/arts-stars/medias/3340383-20220823-guerre-ukraine-oui-france-2-confondu-cheminee-endommagee-missile-sujet)
380. https://www.telegraph.co.uk/world-news/2022/07/20/ukrainian-kamikaze-drones-strike-russian-controlled-zaporizhzhia/
381. https://mezha.media/en/2022/05/12/brimstone-in-ukraine/
382. https://t.me/milinfolive/88735
383. https://www.rts.ch/info/monde/13300261-la-centrale-nucleaire-de-zaporijjia-cristallise-les-inquietudes-internationales.html
384. Maxim Tucker, «Ukraine's secret attempt to retake the Zaporizhzhia nuclear plant», *The Times*, 7 de abril de 2023 (https://www.thetimes.co.uk/article/ukrainian-zaporizhzhia-nuclear-power-plant-russia-putin-war-2023-fx82xz3xz)

central[385]. En realidad, se trataba de una estrategia ucraniana para provocar la intervención de la OTAN, como señalé en su momento. Las pruebas concretas de la responsabilidad ucraniana eran conocidas, pero nuestros medios de comunicación prefirieron —una vez más— elaborar teorías conspirativas para preservar su relato.

El 15 de noviembre de 2022, un misil explotó cerca de la localidad polaca de Przewodów, matando a dos personas. El misil fue rápidamente identificado como un misil antiaéreo S-300 5-V-55K[386]. Al día siguiente, Volodymyr Zelensky acusó a Rusia: «*Misiles alcanzando territorio de la OTAN… ¡Es un ataque ruso con misiles contra la seguridad colectiva! Se trata de una escalada significativa. ¡Debemos reaccionar!*[387] Sin embargo, ni Estados Unidos, ni la OTAN, ni Polonia acusan a Rusia[388]. Ello no impide al «experto» militar Alexandre Vautravers afirmar en *RTS* que se trata «*probablemente de un arma rusa que se extravió e impactó al otro lado de la frontera*»[389]. En realidad, no sabe nada de esto y se lo está inventando, porque es difícil entender por qué Rusia dispararía misiles antiaéreos, y mucho menos contra Polonia. De hecho, en septiembre de 2023, Polonia publicó los resultados de su investigación: se trataba de un misil antiaéreo ucraniano S-300 5-V-55, producido por Rusia y vendido a Ucrania[390]. Más allá de los detalles técnicos, se trató sin duda de un accidente que Zelensky trató de explotar para obtener una implicación más «física» de la OTAN en el conflicto.

4.3.2.4. La zona de exclusión aérea

El problema en Ucrania es la discrepancia entre la realidad sobre el terreno y la retórica que se propaga en Occidente. Ucrania está librando

---

385. https://www.rts.ch/info/monde/13300261-la-centrale-nucleaire-de-zaporijjia-cristal-lise-les-inquietudes-internationales.html
386. https://twitter.com/Osinttechnical/status/1592603808634638336
387. https://youtu.be/26lKZTgSUM4
388. Phil Mattingly, Kevin Liptak, Radina Gigova, Jim Sciutto & Sophie Tanno, «Poland, NATO say missile that killed two likely fired by Ukraine defending against Russian attack», *CNN*, 16 de noviembre de 2022 (https://www.cnn.com/2022/11/16/europe/poland-missile-russia-ukraine-investigation-wednesday-intl-hnk/index.html)
389. https://www.rts.ch/info/monde/13548963-tir-de-missile-sur-la-pologne-pistes-dexplication-et-consequences.html
390. «Coraz bliżej prawdy o rakiecie w Przewodowie. Wiadomo czyj był pocisk», *Rzeczpospolita*, 26 de septiembre de 2023 (https://www.rp.pl/kraj/art39165861-coraz-blizej-prawdy-o-rakiecie-w-przewodowie-wiadomo-czyj-byl-pocisk).

una guerra para la que la OTAN la preparó mal. Desde el inicio de la SVO rusa, Ucrania perdió el control de su espacio aéreo y ya no estaba en condiciones de cubrir contraofensivas a escala operativa. Consiguió mantener a raya a la aviación rusa en ciertos sectores gracias a sus sistemas antiaéreos S-300 de origen ruso, pero esto no fue suficiente para montar una defensa dinámica.

Por eso, desde el principio de la SVO, Zelensky buscó la implicación directa de la OTAN en el conflicto y le pidió repetidamente que creara *«zonas de exclusión aérea»* o NFZ. Pero a Occidente no le entusiasmaba la idea de enfrentarse directamente a las fuerzas aéreas rusas y a sus formidables defensas antiaéreas.

Por eso Zelensky hará todo lo posible para empujar a Occidente a asumir el riesgo. La situación en Libia en 2011 le sirve de modelo. De este modo, los acontecimientos reales o ficticios adquieren una importancia deliberadamente dramática. A principios de marzo de 2022, aprovechando un incidente menor en la central nuclear de Zaporijjia (ZNPP), Zelensky habló de un peligro para Europa[391] y pidió la creación de una ZNF[392]. La OTAN se negó[393]. Pocos días después, los incidentes en la maternidad de Marioupol (9 de marzo de 2022) y en el teatro de Marioupol (16 de marzo de 2022)[394] dieron a Zelensky la oportunidad de renovar su petición, pero la OTAN volvió a negarse[395]. En el verano de 2022, Ucrania intentó provocar una intervención de la OTAN. Se efectuaron disparos contra la ZNPP de Energodar, que entonces estaba bajo control ruso y asegurada por una unidad de la Guardia Nacional rusa. Naturalmente, las acusaciones ucranianas fueron transmitidas

---

391. «Ukraine nuclear plant: Russia in control after shelling», *BBC News*, 4 de marzo de 2022 (https://www.bbc.com/news/world-europe-60613438)

392. «Ukraine's Zelenskyy condemns NATO over no-fly zone decision», *dw.com*, 4 de marzo de 2022 (https://www.dw.com/en/ukraine-zelenskyy-condemns-nato-over-no-fly-zone-decision-as-it-happened/a-61007081)

393. «Zelensky slams Nato over rejection of no-fly zone», *BBC News*, 5 de marzo de 2022 (https://www.bbc.com/news/world-europe-60629175)

394. Siobhan Hughes, «Zelensky Asks U.S. Again for No-Fly Zone», *The Wall Street Journal*, 16 de marzo de 2022 (https://www.wsj.com/livecoverage/russia-ukraine-latest-news-2022-03-15/card/zelensky-asks-u-s-again-for-no-fly-zone-SA6RQHFsz3NUsT9uE4ru)

395. Siobhan Hughes, «Zelensky Asks U.S. Again for No-Fly Zone», *The Wall Street Journal*, 16 de marzo de 2022 (https://www.wsj.com/livecoverage/russia-ukraine-latest-news-2022-03-15/card/zelensky-asks-u-s-again-for-no-fly-zone-SA6RQHFsz3NUsT9uE4ru)

sin pestañear por nuestros medios de comunicación[396]. En realidad, los restos de proyectiles encontrados procedían de misiles HIMARS y drones kamikaze estadounidenses[397] y de misiles BRIMSTONE[398] británicos[399]. El medio de comunicación estatal *France 2* llegó incluso a presentar una chimenea dañada en el tejado de la ZNPP como un misil[400].

En junio de 2023, cuando Zelensky se vio presionado por Occidente para lanzar su decisiva «contraofensiva», no disponía de suficiente cobertura aérea. Intentó entonces utilizar la misma estratagema e inventó un complot ruso para volar la ZNPP. En un tuit, declaró que *«¡es responsabilidad de todos en el mundo impedirlo![401]»*

Por tanto, está claro que los ucranianos entraron en este conflicto con la seguridad de que Occidente no les dejaría perder. Aceptaron provocar a Rusia[402] con la garantía de que el apoyo occidental destruiría la respuesta rusa en cuestión de días. A finales de marzo de 2022, Zelensky se vio obligado a retirar su propuesta de negociación a cambio de apoyo «durante el tiempo que haga falta». Sus intentos de presionar a Occidente para que estableciera una NFZ no eran más que una forma de recordar a Occidente sus promesas.

Esto es exactamente lo que dijo el ministro de Asuntos Exteriores ucraniano, Dmitro Kuleba, en la revista estadounidense *Foreign Affairs*, en un artículo titulado «Cómo ganará Ucrania»[403]. Describe una estrategia que depende totalmente del suministro de armas modernas por parte de Occidente. Estamos en junio de 2022 y nuestros medios de comunicación repiten sin cesar que Rusia está perdiendo[404], porque ya no

---

396. https://www.rts.ch/info/monde/13291212-la-centrale-nucleaire-de-zaporijjia-bombardee-deux-fois-en-un-weekend-kiev-et-moscou-saccusent.html

397. https://www.telegraph.co.uk/world-news/2022/07/20/ukrainian-kamikaze-drones-strike-russian-controlled-zaporizhzhia/

398. https://mezha.media/en/2022/05/12/brimstone-in-ukraine/

399. https://t.me/milinfolive/88735

400. Émilie Jehanno, «Guerre en Ukraine: Oui, France 2 a confondé une cheminée endommagée avec un missile dans un sujet», *20minutes.fr*, 23 de agosto de 2022 (https://www.20minutes.fr/arts-stars/medias/3340383-20220823-guerre-ukraine-oui-france-2-confondu-cheminee-endommagee-missile-sujet)

401. https://twitter.com/ZelenskyyUa/status/1676336904285966336

402. https://www.president.gov.ua/documents/1172021-37533

403. Dmytro Kuleba, «Cómo ganará Ucrania», *Foreign Affairs*, 17 de junio de 2022 (https://www.foreignaffairs.com/articles/ukraine/2022-06-17/how-ukraine-will-win)

404. https://www.rts.ch/info/monde/13145871-lukraine-affirme-avoir-fait-reculer-les-forces-russes-dans-severodonetsk.html#timeline-anchor-1654233752537

tiene soldados ni equipos. Pero es exactamente lo contrario: el ejército ucraniano ya no tiene medios para montar una contraofensiva y ahora depende totalmente de la buena voluntad y la generosidad de Occidente.

Se trata, pues, de una guerra entre Estados Unidos y Rusia a través de Ucrania. Como consecuencia, Occidente está muy implicado en las decisiones de Ucrania, lo que hace difícil distinguir entre sus respectivas estrategias. Esto plantea una serie de problemas:

- Los dirigentes políticos ucranianos sólo controlan parcialmente su estrategia y dependen en gran medida de la estrategia política de los países occidentales.

- Los intereses de Ucrania chocan con los de sus socios: su estrategia se centra en recuperar el territorio perdido, mientras que Occidente busca derrocar al gobierno ruso. Así, el proyecto de acuerdo propuesto en marzo de 2022, que preveía la vuelta a las fronteras del 23 de febrero de 2022 a cambio de la neutralidad de Ucrania, y que había suscitado una reacción positiva por parte de Rusia, fue rechazado por Occidente, lo que obligó a Zelensky a retirar su propuesta y a enzarzarse en un conflicto interminable.

- La cúpula militar ucraniana no dispone de los recursos doctrinales, materiales o de formación que necesita para alcanzar sus objetivos.

Esta situación ha provocado algunas «idas y venidas» e incoherencias en la conducta ucraniana que han tenido que encubrirse con una narrativa. En el mundo francófono, ninguno de nuestros medios de comunicación fanáticos (como *RTS* en Suiza, *LCI*, *BFM TV* o *France 5* en Francia y *RTBF* en Bélgica) ha mencionado siquiera las iniciativas de negociación ucranianas. Estos medios han mostrado muy poca compasión por la vida de los ucranianos (y a fortiori de los rusos) y han militado virulentamente contra cualquier posibilidad de paz, ya desde 2014.

Esta situación será la causa de las crecientes tensiones entre Occidente y Kiev en 2023. Ya en 2014 y 2015, un análisis minucioso de las operaciones militares demostró que los ucranianos aplicaban esquemas «al estilo occidental» totalmente inadecuados a las circunstancias, frente a rebeldes más imaginativos, más flexibles y con estructuras de liderazgo más ligeras. Hoy ocurre lo mismo.

Hay dos razones fundamentales para esta incoherencia:

- La visión parcial del campo de batalla que ofrecen nuestros medios de comunicación nos ha incapacitado para ayudar a los dirigentes ucranianos a tomar las decisiones correctas. Lo hemos visto con Claude Wild, embajador suizo en Ucrania hasta febrero de 2023, cuyas declaraciones calcadas de la propaganda ucraniana mostraban una total incomprensión de la situación real sobre el terreno...»[405].

- La sustitución por nuestros medios de comunicación y autoproclamados «expertos» del pensamiento militar ruso por una interpretación «occidental» de las operaciones. Nos explicaron que Rusia quería apoderarse de Ucrania, por lo que tenía que apoderarse de Kiev, que la «desmilitarización» tenía como objetivo la adhesión de Ucrania a la OTAN, y que la «desnazificación» tenía como objetivo derrocar a Zelensky.

El impacto de los medios de comunicación en la toma de decisiones es descaradamente obvio, como demuestra el informe anual del *Servicio Federal de Inteligencia suizo* (SRC) sobre la situación de la seguridad en Suiza, que no es más que un «copia y pega» de lo que informan nuestros medios.

4.4. La contraofensiva de primavera (2023)

En primer lugar, hay que entender que esta «contraofensiva» es la heredera de la ofensiva planeada y preparada por Ucrania sobre la base del decreto de Zelensky del 24 de marzo de 2021 para la reconquista de Crimea y el sur de Ucrania[406]. Fue para disuadir a Ucrania[407] de llevarla a cabo que Rusia desplegó sus tropas a partir de abril de 2021 en la frontera[408] y para impedir su ejecución que Vladimir Putin decidió lanzar su *Operación Militar Especial (OME)* el 24 de febrero de 2022.

En mayo de 2022, Kyrylo Boudanov, jefe de *la Dirección Principal de Inteligencia Militar* (GUR) de Ucrania, declaró que las fuerzas rusas

---

405. https://www.rts.ch/play/tv/redirect/detail/13567586?startTime=383
406. https://www.president.gov.ua/documents/1172021-37533
407. Mykola Bielieskov , «The Russian and Ukrainian Spring 2021 War Scare», *Instituto Nacional de Estudios Estratégicos*, septiembre de 2021 (http://niss.gov.ua/sites/default/files/2021-09/210921_bielieskov_war_scene.pdf)
408. https://ria.ru/20210214/donbass-1597382842.html

estaban siendo muy debilitadas y que las fuerzas ucranianas podrían retomar Crimea a finales de año[409]. Pero el ejército ucraniano ha perdido la mayor parte de su material y, desde junio de 2022, depende de la ayuda occidental para reponer su material destruido[410]. En julio de 2022, Zelensky afirmó que iba a retomar Crimea con un millón de hombres[411], pero nunca fue capaz de reunir la mano de obra necesaria[412]. Así, a pesar de afirmar que disponía de 700.000 hombres[413], no pudo lanzar su operación en el verano de 2022. En 2022 se sucedieron numerosas «contraofensivas», pero ninguna logró doblegar a la coalición rusa.

En septiembre de 2022, tras el éxito en Kharkov, Volodymyr Zelensky pidió a su personal que preparara una contraofensiva. Pero las simulaciones mostraron que las perspectivas de éxito eran escasas y que las pérdidas ucranianas serían masivas[414]. Por lo tanto, se aplazó hasta el otoño, luego hasta el invierno de 2022 y, por último, hasta la primavera de 2023. Documentos clasificados estadounidenses «filtrados» en abril de 2023 indican que la ofensiva debería haber tenido lugar a finales de marzo o principios de abril de 2023. Como explicó más tarde Volodymyr Zelensky a la *CNN*[415], estos aplazamientos sucesivos se debieron a la falta de mano de obra y de material, lo que confirma que el objetivo de desmilitarización de Vladimir Putin se había alcanzado.

Pero cuanto más tiempo pasaba, más atrapado estaba Zelensky entre la exigencia occidental de resultados y sus escasas posibilidades de éxito. Por eso mantuvo la ilusión de que la ofensiva se lanzaría. Desde el

---

409. https://www.5.ua/polityka/do-kintsia-2022-roku-armiitsi-zsu-maiut-zaity-na-terytoriiu-krymu-kerivnyk-hur-budanov-278020.html

410. https://www.lepoint.fr/monde/ayant-epuise-tout-son-armement-l-ukraine-depend-totalement-des-allies-09-06-2022-2478984_24.php

411. https://www.independent.co.uk/news/world/europe/ukraine-million-army-russia-weapons-b2120445.html

412. «Ucrania ataca Kherson, controlada por Rusia, y planea un contraataque», *Al Jazeera*, 12 de julio de 2022 (https://www.aljazeera.com/news/2022/7/12/ukraine-strikes-russian-held-kherson-as-kyiv-plans-counterattack)

413. Emily McGarvey, «Ukraine aims to amass 'million-strong army' to fight Russia, says defence minister», *BBC News*, 11 de julio de 2022 (https://www.bbc.com/news/world-europe-62118953)

414. Julian E. Barnes, Eric Schmitt & Helene Cooper, «The Critical Moment Behind Ukraine's Rapid Advance», *The New York Times*, 13 de septiembre de 2022 (https://www.nytimes.com/2022/09/13/us/politics/ukraine-russia-pentagon.html)

415. https://youtu.be/gIlexTCdDa0

principio, ni los estadounidenses[416] ni los propios ucranianos confiaban realmente en el éxito de su contraofensiva. Sin embargo, se pretendía que fuera «decisiva» y había grandes esperanzas puestas en ella. Se rodó una película propagandística para glorificar a los que irían a matar a los «violadores» y «asesinos», en la que sólo aparecía material suministrado por Occidente[417].

A principios de junio de 2023, en *Ukrainska Pravda*, Oleksiy Danilov, Secretario del Consejo de Seguridad Nacional de Ucrania, declaró que no se anunciaría el lanzamiento[418]. La idea era anunciarlo sólo cuando las acciones de combate tuvieran perspectivas de éxito. Por eso, el presidente Zelensky no confirmó el inicio de la contraofensiva hasta el 11 de junio[419].

4.4.1. Los objetivos de Occidente y Ucrania

4.4.1.1. Objetivos estratégicos

Lógicamente, el objetivo declarado de Ucrania es retomar los territorios ocupados por Rusia (en el sur y el este del país y en Crimea) y hacer retroceder sus tropas hasta las fronteras de 1991, como declaró Mykhaïlo Podolyak en *RTS* el 24 de febrero de 2023[420].

(¡Irónicamente, cuando Ucrania se independizó en 1991, *ya había* perdido Crimea tras el referéndum del 20 de enero, que la convirtió en la «*República Socialista Soviética Autónoma de Crimea*»! Abolida en 1945, fue restablecida el 12 de febrero de 1991 por el Soviet Supremo de la RSS de Ucrania[421]. El 17 de marzo, Moscú organizó un referéndum sobre la permanencia en la Unión, que fue aceptado por Ucrania. En ese momento, Crimea estaba bajo el control de Moscú y no de Kiev, mientras que Ucrania *aún no era* independiente).

---

416. Alex Horton, John Hudson, Isabelle Khurshudyan & Samuel Oakford, «U.S. doubts Ukraine counteroffensive will yield big gains, leaked document says», *The Washington Post*, 10 de abril de 2023 (https://www.washingtonpost.com/national-security/2023/04/10/leaked-documents-ukraine-counteroffensive/)

417. https://cdn.jwplayer.com/previews/D2aG1luF

418. https://www.pravda.com.ua/eng/news/2023/06/4/7405242/

419. «Las acciones de contraofensiva de Ucrania han comenzado, dice Zelensky», *BBC News*, 11 de junio de 2023 (https://www.bbc.com/news/world-europe-65866880)

420. https://www.rts.ch/play/tv/-/video/-?urn=urn:rts:video:13813494&startTime=514

421. Artículo «Referéndum de Crimea de 1991», *Wikipedia* (consultado el 27 de noviembre de 2021)

Para lograr este objetivo, Volodymyr Zelensky pidió negociar con Rusia en febrero, y luego hizo una propuesta que los rusos estaban dispuestos a negociar en marzo de 2022. Esta preveía la retirada de las fuerzas rusas de Ucrania (a excepción del Donbass y Crimea, cuyo estatuto estaba aún por negociar) a cambio de la neutralización del país. Pero a petición de Occidente, lo retiró rápidamente, intercambiando un rápido fin del conflicto por ayuda occidental durante «el tiempo que sea necesario».

Para los occidentales, la implicación activa en el conflicto se sitúa generalmente bajo la etiqueta de la defensa de nuestros «valores». Estos valores son a menudo vagos, y cada cual puede entender lo que quiera. Por ejemplo, a finales de febrero de 2022, el *European Union Times* informó de que para el jefe del *Servicio de Inteligencia Secreto* británico (*SIS* o *MI-6*), ¡la guerra en Ucrania tenía que ver con los derechos de las personas LGBT[422]! Como vemos, los objetivos occidentales siguen sin estar claros. Esto tendrá consecuencias en el desarrollo de las operaciones.

Sin embargo, una cosa parece clara: para Occidente, el objetivo no es recuperar el territorio ucraniano, sino provocar el colapso de Rusia. Esto explica el cambio en la política de Zelensky, que exige la derrota total de Rusia para lograr su objetivo. En septiembre de 2022, por ejemplo, declaró que sólo negociaría con Rusia a condición de que Vladimir Putin dejara de estar en el poder[423], e incluso emitió un decreto prohibiendo cualquier negociación con Vladimir Putin[424].

En otras palabras, Volodymyr Zelensky ha descartado la posibilidad —ahora ciertamente improbable— de volver a la solución de marzo de 2022, que habría permitido a los rusos abandonar el territorio ucraniano.

Por su parte, a falta de un objetivo realista concreto, Occidente plantea la idea bastante extraña de que la contraofensiva podría crear el «pánico» en las fuerzas rusas, ¡lo que provocaría una crisis política y un cambio de

---

422. https://www.eutimes.net/2022/02/uk-mi6-spy-chief-says-war-in-ukraine-is-about-lgbt-rights/
423. «Ucrania no negociará con Rusia mientras Putin esté en el poder: Zelensky», *Barron's/AFP*, 30 de septiembre de 2022 (https://www.barrons.com/news/ukraine-will-not-negotiate-with-russia-as-long-as-putin-is-in-power-zelensky-01664548507)
424. Vladimir Socor, «Zelenskyy Bans Negotiations with Putin», *Eurasia Daily Monitor* (Volumen 19, nº 147), 5 de octubre de 2022 (https://jamestown.org/program/zelenskyy-bans-negotiations-with-putin/)

«régimen»[425]! Por eso el motín de Prigozhin (junio de 2023) provocó tanto entusiasmo en Occidente, ya que parecía demostrar que esta estrategia podía funcionar. Pero, como de costumbre, los análisis de nuestros pseudoexpertos no se basan en el conocimiento y la reflexión, sino en profesiones de fe. De hecho, este incidente parece haber fortalecido a Vladimir Putin…

Desde junio de 2022 sabemos que ni la cantidad ni la calidad de las armas y la ayuda suministradas a Ucrania le permitirán lograr una victoria sobre el terreno. El objetivo es simplemente prolongar el conflicto, con la esperanza de que ello acabe provocando una crisis política en Rusia y un «cambio de régimen», que sería entonces una victoria total para Ucrania.

Por su parte, Ucrania sabe que dependerá totalmente de Occidente en su futuro previsible. Por eso su estrategia va más allá de su interés nacional: no se trata de satisfacer sus propios objetivos a corto y medio plazo, sino los de quienes financiarán su futuro.

El 27 de noviembre de 2022, Mykhailo Podolyak, asesor personal de Zelensky, declaró en la televisión ucraniana que Crimea estaría completamente liberada en mayo de 2023[426]. Pero la contraofensiva lanzada en junio de 2023 tuvo dificultades para alcanzar sus objetivos. Lejos de «entrar en pánico», las fuerzas rusas resistieron muy bien, como señala el medio ucraniano *Kyiv* Independent[427]:

> *Soldados de varias brigadas declararon al diario* Kyiv Independent *que, en esta zona, los rusos son soldados experimentados y bien equipados, con un gran número de proyectiles de artillería y cohetes MLRS. Los soldados de la 32ª brigada no ocultan que a menudo se sienten desbordados. Los soldados de infantería dicen que se ven superados por las competentes y aparentemente intrépidas tropas rusas que han visto en este eje de ataque.*

Por eso se modificó este objetivo estratégico. En julio de 2023, Oleksiy Danilov, que presidía el Consejo de Seguridad ucraniano, declaró que el

---

425. https://www.independent.co.uk/news/world/europe/ukraine-counteroffensive-russian-losses-putin-b2334687.html
426. https://www.ukrinform.ua/rubric-crimea/3623657-e-tam-u-mene-ulublene-misce-podolak-obicae-cerez-piv-roku-rozpovisti-z-alti-pro-vilnij-krim.html
427. https://kyivindependent.com/new-brigade-bears-heavy-brunt-of-russias-onslaught-in-kharkiv-oblast/

objetivo no era recuperar territorio, ¡sino «desmilitarizar» a Rusia[428]! Esto es exactamente lo que dijo Podolyak en agosto de 2023, después de que se hiciera evidente el fracaso de la contraofensiva[429]:

> *El objetivo es la destrucción gradual y sistemática de las capacidades del ejército enemigo: su logística, su potencial técnico, sus cuadros y su personal.*

Irónicamente, para disimular el fracaso de la contraofensiva, se intenta redefinir sus objetivos, utilizando casi las mismas palabras que utilizó el general ruso Sourovikine el 18 de octubre de 2022[430].

A principios de septiembre de 2023, cuando la contraofensiva se estaba agotando, los dirigentes ucranianos intentaron demostrar que no querían abandonar la lucha. La estrategia era una reconquista gradual «árbol a árbol», que también pretendía desgastar a las fuerzas rusas[431].

En otras palabras, Ucrania está adoptando una estrategia de desgaste contra Rusia. Este nuevo cambio de estrategia es sorprendente, porque sólo se puede esperar ganar una guerra de desgaste si se dispone de más recursos que el adversario. Sin embargo, está claro que si Rusia no dispone de recursos ilimitados, Ucrania desde luego no tiene más.

En otoño de 2023, los ucranianos se enfrentarán a dos grandes obstáculos: Occidente habrá llegado al final de su capacidad de proporcionar apoyo material, y la campaña presidencial estadounidense, en la que Joe Biden no quiere implicarse sin el principio de una solución[432]. En otras palabras, Ucrania no dispone de los dos ingredientes esenciales para librar una guerra de desgaste: recursos humanos y materiales y tiempo.

El problema es cómo salir del conflicto sin perder la cara. A mediados de diciembre de 2023, el *New York Times* informaba de los esfuerzos de la administración Biden y Ucrania por idear una nueva estrategia, no para

---

428. https://twitter.com/OleksiyDanilov/status/1676118862998257664

429. http://www.ukrainianjournal.com/index.php?w=article&id=37113

430. «Суровикин: российская группировка на Украине методично "перемалывает" войска противника», *TASS*, 18 de octubre de 2022 (https://tass.ru/armiya-i-opk/16090805).

431. Roland Oliphant & Julian Simmonds, «Ukraine liberates territory tree by tree after critical tactical shift», *The Telegraph*, 15 de septiembre de 2023 (https://www.telegraph.co.uk/world-news/2023/09/15/how-ukraine-captured-russian-territory-orikhv/)

432. https://responsiblestatecraft.org/2023/06/13/is-the-us-military-more-intent-on-ending-ukraine-war-than-us-diplomats/

derrotar a Rusia, sino para dar a Ucrania algo sobre lo que negociar. Para ello, Estados Unidos desplegará a un general de tres estrellas para que trabaje en esta cuestión. El informe muestra que los estadounidenses admiten implícitamente que Rusia está en posición de fuerza, que ya no tienen capacidad para apoyar a Ucrania y que ésta tendrá que luchar con un presupuesto más ajustado. El objetivo es *«crear una amenaza suficientemente creíble para que Rusia considere la posibilidad de entablar negociaciones serias a finales del próximo año o en 2025»*[433]. En resumen, se trata de mantener la apariencia de una posible victoria hasta después de las elecciones presidenciales estadounidenses.

4.4.1.2. *Objetivos operativos*

En términos operativos, la idea era romper el sistema defensivo ruso y empujar rápidamente hacia el Mar de Azov, cortando así las fuerzas rusas en dos, para luego empujar hacia Crimea por un lado y Marioupol por el otro.

Cómo pudieron pensar los «estrategas» occidentales que un plan así podría funcionar con los recursos disponibles de Ucrania a principios de 2023 es un misterio que raya en delito deliberado. De hecho, los planificadores occidentales y ucranianos acabaron creyéndose su propia narrativa sobre los episodios de Kharkov y Kherson en otoño de 2022. En abril de 2023, en *Foreign Policy,* un experto del *Instituto Internacional de Estudios Estratégicos* (IISS) de Londres hablaba de un gran avance durante las primeras 24 horas de la contraofensiva[434]. Mientras que nuestros periodistas están entusiasmados con la próxima batalla[435], los servicios de inteligencia estadounidenses son mucho menos optimistas sobre su resultado[436].

---

433. Julian E. Barnes, Eric Schmitt, David E. Sanger & Thomas Gibbons-Neff, «U.S. and Ukraine Search for a New Strategy After Failed Counteroffensive», *The New York Times,* 11 de diciembre de 2023 (https://www.nytimes.com/2023/12/11/us/politics/us-ukraine-war-strategy.html)
434. Franz-Stefan Gady, «Ukraine's Longest Day», *Foreign Policy,* 18 de abril de 2023 (https://foreignpolicy.com/2023/04/18/ukraine-russia-war-counteroffensive-attack-bakhmut-himars/)
435. Timothy Garton Ash, «Why the West must be ready for this moment of opportunity and risk in Ukraine», *Consejo Europeo de Relaciones Exteriores,* 12 de mayo de 2023 (https://ecfr.eu/article/why-the-west-must-be-ready-for-this-moment-of-opportunity-and-risk-in-ukraine/)
436. Julian Borger, Manisha Ganguly, Flora Garamvolgyi & Justin McCurry, «US feared Ukraine could fall 'well short' in spring counter-offensive, leaks reveal», *The Guardian,* 11 de abril de 2023 (https://www.theguardian.com/world/2023/apr/11/us-ukraine-counter-offensive-pentagon-leaks-reveal#:~:text=US intelligence reportedly warned in,trove of leaked defence documents.)

El problema no es simplemente atravesar el sistema ruso, sino mantener el ritmo de avance y consolidar los éxitos. Las poblaciones del sur de Ucrania que han sido discriminadas (especialmente por la ley del 1 de julio de 2021 sobre los pueblos indígenas[437]) y que sufrieron numerosos abusos entre 2014 y 2022 probablemente no tengan intención de volver a la autoridad de Kiev. Esto es particularmente cierto en Crimea. Hay muchas razones para creer que los ucranianos se enfrentarían a una fuerte resistencia popular en estas regiones, al igual que los rusos si fueran a la parte occidental de Ucrania.

Plan inicial de la contraofensiva ucraniana

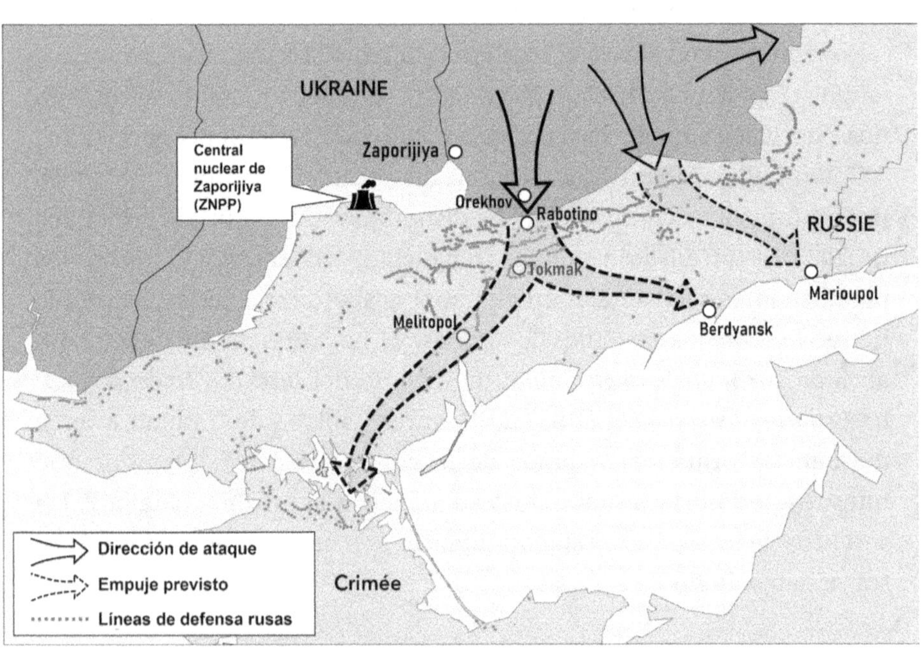

Figura 36 — La contraofensiva ucraniana parece moverse en tres direcciones: una dirección principal (prácticamente impuesta por Estados Unidos) en el eje Rabotino - Melitopol; una dirección secundaria en el eje Staromaïorsk - Marioupol y otra dirección secundaria hacia Bakhmout.

---

437. «Нардеп від "Слуги народу" Семінський заявив про «позбавлення конституційних прав росіян, які проживають в Україні», *AP News*, 2 de julio de 2021 (https://apnews.com.ua/ua/news/nardep-vid-slugi-narodu-seminskii-zayaviv-pro-pozbavlennya-konstitutciinikh-prav-rosiyan-yaki-prozhivaiut-v-ukraini/)

Pero a finales de septiembre de 2023, el general de brigada ucraniano Oleksandr Tarnavskiy, comandante del grupo operativo-estratégico TAVRIA, constató las insuficiencias de las fuerzas ucranianas y declaró que el objetivo de la contraofensiva sería el pueblo de Tokmak, a unos veinte kilómetros de la línea del frente[438]. Esto queda muy lejos de los objetivos anunciados…

4.4.2. *Conducción de las operaciones ucranianas*

Aunque la fecha de su lanzamiento ha permanecido confidencial, su preparación ha sido ampliamente publicitada *con* antelación. Hay dos razones principales para ello.

La primera es que los occidentales se impacientan y los anuncios de Volodymyr Zelensky pretenden tranquilizarlos. Incluso antes de ponerse en marcha, la contraofensiva suscita dudas. Occidente ha movilizado todas sus capacidades para proporcionar a Ucrania el equipamiento (armas y municiones) y la formación necesarios para esta operación, y espera un «retorno de la inversión»[439]. Los ucranianos, por su parte, dependen totalmente de la ayuda occidental y Zelensky teme que se cansen: Ucrania no tiene más remedio que actuar, obligada por sus donantes[440].

La segunda es que el concepto ucraniano y occidental se basa en la idea de que los rusos están mal preparados, mal dirigidos, desmotivados y desmoralizados y que, como resultado, huirán al primer asalto ucraniano, dejando el camino libre para la ruptura. Se esperaba que el ruidoso anuncio de una potente contraofensiva contribuiría a debilitar moralmente a los rusos, facilitando así los esfuerzos ucranianos. Esta idea proviene de la narrativa que rodeó la reconquista de los sectores de Kharkov y Kherson en 2022. Es un error fatal.

---

438. Vasco Cotovio, Frederik Pleitgen, Daniel Hodge, Konstyantyn Gak & Yulia Kesaieva, «Ukrainian forces have broken through in Verbove, top general says», *CNN*, 23 de septiembre de 2023 (https://edition.cnn.com/2023/09/23/europe/ukraine-biggest-counteroffensive-to-come-intl-hnk/index.html)
439. Tennyson Dearing, «Ukraine's summer counteroffensive is a key moment but long-term resolve remains crucial», *Atlantic Council*, 6 de junio de 2023 (https://www.atlanticcouncil.org/blogs/ukrainealert/ukraines-summer-counteroffensive-is-a-key-moment-but-long-term-resolve-remains-crucial/)
440. https://www.thetimes.co.uk/article/ukraine-isn-t-ready-for-its-big-offensive-but-it-has-no-choice-b7qrq3vcr

Como señala Ukrainska Pravda, esta contraofensiva fue planeada conjuntamente por los ucranianos, los estadounidenses y los británicos durante no menos de ocho sesiones de juegos de guerra[441]. Por tanto, el fracaso de la operación se debió también a la incapacidad de los occidentales para planificar operaciones ofensivas a gran escala contra un adversario moderno[442]:

Con las tropas y el armamento disponibles en Ucrania, los militares estadounidenses estaban convencidos de que era factible un ataque frontal mecanizado contra la línea del frente ruso. Otros modelos indicaban que las fuerzas de Kiev podrían como máximo alcanzar el Mar de Azov y cortar el paso a las fuerzas rusas en el sur en un plazo de 60 a 90 días.

Esta contraofensiva iba a estar dirigida por 12 brigadas, 3 de ellas creadas por Ucrania y 9 por países occidentales. Los estadounidenses querían lanzarla a mediados de abril, para impedir que los rusos siguieran reforzando sus fuerzas. Pero los ucranianos no se sentían preparados, por lo que se pospuso hasta el verano de 2023[443].

La conducción de esta contraofensiva parece haber sido objeto de importantes diferencias entre estadounidenses y ucranianos a varios niveles. Mientras que el esfuerzo principal en la dirección Rabotino —Tokmak— Melitopol parece haber sido aceptado por ambas partes, parece que los militares americanos querían que Ucrania concentrara todos sus recursos en este eje, mientras que el general Zaloujny, comandante de las fuerzas ucranianas, no quería despejar todo su frente para esta acción. Por otra parte, Zelensky insiste en retomar Bajmout, mientras que Zaloujny, desde 2022, no ha querido sacrificar sus tropas por esta ciudad.

---

441. «Miscalculations, divisions marked offensive planning by U.S., Ukraine», *The Washington Post*, 4 de diciembre de 2023 (https://www.washingtonpost.com/world/2023/12/04/ukraine-counteroffensive-us-planning-russia-war/)

442. Alona Mazurenko, «EEUU y Occidente insisten en la contraofensiva selectiva de Ucrania para aislar a Rusia de Crimea», *Ukrainskaya Pravda*, 4 de diciembre de 2023 (https://www.pravda.com.ua/eng/news/2023/12/4/7431593/)

443. «La contraofensiva ucraniana podría comenzar en verano, según el primer ministro», *The New Voice of Ukraine*, 11 de abril de 2023 (https://english.nv.ua/nation/ukrainian-counteroffensive-could-begin-in-summer-pm-says-war-news-50317188.html)

Esto puede explicar la lenta caída en desgracia del general Zaloujny, acusado de participar en el sabotaje de Nord Stream 1 y 2[444], que está siendo investigado oficialmente por no haber gestionado la defensa del país a principios de 2022.

4.4.2.1. Un arranque vacilante

En la primavera de 2023, los ucranianos sabían que no estaban preparados, pero Occidente les presionaba para que siguieran adelante. Por eso, a partir de abril, los ucranianos lanzaron toda una serie de ataques, sin lograr ningún éxito decisivo. Estas acciones sólo tenían una función política, pero había que darles una justificación operativa. Alexandre Vautravers, un «experto» militar suizo, justificó estas maniobras diciendo que era imposible ocultar los preparativos de una gran ofensiva, ¡y afirmó que estos repetidos anuncios pretendían engañar a los rusos[445]! *Ukrainska Pravda* confirma este razonamiento, explicando que se trata de «*operaciones de configuración*»[446]:

> *Estas operaciones, que van desde ataques simbólicos a otros de mayor calado estratégico, forman parte de la práctica militar habitual. Según funcionarios de defensa y analistas, su objetivo es engañar al enemigo, interferir en su mentalidad y «moldear» el campo de batalla antes de una ofensiva a gran escala.*

No es más que una estratagema de comunicación. Los lectores pueden comparar esta «definición» con la del ejército estadounidense comentada anteriormente. Se verá que se trata simplemente de dar coherencia a acciones mal coordinadas, mal adaptadas a la misión dada y que desperdician vidas y material.

Debe llevarse a cabo como parte de un plan global e ir acompañada, si no seguida rápidamente, de una operación decisiva. Es evidente que

---

444. «Tras la pista ucraniana de los saboteadores del Nord Stream 2», *Intelligence OnLine*, 26 de septiembre de 2023 (https://www.intelligenceonline.com/government-intelligence/2023/09/26/on-the-ukrainian-trail-of-the-nord-stream-2-saboteurs,110057638-fac)

445. https://www.lemanbleu.ch/fr/Emissions/189661-Geneve-a-Chaud.html

446. Olena Roshchina, «UAV attacks and border breaches are Ukrainian 'shaping operations' - FT», *Ukrainska Pravda*, 30 de mayo de 2023 (https://www.pravda.com.ua/eng/news/2023/05/30/7404475/)

los ucranianos no disponen de los recursos necesarios para este tipo de operación compleja.

En cuanto a la idea de que se trataba de «engañar a los rusos», se basa en la idea de que con los recursos de inteligencia actuales, el campo de batalla se ha vuelto totalmente «transparente». Eso es un poco simple. En agosto de 2023, los rusos lanzaron una ofensiva en dirección a Kupiansk, que nadie detectó y que sorprendió a los ucranianos, y por tanto a la inteligencia occidental, ¡que vigilaba todo el teatro de operaciones en su beneficio[447]!

De hecho, hasta principios de junio de 2023, las acciones ucranianas se asemejan más a un «reconocimiento forzoso», en el que entramos en contacto con el adversario para obligarle a revelar su posición. El problema es que para llevar a cabo este tipo de acción, generalmente no se utilizan los recursos principales, sino otros más ligeros: el objetivo no es destruir al enemigo, sino obligarle a revelarse. El vehículo ideal para este tipo de misión sería uno como el AMX-10RC francés, pero con mayor capacidad de supervivencia.

4.4.2.2. La contraofensiva propiamente dicha

En *The New Voice of Ukraine*, un coronel ucraniano afirma que comenzó a finales de abril de 2023[448]. En general, se acepta que finalmente comenzó el 4 de junio de 2023, pero Volodymyr Zelensky no lo confirmó hasta una semana más tarde, después de que sus fuerzas hubieran capturado entre 7 y 8 pequeñas aldeas, todas ellas situadas en la zona de vigilancia, muy por encima de la línea de Surovikin.

Desde los primeros días, las imágenes muestran un desastre total. Según un informador ucraniano, en un solo ataque y en pocas horas, los ucranianos perdieron más de 150 vehículos, entre ellos 12 LEOPARD 2 (el 20% de los que recibieron) y 15 BRADLEY (alrededor del 15%). También

447. Dan Sabbagh, «'I couldn't take it any more': holdouts quit Kupiansk after renewed Russian shelling», *The Guardian*, 29 de agosto de 2023 (https://www.theguardian.com/world/2023/aug/29/holdouts-quit-kupiansk-after-renewed-russian-shelling-ukraine)
448. Roman Svitan, «La contraofensiva de Ucrania ya ha comenzado», *The New Voice of Ukraine*, 1 de mayo de 2023 (https://english.nv.ua/opinion/ukraine-s-counteroffensive-has-already-started-opinion-50321375.html)

afirma que en las primeras 72 horas de su ataque, 10 LEOPARD 2 fueron destruidos antes de que pudieran siquiera disparar un solo tiro[449].

La defensa rusa se basa en el modelo de «defensa dinámica» que hemos visto antes. Es un sistema que requiere que el atacante renueve constantemente su esfuerzo de ruptura. El ejército ucraniano ya no es capaz de hacerlo. En tres meses, los ucranianos no han conseguido alcanzar la primera línea de defensa rusa (la línea Sourovikine) en ningún punto de los 900 km de frente.

Ucranianos y occidentales están decepcionados. La narrativa en torno a las «victorias» ucranianas en Kharkov y Kherson propagada por nuestros «expertos» (y repetida en los informes oficiales de Francia[450] y Suiza[451] en particular) llevó a los ucranianos a subestimar la dificultad de su operación, contribuyendo así en gran medida a su derrota. Como señaló el *Daily Telegraph* en julio de 2023[452]:

> *Compárese el laborioso y costoso avance actual con las victorias relámpago en Kharkiv y Kherson el pasado otoño. Entonces, las fuerzas de Kiev avanzaban contra un enemigo que se retiraba para redesplegar sus tropas, cambiando espacio por tiempo. Ahora que han acumulado fuerzas mediante la movilización y han cavado vastas líneas defensivas, los rusos no van a ninguna parte esta vez.*

El problema es que nuestros medios de comunicación sólo hablan de los ataques ucranianos, sin mencionar nunca las represalias rusas. Así que siempre tenemos la impresión de que son los ucranianos los que avanzan. Pero la realidad es mucho más dramática para los ucranianos.

Mientras la atención occidental se centra en el empuje hacia Melitopol, los ucranianos siguen intentando retomar la ciudad de Bajmut. De hecho, en agosto-septiembre de 2023, este fue el sector que sufrió más bajas. Carentes de equipo pesado, las tropas que intentaban estos ataques fueron literalmente diezmadas por la artillería rusa. La razón de

---

449. https://t.me/resident_ua/18191
450. https://www.assemblee-nationale.fr/dyn/16/rapports/cion_def/l16b1111_rapport-informa-tion#
451. https://www.newsd.admin.ch/newsd/message/attachments/72369.pdf
452. https://www.telegraph.co.uk/news/2023/07/21/ukraines-counter-offensive-is-failing-with-no-easy-fixes/

esta implacabilidad es misteriosa. Una hipótesis es que Zelensky piensa que es un éxito psicológico para Ucrania y que podría provocar una crisis política en Rusia. De hecho, no lo sabemos. Pero demuestra que, contrariamente a lo que decían nuestros «expertos», esta ciudad es importante para los ucranianos.

Por ejemplo, la toma por los ucranianos de los pueblos de Novodarivka y Rivnopil (situados en el eje de avance Staromaïorsk - Melitopol) se considera un éxito ruso. Las pérdidas infligidas a los ucranianos les han imposibilitado continuar su avance a lo largo de este eje. El instituto británico *RUSI* señala[453]:

También es importante reconocer que las fuerzas rusas están luchando de forma más competente y con una perseverancia razonable en la defensa. Incluso cuando están perdiendo terreno, las fuerzas rusas se están retirando esencialmente de sus posiciones de forma ordenada para ralentizar y contener los empujes ucranianos, al tiempo que les imponen costes considerables en términos de equipamiento.

Al parecer, el plan previsto por Occidente y utilizado para preparar la contraofensiva era una «ruptura» con vehículos blindados de limpieza de minas (LEOPARD 2R) avanzando bajo el apoyo de tanques e infantería mecanizada asegurando el corredor de ruptura para permitir un flujo continuo de tanques hacia la brecha.

Este primer avance debía ser logrado por la 47ª Brigada Mecanizada, que debía avanzar hasta Tokmak tras capturar la pequeña aldea de Rabotino. A continuación, la 82ª Brigada Aerotransportada de Asalto debía romper la posición de la 47ª Brigada y avanzar hasta Melitopol. El plan previsto era muy similar al de las operaciones mecanizadas rusas.

El problema fue que la resistencia rusa fue más dura de lo esperado. La planificación se había hecho previendo el pánico entre los militares rusos, que estaban «mal ordenados, desmotivados y debilitados». Pero no fue eso lo que ocurrió. Siguiendo la estela de la fracasada 47ª Brigada, una docena de otras brigadas intentaron abrirse paso: la 47ª brigada

---

453. Jack Watling y Nick Reynolds, «Stormbreak: Fighting Through Russian Defences in Ukraine's 2023 Offensive», *RUSI*, septiembre de 2023 (https://ik.imagekit.io/po8th4g4eqj/prod/Stormbreak-Special-Report-web-final_0.pdf).

mecanizada; la 65ª brigada mecanizada; la 116ª brigada mecanizada; la 117ª brigada mecanizada; la 118ª brigada mecanizada; el regimiento «SKALA»; el 78º regimiento «HERTZ»; el 73º Centro de Operaciones Navales Especiales; la 46ª brigada aeromóvil ; 71ª brigada de cazas; 3ª brigada operativa de la Guardia Nacional «SPARTAN»; 14ª brigada operativa de la Guardia Nacional «Chervona Kalyna» y la 82ª brigada de asalto aerotransportada de la Guardia, que era la formación del 2º escalón.

La 82ª Brigada era la formación del 2º escalón, con sus tanques CHALLENGER 2 que los británicos —proclamados invencibles— temían que fueran destruidos por los rusos. Durante su primer enfrentamiento, al menos uno de ellos fue destruido...

Tácticas ucranianas en la contraofensiva

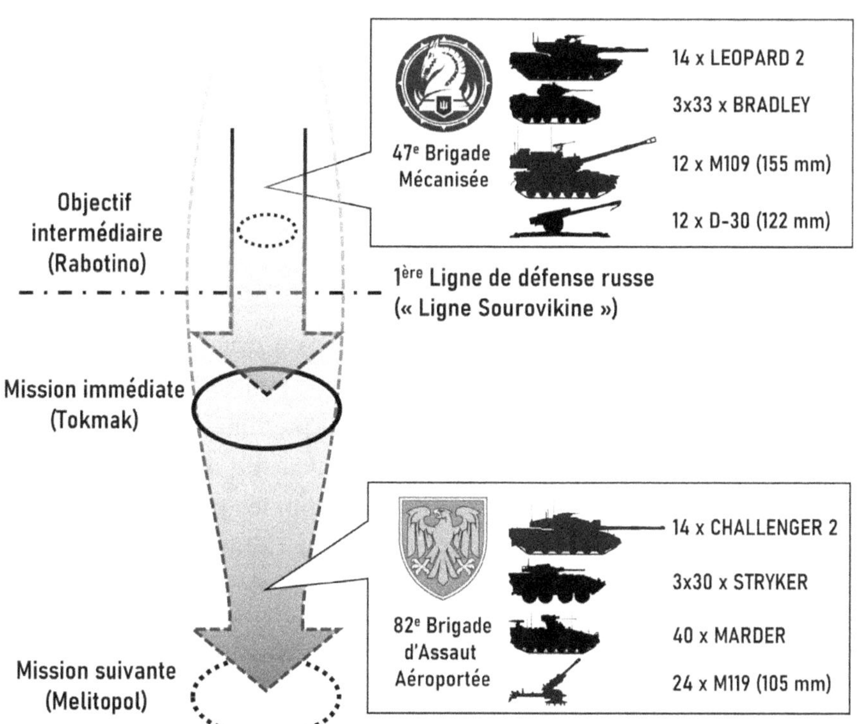

Figura 37 — Esquema de la planificación de la contraofensiva ucraniana en la línea de operaciones «Rabotino-Tokmak-Melitopol». Como señala el New York Times, *Ucrania ha decidido abandonar las tácticas recomendadas por la OTAN y volver a las tácticas de la antigua URSS. La acción en Rabotino ilustra este cambio.*

A principios de septiembre de 2023, los ucranianos habrían sufrido más de 50.000 muertos sin conseguir abrir una brecha, mientras que, según Trent Maul, Director de Análisis de la *Agencia de Inteligencia de Defensa de Estados Unidos (DIA)*, ¡los rusos ni siquiera habían comprometido el grueso de sus fuerzas[454]!

Es más, mientras nuestros medios se centraban en la inminente victoria de la contraofensiva[455], los rusos avanzan hacia Kupiansk. Informa el medio ucraniano *Kyiv Independent*[456]:

> *Soldados de varias brigadas declararon al* diario Kyiv *Independent que, en esta zona, los rusos son soldados experimentados y bien equipados, con un gran número de proyectiles de artillería y cohetes MLRS.*
>
> *[...] Como la mayoría de las unidades, la 32ª carecía de vehículos y munición de artillería. La mayor parte del material en buen estado se destinó a la contraofensiva en el frente de Zaporizhzhia.*
>
> *También carece de experiencia en el campo de batalla, desde los rangos más bajos hasta los oficiales al mando. [...] El año 2022 ha reducido la reserva de combatientes experimentados de Ucrania hasta tal punto que podemos hablar de escasez.*

Los medios de comunicación ucranianos, confirmados por un análisis del *RUSI* británico[457], nos dicen exactamente lo contrario de lo que dicen nuestros medios o los «expertos» de nuestras pantallas de televisión[458].

De hecho, sin el suficiente apoyo aéreo y de artillería, el ejército ucraniano no puede utilizar las tácticas previstas por los planificadores occidentales y abrir una brecha en el sistema ruso. Contrariamente a lo que afirman algunos «expertos», Ucrania no está «volviendo» a las tácticas

---

454. «Cómo evalúa el Pentágono los progresos de Ucrania», *The Economist*, 6 de septiembre de 2013 (https://archive.ph/1y4tn).

455. «Cédric Mas: "En Ukraine, le temps de la diplomatie n'est pas encore venu"», *rts.ch*, 23 de agosto de 2023 (https://www.rts.ch/info/monde/14255857-cedric-mas-en-ukraine-le-temps-de-la-diplomatie-nest-pas-encore-venu.html)

456. https://kyivindependent.com/new-brigade-bears-heavy-brunt-of-russias-onslaught-in-kharkiv-oblast/

457. Jack Watling & Nick Reynolds, «Stormbreak: Fighting Through Russian Defences in Ukraine's 2023 Offensive», *RUSI*, septiembre de 2023 (https://ik.imagekit.io/po8th4g4eqj/prod/Stormbreak-Special-Report-web-final_0.pdf)

458. https://www.lemanbleu.ch/fr/Emissions/189661-Geneve-a-Chaud.html

soviéticas, sino que se está adaptando a su adversario, con tácticas que no tienen absolutamente nada que ver con la URSS.

A partir del verano de 2023, el ejército ucraniano atacaría en pequeños grupos de soldados a pie apoyados por uno o dos carros de combate, que actuarían como «cañones de asalto». Como explicó el ministro de Defensa ucraniano, Oleksiy Reznikov, a su homólogo estadounidense, Lloyd Austin, el 15 de junio de 2023 en Bruselas[459]:

Sin apoyo aéreo, la única opción es utilizar la artillería para golpear las líneas rusas, derribar los vehículos objetivo y continuar a pie.

Esto es lo que están haciendo los ucranianos. Sus soldados de infantería lograron escabullirse entre los campos de minas antitanque y alcanzar las primeras posiciones rusas. Así pudieron decir que habían progresado durante la contraofensiva. El problema era que, una vez que entraban en contacto con las líneas rusas, ya no tenían medios para resistir, y mucho menos para abrir una verdadera brecha. Como mucho, pudieron entablar un combate cuerpo a cuerpo con los rusos.

En octubre de 2023, tras muchas evasivas, el propio general Zaloujny reconoció el fracaso de la contraofensiva decisiva[460]. No había logrado ninguno de sus objetivos y no había conseguido ni las ganancias territoriales ni la derrota del ejército ruso que se habían planeado[461]. Con el conflicto árabe-israelí atrayendo la atención del mundo, Volodymyr Zelensky se dio cuenta de que la falta de resultados estaba provocando la desafección de Occidente. Por eso ordenó a sus tropas avanzar 500 metros al día[462]. Una vez más, las operaciones estaban dirigidas por

---

459. Alona Mazurenko, «EEUU y Occidente insisten en la contraofensiva selectiva de Ucrania para aislar a Rusia de Crimea», *Ukrainskaya Pravda*, 4 de diciembre de 2023 (https://www.pravda.com.ua/eng/news/2023/12/4/7431593/)

460. Tom Soufi Burridge, «Ukraine general's view of war 'stalemate' appears to be recognition of failed counteroffensive: Reporter's Notebook», *ABC News*, 3 de noviembre de 2023 (https://abcnews.go.com/International/ukraine-generals-view-war-stalemate-appears-recognition-failed/story?id=104576525)

461. Tom Soufi Burridge, «Ukrainian counteroffensive 'shaping-up' amid attempts to destabilize Russian forces», *ABC News*, 5 de junio de 2023 (https://abcnews.go.com/International/ukrainian-counteroffensive-shaping-amid-series-meant-destabilize-russian/story?id=99789793)

462. Kateryna Tyshchenko, «Zelensky: Necesitamos resultados cada día, avanzar al menos 500 metros», *Ukrainska Pravda*, 22 de octubre de 2023 (https://www.pravda.com.ua/eng/news/2023/10/22/7425232/)

políticos y no por militares. En ningún momento de la contraofensiva las fuerzas ucranianas alcanzaron ese ritmo. Ordenarlo en un momento en el que los equipos y las tropas se están agotando demuestra que la dirección política está completamente desfasada con respecto a la situación sobre el terreno, porque es poco probable que los militares ucranianos «quieran» avanzar. Es más realista pensar que «no pueden». Esta discrepancia recuerda a los últimos días del Tercer Reich, cuando Berlín pensaba que la retirada de sus tropas se debía a la falta de voluntad.

En octubre-noviembre de 2023, los dirigentes ucranianos se vieron obligados a hacer «malabarismos» con sus unidades. Trasladará sus unidades a ejercicios de extinción de incendios en toda la línea del frente, comprometiéndolas en zonas críticas recurriendo a zonas más tranquilas.

En realidad, Occidente nunca dio a Ucrania lo que necesitaba para ganar. Le dieron lo que necesitaba para mantener a Rusia en guerra, con la esperanza de que esto desestabilizara el país.

4.4.3. Razones del fracaso

4.4.3.1. Razones estratégicas

Para evitar las deficiencias de nuestros medios de comunicación y determinar el resultado de la contraofensiva con la mayor objetividad posible, debemos analizarla en función de los objetivos fijados. El problema es que nuestros periodistas juegan con esos objetivos para determinar por sí mismos si se han alcanzado o no. Eso es lo que hicieron con los rusos, y eso es lo que están haciendo con los ucranianos.

A finales de septiembre de 2023, el *New York Times* trazó un mapa de los resultados de la contraofensiva ucraniana[463]. Observó que durante el año, la línea del frente sólo se había movido de un lado a otro, con Ucrania habiendo ganado unos 370 km^2 y Rusia unos 857 km^2. Esto demuestra que Rusia no sólo ha logrado un claro éxito a nivel operativo, sino también a nivel estratégico. De hecho, su objetivo no era tomar territorio, sino debilitar a Ucrania, como explicó el general Sourovikine en octubre de 2022. Por el contrario, el objetivo de los ucranianos era recuperar territorio.

---

463. Josh Holder, «¿Quién está ganando terreno en Ucrania? This Year, No One», *The New York Times*, 28 de septiembre de 2023 (https://www.nytimes.com/interactive/2023/09/28/world/europe/russia-ukraine-war-map-front-line.html)

El objetivo de Ucrania era recuperar Crimea y restablecer su soberanía sobre todo el territorio actualmente ocupado por Rusia. De hecho, esta es la condición que puso Zelensky para la apertura de las negociaciones[464]. El problema es que ya nadie cree seriamente que este objetivo sea realista.

Tanto es así que parece que las prioridades del ejército ucraniano ya no se centran en estos objetivos. Desde principios de septiembre de 2023, la atención se centra principalmente en los ataques contra la flota del Mar Negro y Crimea. Obviamente, estos ataques son aclamados por nuestros periodistas, que se alegran por cada ruso muerto, pero esto indica una dramática dispersión de los esfuerzos. Los objetivos no parecen tener nada que ver con el progreso de la contraofensiva, y su único propósito es mostrar formas de éxito a la opinión ucraniana. La petición de Volodymyr Zelensky de misiles para atacar Irán y Siria[465] muestra hasta qué punto Ucrania busca el éxito en otros teatros para compensar el fracaso de su contraofensiva.

Esta dispersión puede explicarse por el hecho de que Ucrania se ha colocado en una situación de total dependencia de Occidente. En otras palabras, tiene que acomodar tanto sus propios objetivos como los de sus patrocinadores. En marzo de 2023, Zelensky *tuvo que* cambiar su propuesta de negociar con Rusia por el apoyo de Occidente durante «*el tiempo que sea necesario*»[466]. En otras palabras, cambió la perspectiva de paz por el apoyo occidental que descartaba cualquier compromiso con Rusia. Como dijo el experto británico Mark Galeotti en *The Times* en abril de este año: Ucrania no estaba preparada para su gran ofensiva, pero no tenía elección[467]. Siempre hay multitud de razones para el éxito o el fracaso de una acción militar. En el caso de la contraofensiva ucraniana, hubo dos principales: la incapacidad de Occidente y los ucranianos para evaluar las capacidades de Rusia, y la inadecuación de la estrategia adoptada. Esto explica, pero no excusa, el hecho de que la ofensiva militar nunca tuviera un verdadero plan, condición *sine qua*

---

464. https://www.cnn.com/europe/live-news/russia-ukraine-war-news-06-16-23/index.html
465. «Ukraine 'Requests Long-Range Missiles to Attack Iranian Kamikaze Drone Production'», *Kyiv Post*, 27 de septiembre de 2023 (https://www.kyivpost.com/post/22067)
466. https://www.voanews.com/a/biden-us-will-support-ukraine-as-long-as-it-takes-/6953138.html
467. https://www.thetimes.co.uk/article/ukraine-isn-t-ready-for-its-big-offensive-but-it-has-no-choice-b7qrq3vcr

non para el éxito, como señaló la diputada Mariana Bezuhla, del partido del Presidente Zelensky[468].

Desde el comienzo de la ofensiva rusa, Occidente y los ucranianos parecen apostar por una «estrategia de la esperanza». Nuestros medios de comunicación afirman que los rusos se han quedado sin armas[469] y sin personal, que su munición está oxidada[470], que su ejército está desmoralizado[471] y mal dirigido[472]. La esperanza es que los militares rusos «*entren en pánico*» y huyan[473], que Rusia pierda más hombres que su adversario y que Ucrania sólo pueda ganar.

En los medios de comunicación francófonos, un experto militar tras otro explicaba el conflicto no basándose en los hechos, sino en sus percepciones y prejuicios sobre las fuerzas rusas. Su constante subestimación de las capacidades rusas parecía hacer posible una estrategia de desgaste contra Rusia. Así que cambiaron su objetivo de un avance hacia el Mar de Azov por una estrategia de desgaste. Pero dado que Rusia lleva aplicando esa estrategia desde octubre, ¡seguir aferrándose al terreno y cambiando así terreno por hombres es una estrategia perdedora desde el principio!

La imagen del campo de batalla forjada por nuestros medios de comunicación ha contribuido claramente a empujar a Ucrania en la dirección equivocada. Esto explica el profundo resentimiento de algunos ucranianos, probablemente los más radicales, contra nuestros periodistas. La incapacidad moral e intelectual de estos últimos para mantenerse dentro del papel definido por la Carta de Múnich ha costado muchas vidas...

---

468. Alisa Orlova, «MP Fuels Rumors of Zaluzhny-Zelensky Conflict, Calls for Military Leadership Change», *Kyiv Post*, 27 de noviembre de 2023 (https://www.kyivpost.com/post/24730)
469. https://www.liberation.fr/international/guerre-en-ukraine-a-ce-rythme-les-russes-nont-plus-de-missiles-dans-trois-semaines-20220323_LTACIYGPW5G5XGOKTQL3LJRSQQ/
470. https://www.blick.ch/ausland/ausruestung-immer-schlechter-mit-dieser-rost-munition-muessen-putins-soldaten-kaempfen-id18343393.html
471. https://www.dhnet.be/actu/monde/2022/08/24/la-russie-fait-face-a-une-penurie-de-munitions-de-vehicules-et-de-personnel-leur-moral-est-au-plus-bas-V7KDYW7UAJCH3MNO4B-NJUXBS6E/
472. https://nepassubir.fr/2023/06/18/loperation-de-liberation-de-lukraine-nest-encore-ni-un-echec-ni-un-succes-puisquelle-est-en-cours/
473. Kateryna Tyshchenko, «Rusia entrará en pánico cuando comience la contraofensiva ucraniana - Viceministro de Defensa de Ucrania», *Ukrainska Pravda*, 7 de mayo de 2023 (https://www.pravda.com.ua/eng/news/2023/05/7/7401067/)

4.4.3.2. Razones operativas

Como señalé en mis libros anteriores, los ucranianos no dominan el arte de las operaciones y el combate conjunto a nivel de brigada y superior. Sus operaciones son secuenciales e insuficientemente integradas. Para denigrar a los rusos, nuestros «expertos» han ocultado deliberadamente la realidad de la situación y han llevado así a los ucranianos a sobrestimar sus capacidades.

Durante su comparecencia ante una comisión del Senado en noviembre de 2022, el coronel Michel Goya declaró que, tras las ofensivas de Kharkov y Kherson, los ucranianos tenían una «*superioridad incuestionable*». De hecho, esto no es cierto. Los ucranianos son víctimas de su propia narrativa, que presentó los episodios de Kharkov y Kherson como un éxito y una prueba de la debilidad de las fuerzas rusas. En lugar de aprender de ellos y tomar decisiones operativas más adecuadas, nuestros medios de comunicación han envalentonado a nuestros políticos para que apoyen una contraofensiva de primavera sobre la base de una superioridad militar ilusoria.

A principios de agosto de 2023, el Ministerio de Defensa ruso declaró que 43.000 militares ucranianos habían perdido la vida en junio-julio[474]. Es difícil decir hasta qué punto esta cifra refleja la realidad, aunque la experiencia demuestra que las cifras dadas por los rusos son relativamente fiables. Si estas cifras se verifican, significaría que Ucrania habría perdido el mismo número de soldados que los entrenados por la OTAN para encabezar la contraofensiva. Esto significaría un proceso acelerado de desgaste.

A finales de julio de 2023, más de mes y medio después del inicio de la contraofensiva, el *Wall Street Journal* confesaba[475]:

> *Cuando Ucrania lanzó su gran contraofensiva en primavera, los líderes militares occidentales sabían que Kiev no tenía la formación ni las armas para desalojar a las fuerzas rusas, ya fueran obuses o*

---

474. https://www.theinteldrop.org/2023/08/05/ukraines-attrition-rate-suggests-counteroffensive-is-over/
475. Daniel Michaels, «Ukraine's Lack of Weaponry and Training Risks Stalemate in Fight with Russia» , *Wall Street Journal*, 23 de julio de 2023 (https://www.wsj.com/articles/ukraines-lack-of-weaponry-and-training-risks-stalemate-in-fight-with-russia-f51ecf9)

aviones de guerra. Pero confiaban en que el valor y el ingenio de los ucranianos salvarían el día.

De hecho, los occidentales depositaban sus esperanzas en «*el coraje y el ingenio ucranianos*».

En septiembre de 2023, durante su visita a Estados Unidos, Volodymyr Zelensky anunció un «*plan secreto*» para retomar tres ciudades. Una de ellas fue identificada como Bakhmout y las otras dos fueron objeto de especulaciones[476]: se habló de Tokmak, camino de Melitopol, y de Soledar, en las afueras de Bakhmout.

Pero pronto quedó claro que incluso estos objetivos limitados estaban fuera de nuestro alcance. En realidad, eran los rusos quienes estaban a la ofensiva a lo largo de todo el frente. Pero avanzaban lentamente, con el objetivo de no exponer a sus tropas.

El 1 de diciembre de 2023, en una entrevista con *Associated Press*, Zelensky confesó que la contraofensiva había fracasado y que se habían producido muchas bajas[477]. Esto le llevó a adoptar una estrategia defensiva y a ordenar la construcción de fortificaciones[478].

4.4.3.3. *Razones tácticas*

En septiembre de 2023, Volodymyr Zelensky explicó que la lentitud de las entregas de armas explicaba el escaso éxito de la contraofensiva[479]. Esta excusa fue discutida en Occidente, pero estaba claramente justificada. Esto se debe a que Occidente suministraba armas a cuentagotas, que se destruían a medida que llegaban al teatro de operaciones. En otras palabras, sea cual sea la calidad de las armas suministradas, su

---

476. Joe Barnes, «Zelensky vows to liberate Bakhmut and two other cities in secret plan», *The Telegraph*, 22 de septiembre de 2023 (https://www.telegraph.co.uk/world-news/2023/09/22/volodymyr-zelensky-secret-plan-liberate-cities-ukraine/)

477. James Jordan, Samya Kullab & Illia Novikov, «The AP Interview: Ukraine's Zelenskyy says the war with Russia is in a new phase as winter looms», *AP*, 1 de diciembre de 2023 (https://apnews.com/article/zelenskyy-ukraine-russia-war-interview-winter-75f1f785b17452fc-23819d459e6ab64b)

478. Matthew Luxmoore, «Ukraine's Zelensky Orders Construction of Defences to Hold Back Russia», *The Wall Street Journal*, 1 de diciembre de 2023 (https://www.wsj.com/world/ukraines-zelensky-orders-construction-of-defenses-to-hold-back-russia-9ab87c81?mod=europe_news_article_pos1)

479. https://www.cnn.com/videos/world/2023/09/10/exp-gps-0910-zelensky-on-counteroffensive.cnn

cantidad nunca alcanzará la masa crítica que permitiría a Ucrania crear superioridades suficientes para abrir una brecha. Es más, las armas suelen llegar en un momento en que los ucranianos ya no las necesitan, como los M1 ABRAMS[480]. Los ucranianos no han comprendido que Occidente no intenta ayudar a Ucrania a ganar, sino prolongar la guerra para agotar a Rusia.

De hecho, los ucranianos no están suficientemente equipados para dirigir una ruptura en un sistema como el de los rusos. No sólo habrían necesitado más recursos de desminado, sino también más tropas para asegurar las cabezas de puente después de cada línea de ruptura. Además, necesitábamos superioridad aérea y de artillería en los sectores de ruptura para impedir la llegada de refuerzos rusos.

Al carecer de estos elementos, Ucrania ha renunciado a la idea de llevar a cabo operaciones de avance mecanizadas a gran escala. Sus primeros intentos, en junio de 2023, acabaron en un espectacular fracaso. Porque una acción de este tipo no puede llevarse a cabo «a medias». Es todo o nada. Por eso el mando ucraniano ha optado por acciones de infantería a un nivel táctico inferior (pelotón y sección), que facilitan el deslizamiento a través de los campos de minas antitanque y la evasión de la artillería rusa.

La adopción de esta nueva táctica por parte de los ucranianos se produjo precisamente al mismo tiempo que los estadounidenses empezaban a suministrarles municiones de racimo. Los rusos, que hasta entonces no habían utilizado este tipo de armas —al menos en este sector—, empezaron a utilizarlas. Las municiones de racimo fueron diseñadas para ser utilizadas por un defensor contra ataques como los llevados a cabo por los ucranianos. Por lo tanto, nos encontramos en una situación asimétrica: lo que se pensaba que era una ventaja para los ucranianos se ha convertido en una desventaja adicional.

La constante y engañosa subestimación de las capacidades rusas por parte de nuestros medios de comunicación y servicios de inteligencia parecía hacer que el apoyo prometido a Ucrania fuera suficiente para que Zelensky lograra sus objetivos. Por tanto, la ayuda durante «el tiempo que

---

480. Jack Detsch, «Ukraine Is Getting Its Abrams-but Not What It Really Wants», *Foreign Policy*, 19 de septiembre de 2023 (https://foreignpolicy.com/2023/09/19/ukraine-russia-abrams-military-weapons/)

sea necesario» parecía tener fin. Pero el empeño de nuestros medios de comunicación, expertos corruptos y servicios de inteligencia en mostrar lo irracionales e incompetentes que son los rusos nos ocultó la verdad. Han confundido la guerra de la información con la guerra sobre el terreno. Pero las capacidades de Rusia son considerablemente mayores de lo que proclamaban los expertos corruptos. Por tanto, Occidente se ha encerrado en un «cheque en blanco» imposible de cumplir.

A finales de septiembre de 2023, el *Instituto para el Estudio de la Guerra* (ISW), organización dirigida por Kimberly Kagan, cuñada de Victoria Nuland y vicesecretaria del Departamento de Estado, intentó explicar la falta de resultados de la contraofensiva ucraniana[481]:

> *Es posible que Putin ordenara al mando militar ruso que mantuviera todas las posiciones defensivas iniciales de Rusia para crear la ilusión de que las contraofensivas ucranianas no tenían ningún impacto táctico u operativo a pesar del importante apoyo occidental.*

En otras palabras, ¡los rusos mantienen sus posiciones sólo para dar la ilusión de que las mantienen!

4.4.4. Críticas occidentales

En cuanto se pone en marcha, queda claro que la gran operación decisiva que han planeado con la ayuda de Estados Unidos y pregonada a bombo y platillo en nuestros medios de comunicación no cumplirá sus promesas. Los ucranianos comunican muy poco sobre su planificación. Por ello, a veces resulta difícil determinar si los errores observados son consecuencia del concepto de la operación o de su ejecución. Sin embargo, en el verano de 2023, las críticas occidentales a la contraofensiva ucraniana ya permiten sacar ciertas conclusiones.

Un informe interno de la *Bundeswehr* publicado a finales de julio de 2023 por el diario *Bild*[482] critica la aplicación de la contraofensiva

---

481. https://twitter.com/TheStudyofWar/status/1706157492462379203
482. Julian Röpcke, «Bundeswehr kritisiert erstmals die Ukraine-Armee», *Bild*, 25 de julio de 2023 (https://www.bild.de/bild-plus/politik/ausland/politik-ausland/geheim-papier-enthuellt-bundeswehr-kritisiert-erstmals-die-ukraine-armee-84802800.bild.html)

ucraniana. Insiste en que Ucrania no aplica los principios de combate conjunto preconizados por la OTAN, sino que da prioridad a su experiencia operativa.

Pero esta crítica a Ucrania no está realmente justificada, por varias razones.

La primera es que el fracaso de la contraofensiva ucraniana era perfectamente previsible, incluso esperado. Las armas entregadas a Ucrania eran insuficientes en calidad y cantidad, como veremos a continuación. A pesar de los «análisis» exageradamente optimistas y totalmente fuera de lugar de nuestros «expertos» militares, a los ucranianos sólo se les suministraron armas de desecho que ya no queríamos.

La segunda es que sabíamos desde el principio que la contraofensiva acarrearía pérdidas muy cuantiosas para los ucranianos, porque esas pérdidas estaban calculadas[483]. Así que nuestros políticos y nuestros medios de comunicación sabían perfectamente que estábamos enviando a los ucranianos a la muerte. Este es el papel perverso de nuestros medios de comunicación. En lugar de presentar la situación correctamente y encontrar quizás una solución más razonable, animamos a Ucrania a llevar a cabo esta ofensiva aun sabiendo perfectamente que sería un fracaso. Ningún experto serio —ni siquiera los ucranianos— dice ahora que Ucrania pueda retomar Crimea o llegar hasta el mar de Azov.

La tercera es que, como bien dijo Zelensky[484], las armas llegaron con cuentagotas. De modo que Ucrania nunca ha sido capaz de crear una masa crítica suficiente para poder actuar a nivel operativo. Esto demuestra que los rusos han logrado efectivamente su objetivo de desmilitarización y que la contraofensiva ucraniana *depende únicamente* de la ayuda occidental. Por lo general, Ucrania lanzó su contraofensiva sin capacidad aérea (o al menos sin superioridad aérea). Tras meses de evasivas, el acuerdo estadounidense para la entrega de aviones F-16 no llegó hasta finales de agosto de 2023, dos meses y medio después del inicio de la contraofensiva[485]. Para empeorar las cosas, se decidió alargar

---

483. https://www.defense.gov/News/Transcripts/Transcript/Article/3433535/deputy-pentagon-press-secretary-sabrina-singh-holds-a-press-briefing/
484. https://www.cnn.com/videos/world/2023/09/10/exp-gps-0910-zelensky-on-counteroffensive.cnn
485. Aamer Madhani y Lolita C. Baldor, «Biden's shift on F-16s for Ukraine came after months of internal debate», *AP News*, 25 de agosto de 2023 (https://apnews.com/article/biden-ukraine-f16-decision-russia-64538af7c10489d7c2243dadbad31008)

la formación de los pilotos ucranianos añadiendo un curso de idiomas antes de que pudieran volar[486]. Naturalmente, hubo que adaptar la línea oficial para convencer a los ucranianos de que los aviones no eran necesarios para garantizar el éxito de la contraofensiva[487]. Por último, estas entregas parciales no permitían sincronizar la llegada de las armas con la planificación de las operaciones. Así pues, cuando se anunció la llegada de los F-16 en octubre de 2023, la contraofensiva dejó de ser un problema y los nuevos aviones se destinaron a la defensa aérea de la parte occidental de Ucrania.

Por qué necesitamos F-16

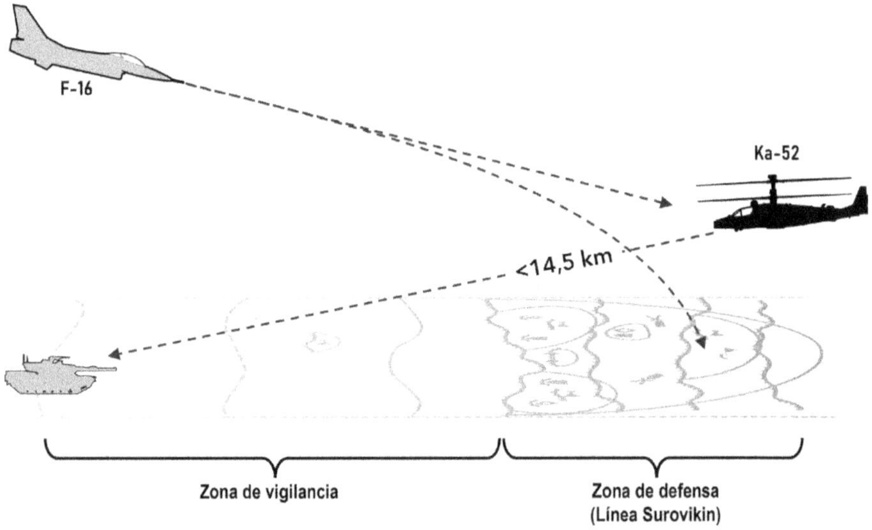

Figura 38 — Los F-16 no son capaces de enfrentarse a la fuerza aérea rusa. Por otro lado, proporcionarían cobertura a sus intentos de abrirse paso contra los helicópteros de combate Ka-50/52, que —según la doctrina— permanecen cautelosamente por encima del sistema defensivo ruso. Además, los F-16 podrían atacar objetivos terrestres a una profundidad de hasta 500 km.

La cuarta es que la formación impartida a los soldados ucranianos es esencialmente táctica. Gracias a la experiencia de combate en Oriente

---

486. Luis Martínez, «US will help train Ukrainian pilots on F-16s after all», *ABC News*, 25 de agosto de 2023 (https://abcnews.go.com/Politics/us-train-ukrainian-16-pilots-after/story?id=102542985)
487. Kateryna Tyshchenko, «La contraofensiva de Ucrania puede tener éxito sin los F-16», *Ukrainska Pravda*, 13 de agosto de 2023 (https://www.pravda.com.ua/eng/news/2023/08/13/7415420/)

Medio y Afganistán, los occidentales han enseñado a combatir a pequeñas formaciones tácticas (grupo-sección-pelotón). Por otro lado, existe una incapacidad para coordinar acciones conjuntas de medio y alto nivel.

La quinta es que para librar eficazmente una batalla de armas combinadas se necesitan todos los componentes (principalmente inteligencia, blindados, infantería, artillería, ingenieros, aviación y defensa antiaérea). Sin embargo, el equipamiento recibido por los ucranianos no sólo es en gran medida inadecuado para el conflicto ucraniano, sino que además es extremadamente deficiente. Por ejemplo, carecen de aviación y de una defensa aérea eficaz. En otras palabras, faltan componentes esenciales del combate conjunto.

La sexta es que hoy en día ya no basta con coordinarse, hay que ser capaz de integrar las fuerzas a nivel operativo. Los ucranianos disponen de los recursos de liderazgo necesarios para la coordinación y saben cómo hacerlo. Pero una fuerza conjunta no es simplemente un conjunto de sistemas, debe ser un sistema si quiere funcionar eficazmente. Sin embargo, los equipos suministrados a Ucrania, que son de diferente calidad, origen y generación, no pueden unirse para formar un sistema.

En última instancia, fue la combinación de la impaciencia de Occidente por conseguir resultados y su incapacidad para proporcionar a Ucrania la masa crítica que necesitaba para montar una contraofensiva la principal razón de este fracaso. Pero antes de eso, fue la incapacidad de los servicios de inteligencia occidentales para evaluar el equilibrio de poder, la infravaloración de las capacidades rusas y la sobrevaloración de las capacidades ucranianas lo que condujo a esta situación.

4.4.5. *La cuestión de la cobeligerancia*

El término «cobeligerante» se aplica a un actor que participa en un conflicto armado sin estar formalmente vinculado por un tratado o alianza (como la OTAN). Contrariamente a lo que afirman algunos «expertos», el término no está definido por el derecho internacional, lo que deja la puerta abierta a todo tipo de interpretaciones.

Cuando suministramos armas a un país y ese país participa en un conflicto con esas armas, no cabe hablar de cobeligerancia. En cambio, cuando un país ya está implicado en un conflicto y nos introducimos en su cadena logística para apoyarle con armas, municiones y su reparación, la cuestión adquiere un cariz completamente distinto. Así que Occidente:

- Financia íntegramente las acciones militares de Ucrania contra Rusia;
- Suministra armas, de las que Ucrania depende totalmente desde junio de 2022[488];
- Proporciona apoyo logístico a las armas occidentales que participan en combate. Las armas dañadas se retiran del territorio ucraniano, se reparan en santuarios situados en la frontera y luego se devuelven al campo de batalla. Países como Francia, Alemania y Polonia se integran así plenamente en la logística operativa ucraniana;
- Entrena a los soldados para el campo de batalla;
- Suministra al mando ucraniano inteligencia operativa (ISR) en tiempo real, con medios y agentes aéreos desplegados en el campo de batalla;
- Librar una guerra económica contra Rusia[489] y su población[490], con el objetivo de generar conflictos sociales y provocar movimientos insurreccionales (subversión);
- Apoya activamente e incluso llama a cometer acciones terroristas[491] contra la población y las autoridades rusas.

Como demostraron los documentos clasificados estadounidenses filtrados en abril de 2023, Francia, Suecia, Estados Unidos y Gran Bretaña proporcionan inteligencia operativa a las fuerzas ucranianas para la selección de objetivos y la toma de decisiones. Así que es evidente que hay una implicación directa en la toma de decisiones. Esto se reveló durante la contraofensiva de 2023, cuando Occidente se quejó de que Ucrania no seguía sus instrucciones. Podemos debatir la cuestión jurídica de esta «cobeligerancia», pero lo más grave es que lo hicimos mal. Con una incompetencia poco habitual y actuando más en función de la

---

488. https://www.lepoint.fr/monde/ayant-epuise-tout-son-armement-l-ukraine-depend-totalement-des-allies-09-06-2022-2478984_24.php

489. https://www.zeit.de/zustimmung?url=https://www.zeit.de/politik/ausland/2023-01/annalena-baerbock-russland-krieg-aussage

490.»Vamos a provocar el hundimiento de la economía rusa», afirma Bruno Le Maire», *Ouest-France / AFP*, 1 de marzo de 2022 (https://www.ouest-france.fr/monde/guerre-en-ukraine/guerre-en-ukraine-nous-allons-provoquer-l-effondrement-de-l-economie-russe-lance-bruno-le-maire-8df620ec-9937-11ec-a65a-8b59a463d3c4)

491. https://lequotidien.lu/politique-societe/jean-asselborn-eliminer-physiquement-vladimir-poutine/

emoción y la política que de los hechos y la racionalidad militar, nuestra ayuda no ha hecho más que debilitar a Ucrania.

4.5. Recurso al terrorismo

Un aspecto notable de la evolución de las tácticas y métodos empleados por Ucrania es el uso de asesinatos y acciones terroristas en Rusia y Europa. Lo que tienen de especial es que cuentan con el apoyo de gobiernos (y parlamentos) europeos. La idea de que estamos defendiendo «valores» es, por tanto, pura propaganda. Condenamos sin reservas las acciones de los palestinos, sometidos a violaciones del derecho internacional desde hace 75 años con nuestra aprobación, pero aceptamos que en nuestro suelo se perpetren métodos aún menos excusables.

Dicho esto, la idea de intentar desestabilizar a Rusia desde dentro es coherente con el análisis de su centro de gravedad. Desde el principio, Ucrania declaró que su objetivo era un cambio de poder en Moscú. Tanto es así que, en septiembre de 2022, el propio Volodymyr Zelensky decretó una ley que prohibía cualquier negociación con Rusia mientras Vladimir Putin estuviera en el poder[492]. Sin embargo, para que esta desestabilización sea eficaz, debe basarse en el descontento o en una situación social especialmente mala. Esto es lo que podría haber ocurrido si las sanciones contra Rusia hubieran sido eficaces. Por el contrario, han contribuido a mejorar la situación general en Rusia.

4.5.1. Ataques contra civiles

La incapacidad para poner en marcha y lanzar la contraofensiva prometida en el verano de 2022 llevó al mando ucraniano a llevar a cabo incursiones en territorio ruso, que supuestamente causaron la muerte de 13 civiles[493]. La mayor de estas incursiones se llevó a cabo el 22 de mayo de 2023 contra aldeas del oblast de Belgorod, cerca de la frontera ucraniana. Su objetivo era doble: demostrar que la población rusa estaba

---

492. «Ucrania no negociará con Rusia mientras Putin esté en el poder: Zelensky», *Barron's/AFP*, 30 de septiembre de 2022 (https://www.barrons.com/news/ukraine-will-not-negotiate-with-russia-as-long-as-putin-is-in-power-zelensky-01664548507)
493. https://en.wikipedia.org/wiki/2023_Belgorod_Oblast_incursions

mal protegida por su gobierno[494], y más probablemente —como afirma el gobierno ruso— crear una sensación de victoria tras la caída de Bajmut[495].

Los medios de comunicación, que difunden informaciones destinadas a minimizar el papel de los movimientos neonazis y las ideologías nauseabundas, han evitado dar detalles sobre la naturaleza de los atacantes. *RTS*, por ejemplo, evita cuidadosamente dar cualquier indicación sobre el número de muertos civiles, con el fin de legitimar una acción de extremistas para «*poner fin a la dictadura del Kremlin*»[496].

Con los ojos de un suizo, probablemente podamos hablar de la democracia rusa, como de la francesa. ¡Pero es sorprendente que este enfoque acepte y reconozca que la oposición a Vladimir Putin está vinculada a la extrema derecha neonazi[497]!

Lo que los medios de comunicación estatales suizos no mencionan es que las redadas fueron llevadas a cabo por dos grupos de extrema derecha, la Legión «*Libertad de Rusia*» (LLR) y el *Cuerpo de Voluntarios Rusos* (CVR). El CVR es una organización neonazi cuyo líder, Denis Kapoustine (nombre de guerra: Denis Nikitine), está considerado neonazi por la *Liga Antidifamación* (ADL)[498]. El LLR también es una organización de extrema derecha, pero su perfil parece menos marcado[499].

En un primer momento, el gobierno ucraniano negó toda responsabilidad en los atentados, alegando que habían sido perpetrados por opositores rusos en Ucrania[500]. Aunque Ucrania tiene derecho a responder al SVO interviniendo en territorio ruso, incluso con paramilitares de origen ruso, optó inmediatamente por desvincularse de este ataque.

---

494. «Incursiones transfronterizas desde Ucrania asestan una puñalada a las defensas rusas», *Euractiv.com / Reuters*, 24 de mayo de 2023 (https://www.euractiv.com/section/global-europe/news/cross-border-incursions-from-ukraine-take-a-stab-at-russian-defences/)

495. «Operación rusa de 'limpieza' tras el asalto a Belgorod desde Ucrania», *Al-Jazeera*, 23 de mayo de 2023 (https://www.aljazeera.com/news/2023/5/23/ukraine-says-russian-armed-groups-behind-border-raid-on-russia)

496. https://www.rts.ch/info/monde/14042636-des-combattants-font-une-incursion-armee-en-russie-et-frappent-plusieurs-villages.html

497. «Quand des opposants russes à Poutine prennent les armes en Ukraine», *Le Point/AFP*, 31 de octubre de 2023 (https://www.lepoint.fr/monde/quand-des-opposants-russes-a-poutine-prennent-les-armes-en-ukraine-31-10-2023-2541503_24.php)

498. https://extremismterms.adl.org/glossary/denis-kapustin

499. https://www.nbcnews.com/news/world/belgorod-raid-russian-volunteer-corps-freedom-russia-legion-rcna86168

500. Yuliya Talmazan, «Who are the anti-Putin groups behind the dramatic raid into Russia?», *NBC News*, 26 de mayo de 2023 (https://www.nbcnews.com/news/world/belgorod-raid-russian-volunteer-corps-freedom-russia-legion-rcna86168)

Los «*partisanos rusos*»

Légion « Liberté de la Russie »   **Corps Volontaire Russe**

Figura 39 — Los grupos que han llevado a cabo incursiones en territorio ruso ilustran la naturaleza de la oposición a Vladimir Putin, apoyada por Occidente. Sea cual sea el juicio que se tenga del gobierno ruso, la oposición que apoyamos no tiene ningún carácter democrático y transmite ideologías nauseabundas.

Un comandante del CVR declaró el 24 de mayo que no habían recibido ninguna ayuda del gobierno ucraniano «*salvo en materia de inteligencia, combustible, alimentos y medicinas*». Según un portavoz de la inteligencia militar ucraniana (GUR), estos grupos llevaron a cabo estas operaciones «*de forma independiente, según sus propios objetivos y planes*»[501]. Sin embargo, estas declaraciones se contradicen con el hecho de que el LLR afirma estar oficialmente reconocido por el ejército ucraniano y luchar «*bajo mando ucraniano*». Además, las imágenes del incidente muestran que los combatientes están equipados con armas y vehículos estadounidenses y ucranianos.

El European Journal of International Law (EIJL) considera que la acción de estos grupos para derrocar el poder en Rusia es ilegal en sí misma, pero justificable en el contexto del derecho de autodefensa de Ucrania[502]. Lo que el *EIJL* no analiza es la estrategia utilizada. Aunque

---

501. https://en.interfax.com.ua/news/general/912407.html

502. Stefan Talmon, «Ukraine's Involvement in Cross-Border Raids by Russian Paramilitary Groups: Illegal Use of Force and Intervention or Lawful Self-Defence?», *European Journal of International Law*, 29 de mayo de 2023 (https://www.ejiltalk.org/ukraines-involvement-in-cross-border-raids-by-russian-paramilitary-groups-illegal-use-of-force-and-intervention-or-lawful-self-defence/).

las acciones en sí no estaban claramente diseñadas para derrocar al gobierno de Moscú, su objetivo era presionar a la población e incitarla a rebelarse contra su gobierno. Esta estrategia es exactamente la misma que utilizó el Estado Islámico para sus atentados en Francia en 2015 y 2016[503]. Así vemos que nuestros juristas hacen apología del terrorismo cuando no nos afecta. El terrorismo es un método que debe proscribirse *en cualquier circunstancia*, aunque algunos gobiernos lo utilicen habitualmente, como Francia, Estados Unidos, Gran Bretaña e Israel.

Incursión el 22 de mayo de 2023 en la provincia de Belgorod.

Figura 40 — La incursión de unidades de voluntarios rusos de extrema derecha que luchaban por Ucrania no fue más allá de Kozinka. Es posible que el emplazamiento de Belgorod-22 fuera el objetivo. Pero el verdadero objetivo de la operación era comunicarse con la población rusa.

Estos ataques han permitido a nuestros medios de comunicación presentar una narrativa sobre la «permeabilidad» de la frontera y la incapacidad del gobierno ruso para proteger a su propia población. Pero esta afirmación debe matizarse. La frontera entre los dos países

---

503. Vídeo «Francia de rodillas», *Estado Islámico*, 21 de noviembre de 2015.

El arte de la guerra rusa

tiene unos 2.300 km de longitud y Rusia no ha optado por asegurarla
como el Muro de Adriano del Imperio Romano, o incluso como el Telón
de Acero, con una barrera física continua. A lo largo de la frontera, a
intervalos regulares, hay fuerzas de intervención rápida de la Guardia
Nacional (Rosgvard), que pueden actuar contra incursiones de este
tipo. Esto es lo que ocurrió y la incursión ucraniana fue rápidamente
controlada tras penetrar unos cientos de metros en territorio ruso[504]. Sin
embargo, los disparos de artillería y de cohetes teledirigidos penetraron
más profundamente en territorio ruso, dando la ilusión de una acción
en profundidad, pero no fue así.

Al parecer, el objetivo de los ucranianos era el depósito de Belgorod-22,
que supuestamente contiene armas nucleares. En realidad, este depósito
fue vaciado de sus armas nucleares hace varios años, lo que plantea la
cuestión de las capacidades de la inteligencia ucraniana[505].

4.5.2. *Ataques a las infraestructuras*

En la mañana del 8 de octubre de 2022, un camión suicida explotó en
el puente de Kerch, que une la península de Crimea con territorio ruso.
Las imágenes de vídeovigilancia de la explosión del camión circularon
rápidamente. Las imágenes recuerdan demasiado a los atentados perpetrados por el Estado Islámico en 2015-2016. Sin duda, por eso *Radio-
Télévision Suisse Romande* describió modestamente el suceso como *«un
gran incendio se declaró en el vasto puente automovilístico y ferroviario
que une la Crimea ucraniana anexionada por Moscú y el territorio ruso»*
y evitó cuidadosamente la palabra «terrorista»[506]. Nuestros periodistas lo
ven como la ilustración de una operación especial *«que se parece cada
vez más a un callejón sin salida»*.

---

504. Stefan Talmon, «Russian 'clean up' operation after raid on Belgorod from Ukraine», *Al-Jazee-rah*, 23 de mayo de 2023 (https://www.aljazeera.com/news/2023/5/23/ukraine-says-russian-ar-med-groups-behind-border-raid-on-russia)
505. Nick Mordowanec, «Russia Removes Nuclear Munitions From Belgorod Amid Conflict: Ukraine», *Newsweek*, 22 de mayo de 2023 (https://www.newsweek.com/russia-remo-ves-nuclear-munitions-belgorod-amid-conflict-ukraine-1801940)
506. https://www.rts.ch/info/monde/13448785-au-moins-trois-morts-apres-lattentat-contre-le-pont-entre-la-crimee-et-la-russie.html#timeline-anchor-1665255710512

Según el *Washington Post*[507], este atentado, preparado por los servicios especiales ucranianos SBU, fue un ataque suicida calcado de los atentados perpetrados por el Estado Islámico[508]. Exactamente como se vio en Siria e Irak, es muy probable que el conductor del camión bomba no estuviera al tanto del atentado y que este se activara a distancia sin su conocimiento.

Crimea sigue estando en el centro de la narrativa oficial ucraniana. Se están llevando a cabo numerosas acciones contra la base naval de Sebastopol y el puente de Kerch. El 17 de julio de 2023, un ataque contra los pilares del puente con drones navales solo causará daños menores, pero demostrará que la infraestructura rusa es vulnerable.

Planificación británica del sabotaje del puente de Kerch

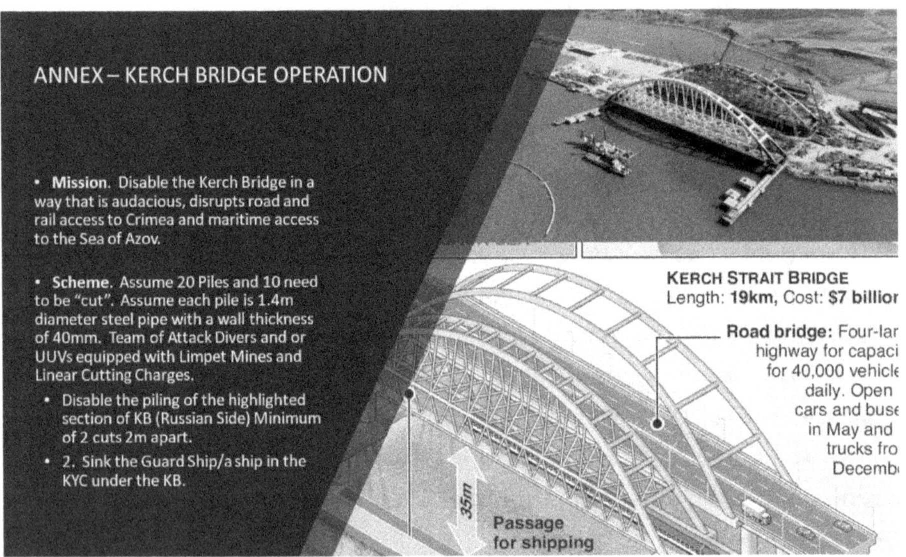

Figura 41 — Diapositiva de una presentación de los servicios de inteligencia británicos en abril de 2022, que muestra la implicación de los países occidentales en la organización de atentados terroristas [reproducida con la amable autorización de The Grayzone*].*

507. Missy Ryan, Natalia Abbakumova & Kostiantyn Khudov, «Amid Ukrainian taunts, Russia scrambles to salvage Crimean Bridge after fiery explosion», *The Washington Post*, 8 de octubre de 2022 (https://www.washingtonpost.com/world/2022/10/08/crimea-kerch-bridge-attack-explosion-russia-ukraine/)
508. Isabel van Brugen, «How Ukraine Followed the ISIS Playbook», *Newsweek*, 31 de mayo de 2023 (https://www.newsweek.com/what-ukraine-russia-war-learned-isis-surveillance-drones-strikes-videos-1803199)

El medio de investigación estadounidense *Grayzone* ha hecho públicos documentos que ha obtenido y que demuestran que los británicos han ayudado al menos a diseñar y entrenar a militantes para llevar a cabo atentados terroristas, en particular contra el puente de Kerch[509].

El impacto operativo de estos ataques es mínimo. Evidentemente, hay daños materiales, cuyo alcance, naturalmente, cada parte evalúa de forma diferente. Pero el puente de Kerch no es una arteria logística importante para el SVO, principalmente por su potencial vulnerabilidad. Además, entre 2014 y 2018, el puente no existía y los rusos disponen de otros medios para garantizar los suministros a la península. Por tanto, se trata más de un objetivo de comunicaciones que operativo.

Además, como puede verse, el teatro de operaciones es esencialmente terrestre. La flota del Mar Negro no está directamente implicada en el conflicto y no constituye un «centro de gravedad» para Rusia, sino todo lo contrario. En consecuencia, los éxitos que Ucrania pueda haber conseguido contra los buques rusos no han tenido ninguna repercusión en el curso de las operaciones. Por tanto, estas acciones parecen más bien una alternativa a un éxito que Ucrania está luchando por conseguir en el campo de batalla.

4.5.3. *Acciones húmedas*

El llamamiento al asesinato de Vladimir Putin por parte de ciertos políticos occidentales, como el senador republicano Lindsey Graham[510] y el ministro luxemburgués de Asuntos Exteriores Jean Asselborn, en marzo de 2022[511], demuestra que nuestra conducta política ya no tiene valor ni honor. Porque estos llamamientos al asesinato no son sólo palabras: son la expresión de una estrategia conocida y ampliamente aceptada por nuestros políticos y periodistas, hasta que se ven directamente afectados.

Denis Kireyev, uno de los negociadores ucranianos en Gomel, fue asesinado el 5 de marzo por el servicio secreto ucraniano (SBU) por

---

509. https://thegrayzone.com/2022/10/10/ukrainian-kerch-bridge/
510. https://thehill.com/homenews/senate/596843-graham-calls-for-somebody-in-russia-to-take-putin-out/
511. https://lequotidien.lu/politique-societe/jean-asselborn-eliminer-physiquement-vladi-mir-poutine/

considerarlo demasiado favorable a Rusia y traidor[512]. La misma suerte corrió Dmitry Demyanenko, antiguo jefe adjunto de la dirección principal del SBU para Kiev y su región, asesinado el 10 de marzo, también por ser demasiado favorable a un acuerdo con Rusia[513].

Pero estas acciones han continuado desde entonces. Como explica la revista británica *The Economist*, Ucrania ha activado la 5ª Dirección del SBU, el servicio de seguridad encargado de eliminar a los ciudadanos rusos o a quienes apoyan a Rusia en Ucrania y en todo el mundo. En la actualidad, estas acciones son una de las principales herramientas de Ucrania en su lucha contra Rusia[514].

Desde el 24 de febrero de 2022, 45 ciudadanos rusos han sido asesinados en todo el mundo. Sabemos que es obra de los servicios especiales ucranianos[515], como admitió en mayo de 2023 Kyrylo Boudanov, jefe de la inteligencia militar ucraniana (GUR)[516]:

Todo lo que diré es que hemos asesinado a rusos y seguiremos haciéndolo en todo el mundo hasta que Ucrania haya logrado la victoria completa.

... con la complicidad de los países de la Unión Europea y Estados Unidos.

Los atentados con bomba contra Darya Dugina (21 de agosto de 2022), Nord Stream (26 de septiembre de 2022), el puente de Kerch (8 de octubre de 2022) y el periodista-bloguero Vladlen Tatarsky (1 de abril de 2023) no fueron condenados por ningún medio de comunicación, periodista o político occidental. Para ellos, hay terrorismo «bueno» (el que afecta a los rusos) y terrorismo «malo» (el que nos afecta a nosotros).

En octubre de 2023, el *Washington Post* confirmó lo que ya sabíamos: que los servicios ucranianos asesinaban a sus adversarios en todo el

---

512. https://www.timesofisrael.com/ukraine-reports-claim-negotiator-shot-for-treason-officials-say-he-died-in-intel-op/
513. https://www.youtube.com/watch?v=ZWHpVnrwfLY
514. https://www.economist.com/europe/2023/09/05/inside-ukraines-assassination-programme
515. https://www.nytimes.com/2022/10/05/us/politics/ukraine-russia-dugina-assassination.html
516. https://global.espreso.tv/budanov-says-he-does-not-consider-killing-russian-citizens-to-be-terrorism

mundo[517]. La prensa ucraniana se hizo eco de ello[518], pero no la de Suiza y Bélgica: había que proteger el relato. En Francia, los medios de comunicación apenas lo mencionan, salvo aquellos que, como *LCI*, lo alaban[519]. Está claro que es difícil admitir que se apoyan prácticas que entran en la categoría de terrorismo. Pero la verdadera pregunta es: ¿cuáles son los objetivos de esta «estrategia», que no tiene ninguna repercusión en el desarrollo de las operaciones? ¿Son estos los valores que Ucrania defiende por nosotros?

Por ejemplo, ninguno de los medios de comunicación occidentales ha condenado el sitio web *Mirotvorets*, que es una especie de picota digital que designa a los considerados traidores para la reivindicación popular. La práctica está penada en muchos países[520], pero no en Ucrania[521]. En octubre de 2019, la ONU y algunos países europeos pidieron el cierre de la web[522], pero la Rada lo rechazó[523].

En Kherson, justo después de la llegada de las tropas ucranianas en octubre de 2022, se publicó en Internet una lista de «*traidores y colaboradores*»[524]. En ella figuraban periodistas, profesores, funcionarios y otras personas acusadas de ayudar a Rusia. Estas prácticas, dignas del apogeo de la colaboración, también pueden encontrarse aquí. ¡Jean-Philippe Schaller, periodista del servicio público, acusa abiertamente en el canal

---

517. Greg Miller & Isabelle Khurshudyan, «Ukrainian spies with deep ties to CIA wage shadow war against Russia», *The Washington Post*, 23 de octubre de 2023 (https://www.washingtonpost.com/world/2023/10/23/ukraine-cia-shadow-war-russia/)

518. Martin Fornusek, «SBU says 'comments after victory' following media report linking it to assassinations inside Russia», *Kyiv Independent*, 24 de octubre de 2023 (https://kyivindependent.com/sbu-says-no-comment-on-media-report-linking-it-to-assassinations-of-high-profile-russians/)

519. «La stratégie d'assassinats ciblés des renseignements ukrainiens», *LCI*, 25 de octubre de 2023 (https://youtu.be/otxFFsp5kyk)

520. https://www.mirror.co.uk/news/world-news/dark-website-lists-russian-spies-26051893

521. https://www.refworld.org/docid/58ec89ad13.html

522. «*В ООН настаивают на закрытии сайта "Миротворец"*» («La ONU insiste en cerrar el sitio web 'Peacemaker'»), *zn.ua*, 16 de octubre de 2019 (https://zn.ua/UKRAINE/v-oon-nastaivayut-na-zakrytii-sayta-mirotvorec-332863_.html); Tetiana Popova, «Benjamin Moreau, jefe adjunto de la Misión de Supervisión de los Derechos Humanos de la ONU en Ucrania», *Diplomat*, 16 de febrero de 2019 (http://diplomat.media/es/2019/02/16/benjamin-moreau-deputy-head-of-un-human-rights-monitoring-mission-to-ukraine/); «La ONU exige cerrar "Mirotvorets", que llama a la persecución de la UOC», *Unión de Periodistas Ortodoxos*, 17 de octubre de 2019, (https://spzh.news/en/news/65761-v-oon-potrebovali-zakryty-mirotvorec-prizyvavshij-k-gonenijam-na-upc).

523. «*Разумков ответил на призыв ООН закрыть сайт "Миротворец"*» («Razumkov respondió al llamamiento de la ONU para cerrar el sitio web 'Peacemaker'»), *zn.ua*, 17 de octubre de 2019 (https://zn.ua/UKRAINE/razumkov-otvetil-na-prizyv-oon-zakryt-sayt-mirotvorec-332952_.html).

524. Esta es la página de Telegram: https://t.me/s/Kherson_kolaborant

oficial suizo (*RTS*) a quienes no comparten su punto de vista de ser «*agentes de Putin*»[525]!

4.5.4. La campaña de drones

Desde principios de 2023, Ucrania utiliza drones contra Moscú y algunas ciudades rusas. Al igual que en Belgorod (cerca de la frontera) y Moscú, estos ataques se dirigen contra civiles. Como informa el *New York Times*[526]:

> *Aunque hasta ahora el objetivo de Ucrania en las zonas urbanas parece ser más infundir miedo que causar derramamiento de sangre o destrucción a gran escala, las imágenes de varios ataques contra depósitos de petróleo muestran estructuras en llamas, lo que indica daños importantes.*

«Infundir miedo» es, en efecto, sinónimo de «aterrorizar». Los drones son, por tanto, la continuación de los atentados contra Darya Dugina y Tatarsky, y de la eliminación de numerosas personalidades rusas en todo el mundo. Esto no es otra cosa que terrorismo internacional, que ningún país occidental ha condenado: ¡lo condenamos cuando viene de Oriente Próximo, pero lo toleramos cuando lo practicamos nosotros!

Según *Newsweek*, estos ataques contra la población civil tienen tres objetivos[527]:

- Recordar a la población rusa que está en guerra;
- Demostrar que «*la adaptabilidad y el ingenio están aumentando de una forma que los rusos no pueden esperar igualar, reduciendo al mismo tiempo al mínimo el riesgo de víctimas civiles*»;
- Para demostrar que el gobierno ruso es incapaz de proteger a su población.

---

525. https://youtu.be/bEv4-IJsl9k?t=414

526. Christiaan Triebert, Haley Willis, Yelyzaveta Kovtun & Alexander Cardia, «Ukraine's Other Counteroffensive: Drone Attacks on Russian Soil», *The New York Times*, 31 de julio de 2023 (https://thegrayzone.com/2023/07/28/ukraines-baby-factories-profits-war/)

527. https://www.newsweek.com/russia-moscow-drone-strikes-ukraine-beaver-1816990

Del mismo modo, según Keir Giles, experto de *Chatham House* en Londres[528]:

Ucrania ha identificado la opinión y la actitud de la población rusa hacia la guerra como una de las áreas clave en las que debe centrarse para poner fin a la guerra.

El objetivo es, por tanto, apelar a la opinión pública rusa, para que actúe sobre el Gobierno y detenga la intervención en Ucrania. Se trata exactamente del mismo objetivo que tenía el *Estado Islámico* (EI) en Francia, como demuestra el comunicado del EI tras el atentado de Niza del 14 de julio de 2016[529]:

Por último, estamos diciendo que corresponde al pueblo francés decidir si quiere seguir haciéndonos la guerra o si decidirá poner fin a la agresión de su gobierno contra nosotros...». [...] Seguiremos luchando contra Francia hasta que deje de inmiscuirse en los asuntos de los musulmanes y de saquear sus riquezas directa o indirectamente.

Ucrania se encuentra en la misma situación estratégica que el EI: incapaz de dar una respuesta operativa directa, utiliza una estrategia indirecta, que consiste en incitar a la población civil a volverse contra las decisiones del gobierno ruso[530]. De hecho, se trata de otra forma de conseguir lo que las sanciones occidentales no han logrado. Como señala la revista estadounidense *Newsweek*, Ucrania ha seguido el ejemplo del Estado Islámico[531] en Siria.

A primera vista, podría decirse que no hay diferencia entre lanzar una bomba sobre Kiev o sobre Moscú. Pero sí la hay: Kiev se encuentra en un

---

528. Rob Picheta, «Ukrainian drone strikes are bringing the war home to Russia. What does it mean for the conflict?», *CNN*, 5 de agosto de 2023 (https://edition.cnn.com/2023/08/05/europe/russia-ukraine-drone-attacks-analysis-explainer-intl/index.html)
529. «*Operación Niza, Francia*», *Guía Inspire*, 17 de julio de 2016.
530. Sheikh Hamd bin Hamoud Al-Tameemy, «Rulings on Lone Jihad - Targeting Civilians», sección 1, parte 2, *Inspire*, n.º 17, verano de 2017, p. 23.
531. Isabel van Brugen, «How Ukraine Followed the ISIS Playbook», *Newsweek*, 31 de mayo de 2023 (https://www.newsweek.com/what-ukraine-russia-war-learned-isis-surveillance-drones-strikes-videos-1803199)

teatro de operaciones, mientras que Moscú no. Suponiendo que Ucrania haya definido todo el territorio ruso como teatro de operaciones, no está claro cómo repercutirían estas acciones en el desarrollo de sus propias operaciones.

Por ello, muchos países definen la acción terrorista como el ataque deliberado contra objetivos «no combatientes»[532]. Así, lanzar una bomba sobre un camión militar ruso en la región de Donbass no es un acto terrorista, pero apuntar a un camión civil en Moscú sí lo es.

De hecho, los dirigentes ucranianos se encuentran en un dilema: se niegan a reanudar las negociaciones que rompieron con Rusia en marzo de 2022 y deben demostrar que siguen activos a pesar de que ya no disponen de medios para hacerlo en operaciones militares convencionales.

Ningún medio de comunicación ni gobierno occidental ha condenado estos métodos. Todo lo contrario. Nuestros medios oficiales los alabaron. Ni más ni menos. Pero no existe un terrorismo bueno o malo. Sean cuales sean las razones, el terrorismo es… terrorismo. Es un método, y es el uso de este método lo que debemos combatir. El terrorismo islamista y el terrorismo ucraniano tienen en común el motivo (la intervención extranjera), el método y el objetivo (incitar a la población a volverse contra sus autoridades). Combatirlo cuando se utiliza contra nosotros, pero tolerarlo —por no decir fomentarlo— cuando se utiliza contra otros es inaceptable.

Inventando complots islamistas, *nuestros* periodistas, pagados por el servicio público, inspiran a terroristas de extrema derecha como Anders Breivik (autor de la masacre de Utoya el 22 de julio de 2011)[533]. Ahora alaban el terrorismo ucraniano… tiene su lógica.

4.5.5. *Amenazas de Zelensky*

Ucrania, que se decía victoriosa, está muy lejos de ganar y se trata de evitar la desafección occidental. Esto explica la precipitación de Volodymyr Zelensky en agosto de 2023, cuando declaró en la revista británica *The Economist*[534]:

---

532. https://counterterrorismethics.tudelft.nl/the-problem-of-defining-terrorism-part-1/#_Toc495482520

533. Mattias Gardell, Sueños cruzados: Oslo 22/7, islamofobia y la búsqueda de una Europa monocultural, *Terrorism and Political Violence*, 26:129-155, 2014.

534. https://www.economist.com/europe/2023/09/10/donald-trump-will-never-support-putin-says-volodymyr-zelensky

---

Reducir el apoyo a Ucrania sólo prolongará la guerra, afirma Zelensky. Y crearía riesgos en el propio patio trasero de Occidente. Es imposible predecir cómo reaccionarían los millones de refugiados ucranianos en los países europeos ante el abandono de su país. En general, los ucranianos «se han portado bien» y están «muy agradecidos» a quienes les han acogido. No olvidarán esta generosidad. Pero no sería una «buena historia» para Europa si «llevara a estas personas al límite».

Muchos vieron en esta declaración una señal de que Ucrania estaba dispuesta a utilizar la amenaza del terrorismo para intimidar a países cuyo apoyo estaba menguando. Es difícil predecir hasta qué punto esas amenazas son reales. Pero no es imposible que en algún momento preocupen a los periodistas que han engañado sistemáticamente a los ucranianos haciéndoles creer que la amenaza rusa era insignificante... Una especie de *juste retour des choses*.

5. Análisis estratégico

En Francia, a pesar de la existencia de una documentación doctrinal de gran calidad, los comentaristas militares —los calificados de «proucranianos» y los calificados de «prorrusos»— parecen incapaces de vincular las observaciones del terreno a conceptos claros. Existe una cierta (por no decir gran) confusión en los términos utilizados, lo que conduce inevitablemente a una incapacidad para comprender las acciones de los dos protagonistas. La palabra «estratégico» se utiliza para todo. Las nociones de «táctica», «operaciones» y «estrategia» se entremezclan en pseudoanálisis que son más figuras retóricas que explicaciones.

Desde hace mucho tiempo, los jefes militares franceses no se enfrentan a conceptos que vayan más allá del nivel táctico. Este fenómeno también es perceptible en los ejércitos anglosajones, pero en mucha menor medida.

5.1. El centro de gravedad

5.1.1. Terminología

En el siglo XIX, Clausewitz y Jomini habían identificado la existencia de una cadena de causalidad que vinculaba las distintas acciones político-militares hacia un objetivo que debía conducir a la victoria. Pero aún tenían que encontrar criterios para fijar ese objetivo. Los dos estrategas habían identificado un «punto» o elemento decisivo del que dependía la fuerza o la eficacia del adversario. Jomini lo describe como *«punto estratégico decisivo»*, mientras que Clausewitz utiliza la expresión *«centro de gravedad»*[535] definido como[536]:

> [...] *el centro de todo poder y movimiento, del que todo depende; la característica, capacidad o ubicación de la que las fuerzas enemigas y amigas derivan su libertad de acción, su fuerza física o su voluntad de luchar.*

Por lo tanto, no es simplemente un «centro de poder». Es un elemento material o inmaterial del que un protagonista saca su fuerza y su capacidad para luchar o alcanzar su objetivo. Tampoco es su objetivo estratégico, como algunos lo entienden.

5.1.2. Factores críticos

Para que el centro de gravedad existiera y fuera eficaz, Clausewitz y Jomini habían identificado «puntos», una especie de puertas de acceso al centro de gravedad, que podían destruirse o controlarse para llegar a él. Clausewitz los llamó *«puntos neurálgicos»* y Jomini *«puntos decisivos»*. Pueden ser posiciones militares, sistemas de armas, instalaciones de transmisión, recursos de inteligencia, etc.

Para tener mejor en cuenta la complejidad del campo de batalla moderno y la imbricación de una amplia gama de factores, estos principios han tenido que perfeccionarse. Por ejemplo, los puntos neurálgicos o decisivos se han redefinido como un conjunto de «factores críticos» tangibles o intangibles, esenciales para llevar a cabo las acciones o mantener la libertad de maniobra, cuya combinación permite la existencia del centro de gravedad.

---

535. «*[...] ein gewisser Schwerpunkt, ein Zentrum der Kraft und Bewegung bilden, von welchem das Ganze abhängt, und auf diesen Schwerpunkt des Gegners muß der gesammelte Stoß aller Kräfte gerichtet sein,*» Karl von Clausewitz, *Vom Kriege*, Achtes Buch, Dümmlers Verlag, Berlin, 1832.

536. «El centro de todo poder y movimiento del que todo depende; aquella característica, capacidad o localidad de la que las fuerzas enemigas y amigas derivan su libertad de acción, fuerza física o voluntad de combatir», *Glosario*, FM 100-5 (en alemán: *Schwerpunkt*). También encontramos: «... characteristic(s), capability(ies), or locality(ies) from which a nation, an alliance, a military force or other grouping derives its freedom of action, physical strength, or will to fight», Office of the Joint Staff, *DOD Dictionary of Military and Associated* Terms, Joint Publication 1-02 (Washington DC, 1984) p. 188.

Estos factores críticos pueden desglosarse en una combinación de funciones críticas, recursos críticos y vulnerabilidades críticas. En el contexto de la lucha contra el terrorismo, sus características generales pueden esbozarse del siguiente modo:

- *Las funciones críticas* son las esenciales para la acción. Incluyen las comunicaciones, las capacidades de mando y control, las capacidades conjuntas, etc.
- *Los recursos críticos* son aquellos cuya ausencia compromete el centro de gravedad. Pueden incluir el apoyo popular, la cohesión nacional, la capacidad industrial, etc.
- *Las vulnerabilidades críticas* son las debilidades potenciales del sistema, su «talón de Aquiles». Incluyen, por ejemplo, una red logística sobredimensionada (como en Somalia en 1993), la dependencia del apoyo popular en un contexto social difícil, infraestructuras críticas mal protegidas o difíciles de proteger, etc.

A finales de los años noventa, el coronel estadounidense John A. Warden adaptó los principios desarrollados por Clausewitz y Jomini en un modelo[537] que articula genéricamente los factores críticos en cinco círculos concéntricos, con el liderazgo y la conducta en el centro, seguidos de las infraestructuras críticas, las infraestructuras de comunicaciones, la población y, por último, las fuerzas desplegadas sobre el terreno. De ahí dedujo una estrategia aérea basada en un catálogo de objetivos elegidos entre los factores críticos para alcanzar el centro de gravedad del adversario. Al bombardear deliberadamente a la población civil alemana entre 1940 y 1945, y a la población búlgara en 1941, los británicos intentaron desplazar su apoyo al régimen nazi y debilitarlo así[538]. La misma estrategia se aplicó contra Saddam Hussein en 1991 y 2003, y contra Serbia en la década de 1990.

Esta fue también la estrategia de la campaña terrorista del Estado Islámico en Europa en 2015-2017: el objetivo era atacar a la población (vulnerabilidad crítica) para que pidiera a las autoridades políticas (centro

---

537. Col. John Warden (USAF), «Teoría del aire para el siglo XXI», *Air Power Journal*, 1995.
538. Contrariamente a lo que sugieren los libros de texto de historia, fue sólo después de los ataques británicos sobre ciudades y civiles alemanes en 1940 cuando Alemania desató su Blitz sobre Londres (Richard Overy, *The Bombing War: Europe 1939-1945*, Allen Lane, 26 de septiembre de 2013).

de gravedad) que se retiraran de Siria, en la línea de lo que ocurrió el 11 de marzo de 2004 en Madrid. Los atentados terroristas perpetrados por Ucrania en Rusia tienen exactamente el mismo objetivo… ¡con el apoyo de Occidente! De hecho, es el mismo objetivo detrás de las sanciones occidentales actuales contra Irán, Venezuela y Rusia[539]. En ninguno de estos casos ha funcionado esta estrategia.

5.1.3. *Centros de gravedad en Rusia y Ucrania*

El análisis de los centros de gravedad, es decir, lo que da a los dos protagonistas la capacidad de mantener su esfuerzo bélico y lo que deben preservar, muestra diferencias bastante significativas.

La *condición sine qua non* para que Ucrania pueda aspirar a la victoria (o incluso a la mera resistencia) es el apoyo internacional. Y ese apoyo depende de la percepción que Occidente tenga del conflicto. Por tanto, depende de una narrativa basada en dos ejes:

- Ucrania es más fuerte que Rusia, y Rusia sólo puede perder.
- Occidente apoya sin reservas a Ucrania.

Los dirigentes rusos saben que Occidente pretende fomentar la desintegración del país mediante su «descolonización»[540] y su hundimiento económico para desestabilizarlo[541]. La capacidad de Rusia para liderar el conflicto depende, por tanto, de su estabilidad. Se trata, pues, de mantener una vida económica normal en el país y la cohesión nacional.

Vemos que el centro de gravedad de Ucrania depende en gran medida del exterior, mientras que el de Rusia está en función de su política interior.

También podemos ver que los centros de gravedad ruso y ucraniano son de naturaleza diferente. En el lado ruso se trata de elementos muy materiales, mientras que en el ucraniano nos encontramos en el terreno inmaterial. Aquí nos encontramos con un pensamiento militar ruso más orientado hacia la guerra de 3ª generación, y un pensamiento ucraniano orientado hacia la guerra de 5ª generación. Esto confirma también

---

539. «Entrevista del secretario de Estado Mike Pompeo con Hadi Nili de BBC Persian», Washington DC, 7 de noviembre de 2018; Brendan Cole, «Mike Pompeo dice que Irán debe escuchar a Estados Unidos 'si quieren que su gente coma'», *Newsweek*, 9 de noviembre de 2018.
540. https://www.csce.gov/international-impact/events/decolonizing-russia
541. https://www.rts.ch/info/Monde/13818312-lukraine-demande-des-armes-des-armes-et-encore-des-armes.html

las observaciones realizadas al principio de la SVO, que mostraban que las autoridades políticas ucranianas (en este caso Volodymyr Zelensky) estaban más implicadas en las decisiones operativas que sus homólogos rusos.

Nuestros medios de comunicación se han convertido así en uno de los principales actores de la guerra de Occidente contra Rusia. La idea de que la narrativa por sí sola provocaría una revuelta en Rusia llevó a Occidente y a los ucranianos a confiar exclusivamente en ella. Esto explica la censura aplicada en Occidente en las redes sociales y en los medios de comunicación tradicionales. Mientras que incluso durante la Guerra Fría, *Pravda* estaba disponible en nuestros quioscos, hoy en día todo lo que pueda parecer que apoya a Rusia está prohibido.

Como me dijo un periodista de un importante diario francés: «*Los editores nos prohibieron escribir la verdad, porque eso significaría que estábamos apoyando a Putin*». La razón es sencilla: la narrativa tenía un papel estratégico que desempeñar. Por eso nuestros medios de comunicación se centraron en propagar el odio hacia los rusos y no sólo hacia Rusia.

Nuestros medios de comunicación no se han atrevido a mencionar la política de la UE decidida en septiembre de 2023 de confiscar los bienes de los ciudadanos rusos que viajen por Europa, desde coches hasta papel higiénico (¡!), para que soporten personalmente el peso de las sanciones europeas[542]. Esta decisión no es muy sorprendente dados los antecedentes familiares de Ursula von der Leyen y otros líderes europeos, ¡pero es la primera vez desde el final de la Segunda Guerra Mundial que se adopta un mecanismo legal que castiga a los individuos por lo que son y no por lo que hacen! Los periodistas de *LCI, BFM TV, RTS, RTBF y France 5* deberían reflexionar sobre este ejemplo…

---

542. Volodymyr Paziy, «Los rusos están histéricos por la prohibición de viajar a la UE con teléfonos inteligentes y otras cosas: qué se confiscará en la frontera», *Obozrevatel*, 11 de septiembre de 2023 (https://eng.obozrevatel.com/section-life/news-russians-are-hysterical-over-the-ban-on-traveling-to-the-eu-with-smartphones-and-other-things-what-will-be-confiscated-at-the-border-11-09-2023.html)

Estudio de los centros de gravedad

	Rusia	Ucrania
Centro de gravedad	Estabilidad del país	Narrativa que promueve una percepción de éxito
Funciones críticas	Mantener la actividad económica e industrial.	Mantener la coherencia entre la acción militar y la narración.
Recursos críticos	Apoyo público. Importar productos de consumo y controlar los precios.	Equipos principales (defensa aérea, tanques, aviación táctica). Potencial humano. Apoyo militar y económico internacional, incluida la inversión extranjera.
Vulnerabilidades críticas	Presiones inflacionistas. Mortalidad en el campo.	Apoyo popular Defensa aérea

Figura 42 — La comparación de los centros de gravedad muestra la debilidad intrínseca de Ucrania.

Como es lógico, ambos países se concentraron en proteger sus respectivos centros de gravedad y trataron de alcanzar los de sus adversarios. Por eso los rusos se concentraron en destruir el material suministrado por Occidente («desmilitarización»), y los ucranianos multiplicaron las acciones espectaculares en territorio ruso, incluidas las terroristas, sin que ello repercutiera en las operaciones sobre el terreno.

Los rusos intentaron combatir la narrativa ucraniana confrontándola con la realidad sobre el terreno.

La batalla de Bajmut ilustra muy bien la forma en que cada adversario trató de proteger su narrativa: los ucranianos negándose a ceder terreno, incluso para favorecer una maniobra operativa (como sugería entonces el general Zaloujny) y los rusos causando enormes pérdidas entre los ucranianos, sin utilizar soldados del contingente. Desempeñó un papel esencial a la hora de demostrar a los ucranianos que su relato oficial era falaz. Esta es la razón por la que la SVO sigue contando con un apoyo relativamente bueno en Rusia.

La conducción del conflicto en Ucrania y las acciones de los países occidentales no se basan en la situación operativa real, sino en la narrativa. En otras palabras, Ucrania comparte el mismo centro de gravedad que los países occidentales y, por tanto, no lo controla por completo. Pues es esta narrativa, tan celosamente guardada por nuestros medios de comunicación, la clave del apoyo a Ucrania. Esto explica la censura *que de facto* se aplica estrictamente en Europa y en las redes sociales. Como veremos, esta narrativa es de doble filo y acabará resultando fatal para Ucrania. Para ella, la victoria está determinada menos por la situación sobre el terreno que por el dominio de la narrativa, que es crucial para mantener la cohesión occidental en apoyo de Ucrania.

Desde un punto de vista estratégico, la situación de Ucrania se deterioró rápidamente desde finales de la primavera de 2023: su potencial había quedado destruido en mayo-junio de 2022 y su idea de victoria (por muy definida que estuviera) dependía del apoyo occidental. Por tanto, la narrativa desempeña un papel central, pero ya no puede enmascarar el fracaso de la contraofensiva, en un contexto en el que Occidente ya no dispone de recursos materiales para abastecer al ejército ucraniano.

En agosto de 2023, *NBC* News señaló el fracaso de la contraofensiva y advirtió de que Occidente estaba «*perdiendo el control de su narrativa*»[543]. De hecho, una encuesta del *Eurobarómetro* muestra que la ayuda a Ucrania ya no cuenta con el apoyo de la mayoría de los ciudadanos europeos[544]. Los partidarios de la ayuda humanitaria han caído del 64% en abril de 2022 al 47%. El apoyo a los refugiados ucranianos en la UE ha caído del 55% al 36% y la aprobación del apoyo financiero de la UE a Ucrania ha bajado del 42% al 26%. El apoyo al mantenimiento de las sanciones económicas contra Rusia ha caído del 55% al 46%, mientras que sólo el 24% aprueba el suministro de armas a Kiev.

En septiembre de 2023, cuando Zelensky contaba con la Asamblea General de la ONU para dar un nuevo impulso a los países occidentales, la acogida que recibió fue más bien fría. Por primera vez, un importante medio de comunicación tradicional —el *New York Times*— desafió la

---

543. Dan De Luce y Phil McCausland, «¿Está fracasando la contraofensiva ucraniana? Kyiv and its supporters worry about losing control of the narrative», *NBC News*, 4 de agosto de 2023 (https:// www.nbcnews.com/news/investigations/ukraine-war-counteroffensive-russia-success-failure-rcna98054)
544. https://europa.eu/eurobarometer/surveys/detail/3092

narrativa ucraniana publicando los logros reales de la contraofensiva[545], mostrando que Ucrania había perdido terreno, mientras que su objetivo había sido recuperar todo el territorio perdido.

Fue para mantener a flote la narrativa occidental a pesar del fracaso de la contraofensiva que, el 1 de octubre de 2023, Ben Wallace, ex ministro de Defensa, escribió un artículo en *The Telegraph* en el que declaraba que Ucrania estaba «*ganando*» y que lo único que necesitaba era un poco más de esfuerzo por parte de Occidente para poder lograr su objetivo[546]. Se trata de un intento de resucitar la narrativa para animar a un Occidente cada vez más escéptico.

La brecha entre la narrativa de la victoria y la realidad sobre el terreno crece cada día. De ahí también las acciones espectaculares contra objetivos periféricos como la flota del Mar Negro, contra la Isla de las Serpientes, contra Crimea o contra ciudades rusas. Son operaciones que Xavier Moreau califica de «Tik-Tok», es decir, operaciones militares cuyo único objetivo es ser publicadas. Se han multiplicado desde que la contraofensiva se consideró un fracaso. Por ejemplo, la acción de las fuerzas especiales ucranianas del 4 de octubre de 2023 en la costa de Crimea, utilizando motos acuáticas, tenía como único objetivo desembarcar, desplegar una bandera ucraniana y marcharse[547].

El objetivo de estas acciones es dar una sensación de éxito. Demuestran que Ucrania no abandona la lucha y trata de recuperar la iniciativa. En realidad, estas acciones en las que mueren hombres no tienen absolutamente ningún impacto en el curso de las operaciones sobre el terreno. Se trata esencialmente de mantener una narrativa de victoria destinada a impedir la desmovilización de Occidente.

La estrategia rusa ha consistido en preservar su centro de gravedad, es decir, la estabilidad del país. Por eso, a diferencia de Occidente, las autoridades han evitado convertirlo en el centro de sus actividades polí-

545. Josh Holder, «¿Quién está ganando terreno en Ucrania? This Year, No One», *The New York Times*, 28 de septiembre de 2023 (https://www.nytimes.com/interactive/2023/09/28/world/europe/russia-ukraine-war-map-front-line.html)
546. Ben Wallace, «Ucrania está ganando. Now let's finish the job», *The Telegraph*, 1 de octubre de 2023 (https://www.telegraph.co.uk/news/2023/10/01/ben-wallace-ukraine-counteroffensive-succeeding/)
547. «Ukraine war latest: Kyiv says special forces conduct operation in occupied Crimea», *The Kyiv Independent*, 4 de octubre de 2023 (https://kyivindependent.com/ukraine-war-latest-kyiv-says-special-forces-conducted-operation-in-occupied-crimea/)

ticas, económicas y diplomáticas. La resistencia de la economía rusa y sus inmensas reservas han permitido mantener un «flujo normal» y, en general, sólo el 50% de la población ha seguido de cerca la evolución del conflicto[548]. Paradójicamente, la determinación de Occidente de aplicar sanciones repetidamente mientras apoya actividades terroristas contra Rusia ha reforzado la sensación de un Occidente hostil y ha acercado a la población a sus dirigentes.

La narrativa oficial rusa evita cuidadosamente decir quién está ganando y quién está perdiendo, pero se centra en los resultados medibles sobre el terreno. El reto para el gobierno es garantizar que los ciudadanos rusos no vean afectada su vida cotidiana por el conflicto. Existe una notable capacidad para encontrar mercados alternativos, gracias sobre todo a los vínculos con China. También ha habido una intensa actividad diplomática por parte de Rusia, incluso en temas alejados del conflicto ucraniano, con éxitos que han ayudado a mantener la confianza pública en los dirigentes del país.

En Occidente, desde el principio, las actividades políticas, económicas y diplomáticas se centraron en derrotar a Rusia y formar una coalición mundial para lograrlo. Se trataba de ilusiones, y todas estas actividades fueron un fracaso. La diplomacia occidental se centró en movilizar fuerzas contra Rusia, en lugar de trabajar por la solución del conflicto y la paz. Su obsesión la ha mantenido alejada de otras zonas de crisis, donde la diplomacia rusa y china han sido activas y han tenido éxito.

5.2. Comparación de los factores estratégicos

La falta de un análisis estratégico sistemático conduce a una falta de comprensión de lo que ocurre sobre el terreno. Especialmente en Francia, el llamado análisis «estratégico» sigue siendo extremadamente intuitivo y parece basarse únicamente en las últimas noticias publicadas en los medios de comunicación. Esta incapacidad de leer las intenciones de los demás, o de leerlas únicamente a través de la lente de la propia lógica, se deriva de un etnocentrismo que también está en la raíz de las

---

548. https://www.levada.ru/2023/12/08/konflikt-s-ukrainoj-otsenki-noyabrya-2023-goda/

tensiones que Francia vive actualmente con los países africanos. Este etnocentrismo es muy perceptible entre los periodistas franceses, que tienen una cultura muy «metropolitana», incluso los que supuestamente han estado en el extranjero.

Hay que distinguir entre *los objetivos estratégicos* vinculados a la seguridad nacional, que suelen ser a largo plazo, y el *estado final deseado*, que es la situación en la que queremos estar al final de la operación.

Estrategia de los principales actores (hasta finales de 2023)

	Rusia	**Ucrania**	**Estados Unidos**
Objetivo estratégico	Impedir la instalación de misiles nucleares cerca de su frontera[549].	Para provocar el colapso del Estado y el cambio de régimen en Rusia[550].	Debilitamiento del patio trasero de China[551].
Estado final deseado	Neutralidad de Ucrania (no participación en la OTAN)[552].	Restablecimiento de su soberanía dentro de sus fronteras de 1991[553].	Cambio de régimen y desmembramiento de Rusia[554].
Centro de gravedad	Estabilidad interna.	Narrativa sobre la victoria ucraniana.	Cohesión de toda la comunidad internacional.

Figura 43 — Comparación de los componentes estratégicos de los principales actores en el conflicto de Ucrania, tal y como los definen los propios actores. La Unión Europea no aparece en esta lista porque en realidad no ha definido ningún objetivo (aparte de luchar por los «valores») y se limita a transmitir los objetivos estadounidenses.

549. https://www.mid.ru/tv/?id=1744872&lang=ru

550. Alexander Query, «Danilov: 'El interés nacional de Ucrania es la desintegración de Rusia'», *The Kyiv Independent*, 6 de febrero de 2023 (https://kyivindependent.com/national/danilov-ukraines-national-interest-is-russias-disintegration)

551. Tom O'Connor, «NATO Chief Says Weakening Russia Will Help US Focus on Challenging China», *Newsweek*, 21 de septiembre de 2023 (https://www.newsweek.com/nato-chief-says-weakening-russia-will-help-us-focus-challenging-china-1828914)

552. Max Seddon, Roman Olearchyk, Arash Massoudi & Neri Zilber, «Ukraine and Russia explore neutrality plan in peace talks», *Financial Times*, 16 de marzo de 2022 (https://www.ft.com/content/7b341e46-d375-4817-be67-802b7fa77ef1)

553. Pavel Polityuk, «Ukraine says it stands firm on recognition of 1991 borders», *Reuters*, 17 de marzo de 2022 (https://www.reuters.com/world/europe/ukraines-president-says-1991-borders-must-be-recognised-adviser-2022-03-17/)

554. https://www.csce.gov/international-impact/events/decolonizing-russia

La comparación de los *centros de gravedad* explica la insistencia de Occidente —y de Estados Unidos en particular— en agrupar a China, India y los países del Sur en torno a resoluciones de condena y sanción contra Rusia. Porque sólo a través de esta cohesión internacional pueden funcionar estas sanciones. El problema es que los países occidentales actúan en función de lo que consideran sus intereses nacionales, y los países del Sur también tienen ese derecho.

A finales de 2023, los objetivos de Rusia habrán ido más allá de la «desnazificación» y la «desmilitarización». Sencillamente porque los rusos habían alcanzado estos dos objetivos. La implicación de Occidente en el conflicto para prolongarlo fue una nueva situación que simplemente empujó a los rusos a modificar sus objetivos.

Apoyo a Vladimir Putin

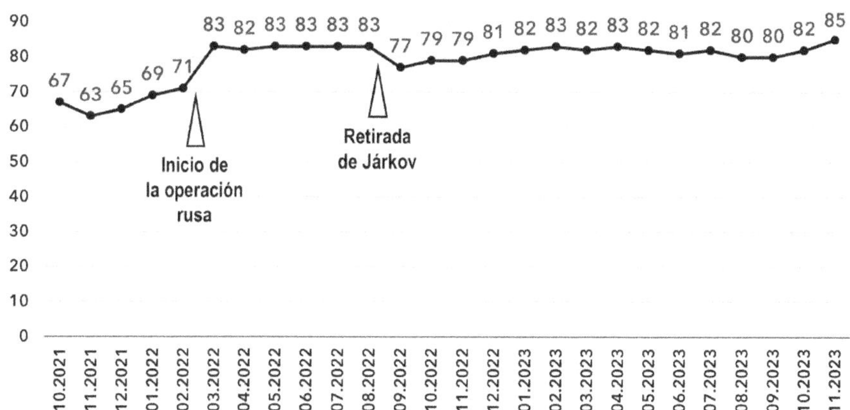

Figura 44 — El apoyo a la política de Vladimir Putin se ha mantenido estable desde el inicio de la SVO. Es cierto que existe un ligero cansancio del conflicto, pero no tiene suficiente repercusión como para sugerir un cambio de «régimen». [Fuente: https://www.levada. ru/2023/10/03/konflikt-s-ukrainoj-otsenki-sentyabrya2023-goda/]

Un examen de los diversos componentes de la estrategia de los principales actores muestra que sólo los rusos tienen un objetivo realista y alcanzable. Hay que recordar que la propuesta de Zelensky de marzo de 2023 satisfacía tanto el objetivo estratégico ruso como su estado final deseado. El presidente ucraniano sólo la retiró tras la intervención occidental.

En cuanto a los objetivos ucranianos y occidentales, se basan en suposiciones y prejuicios que los hechos no corroboran. Entre ellos, la fragilidad de la economía rusa y la impopularidad de Vladimir Putin. Se espera que se produzca un cambio de «régimen» en Moscú, pero no hay pruebas de que el gobierno se haya debilitado.

Esa es una de las razones de la derrota de Ucrania: nuestros políticos y quienes influyen en ellos —los medios de comunicación— están haciendo predicciones descabelladas. No han intentado ayudar a Ucrania (de lo contrario, lo habrían hecho antes de 2022), sino que intentan satisfacer sus prejuicios...

Soporte para SVO

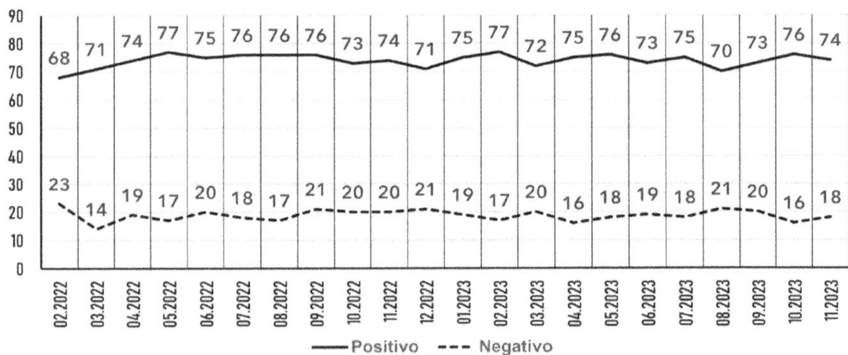

Figura 45 — La opinión positiva sobre la SVO se mantiene estable entre el 70% y el 75%, al igual que la oposición a la acción militar, en torno al 20%. [Fuente: https://www.levada.ru/2023/10/03/konflikt-s-ukrainoj-otsenki-sentyabrya2023-goda/].

Incluso el estado final que pretende Ucrania es ambiguo: en 1991, cuando Ucrania declaró su independencia, Crimea ya se había convertido en una *República Socialista Soviética Autónoma* bajo la autoridad de Moscú, no de Kiev. ¿Es ésta una forma sutil de Ucrania de indicar que está dispuesta a hacer una concesión sin hacerlo demasiado obvio? Es difícil decirlo a estas alturas.

Estas cifras proceden del instituto de sondeos Levada (considerado un agente extranjero en Rusia). Se cita aquí porque formula las mismas preguntas a intervalos regulares y, por tanto, es posible comparar los cambios de posición a lo largo del tiempo. Como puede verse, el apoyo popular a la operación especial se mantiene estable e incluso aumenta ligeramente. Esto parece contradecir el número de partidarios de una solución negociada, que también aumenta. De hecho, no existe una contradicción real, ya que ésta es también la postura del gobierno ruso, que siempre se ha declarado abierto a una solución negociada. Fueron los occidentales, en febrero, marzo y agosto de 2022, quienes se opusieron a un proceso de negociación.

Apoyo a un proceso de negociación

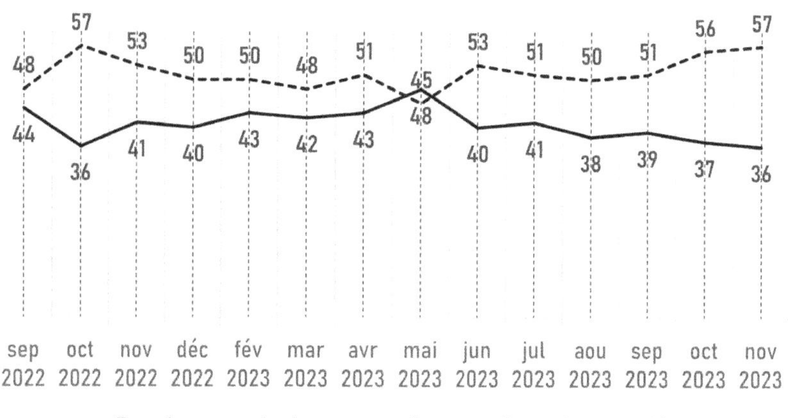

Figura 46 — Al igual que con los demás indicadores, el apoyo a un proceso de negociación se mantiene estable. Esta es también la postura del gobierno ruso, como indicó Serguei Lavrov en octubre de 2023. Sin embargo, la posición rusa ha evolucionado en el sentido de que no entrará en un proceso de negociación con condiciones más duras que las de 2022, que fueron rechazadas por Occidente. Es cierto que, tras haber sido engañada por Occidente con los Acuerdos de Minsk, Rusia buscará también garantías muy serias. [Fuente: https://www.levada. ru/2023/10/03/konflikt-s-ukrainoj-otsenki-sentyabrya2023-goda/]

En otras palabras, el centro de gravedad de Rusia se ha mantenido extremadamente estable.

Para Ucrania, en cambio, la narrativa en la que se ha basado para obtener el apoyo de Occidente se está derrumbando. Desde el verano de 2023, la brecha entre la narrativa presentada por nuestros medios de comunicación y la realidad sobre el terreno es claramente observable. Las observaciones realizadas en mis tres libros anteriores están resultando ciertas, y los militares ucranianos están perdiendo la confianza en sus autoridades. La encuesta del *Instituto Internacional de Sociología de Kiev* (KIIS) sobre las bajas ucranianas demostró que nuestros políticos y los políticos ucranianos están tomando sus deseos por realidades.

En el número de principios de noviembre de 2023 de la revista *TIME*, Zelensky confiesa que[555]:

Algunos comandantes de primera línea, continuó, empezaron a rechazar las órdenes de avanzar, incluso cuando procedían directamente del despacho del Presidente.

Una narrativa en declive

Diciembre de 2022   **Noviembre de 2023**

Figura 47 — Portada de la revista TIME. En el espacio de un año, Ucrania se ha convertido en sinónimo de derrota. El hecho de haber pregonado la victoria del país cuando no había absolutamente nada que lo indicara no hizo sino acentuar la brecha entre la narración y la realidad. Dentro del país, las críticas se multiplicaron y la confianza en Zelensky se derrumbó.

---

555. Simon Shuster, «'Nobody Believes in Our Victory Like I Do.' Inside Volodymyr Zelensky's Struggle to Keep Ukraine in the Fight», *TIME*, 30 de octubre de 2023 (actualizado el 1 de noviembre de 2023) (https://time.com/6329188/ukraine-volodymyr-zelensky-interview/)

El arte de la guerra rusa

Cuando se les ordena avanzar, los comandantes responden:

No tienen ni los hombres ni las armas», dijo el oficial. «¿Dónde están las armas? ¿Dónde está la artillería? ¿Dónde están los nuevos reclutas?»

Dentro de la UE, el apoyo a Ucrania ya no es unánime[556]. La aparición del conflicto palestino-israelí ha complicado aún más las cosas. Las armas estadounidenses destinadas a Ucrania se redirigieron a Israel[557], para consternación de Volodymyr Zelensky, que intentó visitar Israel pero fue rechazado[558]. En otras palabras, la narrativa ya no tiene peso y el apoyo que depende de ella empieza a agotarse.

Para Estados Unidos, la cohesión internacional era la piedra angular de las sanciones contra Rusia. Pero no sólo la retórica estadounidense contra China (apoyada por sus aliados de la OTAN) amplió la división entre el hemisferio occidental y el «resto del mundo», sino que las destempladas declaraciones de Josep Borrell, responsable de la política exterior de la UE, contribuyeron a alienar al «sur global». Como resultado, el aislamiento de Rusia, condición *sine qua non* para su colapso político y económico, nunca llegó a materializarse. De hecho, parece que Occidente, liderado por los estadounidenses, nunca pensó estratégicamente en el conflicto. Esto es lo que ha permitido a Rusia imponerse en este conflicto.

Ni Ucrania ni los estadounidenses han sido capaces de mantener su centro de gravedad. La explicación es que Rusia tiene un centro de gravedad que puede controlar completamente, porque depende en gran medida de su política interior. A diferencia de Occidente, Rusia ha procurado preservar el bienestar de sus ciudadanos. Esto explica por qué los rusos no sienten a diario el impacto del conflicto en Ucrania. También explica los intentos de Ucrania de utilizar el terrorismo para atacar la

---

556. «Hungary, Slovakia criticise more aid to Ukraine as EU fights over budget», *Euractiv.com/ AFP*, 27 de octubre de 2023 (https://www.euractiv.com/section/global-europe/news/hungary-slovakia-criticise-more-aid-to-ukraine-as-eu-fights-over-budget/)
557. Barak Ravid, «U.S. to send Israel artillery shells initially destined for Ukraine», *Axios*, 19 de octubre de 2023 (https://www.axios.com/2023/10/19/us-israel-artillery-shells-ukraine-weapons-gaza)
558. https://kyivindependent.com/media-israel-refuses-zelenskys-visit-says-time-not-right/

estabilidad interna de Rusia. Sin embargo, es poco probable que estas acciones tengan un impacto profundo, ya que no forman parte de un clima de descontento general que podrían amplificar.

Los centros de gravedad ucraniano y estadounidense tienen la particularidad de depender del exterior y no estar totalmente bajo control político. Esta vulnerabilidad crítica explica por qué Rusia tenía una ventaja estratégica sobre sus adversarios. Pero también significa que Occidente había juzgado mal la situación.

Desde el punto de vista occidental, Rusia se encuentra en una posición estratégica menos favorable que antes de la SVO y, por tanto, ha perdido. Pero esto sólo es cierto si se considera a Europa como el centro del mundo. En realidad, mientras la diplomacia europea se ha centrado en debilitar a Rusia, ésta se ha centrado en crear un nuevo entorno alternativo. La clave del éxito de Rusia es su enfoque holístico de la guerra.

5.3. La noción de victoria

Rusia opera dentro de un marco de pensamiento Clausewitziano en el que los éxitos operativos se explotan con fines estratégicos. Por tanto, la estrategia operativa («arte operativa») desempeña un papel esencial en la definición de lo que se considera una victoria.

Como vimos durante la batalla de Bajmut, los rusos se adaptaron perfectamente a la estrategia dada a Ucrania por Occidente, que da prioridad a la defensa de cada metro cuadrado. Los ucranianos hicieron así el juego a la estrategia de desgaste anunciada oficialmente por Rusia. Por el contrario, en Kharkov y Kherson, los rusos prefirieron ceder territorio a cambio de la vida de sus hombres. En el contexto de una guerra de desgaste, sacrificar potencial a cambio de territorio, como está haciendo Ucrania, es la peor estrategia de todas.

Por eso el general Zaloujny, comandante de las fuerzas ucranianas, intentó oponerse a Zelensky y propuso retirar sus fuerzas de Bajmout. Pero en Ucrania, es la narrativa occidental la que guía las decisiones militares. Zelensky prefirió seguir el camino que le indicaban nuestros medios, para conservar el apoyo de la opinión occidental. En noviembre de 2023, el general Zaloujny tendrá que admitir abiertamente que esa decisión fue un error, porque prolongar la guerra sólo podía favorecer a Rusia[559].

La importancia de determinar una estrategia

a) Situación simétrica

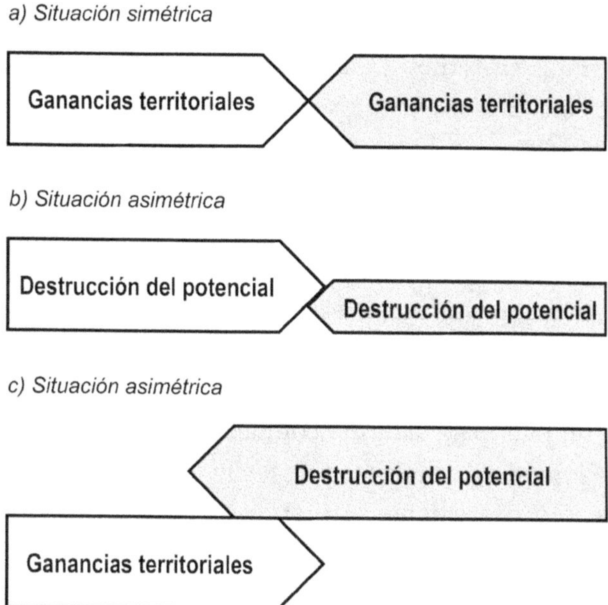

b) Situación asimétrica

c) Situación asimétrica

Figura 48 — La interpretación occidental de la estrategia rusa en Ucrania es una situación simétrica en la que tanto rusos como ucranianos tienen como objetivo el territorio ucraniano: uno apoderarse de él, el otro defenderlo y recuperarlo (a). Una situación asimétrica es aquella en la que los dos adversarios persiguen objetivos similares, pero con potencial diferente (b). Cuando la persecución de un objetivo favorece la consecución de los objetivos del adversario, o cuando la estrategia utilizada favorece la del adversario, nos encontramos en una situación asimétrica. Esta es la situación a la que Occidente y nuestros medios de comunicación han empujado a Ucrania: aferrándose al terreno, los ucranianos contribuyen a alcanzar los objetivos definidos por Vladimir Putin (desmilitarización) y el general Sourovikine (destrucción del potencial) (c).

El conflicto ucraniano era intrínsecamente asimétrico. Occidente quiso convertirlo en un conflicto simétrico proclamando que las capacidades de Ucrania podían bastar para derrocar a Rusia. Pero esto fue claramente una ilusión desde el principio, cuyo único propósito era justificar el

---

559. «Fue mi error»: el Comandante en Jefe ucraniano habla de contraofensiva y de «pólvora» para la victoria», *RBC-Ucrania*, 2 de noviembre de 2023 (https://newsukraine.rbc.ua/news/it-was-my-mistake-commander-in-chief-on-counteroffensive-1698929719.html).

incumplimiento de los Acuerdos de Minsk. Los estrategas rusos lo han convertido en un conflicto asimétrico.

El problema de Ucrania en este conflicto es que no tiene ninguna relación racional con la noción de victoria. En comparación, los palestinos, conscientes de su inferioridad cuantitativa, han pasado a una forma de pensar que confiere al simple acto de resistir un sentimiento de victoria. Esta es la naturaleza asimétrica del conflicto que Israel nunca ha logrado comprender en 75 años, y que se ve reducido a superar mediante la superioridad táctica en lugar de la finura estratégica. Lo mismo está ocurriendo en Ucrania. Al aferrarse a una noción de victoria ligada a la recuperación de territorio, Ucrania se ha encerrado en una lógica que sólo puede conducir a la derrota.

El 20 de noviembre de 2023, Oleksiy Danilov, Secretario del Consejo de Seguridad Nacional y Defensa, pintó un panorama muy sombrío de las perspectivas de Ucrania para 2024[560]. Su discurso demostró que Ucrania no tenía ni un plan para salir del conflicto ni un planteamiento que le diera sensación de victoria: se redujo a vincular la victoria de Ucrania a la de Occidente. En Occidente, el final del conflicto en Ucrania se percibe cada vez más como una debacle militar, política, humana y económica.

En una situación asimétrica, cada protagonista es libre de definir sus propios criterios de victoria y de elegirlos entre un abanico que controla. Por eso Egipto (1973), Hezbolá (2006), el Estado Islámico (2017), la resistencia palestina desde 1948 y Hamás en 2023 salen victoriosos, a pesar de las enormes pérdidas. Esto puede parecer contraintuitivo para una mente occidental, pero explica por qué los occidentales son incapaces de «ganar» realmente sus guerras.

En Ucrania, los dirigentes políticos se han encerrado en una narrativa que impide salir de la crisis sin quedar mal. La situación asimétrica que ahora juega en contra de Ucrania es el resultado de una narrativa que se ha confundido con la realidad y que ha dado lugar a una respuesta inadecuada a la naturaleza de la operación rusa.

---

560. https://www.rnbo.gov.ua/ua/Diialnist/6714.html

6. Una guerra tecnológica

6.1. La industria de defensa rusa

En junio de 2023, el «experto» militar Alexandre Vautravers declaró a un medio de comunicación suizo que *«la industria de defensa rusa es una sombra de lo que fue la de la Unión Soviética»* y que *«condena al ejército ruso a estar a la defensiva»*[561]. Vautravers interpreta la adquisición de material extranjero, como los blindados ligeros polivalentes (LMV) a la empresa italiana Iveco[562] o la adquisición de fragatas MISTRAL a Francia[563], como una señal del debilitamiento de la industria rusa.

En realidad, Rusia ha hecho exactamente lo mismo que los países occidentales, y ha procurado comprar equipos «listos para usar» menos costosos. Esto se debe a que Rusia está desarrollando sistemas de armamento muy sofisticados, como armas hipersónicas, la plataforma ARMATA para vehículos blindados, sistemas robóticos y redes de control que utilizan inteligencia artificial. Por tanto, Rusia reserva las inversiones para la producción nacional de equipos sensibles y de alta tecnología, y prefiere buscar en el extranjero sistemas más sencillos. Esto es exactamente lo que ocurrió con los drones iraníes SHAHID-136 (conocidos como GERAN-2 en Rusia). Vale la pena señalar de paso que una gran parte de estas compras se hicieron a países de la OTAN, lo que indica que Rusia no tenía intención de involucrarse en un conflicto con los europeos.

---

561. https://www.lemanbleu.ch/fr/Emissions/189661-Geneve-a-Chaud.html
562. https://defence-blog.com/italian-made-iveco-lmvs-tactical-vehicles-spotted-during-military-parade-rehearsals-in-russia/
563. https://sldinfo.com/2023/02/the-french-mistral-the-case-of-the-russian-sale-and-its-aftermath/

En la misma línea, Gina Raimondo, Secretaria de Comercio de Estados Unidos, declaró en una audiencia del Congreso en mayo de 2022 que los rusos estaban recogiendo microprocesadores de lavadoras y frigoríficos para obtener los microprocesadores que necesitaban para sus armas[564]. Eso fue todo lo que hizo falta para alimentar la estupidez europea. Ursula von der Leyen, Presidenta de la Comisión Europea[565], y Annalena Baerbock, Ministra alemana de Asuntos Exteriores[566], se hacen eco del mensaje una y otra vez. ¿Por qué nuestras políticas se empeñan en dar la razón a la predicción de Françoise Giroud: «*Las mujeres serán realmente iguales a los hombres el día que nombren a una mujer incompetente para un puesto importante*»?

Adquisición de microprocesadores por Rusia, por países

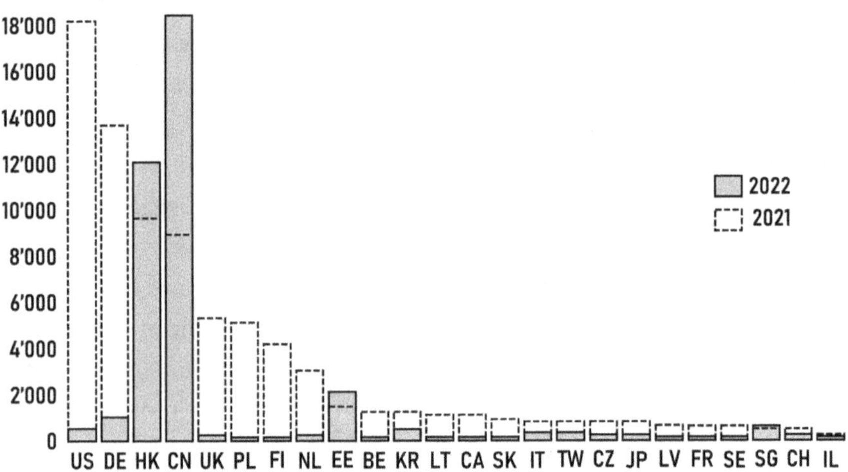

Figura 49 — Número de transacciones por país para la adquisición de microprocesadores, según el trabajo de Elina Ribakova, investigadora ucraniana[567]. Como puede verse, China y Hong Kong han sustituido ampliamente a Estados Unidos. Observamos que Estonia, que no pierde ocasión de mostrar su odio a los rusos, parece hablar por los dos lados de la boca... al igual que el marido de la Primera Ministra Kaja Kallas, que no parece brillar ni por su integridad ni por su inteligencia... [Fuente : Elina Ribakova].

---

564. Jeanne Whalen, «Sanctions forcing Russia to use appliance parts in military gear, U.S. says», *The Washington Post*, 11 de mayo de 2022 (https://www.washingtonpost.com/technology/2022/05/11/russia-sanctions-effect-military/)
565. https://www.youtube.com/shorts/eMGN-l3VHAE?feature=share
566. https://twitter.com/mazzenilsson/status/1695478885196935255
567. https://twitter.com/elinaribakova/status/1608260362004205569

El arte de la guerra rusa

Según el canal francés *TF1*, Rusia no produce semiorugas. Como cabía esperar de un medio de comunicación conspirativo, se trata de una mentira. De hecho, Rusia produce el 25% de sus necesidades, incluidas las militares, que utilizan principalmente microprocesadores de 100-150 nm y procesadores de nanómetro medio (30-65 nm). Puede contar con China para los microprocesadores de nanómetros inferiores (20-60 nm), que se utilizan en equipos militares. Los microprocesadores del rango de nanómetros bajos a muy bajos (4-12 nm), que se encuentran en tabletas y teléfonos móviles, no suelen utilizarse para armas porque son difíciles de «endurecer». Como para contradecir a nuestras musas, los propios ucranianos declaran que a los rusos no les faltan microprocesadores[568].

Dicho esto, las sanciones han puesto de manifiesto una vulnerabilidad y Rusia ha decidido poner en marcha un programa destinado a crear la capacidad de producir microprocesadores de 7 nm para 2030[569].

Así pues, a pesar de los rumores difundidos por los medios de comunicación occidentales, no hay nada que demuestre que Rusia haya tenido que comprar sistemas de armamento al exterior para compensar una deficiencia de su industria de defensa. Hay varias razones para ello. La primera es que la industria de defensa rusa está en muy buena forma. Es innovadora y extremadamente competitiva en el mercado internacional. A diferencia de los países occidentales, la industria armamentística rusa, al igual que la ucraniana, ha seguido exportando material militar. En la actualidad, sus exportaciones de armas han disminuido considerablemente, ya que la mayor parte de su producción se ha reorientado hacia las necesidades nacionales.

La industria armamentística rusa representa unas 800 empresas y casi medio millón de puestos de trabajo. Mientras que durante la época comunista la industria funcionaba sobre la base de una economía planificada, en la actualidad lo hace sobre la base de una economía de mercado. De hecho, la arquitectura de la industria armamentística rusa es muy similar a la de la Europa de los años sesenta y ochenta: práctica-

---

568. Chris Livesay & Erin Lyall, «Russia is bombarding Ukraine with drones guided by U.S.-made technology, and the chips are still flowing», *CBS News*, 4 de enero de 2023 (https://www.cbsnews.com/news/ukraine-war-russia-iranian-drones-us-made-technology-chips/)
569. Simon Lüthje, «Rusia quiere fabricar sus propios chips con el proceso de 7 nm», *Basic-Tutorial*, 24 de octubre de 2023 (https://basic-tutorials.com/news/russia-wants-to-manufacture-its-own-chips-using-the-7-nm-process/)

mente todas las empresas son de propiedad estatal. A diferencia de los complejos militares-industriales occidentales, cuyos intereses pueden divergir de los del Estado, en Rusia hay convergencia.

En Occidente, especialmente en Europa, tras la Guerra Fría, la industria armamentística dio paso a la producción civil para recoger los «dividendos de la paz». Muchas personas, sobre todo en Francia, se disgustaron por esta situación, considerándola un error estratégico. Pero esto no es cierto. La situación en Europa y las buenas relaciones con Rusia (al menos hasta 2014) hacían que la ausencia de amenaza militar fuera una realidad y no justificaban objetivamente el mantenimiento de una gran capacidad de producción. Esta es probablemente la razón subyacente por la que Estados Unidos ha hecho todo lo posible por mantener un continuo de amenazas desde el final de la Guerra Fría. Incluso hoy, sólo los neonazis mantienen la narrativa de una amenaza rusa para Europa, para justificar nuestra política hacia Ucrania.

6.2. Guerra electrónica

6.2.1. Guerra electrónica

Un campo sistemáticamente ignorado por nuestros «expertos» y casi siempre confundido con la ciberguerra es *la guerra electrónica* (EW). Aunque ambas disciplinas pueden entrecruzarse, son técnicamente distintas. En términos sencillos, la guerra electrónica es la guerra de las ondas en lo que se conoce como el éter, mientras que la ciberguerra es la guerra del software.

Su alcance se ha ampliado exponencialmente con la informatización de la sociedad. Sobre todo en un país tan extenso como Ucrania, las transmisiones militares utilizan sistemas de satélite altamente informatizados, similares a las redes GSM utilizadas en el sector civil.

Denominada en Rusia guerra radioelectrónica (*радиоэлектронная борьба*) (REB), se trata de un campo en el que destaca y en el que probablemente va más adelantado que Occidente. También es un área de éxito discreto, como reconoce la *BBC*[570]:

---

570. https://www.bbc.com/news/world-europe-62090791

Rusia no sólo ha superado en número y armamento a las fuerzas ucranianas, sino que también tiene una amplia experiencia en guerra electrónica. Rusia ha bloqueado e interferido los sistemas de comunicaciones militares de Ucrania.

El 25 de mayo de 2023, el Ministerio de Defensa británico informó de que, según *Geollect*, desde el 14 de mayo de 2023, los rusos habían pirateado el sistema de identificación automática (AIS) para hacer creer que los buques comerciales se movían creando la impresión de un símbolo «Z» de 65 km de largo en el Mar Negro[571], ¡visible en el software de rastreo de código abierto[572]!

Al comienzo de su intervención, en febrero de 2022, Rusia logró neutralizar todos los sistemas de transmisión militar ucranianos.

La destrucción de los terminales *Starlink* obliga a los puestos de mando a intercambiar datos de fuego por voz a través de la red de telefonía por satélite *Iridium*. Esto ralentiza los tiempos de reacción de la artillería, haciéndola más vulnerable al fuego de contrabatería.

Uno de los principales esfuerzos de GE es la lucha contra los drones. En *The Economist*, un funcionario ucraniano afirma[573]:

Los rusos son muy, muy buenos en lo que hacen [...] Hacen magia negra cuando se trata de guerra electromagnética. Pueden interferir frecuencias, engañar al sistema GPS, enviar un dron a la altitud equivocada para que caiga del cielo.

En agosto de 2023, el ejército ucraniano fue tomado por sorpresa en el sector de Kupiansk[574], a pesar de los E-8 J-STARS y RQ-4 GLOBAL HAWK estadounidenses, que vigilaban permanentemente la región desde la frontera ucraniana y el Mar Negro. La razón por la que los preparativos de este ataque pasaron desapercibidos es que los rusos son capaces de hacerse «invisibles»,

---

571. https://www.tradewindsnews.com/technology/ship-ais-data-spoofed-to-draw-pro-war-russian-z-symbol-in-black-sea/2-1-1456329
572. https://twitter.com/DefenceHQ/status/1661607073803640833
573. «Ukraine is betting on drones to strike deep into Russia», *The Economist*, 20 de marzo de 2023 (https://www.economist.com/europe/2023/03/20/ukraine-is-betting-on-drones-to-strike-deep-into-russia)
574. Dan Sabbagh, «'I couldn't take it any more': holdouts quit Kupiansk after renewed Russian shelling», *The Guardian*, 29 de agosto de 2023 (https://www.theguardian.com/world/2023/aug/29/holdouts-quit-kupiansk-after-renewed-russian-shelling-ukraine)

gracias a la guerra electrónica, que ciega los radares occidentales. Son los sistemas de la familia KRASUKHA desplegados en Crimea los que permiten a los rusos operar como si estuvieran detrás de una «pantalla electrónica».

Sistema 1L269 KRASUKHA-2

Figura 50 — El Krasukha-2 es un sistema diseñado para interferir sistemas de alerta a distancia como el E-3 SENTRY AWACS utilizado por la OTAN hasta una distancia de 250 km. También puede interferir sistemas de misiles guiados por radar. Por eso también se utiliza, por ejemplo, para proteger las bases de lanzamiento de misiles del tipo ISKANDER. Transmite datos falsos al misil atacante para despistarlo.

Sistema 1RL257 KRASUKHA-4

Figura 51 — El Krasukha-4 es un sistema de interferencia para radares de a bordo estadounidenses del tipo J-STARS, que se utilizan para seguir los movimientos del enemigo sobre el terreno. Estos sistemas se utilizan, por ejemplo, en Crimea para desviar ataques ucranianos guiados por sistemas de guía estadounidenses.

6.2.2. La guerra contra los satélites

Desde el comienzo de la SVO, las estructuras de control ucranianas se vieron gravemente dañadas por los ataques rusos. Ucrania tuvo que recurrir a la red *Starlink*, con unos 20.000 terminales financiados por los gobiernos estadounidense, británico y polaco. Implantado por SpaceX, la empresa de Elon Musk, el sistema *Starlink* permite la transmisión de datos a través de una red de satélites, y se ha convertido rápidamente en instrumental para la transmisión de datos operativos, incluido el pilotaje de drones y la designación de objetivos. Se ha convertido así en uno de los objetivos prioritarios de la guerra electrónica rusa. El funcionamiento de esta red en Ucrania cuesta unos 400 millones de dólares al año.

Starlink se convirtió así rápidamente en uno de los objetivos prioritarios de la guerra electrónica rusa. En un principio, SpaceX consiguió evitar la interferencia de sus satélites[575], pero en octubre de 2022, los fallos masivos de *Starlink* estaban teniendo consecuencias «catastróficas» para las transmisiones operativas ucranianas[576]. Según el general Valeriy Zaloujny, jefe de las fuerzas ucranianas, los rusos están destruyendo 500 terminales *Starlink* al mes[577]. Esto obliga a los puestos de mando a intercambiar datos de fuego por voz a través de la red de telefonía por satélite *Iridium* y ralentiza los tiempos de reacción de la artillería, haciéndola más vulnerable al fuego de contrabatería.

El uso de redes de satélites civiles con fines militares podría llevar a Rusia a considerar los satélites como objetivos legítimos[578].

6.2.3. Sistemas antidrón

Los rusos han desarrollado toda una serie de herramientas para eliminar la amenaza de los drones ucranianos. En primer lugar está el

---

575. Michael Kan, «Pentagon Impressed by Starlink's Fast Signal-Jamming Workaround in Ukraine», *PC Magazine*, 21 de abril de 2022 (https://www.pcmag.com/news/pentagon-impressed-by-starlinks-fast-signal-jamming-workaround-in-ukraine).

576. Elizabeth Howell, «Elon Musk says Russia is ramping up cyberattacks on SpaceX's Starlink systems in Ukraine», *Space*, 14 de octubre de 2022 (https://www.space.com/starlink-russian-cyberattacks-ramp-up-efforts-elon-musk)

577. Xander Landen, «Starlink Outages Put 'Dent' in Ukrainian Counteroffensive Against Putin», *Newsweek*, 8 de octubre de 2022 (https://www.newsweek.com/starlink-outages-put-dent-ukrainian-counteroffensive-against-putin-1750116)

578. «Russia Says U.S. Satellites Assisting Ukraine Are 'Legitimate' Targets», *The Moscow Tmes*, 27 de octubre de 2022 (https://www.themoscowtimes.com/2022/10/27/russia-says-us-satellites-assisting-ukraine-are-legitimate-targets-a79208)

aspecto más obvio, la defensa antiaérea. El problema de los sistemas antiaéreos occidentales es que dependen de un número limitado de sistemas para todas las amenazas aéreas. Es el caso de los PATRIOT que utiliza Ucrania, pero que resultan extremadamente caros cuando se utilizan contra drones baratos de efecto limitado. Los rusos tienen una filosofía diferente, adoptando una defensa multicapa con más sistemas cuyas prestaciones se solapan parcialmente.

El eje de la lucha contra los drones es el sistema PANTSIR SM, que es la última iteración del sistema creado a principios de los años noventa. Se trata de un sistema de defensa puntual, optimizado para combatir pequeños drones cuya trayectoria es difícil de prever. El sistema PANTSIR está distribuido a nivel táctico y contribuye a la cobertura aérea de los BTG. Puede detectar objetivos con una superficie de 15x15 cm y está equipado con pequeños misiles de corto alcance (<7 km) para derribar pequeños UAV tácticos. La sensibilidad de su sistema de radar lo convierte en un sistema de armas eficaz contra misiles tácticos como el TOCHKA-U (SS-21) o el HIMARS.

El sistema PANTSIR

Figura 52 — El PANTSIR-SM es uno de los sistemas antiaéreos táctico-operativos más eficaces.

La segunda herramienta anti-UAV es el helicóptero de combate
Mi-28NM. Está optimizado para operaciones anti-UAV. Su radar NO25E
lo convierte en una especie de «mini-AWACS», capaz de vigilar el espacio
aéreo y detectar objetos muy pequeños. Es capaz de cazar drones por
la noche. Sin embargo, su punto débil es la sensibilidad de sus misiles,
que no pueden fijar drones pequeños con firmas térmicas insuficientes.
Está integrado en los sistemas de control del RUK, lo que permite una
respuesta rápida a las necesidades de las tropas terrestres.

El Mi-28NM

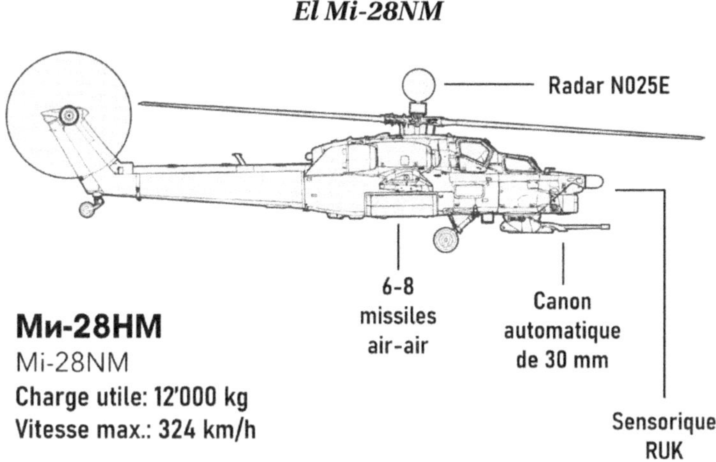

*Figura 53 — El Mi-28NM ha sido especialmente diseñado para combatir drones,
sobre todo de noche.*

El elemento más importante del arsenal ruso contra los drones y los
ataques aéreos con misiles (misiles balísticos, HIMARS o misiles de
crucero) es el conjunto de medidas electrónicas. Los rusos han desarrollado un conjunto de sistemas que forman una defensa multicapa desde
el nivel estratégico hasta el táctico.

Estos sistemas funcionan de muy diversas maneras. La más común es
la interferencia de la señal GPS. Según la revista estadounidense *Forbes*,
Rusia es capaz de derribar el 90% de los drones ucranianos con sus
sistemas electromagnéticos[579].

---

579. David Axe, «Russia's Electronic-Warfare Troops Knocked Out 90 Percent of Ukraine's Drones»,
Forbes, 24 de diciembre de 2022 (https://www.forbes.com/sites/davidaxe/2022/12/24/russia-
electronic-warfare-troops-knocked-out-90-percent-of-ukraines-drones/?sh=2b8c98a9575c)

Es importante entender que estos sistemas «en capas» significan que la granularidad de la interceptación aumenta a medida que uno se acerca al objetivo del ataque, más o menos como una tela de araña. Esto explica por qué los drones ucranianos de tamaño medio pudieron penetrar en el espacio aéreo ruso y sólo fueron interceptados cerca de sus objetivos.

Los rusos han introducido sistemas de interferencia táctica a gran escala, conocidos como sistemas de «interferencia de trinchera», como el STRIJ, que suprime drones en modo automático. El sistema permite que el dron se acerque, luego se enciende automáticamente, interfiere la señal y toma el control.

Sistema antidrones STRIJ

Figura 54 — Los rusos han desarrollado toda una serie de sistemas electrónicos para neutralizar los drones antes de que se conviertan en una amenaza. El STRIJ es uno de estos sistemas, que puede utilizarse para proteger unidades tácticas.

El problema de los drones es que a menudo son demasiado pequeños para ser detectados y combatidos eficazmente por las defensas antiaéreas. La solución es el EW, que neutraliza los drones. Según *el Royal United Services Institute* británico, los rusos neutralizan unos 10.000 drones ucranianos al mes[580]. Según admiten ellos mismos, en marzo de

580. https://static.rusi.org/403-SR-Russian-Tactics-web-final.pdf

El arte de la guerra rusa

2023, los ucranianos perdían entre 10 y 15 drones al día y han liberado un crédito de 800 millones de euros[581] para la compra de drones[582].

Al parecer, los rusos son capaces de descifrar en tiempo real los sistemas de encriptación de 256 bits de Motorola utilizados para guiar pequeños drones[583]. Cuando un dron DJI pierde el contacto por radio con su operador, debido a interferencias u otras causas, intenta volver al último lugar conocido en el que pudo comunicarse. Si no se puede restablecer la comunicación, se activa la función *«Failsafe Return-to-Home»* y el dron vuelve automáticamente a su punto de partida. Si la navegación GPS está bloqueada —como suele ocurrir en gran parte del frente— y el dron no puede volver a casa, aterrizará suavemente donde se encuentre[584].

Los rusos también disponen de medios para interferir las señales GPS y perturbar así el uso de drones y misiles teledirigidos. Según la revista estadounidense *Forbes*, Rusia es capaz de derribar el 90% de los drones ucranianos con sus sistemas electromagnéticos[585].

6.2.4. *Los Wunderwaffen*

Al final de la Segunda Guerra Mundial, con el ejército alemán en retirada en todos los frentes, Hitler y su estado mayor seguían creyendo que la situación podía revertirse mediante el uso de nuevas armas. Alemania estaba a la vanguardia del desarrollo de nuevas tecnologías y nuevas armas, que se pensaba que podían «cambiar el juego». Aviones a reacción, misiles, nuevos vehículos blindados... más tarde se conocieron como las *Wunderwaffen* (*«armas milagrosas»*). Pero la industria alemana, sometida a bombardeos, ya no podía garantizar una producción regular, mientras que los recursos humanos menguaban. Las *Wunderwaffen*

---

581. https://youtu.be/qQ2kCDBYY6I
582. https://t.me/dsszzi_official/5621
583. Jack Watling & Nick Reynolds, «Meatgrinder: Russian Tactics in the Second Year of Its Invasion of Ukraine», *Royal United Services Institute for Defence and Security Studies* (*RUSI*), 19 de mayo de 2023 (https://static.rusi.org/403-SR-Russian-Tactics-web-final.pdf)
584. David Hambling, «New Report: Ukraine Drone Losses Are '10,000 Per Month'», *Forbes*, 22 de mayo de 2023 (https://www.forbes.com/sites/davidhambling/2023/05/22/ukraine-drones-losses-are-10000-per-month/?sh=799a1320384a)
585. David Axe, «Russia's Electronic-Warfare Troops Knocked Out 90 Percent of Ukraine's Drones», *Forbes*, 24 de diciembre de 2022 (https://www.forbes.com/sites/davidaxe/2022/12/24/russia-electronic-warfare-troops-knocked-out-90-percent-of-ukraines-drones/?sh=2b8c98a9575c)

no impidieron la derrota del III Reich. 80 años después, Ucrania está pasando por la misma experiencia que estos maestros del pensamiento.

Desde marzo de 2022, a medida que las fuerzas de la coalición rusa avanzaban en Ucrania, la narrativa occidental era que Rusia estaba perdiendo la guerra. Las nuevas armas desplegadas por las fuerzas rusas, en particular los misiles hipersónicos, fueron apodadas *Wunderwaffen* por la prensa extremista de propaganda occidental, con el fin de presentarlas como el último recurso de Rusia ante una derrota inevitable[586].

Armas milagrosas» en sentido literal y figurado

Figura 55 — Santa Jabalina, que se convirtió literalmente en un icono para los ucranianos en las primeras horas de la operación rusa. Demuestra que, desde el inicio de la SVO, los ucranianos dependían de las armas occidentales, lo que tendía a contradecir las repetidas conversaciones sobre una victoria ucraniana. También atestigua el carácter «milagroso» de la ayuda occidental, considerada como el único recurso contra una derrota anunciada (... ¡por comentaristas honestos!).

---

586. Volker Pabst, «Moskau zeigt auf seine "Wunderwaffen"», *Neue Zürcher Zeitung*, 20 de marzo de 2022 (https://www.nzz.ch/international/russlands-wunderwaffe-erster-kampfeinsa-tz-von-hyperschall-rakete-ld.1675519)

De hecho, en mayo-junio de 2022, Ucrania había sido literalmente «desmilitarizada» y se había logrado el objetivo declarado de Vladimir Putin. Ucrania cambió un prometedor plan de paz por ayuda occidental *«durante el tiempo que sea necesario»*. Al principio, la principal preocupación era el número de armas. De ahí que ciertas armas se estén convirtiendo literalmente en *Wunderwaffen*, como el misil JAVELIN, cuya eficacia se verá rápidamente reducida por las contramedidas rusas.

Por su parte, los rusos tratan de aprovechar mejor los puntos fuertes de sus diversos sistemas de armas, incluidos los que parecen obsoletos, como veremos. Armas consideradas «milagrosas», como el JAVELIN, el HIMARS, el PATRIOT o el STORM SHADOW, están perdiendo su eficacia frente a la capacidad de adaptación de los técnicos rusos, que están encontrando la manera de contrarrestarlas y llevarlas rápidamente al campo de batalla.

6.2.5. Armas hipersónicas

Los rusos disponen de toda una gama de misiles que la defensa antiaérea ucraniana sigue teniendo problemas para detener. Se trata de los misiles 9M723 ISKANDER-M y Kh22 BOURYA. Según Yuriy Ignat, portavoz de las Fuerzas Aéreas ucranianas, ésta es una de las razones por las que Ucrania desearía disponer de F-16 para combatir los Kh-22[587].

Los misiles hipersónicos han entrado con fuerza en el conflicto ucraniano. Su importancia operativa en el escenario ucraniano es menor que el cambio que anuncian en el equilibrio estratégico de fuerzas entre Rusia y Occidente. En fase de pruebas desde diciembre de 2017, el misil Kh-47M2 KINJAL entró en combate por primera vez el 18 de marzo de 2022, para atacar emplazamientos logísticos ucranianos. Probablemente, el objetivo era tanto realizar una primera prueba en condiciones de combate como enviar una señal a Occidente.

No se conocen con precisión todas las características de estos misiles. Sin embargo, parece que suponen un importante desafío para los sistemas de defensa antiaérea occidentales, como el MIM-104 PATRIOT

---

587. Joseph P Chacko, «Here is a list of Russian missiles that are too powerful for Ukrainian air defences to shoot down», *Frontier India*, 7 de marzo de 2023 (https://frontierindia.com/here-is-a-list-of-russian-missiles-that-are-too-powerful-for-ukrainian-air-defences-to-shoot-down/)

estadounidense, el NASAMS noruego y el IRIS-T SLM alemán. El 8 de mayo de 2023, *RTS* anunció que Ucrania había logrado derribar por primera vez un misil hipersónico el 4 de mayo[588]. Sin embargo, tres días antes, el portavoz de las Fuerzas Aéreas ucranianas había declarado a un medio de comunicación ucraniano[589] que Ucrania no había derribado un misil de ese tipo[590].

Principalmente desplegado por aviones MiG-31K y MiG-31I, el KINJAL también puede funcionar en la plataforma Su-34. La ventaja de esta diversificación es que puede liberar a los MiG-31 para atacar misiles de crucero, que su radar puede combatir eficazmente.

El misil hipersónico KINJAL Kh-47M2

Figura 56 — El misil hipersónico KINJAL,
desplegado principalmente por aviones MiG-31K.

588. https://www.rts.ch/info/monde/13999930-le-chef-de-wagner-dit-avoir-eu-la-promesse-de-moscou-de-recevoir-les-munitions-demandees.html#timeline-anchor-1683373528352
589. «La Fuerza Aérea de Ucrania niega el derribo de un misil balístico sobre Kiev el 4 de mayo», *The Kyiv Independent*, 5 de mayo de 2023 (https://kyivindependent.com/ukraines-air-force-denies-ballistic-missile-shot-down-over-kyiv-on-may-4/)
590. Olena Bohdanyok, «Повітряні Сили спростували збиття над Києвом гіперзвукової ракети «Кинжал» вночі 4 травня Ексклюзивно», *suspilne media*, 5 de mayo de 2023 (https://suspilne.media/466841-ci-bula-zbita-nad-kievom-giperzvukova-raketa-vnoci-4-travna-so-pro-ce-vidomo/)

El arte de la guerra rusa

Mientras nuestros medios de comunicación afirman constantemente que Rusia no tiene capacidad de desarrollo tecnológico, ha logrado desarrollar toda una gama de misiles hipersónicos (con velocidades de entre 10.000 y 30.000 km/h). Rusia ha empezado a desplegar misiles hipersónicos ZIRCON en sus buques[591].

Al ser difíciles de interceptar, estos misiles suponen una amenaza considerable para los portaaviones estadounidenses, es decir, para la capacidad de proyección de fuerzas de Estados Unidos. La importancia geoestratégica de estas nuevas armas no parece comprenderse aún en Occidente, que sigue atrapado en su propia narrativa. Pero Vladimir Putin lleva varios años hablando de ellas, refiriéndose a armas de nueva tecnología que van —efectivamente— varios años por delante de Occidente[592]. Estados Unidos aún no ha sido capaz de desarrollar sistemas equivalentes.

6.3. Vehículos blindados

6.3.1. Equilibrio de fuerzas

Al comienzo de la SVO, los dos bandos tenían aproximadamente el mismo número de tanques. Ucrania contaba con unos 800 carros T-64 y un centenar de carros T-72. Rusia, con unos 80 BTG según el Pentágono[593], tenía unos 800-1.000 carros de combate. Así que había un cierto equilibrio.

Desde el 24 de febrero de 2022, si hemos de creer a nuestros medios de comunicación y a nuestros brillantes «expertos» militares, los rusos no han perdido más que carros de combate. Ucrania, por su parte, habría

---

591. Brad Lendon & Anna Chernova, «Putin deployes Russian warship with Zircon hypersonic missile, TASS says», *CNN*, 5 de enero de 2023 (https://edition.cnn.com/2023/01/05/europe/russia-warship-hypersonic-missile-deployed-intl-hnk-ml/index.html)
592. Nick Mordowanec, «Putin Brags New Weapons Are 'Decades' Ahead of Rest of World's», *Newsweek*, 15 de agosto de 2022 (https://www.newsweek.com/vladimir-putin-brags-russian-new-weapons-decades-ahead-other-countries-1733754)
593. «Senior Defense Official Holds a Background Briefing, April 18, 2022», *defense.gov*, 18 de abril de 2022 (https://www.defense.gov/News/Transcripts/Transcript/Article/3002867/senior-defense-official-holds-a-background-briefing-april-18-2022/)

capturado centenares[594], a los que habría que añadir los recibidos de Occidente en 2022-2023, con lo que el total ascendería a unos 2.700 carros de combate. Sin embargo, como veremos durante la contraofensiva de 2023, los ucranianos carecen de carros de combate y tienen que recurrir a la ayuda occidental.

6.3.2. Tanques rusos frente a tanques occidentales

La narrativa occidental hace hincapié en el esfuerzo por ayudar a Ucrania y en la calidad muy superior de los equipos suministrados, mientras que los rusos parecen luchar con antigüedades. Sin embargo, el curso de los acontecimientos parece desmentir a nuestros expertos y a otros desinformadores. ¿Son los rusos mejores que los ucranianos a la hora de sacar lo mejor de sus restos, o mienten nuestros expertos? Es esto último.

Nuestros «expertos» televisivos parecen haberse convertido en mercachifles (más «mentirosos» que «mercachifles», de hecho), ensalzando los méritos de los tanques occidentales frente a los rusos, mal diseñados, obsoletos y mal utilizados por soldados mal entrenados y desmotivados. En cuanto a los tanques modernos, según el «experto» Alexandre Vautravers, sólo han tenido una *presencia de muestra*, y los rusos no tienen capacidad para producir nuevos[595].

Estamos acostumbrados a oír que los equipos rusos son de calidad inferior a los occidentales. Esto no es del todo cierto. Los rusos, al igual que los soviéticos, tienen una filosofía diferente de la occidental a la hora de modernizar sus fuerzas armadas.

Los sistemas de armamento en Occidente son extremadamente caros y se esfuerzan por incorporar las últimas tecnologías, e incluso tecnologías emergentes. El resultado es que nuestros equipos son tecnológicamente avanzados, pero llegan al campo de batalla con relativa lentitud.

Por el contrario, los rusos (y antes los soviéticos) prefieren desplegar tecnologías probadas. Trabajan más que Occidente en «familias» de aparatos, que utilizan muchos componentes comunes. En otras palabras, la brecha entre generaciones de armas es más corta en Rusia

---

594. «Attack On Europe: Documenting Russian Equipment Losses During the 2022 Russian Invasion Of Ukraine», *Oryx*, 24 de febrero de 2022 (https://www.oryxspioenkop.com/2022/02/attack-on-europe-documenting-equipment.html)
595. https://www.club-44.ch/mediatheque/

que en Occidente, y sus equipos son menos caros. Al igual que durante la Guerra Fría, el número de generaciones de sus principales equipos es mayor que en Occidente. En consecuencia, el nivel tecnológico medio de sus sistemas es superior al de Occidente, con un coste inferior.

Esto explica por qué, después de entregar a Ucrania equipos de producción reciente, Occidente tuvo que recurrir a equipos de los años sesenta. En el lado ruso, los equipos destruidos pueden sustituirse fácilmente por equipos de la generación anterior, con actualizaciones poco costosas.

6.3.2.1. Depósitos obsoletos e inutilizables

Incluso un análisis superficial muestra que lo que entregamos a Ucrania no estaba ni cerca del nivel de lo que tienen los rusos. Porque, en realidad, Occidente no nos entregó su mejor equipamiento, sino su chatarra. En una reunión celebrada en abril de 2023 en la base alemana de Ramstein, uno de los ayudantes del general Zaloujny dijo a sus socios estadounidenses[596]:

Lo sentimos, pero algunos de los vehículos que hemos recibido no son aptos para el combate… Los BRADLEY y los LEOPARD tienen las orugas rotas o faltan. A los vehículos de combate alemanes MARDER les falta la radio y no son más que cajas de hierro con orugas.

Las armas suministradas a Ucrania fueron una elección política más que operativa. Es el caso de los AMX-10RC que Francia decidió enviar en enero de 2023, justo antes de la conferencia de Ramstein[597]. No se trata en sí mismo de un mal equipamiento, pero fue diseñado para un uso, un periodo y un terreno diferentes. En julio, los militares ucranianos declararon que no era adecuado para la actual contraofensiva[598]. El AMX-10

---

596. Alona Mazurenko, «EEUU y Occidente insisten en la contraofensiva selectiva de Ucrania para aislar a Rusia de Crimea», *Ukrainska Pravda*, 4 de diciembre de 2023 (https://www.pravda.com.ua/eng/news/2023/12/4/7431593/)
597. «El envío por Francia de tanques ligeros AMX-10RC a Ucrania es una decisión importante antes de la próxima reunión de Ramstein», *The New Voice of Ukraine*, 5 de enero de 2023 (https://english.nv.ua/nation/france-s-sending-amx-10rc-light-tanks-to-ukraine-is-an-important-decision-before-next-ramstein-meet-50295680.html).
598. «Comandante ucraniano advierte que los tanques franceses son inadecuados para la contraofensiva», *Euronews / AFP*, 2 de julio de 2023 (https://www.euronews.com/2023/07/02/ukrainian-commander-warns-french-tanks-are-inadequate-for-counteroffensive)

RC es un vehículo de reconocimiento, pero el ejército ucraniano no necesitaba realmente un vehículo de reconocimiento cuyas funciones podían realizar vehículos más sencillos y menos vulnerables, o incluso drones. En noviembre, la primera serie de vehículos enviada por Francia fue destruida. Sin embargo, al parecer Ucrania espera recibir una nueva serie[599]. De hecho, en noviembre, después de que la atención mundial se centrara en Israel y Palestina, Ucrania se sintió —probablemente con razón— olvidada. Por ello, los ucranianos prefirieron presumir del equipamiento que estaban recibiendo, a pesar de que ello no conduciría a la victoria, sino que sólo prolongaría el conflicto.

En septiembre de 2023, Annalena Baerbock, ministra alemana de Asuntos Exteriores, confesó a la *CNN*[600] que las armas suministradas por Berlín eran «*obsoletas e inutilizables*»[601]. Unos días antes, Ucrania se había limitado a rechazar 10 tanques LEOPARD 1A5 ofrecidos por Alemania, que estaban inutilizables, mientras que 10 tanques del mismo tipo suministrados en julio sufrían los mismos problemas[602]. La prensa ucraniana informa de que los LEOPARD 1A5 ofrecidos por Dinamarca también presentan los mismos defectos[603].

La revista estadounidense *Forbes* informa incluso de que, para entrenar a las tripulaciones de los tanques LEOPARD ucranianos, Dinamarca tuvo que sacar los tanques de los museos[604]. El problema es que nuestra narrativa era que estábamos haciendo todo lo posible para dar a Ucrania

---

599. David Axe, «Ukrainian Marines Almost Wasted Their First Batch Of French AMX-10RC Scout Vehicles. Now They're Getting A Second Batch», *Forbes*, 1 de noviembre de 2023 (https://www.forbes.com/sites/davidaxe/2023/11/01/ukrainian-marines-almost-wasted-their-first-batch-of-french-amx-10rc-scout-vehicles-now-theyre-getting-a-second-batch/?sh=77d5525048da)
600. https://edition.cnn.com/videos/tv/2023/09/25/amanpour-annalena-baerbock-ukraine-unga.cnn
601. Dinara Khalilova, «German foreign minister acknowledges some of Berlin's weapons are outdated, inoperational», *The Kyiv Independent*, 26 de septiembre de 2023 (https://kyivindependent.com/german-foreign-minister-acknowledges-issues-with-weapons-delivered-to-ukraine/)
602. Martin Fornusek, «Ukraine refused 10 Leopard 1 tanks from Germany due to poor condition», *The Kyiv Independent*, 19 de septiembre de 2023 (https://kyivindependent.com/media-ukraine-refused-10-leopard-1-tanks-from-germany-due-to-poor-condition/)
603. Dinara Khalilova, «Danish Leopard 1 tanks donated to Ukraine have defects», *The Kyiv Independent*, 22 de septiembre de 2022 (https://kyivindependent.com/media-danish-leopard-1-tanks-donated-to-ukraine-have-defects/)
604. David Axe, «To Train Ukrainian Troops, the Danish Military Had To Borrow Leopard 1 Tanks From Three Museums», *Forbes*, 8 de septiembre de 2023 (https://www.forbes.com/sites/davidaxe/2023/09/08/to-train-ukrainian-troops-the-danish-military-had-to-borrow-leopard-1-tanks-from-three-museums/)

armas modernas que le permitieran salir victoriosa. Pero sabíamos, incluidos nuestros brillantes «expertos» militares, que eso no era cierto.

El LEOPARD 1A5 es un carro de combate diseñado en la década de 1950 con un cañón de 105 mm. Durante la Guerra Fría, este tanque se adaptó a las normas de la época en cuanto a armamento, protección y movilidad. Desde la década de 1990, el calibre de 120 mm se ha convertido en la norma, con su correspondiente protección. Con estos tanques, los ucranianos se quedarán una generación atrás.

Comparación de la antigüedad de los tanques rusos y los tanques suministrados a Ucrania (2023)

Rusia		Ucrania	
Tipo	*Edad (años)*	*Tipo*	*Edad (años)*
T-72B/BA	27	M-55S	14
T-72B3	8	M1A1 ABRAMS	38
T-72B3 obr. 2016	3	LEOPARD 1A5	36
T-80BV/U	20	LEOPARD 2A4	38
T-80BVM	4	LEOPARD 2A6	22
T-90A	20	Strv 122A	25
T-90M	3	LEOPARD 2PL	35
Edad media	13,4	Edad media	29,7

Figura 57 — Una leyenda urbana, propagada por ciertos supuestos «expertos» militares, es que los rusos no tienen equipos modernos. En realidad, los equipos rusos son, en general, modernos y eficaces.

Así pues, los equipos occidentales llegan con importantes limitaciones logísticas. Algunos sistemas están obsoletos en Occidente y algunas piezas de recambio simplemente ya no se fabrican, como en el caso del tanque LEOPARD 2A4. Para otros, como el tanque antiaéreo alemán GEPARD, la munición es difícil de obtener.

Sin embargo, la logística ucraniana y su base industrial estaban organizadas en torno a las armas de origen soviético y ruso. El suministro de miles de vehículos occidentales de diversos orígenes en el espacio de unos pocos meses no permitió que esta base industrial se adaptara, especialmente bajo los ataques rusos. Lejos de facilitar la vida a los ucranianos, Occidente se la ha complicado y la ha hecho aún más vulnerable[605].

La logística de combate puede llevarse a cabo con relativa facilidad intercambiando módulos, como el bloque motor o la caja de cambios, por ejemplo. Pero las reparaciones más complejas sólo pueden ser llevadas a cabo por personal especializado de los países de la OTAN. Esto implica la creación de centros de reparación fuera del territorio ucraniano, lo que introduce a los países «reparadores» en la cadena logística operativa de Ucrania (y por tanto como cobeligerantes).

En cuanto a los vehículos blindados de ruedas STRYKER, documentos ucranianos filtrados muestran que el 76% están inutilizables debido a frecuentes averías.

6.3.2.2. ¿Los tanques rusos son conceptualmente peores?

En primer lugar, hay que recordar que no existe un arma absoluta y que la perfección en materia de carros de combate es ilusoria. Los carros de combate se diseñan para satisfacer necesidades específicas que son difíciles de reproducir de un país a otro. Por eso, cada país usuario adapta el mismo tipo de carro de combate a sus condiciones específicas.

Un ejemplo es el número de tripulantes, que algunos «expertos» parecen estar convirtiendo en un nuevo problema. De hecho, es un debate que lleva abierto más de 60 años. La mayoría de los carros occidentales tienen una tripulación de 4 hombres (comandante, cargador, artillero y piloto), mientras que los carros rusos tienen una tripulación de 3 hombres (comandante, artillero y piloto). Una tripulación de 4 hombres tiene ciertas ventajas, sobre todo si uno de los miembros de la tripulación tiene algún problema. Pero una tripulación de 3 hombres significa que se puede empaquetar más electrónica y armamento en el mismo espacio o —como es el diseño ruso— se puede reducir la silueta del tanque y, por lo tanto, su vulnerabilidad.

A principios de la década de 1970, el proyecto germano-estadounidense MBT-70/Kpz-70 (del que derivaron el M1 ABRAMS y el LEOPARD 2) contaba con una tripulación de 3 hombres (todos situados en la torreta).

---

605. David Axe, «Ukraine's 2024 Problem: How To Repair Thousands Of Western-Made Combat Vehicles», *Forbes*, 5 de septiembre de 2023 (https://www.forbes.com/sites/davidaxe/2023/09/05/ukraines-2024-problem-how-to-repair-thousands-of-western-made-combat-vehicles/)

El arte de la guerra rusa

Los futuros proyectos de carros occidentales, como el PL-01 polaco, el M1 ABRAMS X o el KF-51 alemán, así como el nuevo carro de combate ruso T-14 ARMATA, están todos diseñados para tripulaciones de 3 hombres. A pesar de estos inconvenientes, ésta parece ser la solución del futuro.

En realidad, estamos asistiendo al mismo fenómeno que durante la Guerra Fría. Los tanques occidentales suelen ser tecnológicamente más avanzados, pero aparecen en el campo de batalla a un ritmo muy lento. Los carros rusos, en cambio, suelen ser soluciones tecnológicamente más sencillas, pero llegan más rápidamente al campo de batalla. Además, utilizan plataformas estandarizadas que pueden actualizarse fácilmente de forma continua, incluso en caso de guerra, como es el caso de Ucrania.

6.3.2.3. *Tanques occidentales diseñados para un entorno operativo diferente*

Los tanques occidentales están diseñados para su uso en Europa Central, donde el terreno es accidentado, lo que requiere que el tanque tenga la altura suficiente para poder disparar al tiempo que se beneficia de la protección natural del terreno. Los tanques rusos, diseñados para un terreno mucho más llano, tienen una silueta más baja, lo que sería una desventaja en Europa Central, ya que requeriría que el tanque estuviera más expuesto al fuego. Así pues, no existe una solución universalmente perfecta, sino soluciones más o menos adaptadas al contexto operativo.

Depósitos diseñados para distintos entornos

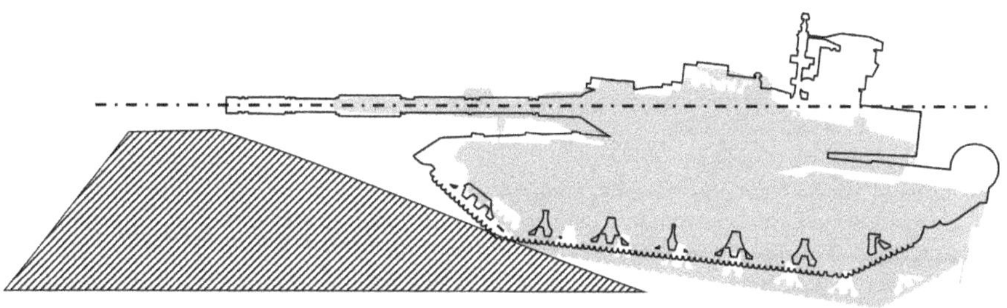

Figura 58 — Comparación de las siluetas de un tanque ruso T-90 (en gris) y un tanque alemán LEOPARD 2A6 (en negro). Los tanques occidentales suelen estar diseñados para combatir en Europa Central, donde el terreno es ligeramente accidentado. Por eso son más altos, para permitir que el cañón tenga un mayor rango de movimiento y puedan disparar a gran velocidad. Los tanques rusos están diseñados para operar en territorio ruso, que es mucho más llano, por lo que suelen ser más bajos. En Ucrania, esto significa que los tanques occidentales son objetivos más fáciles de alcanzar y, por tanto, más vulnerables que sus homólogos rusos.

Vehículos en gran medida obsoletos para este conflicto, como el transporte de tropas estadounidense M113, el VAB francés o el M2/3 BRADLEY estadounidense, cuyo desarrollo fue tan caótico que se convirtió en una película de comedia (*Las guerras del Pentágono*[606]), reaparecieron cerca de la línea del frente.

Sobre el terreno, como señala la revista *Forbes*, Ucrania está perdiendo su equipamiento[607]. Los AMX-10 RC suministrados por Francia, que son esencialmente vehículos de reconocimiento diseñados en la década de 1970, son inadecuados para la guerra en Ucrania[608]. Los vehículos de combate de infantería M2/3 Bradley, incluida la versión M2A2 ODS-SA, con fama de invencibles, están cayendo como moscas[609]. Y eso por no hablar de los M113, que son destruidos por casi cualquier arma de infantería.

De hecho, los occidentales se deshicieron de su viejo equipamiento regalándoselo a los ucranianos. Es el caso, por ejemplo, de los MRAP MaxxPRO, diseñados para la guerra de Irak. Muy altos, son blanco fácil de los misiles antitanque a grandes distancias y no están diseñados para terrenos fangosos. Muchos de ellos se quedaron atascados en el barro, lo que los convirtió en blancos fáciles para los rusos[610].

De hecho, parece que los ucranianos prefieren enfrentarse a sus tanques por parejas en apoyo de pelotones de infantería que en duelos de tanques[611].

Los tanques suministrados por Occidente proceden, por lo general, de reservas que fueron paralizadas a principios de los años noventa y se han deteriorado. Por tanto, estos equipos deben someterse a una revisión completa antes de ser enviados a Ucrania.

En octubre de 2023, se informó de que los LEOPARD 2 *«caían como moscas»*. De hecho, incluso obsoletos, estos equipos siguen siendo muy buenos, siempre que estén en manos de tripulaciones experimen-

---

606. https://en.wikipedia.org/wiki/The_Pentagon_Wars
607. https://www.forbes.com/sites/davidaxe/2023/06/13/as-losses-pile-up-ukraine-needs-a-lot-more-tanks-and-fighting-vehicles/
608. https://www.forbes.com/sites/davidaxe/2023/06/14/the-ukrainian-marine-corps-amx-10rc-recon-vehicles-didnt-last-long-in-a-frontal-assault-on-russian-defenses/?sh=41f2c254103f
609. https://youtu.be/vP6NdM5hEPk
610. Jack Watling y Nick Reynolds, «Stormbreak: Fighting Through Russian Defences in Ukraine's 2023 Offensive», *RUSI*, septiembre de 2023 (https://ik.imagekit.io/po8th4g4eqj/prod/Stormbreak-Special-Report-web-final_0.pdf).
611. Michael Kofman & Rob Lee, «Perseverancia y adaptación: la contraofensiva ucraniana a tres meses», *War On The Rocks*, 4 de septiembre de 2023 (https://warontherocks.com/2023/09/perseverance-and-adaptation-ukraines-counteroffensive-at-three-months/)

tadas[612]. Pero ese no es el punto crucial. De hecho, la propaganda en torno a la entrega de tanques occidentales los ha convertido en un símbolo y una prioridad para los militares rusos. También en este caso, la narrativa occidental ha ido en detrimento de la eficacia del ejército ucraniano.

Vehículos diseñados para diferentes usos

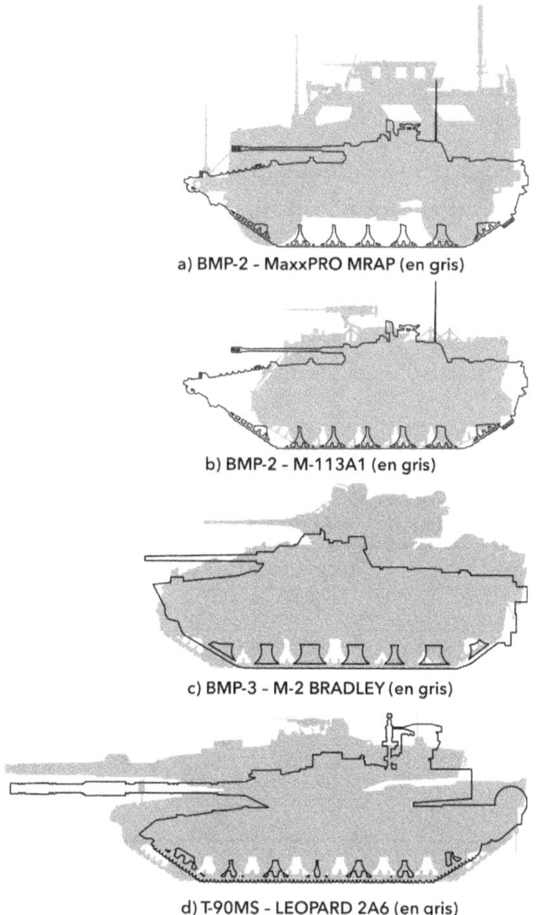

Figura 59 — Los vehículos blindados rusos suelen tener una forma más aerodinámica que sus homólogos occidentales. Esto se debe a que fueron diseñados para operar en las amplias llanuras de Rusia, mientras que los vehículos de la OTAN están diseñados para el teatro de operaciones europeo, más accidentado. Además, vehículos como el MaxxPRO se diseñaron para un entorno de contrainsurgencia en el que se requiere un terreno más elevado.

---

612. Clément Poursain, «Les chars Leopard 2 ukrainiens tombent comme des mouches, et c'est encore à cause des drones», *korii.fr*, 31 de octubre de 2023 (https://korii.slate.fr/et-caetera/chars-leopard-2-ukraine-tombent-comme-mouches-drones-fpv-kamikazes-pertes-vehicules-blindes-guerre-russie)

Según *Ukrainska Pravda*, los destacamentos de cazas (*okhotniki*) en las zonas de vigilancia (o zona de cobertura) recibirían una bonificación de 5 millones de rublos por el primer tanque M1 ABRAMS o LEOPARD destruido y 500.000 rublos por los siguientes[613]. Estas bonificaciones convertían a los LEOPARD y a los CHALLENGER en objetivos prioritarios. Por eso los mandos ucranianos son reacios a utilizarlos. La revista alemana *Der Spiegel* informa incluso de que las tripulaciones de los LEOPARD 2 inventan problemas a sus tanques para evitar entrar en combate[614], o incluso los abandonan antes incluso de entrar en combate.

Cuando comparamos las siluetas de los vehículos suministrados por Occidente con los utilizados por las fuerzas rusas, vemos que en general son inadecuados para un conflicto convencional en terreno llano. Demasiado macizos, son rápidamente detectables y tienen dificultades para escapar de la trayectoria cerrada de los tanques rusos, ¡que al parecer consiguen destruir tanques ucranianos a una distancia de 7.370 m[615]!

Entrega de tanques LEOPARD 2 a Ucrania (estado: agosto de 2023)

País proveedor	Tipo	Número
Alemania	LEOPARD 2A6	18
Canadá	LEOPARD 2A4	8
España	LEOPARD 2A4	10
Noruega	LEOPARD 2A4	8
Polonia	LEOPARD 2PL	30
Portugal	LEOPARD 2A6	3
Suecia	Strv 122A	10
Total		87

Figura 60 — Al hablar de los LEOPARD recibidos por Ucrania, nuestros medios de comunicación evitan mencionar los problemas asociados a la integración de sistemas que parecen similares pero tienen capacidades operativas y requisitos logísticos diferentes. Sin embargo, esto es parte de la dificultad que tienen los ucranianos para comprometer sus fuerzas.

613. https://www.pravda.com.ua/eng/news/2023/01/30/7387083/
614. https://www.spiegel.de/international/world/on-the-front-in-ukraine-going-into-battle-in-a-leopard-2-tank-a-9baffb53-1e5b-4a18-8ec5-173d067721af
615. https://www.bitchute.com/video/MLqVGHxfxnED/

El examen de los tipos de tanques suministrados por Occidente permite sacar algunas conclusiones. En primer lugar, se observa que el material suministrado no es de última generación. Por ejemplo, hay una diferencia significativa entre el LEOPARD 2A6 y el LEOPARD 2A4. La versión A6 está equipada con un sistema que le permite integrarse en un sistema de gestión del campo de batalla (BMS), mientras que la versión A4 no. Además, su munición es aparentemente ineficaz contra los T-90 rusos[616].

Comparación de los principales tanques occidentales entregados a Ucrania

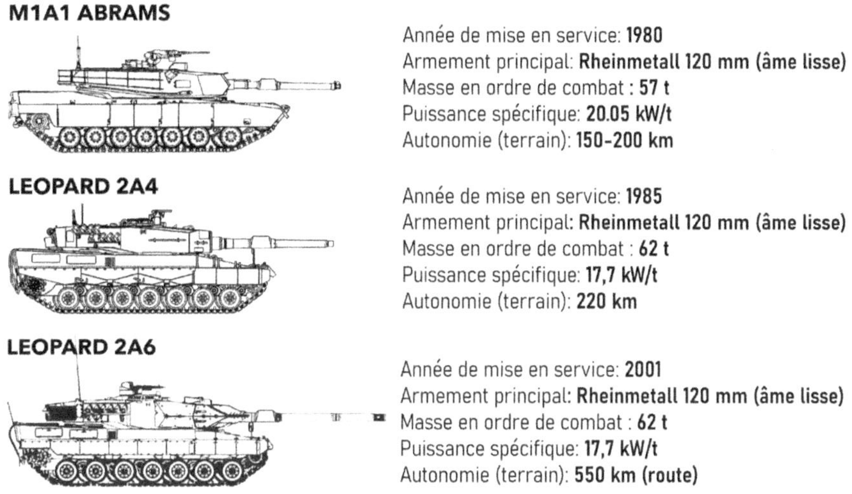

Figura 61 — Carros de combate principales suministrados a Ucrania. Todos son excelentes máquinas, pero su diversidad los hace poco adecuados para las necesidades actuales de Ucrania. Además, aunque los carros tengan un aspecto muy similar, las principales diferencias radican en la electrónica, la optrónica y los sistemas de control de tiro. Estos elementos son fundamentales para marcar la diferencia en el campo de batalla.

616. Thorsten Jungholt, «Bundeswehr-Kampfpanzern fehlt wirksame Munition», *Die Welt am Sonntag*, 26 de abril de 2015 (https://www.welt.de/politik/deutschland/article140083741/Bundeswehr-Kampfpanzern-fehlt-wirksame-Munition.html).

6.3.2.4. *El mito occidental cuestionado*

Los tanques LEOPARD 2 fueron capturados por los rusos, que podrán estudiarlos en detalle[617]. ¡Para evitar esta situación, los británicos han impuesto condiciones tan estrictas para el uso de sus CHALLENGER 2[618] que los ucranianos casi no pueden utilizarlos!

Los británicos temían que el blindaje *Chobham* de sus tanques CHALLENGER 2 pudiera interesar a los rusos. Tras largas discusiones, el gobierno aceptó entregar 14 de ellos, a condición de que los ucranianos hicieran todo lo posible para impedir que los rusos los capturaran. Así que impusieron restricciones a los ucranianos. Por ejemplo, los CHALLENGER 2 no podían utilizarse en un sector en el que la línea del frente amenazara con ser traspasada por los rusos[619]. Como describió un oficial británico[620]:

> *El primer paso es formar y trabajar con los planificadores de las misiones para garantizar que los CHALLENGER no se utilicen en escenarios en los que piensen que el colapso es una posibilidad realista.*
>
> *El segundo paso es garantizar, a nivel táctico, que los ucranianos estén entrenados para recuperar un tanque bajo fuego enemigo. Desde luego, valor no les falta.*
>
> *Se están considerando otras opciones extremas, como el uso de contratistas militares privados para recuperar los tanques dañados.*

Por eso Ucrania ha recibido vehículos blindados de recuperación M-88 estadounidenses especialmente diseñados para el remolque

---

617. https://www.thedrive.com/the-war-zone/russian-capture-of-ukrainian-leopard-tank-bradleys-seen-in-video

618. Inder Singh Bisht, «UK Planning to Avoid Challenger Tank from Falling into Russian Hands», *The Defense Post*, 30 de enero de 2023 (https://www.thedefensepost.com/2023/01/30/uk-challenger-tank-russian/)

619. Inder Singh Bisht, «UK Planning to Avoid Challenger Tank from Falling into Russian Hands», *The Defense Post*, 30 de enero de 2023 (https://www.thedefensepost.com/2023/01/30/uk-challenger-tank-russian/)

620. Jerome Starkey, «SHOCK & ROLL Army hammering out emergency plan to keep Putin's hands off top secret British armour if tanks are damaged in Ukraine», *The Sun*, 27 de enero de 2023 (https://www.thesun.co.uk/news/21191872/army-emergency-secret-british-armour-tanks-war-ukraine/)

de combate[621]. Este equipo no sólo requiere una logística para la que Ucrania no está preparada, sino que cada pieza de equipo requiere su propia cadena logística, ¡con el requisito adicional de evitar que estas armas caigan en posesión rusa!

Desde los primeros enfrentamientos, las imágenes de los CHALLENGER en llamas, alcanzados por misiles antitanque rusos, no sólo dieron la vuelta al mundo, sino que minaron su reputación de invencibilidad. Pero como ya habían hecho con los tanques LEOPARD 2A4 que acababan de recibir, los ucranianos se dedicaron a reforzar el blindaje de los CHALLENGER[622]...

Por eso, los M-1 ABRAMS, que llegaron oficialmente al teatro de operaciones ucraniano el 25 de septiembre de 2023[623], podrían utilizarse con más moderación. Kyrylo Boudanov, jefe de la inteligencia militar, señala que estos tanques llegan en mal momento y que, sin una potencia de fuego considerablemente mayor, solo serán objetivos en el campo de batalla[624]...

6.3.2.5. *Ucrania como campo de pruebas*

La llegada de material occidental al TVD ucraniano permitió a Rusia probar y mejorar su propio material. Un ejemplo es el carro de combate T-14 ARMATA, del que se vieron brevemente unos pocos ejemplares en el TVD de Ucrania. Nuestros «expertos» interpretaron el escaso número de ejemplares como la incapacidad de Rusia para producir y desplegar este nuevo tanque, cuyos prototipos ya se habían mostrado en desfiles militares en mayo de 2015 y 2016.

En realidad, el T-14 es un diseño de tanque completamente nuevo que aún está en fase de desarrollo. Sólo se ha desplegado en Ucrania con

---

621. Christopher Woody & Jake Epstein, «Ukraine is getting a new heavy-duty armored vehicle to haul its damaged tanks off the battlefield, US officials say», *Business Insider*, 25 de enero de 2023 (https://www.businessinsider.com/ukraine-getting-m88-armored-recovery-vehicles-along-with-abrams-tanks-2023-1?r=US&IR=T)

622. Alia Shoaib, «Ukraine appears to be modifying the UK Challenger 2 battle tanks to protect a 'notorious' weak spot, report sa», *Business Insider*, 30 de septiembre de 2023 (https://www.businessinsider.com/ukraine-modifying-challenger-2-tanks-to-address-weakness-report-2023-9?r=US&IR=T)

623. https://www.reuters.com/world/europe/abrams-tanks-arrive-ukraine-zelenskiy-2023-09-25/

624. Howard Altman, «Exclusive Interview With Ukraine's Spy Boss From His D.C. Hotel Room», *The Drive*, 22 de septiembre de 2023 (https://www.thedrive.com/the-war-zone/exclusive-interview-with-ukraines-spy-boss-from-his-dc-hotel-room)

fines de evaluación. Nuestros expertos pseudomilitares suelen olvidar que en Occidente se tarda entre 10 y 15 años en desarrollar un carro de combate de diseño tradicional. Es el caso del carro de combate LECLERC (desarrollado entre 1977 y 1992) y del LEOPARD 2 (1967-1979).

El sistema ARMATA

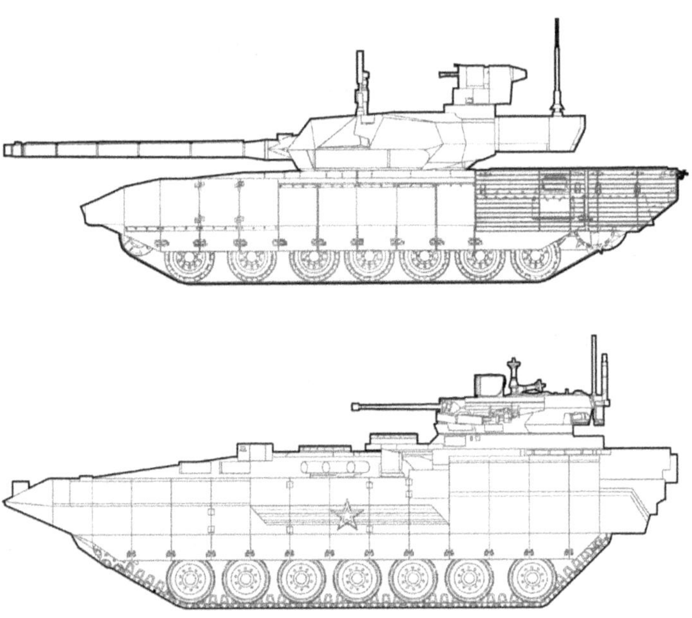

Figura 62 — El sistema ARMATA es una familia de vehículos de combate, de los cuales el T-14 (arriba) es la versión de carro de combate y el T-15 (abajo) es un vehículo de combate de infantería.

Tradicionalmente, los tanques rusos, diseñados para el combate en terreno llano (¡y no para el accidentado terreno de Europa Central!), son muy compactos y, por tanto, ofrecen una superficie menor. Sin embargo, la silueta y el volumen del ARMATA están más cerca de sus homólogos occidentales que de sus predecesores.

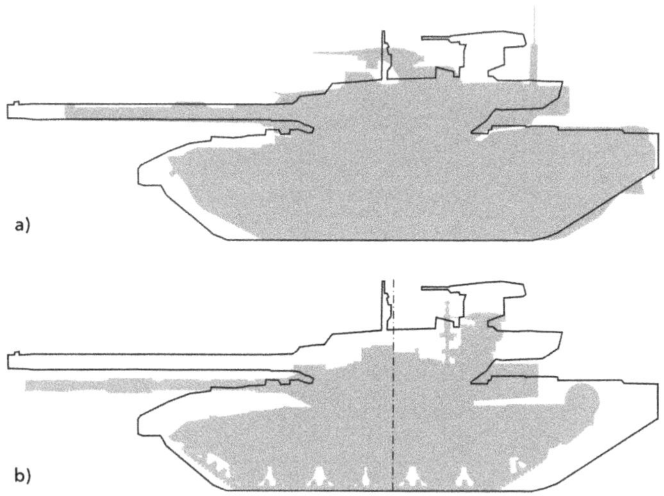

Figura 63 — Comparación del T-14 con el M-1 ABRAMS (a) y con el T-90 (b). Puede observarse que, para un volumen similar, el T-14 pesa casi 13 toneladas menos que el tanque estadounidense. En cambio, es considerablemente más grande que el T-90, para una masa equivalente. Esto sugiere una menor presión sobre el suelo y, por tanto, una mayor movilidad en terrenos difíciles.

El concepto general del T-14 ARMATA

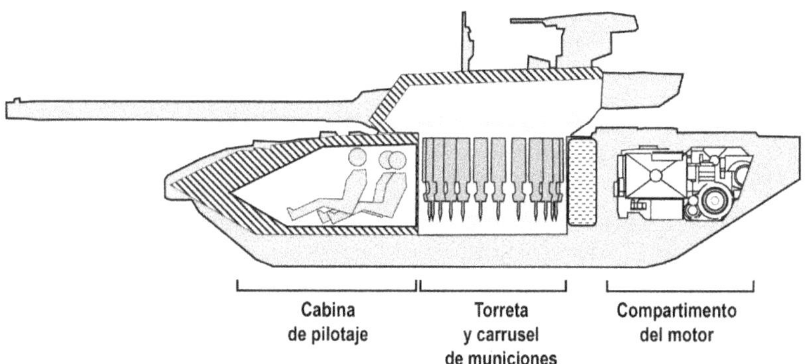

Figura 64 — El T-14 se diseñó en torno a la supervivencia de la tripulación.

ARMATA es único en el sentido de que sitúa a la tripulación y la munición en la parte más protegida del tanque, mientras que los tanques tradicionales las tienen en la parte más vulnerable: la torreta. Esto signi-

271

fica que todas las funciones de la torreta se controlan a distancia desde el cuerpo del tanque. Si la torreta quedara inutilizada, la supervivencia de la tripulación sería sin duda mejor que en un tanque tradicional.

Volúmenes para el tanque estadounidense M1 ABRAMS
y el ruso T-14 ARMATA

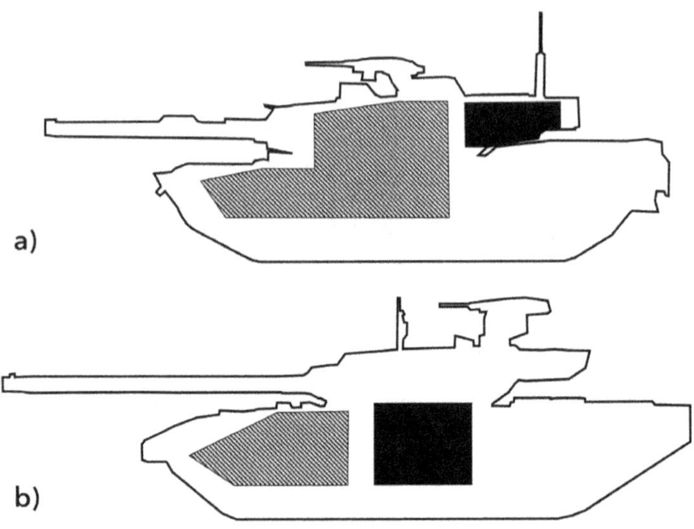

Figura 65 — Comparación entre el tanque estadounidense M1 ABRAMS y el tanque ruso T-14 ARMATA. Como puede observarse para una silueta similar (a), la disposición interior es radicalmente diferente. El compartimento de la tripulación (sombreado) está situado esencialmente en la torreta para un tanque convencional como el M1 o el LEOPARD 2 (b), mientras que está completamente protegido en el cuerpo del tanque para el ARMATA (c). Del mismo modo, el compartimento de municiones (en negro) está situado en la torreta para los tanques convencionales y en el centro del tanque, en la posición menos vulnerable, para el ARMATA. En los tanques occidentales modernos (ABRAMS o LEOPARD 2), el compartimento de municiones está separado del habitáculo por un mamparo destinado a proteger a la tripulación.

6.3.2.6. El desarrollo de nuevos conceptos

Los vehículos de combate de infantería soviéticos del tipo BMP-1 fueron diseñados para el combate mecanizado en la defensa del territorio soviético. Por eso estaban equipados con un cañón de 73 mm y misiles antitanque. En Afganistán, el problema era diferente: se trataba de luchar contra la infantería en altura. Por eso el BMP-2 estaba equipado con un cañón de tiro rápido de 30 mm, con una elevación mayor que el BMP-1. En cuanto al misil antitanque, pasó a ser «opcional».

Durante la guerra de Chechenia, las fuerzas rusas tuvieron que intervenir contra un enemigo sólidamente protegido por edificios. Esto requería una mayor potencia de fuego, de la que entonces sólo disponían los carros de combate. Pero los carros de combate son muy vulnerables en entornos urbanos y las pérdidas de tanques fueron masivas. Por ello, los rusos empezaron a diseñar un vehículo de escolta de infantería para terreno mixto, suficientemente protegido contra impactos directos y con suficiente potencia de fuego para combatir objetivos en altura y a grandes distancias.

De ahí surgió el concepto BMPT, cuyos prototipos se probaron en el TVD de Siria. El vehículo se basa en el chasis de un tanque T-72 y dispone de una torreta con armamento teledirigido. Toda la tripulación se aloja dentro de la carrocería del vehículo, y la torreta contiene únicamente el armamento y el sistema de control de tiro.

El TERMINADOR BMPT-2

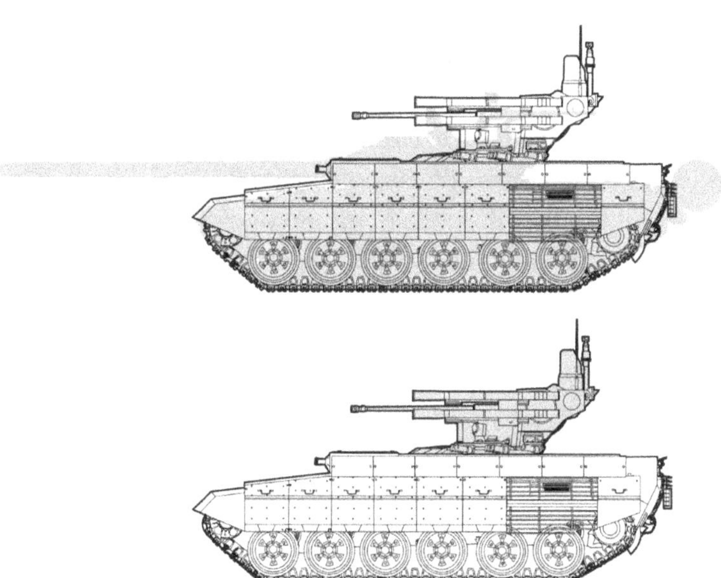

Figura 66 — Arriba: Comparación de la silueta del T-72 (en gris) y del BMPT TERMINATOR. Como puede verse, el BMPT es más alto, porque sus armas tienen una elevación que le permite luchar contra objetivos situados en lo alto de edificios, como se ha visto en Ucrania. Abajo: La tripulación está protegida dentro de la carrocería del vehículo y la torreta contiene únicamente las armas y el control de tiro.

La principal amenaza para los tanques en el campo de batalla procede de los drones teledirigidos, o drones que detectan y seleccionan sus propios objetivos mediante módulos de inteligencia artificial. La protección contra esta amenaza puede adoptar diversas formas. La más sencilla es un «parasol» de malla metálica colocado sobre la torreta, que detona la carga prematuramente (similar a los «*Schürzen*» que los alemanes utilizaban en sus tanques durante la Segunda Guerra Mundial). Más sofisticada, los rusos han desarrollado la munición 3VD35, que dispersa un aerosol que ciega los sistemas optrónicos, térmicos y electromagnéticos.

6.3.2.7. Reciclaje de cisternas viejas

En febrero-marzo de 2023, circularon por las redes sociales vídeos de tanques T-54/55 y T-62 transportados por ferrocarril a Rusia. En el canal de televisión francés *LCI*, el periodista Jean Quatremer concluyó que Rusia ya no era capaz de producir tanques[625]. El «experto» militar suizo Alexandre Vautravers se refiere irónicamente a estos tanques como «de colección», y afirma que los tanques modernos sólo tienen una presencia *de muestra* en el ejército ruso, porque ya no puede permitirse comprarlos[626]. En el *NZZ*, Marcus Keupp, un «experto» militar del Instituto Federal Suizo de Tecnología de Zúrich, calcula la tasa de desgaste de los tanques del ejército ruso y concluye que simplemente se quedará sin ellos en octubre de 2023[627] y que esto conducirá a la derrota de Rusia[628].

¡Es con expertos así como perdemos las guerras! En primer lugar, nuestros pseudoexpertos han sido desmentidos por *The Economist*, que afirmaba un mes antes que los rusos estaban produciendo 20 nuevos

---

625. https://youtu.be/7bh1ZX0H0E4?t=460

626. https://www.club-44.ch/mediatheque/

627. Thomas Zaugg & Benedict Neff, «Deswegen sage ich: Russland wird den Krieg im Oktober verloren haben», *NZZ*, 27 de marzo de 2023 (https://www.nzz.ch/feuilleton/marcus-keupp-deswegen-sage-ich-russland-wird-den-krieg-im-oktober-verloren-haben-ld.1731488?reduced=-true&mktcval=Twitter&mktcid=smsh)

628. «Guerra en Ucrania: «El ejército de Putin será derrotado como muy tarde en octubre», *La Libre*, 4 de abril de 2023 (https://www.lalibre.be/international/europe/guerre-ukraine-russie/2023/04/04/guerre-en-ukraine-larmee-de-poutine-sera-vaincue-au-plus-tard-en-octobre-B252W43RBBGDPB5YSCBUNFDY7Y/)

tanques y modernizando 90 al mes[629], lo que coincidía con las estimaciones del *Wall Street Journal*[630].

De hecho, nuestros «expertos» pronosticaban una caída drástica de la producción de tanques debido al embargo de ciertos componentes procedentes de Europa. De hecho, hubo una pequeña situación de crisis en 2018 debido a la falta de disponibilidad de los visores SOSNA-U, cuyo módulo de visión térmica fabricado por Thales, en Francia, estaba bajo embargo[631]. Pero según la revista *Forbes*, los rusos han decidido producir ellos mismos este componente en un nuevo visor designado PNM-T[632].

Además, es evidente que nuestros «expertos» no han tenido en cuenta que, desde agosto de 2022, los ucranianos carecen de carros de combate y han empezado a volver a poner en el campo de batalla una versión modernizada del T-55, producida en Eslovenia con la denominación M-55S[633].

Para los rusos, el problema es diferente: no tienen escasez de tanques y su capacidad de producción está intacta, como hemos visto. La llegada de tanques T-54/55/62 reacondicionados a la TVD de Ucrania no tiene nada que ver con las pérdidas sufridas, sino con la naturaleza de los combates en Ucrania.

Tradicionalmente, los carros de combate se diseñan para luchar contra otros carros de combate. Es una batalla en duelo, que se libra a distancias de entre 1.500 y 3.000 metros. Tienes que ser capaz de neutralizar el carro de tu oponente al primer golpe. Esto significa una alta probabilidad de ser alcanzado y destruido en un solo disparo. Por eso los tanques cuentan con sofisticados sistemas de control de tiro y proyectiles que tienen una trayectoria muy ajustada, lo que les confiere una alta probabilidad de

---

629. https://www.economist.com/the-economist-explains/2023/02/27/how-quickly-can-russia-rebuild-its-tank-fleet

630.Daniel Michaels & Matthew Luxmoore, «Russian Military's Next Front Line: Replacing Battlefield Equipment Destroyed in Ukraine», *The Wall Street Journal*, 25 de abril de 2022 (https://www.wsj.com/articles/russian-militarys-next-front-line-replacing-battlefield-equipment-destroyed-in-ukraine-11650879002)

631. David Axe, «A Shortage Of Optics Was Holding Back Russian Tank Production. That Shortage May Have Ended», *Forbes*, 7 de agosto de 2023 (https://www.forbes.com/sites/davidaxe/2023/08/07/a-shortage-of-optics-was-holding-back-russian-tank-production-that-shortage-may-have-ended/)

632. https://crib-blog.blogspot.com/2021/04/a-new-sight-for-modernized-t-90.html?m=1

633. Oleg Danylov, «El tanque M-55S: una profunda modernización del T-55 soviético para las Fuerzas Armadas», *Mezha*, 20 de septiembre de 2022 (https://mezha.media/en/2022/09/20/the-m-55s-tank-a-deep-modernization-of-the-soviet-t-55-for-the-armed-forces/)

impacto. Se trata de flechas de tungsteno macizo de 2-3 cm de diámetro y 80-100 cm de longitud, proyectadas a velocidades de 1.600-1.800 m/s y estabilizadas por aletas. Designados APFSDS[634], estos proyectiles no explosivos suministran suficiente energía en el impacto para perforar incluso los blindajes más gruesos.

El problema es que los rusos se han dado cuenta de que no hay verdaderos duelos de tanques en Ucrania, por dos razones:

- Los ucranianos ya no tienen carros de combate.
- Los ucranianos utilizan sus tanques en parejas para apoyar los asaltos de infantería.

En segundo lugar, señalaron que, dado que la mayoría de las batallas son de infantería, el papel del blindaje no es tanto luchar contra los tanques contrarios como apoyar los asaltos de la infantería. Los cañones de ánima lisa utilizados para los proyectiles APFSDS son mucho menos eficaces para disparar proyectiles explosivos (HE) contra posiciones de infantería protegidas a larga distancia.

El uso de viejos tanques T-54/55/62 por el ejército ruso en Ucrania

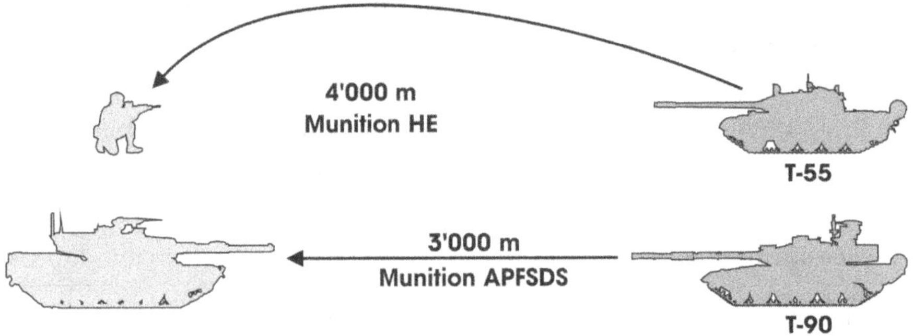

Figura 67 — Aunque obsoletos para los duelos de tanques, los T-54/55 pueden muy bien asumir el papel de «cañones de asalto» para proporcionar fuego de apoyo a la infantería con proyectiles explosivos (HE). Por tanto, los carros más modernos (T-72, T-80 y T-90) pueden reservarse para el combate contra carros de combate ucranianos.

---

634. APFSDS : *Aleta perforante de blindaje estabilizada, sabot de descarte.*

Por lo tanto, era necesario encontrar un tipo de artillería móvil que cumpliera la función de los «cañones de asalto» (*samokhodnaya ustanovka*) de la Segunda Guerra Mundial. Así, como señala el *Royal United Services Institute* (*RUSI*) de Londres, los rusos no utilizan los tanques T-54/55/62 para luchar contra los tanques ucranianos, sino para apoyar a la infantería con proyectiles explosivos (HE) contra posiciones ucranianas protegidas o fortificadas, hasta una distancia de 4.000 m[635]. Estos tanques «colectores» proporcionaban así una considerable potencia de fuego a la infantería en las afueras de las zonas urbanas a bajo coste, para disparar contra posiciones protegidas en edificios, por ejemplo.

6.4. La artillería

6.4.1. Artillería rusa

Rusia siempre ha mantenido un fuerte sistema de artillería. Ya durante la Segunda Guerra Mundial, los famosos KATIOUCHA, antepasados de los actuales TORNADO-S, habían adquirido una terrible reputación entre las fuerzas alemanas.

En Afganistán, los rusos han comprendido las ventajas de integrar la artillería en sistemas de control de gran capacidad de reacción. El fuego es el elemento que más rápido se mueve en el campo de batalla. Sin embargo, necesita recibir designaciones de objetivos y órdenes con la suficiente rapidez. Por eso los rusos están tan interesados en conectar su artillería en red. Estos son los sistemas ROK/RUK vistos arriba, que pudieron probar en Siria.

Los rusos siguen reconociendo deficiencias en sus sistemas de mando, en particular la falta de sistemas de vigilancia por satélite y de UAV estratégicos, que proporcionarían una mejor visibilidad del teatro de operaciones.

---

635. Jack Watling & Nick Reynolds, «Meatgrinder: Russian Tactics in the Second Year of Its Invasion of Ukraine», *Royal United Services Institute for Defence and Security Studies* (RUSI), 19 de mayo de 2023 (https://static.rusi.org/403-SR-Russian-Tactics-web-final.pdf)

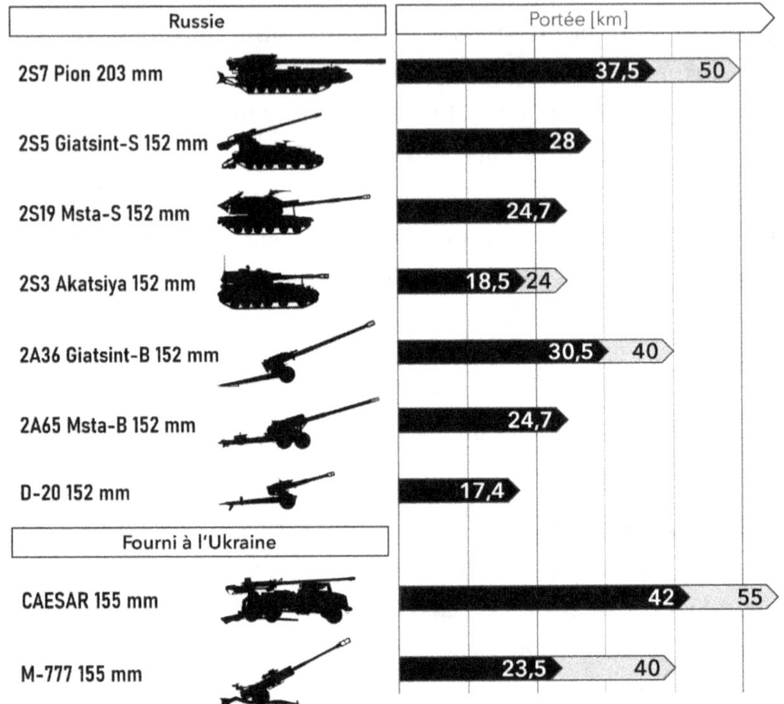

Figura 68 — Comparación del alcance de las piezas de artillería de gran calibre (152-203 mm). En negro el alcance con munición convencional, y en gris el alcance con munición de propulsión asistida por cohetes (RAP). La disponibilidad de proyectiles RAP es claramente ventajosa para Rusia.

Los rusos necesitan 2 minutos entre la detección del fuego ucraniano y el desencadenamiento del fuego de contrabatería[636]. Sin embargo, mover un obús M-777 lleva entre 2 y 3 minutos para una tripulación entrenada en condiciones óptimas[637]. En teoría, esto significa no sólo que una pieza de artillería ucraniana sólo puede efectuar un único disparo en cada posición de tiro, sino que puede ser destruida cada vez antes incluso de que pueda moverse. Además del fuego de contrabatería, las M-777 son especialmente vulnerables a los drones rusos LANCET 1 y 3, que al parecer han destruido o dañado unas 200 piezas de artillería, incluidas muchas M777, según el Estado Mayor ucraniano.

---

636. https://eng.mil.ru/en/special_operation/news/more.htm?id=12449739@egNews
637. http://www.military-today.com/artillery/m777.htm

El arte de la guerra rusa

En comparación, los rusos aún tienen unos 750 2S19 MSTA-B…

Dicho esto, aunque los rusos han conseguido adaptar sus sistemas de contrabatería y defensa antiaérea para combatir los misiles HIMARS, todavía no tienen capacidad para rastrear los lanzadores, que pueden llevar a cabo una especie de «*golpe y fuga*» y disparar misiles antes de que los rusos puedan actuar sobre el lanzador.

La superioridad de 10 a 1 de la que goza la artillería rusa explica en gran medida la diferencia de bajas entre Rusia y Ucrania. Sin embargo, incluso si Rusia hubiera disparado unos 12 millones de proyectiles en 2022 y producido 2,5 millones al mes, según *RUSI*[638], es probable que esto representara una importante carga logística. Esto explica sin duda el cambio hacia la artillería de precisión, con un uso cada vez mayor de proyectiles guiados por láser, como los KRASNOPOL-M y KRASNOPOL-M2 de 152 mm, cuya producción se multiplicará por 25 de aquí a 2024[639].

Munición de artillería guiada

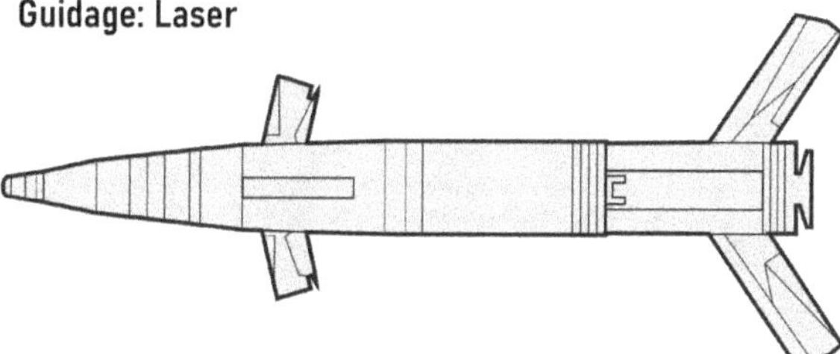

Figura 69 — Munición guiada rusa KRASNOPOL-M de 152 mm.

638. Dr Jack Watling & Nick Reynolds, «Meatgrinder: Russian Tactics in the Second Year of Its Invasion of Ukraine», *Royal United Services Institute*, 19 de mayo de 2023 (https://rusi.org/explore-our-research/publications/special-resources/meatgrinder-russian-tactics-second-year-its-invasion-ukraine)

639. Inder Singh Bisht, «Russia to Ramp Up Up Artillery Shell Production 25-Fold», *The Defense Post*, 24 de agosto de 2023 (https://www.thedefensepost.com/2023/08/24/russia-increased-artillery-shell-production/?expand_article=1)

Esta tendencia también se observa en la creciente integración de UAV y artillería. *RUSI* señala que los rusos están «*mejorando activamente*» sus equipos y que la complejidad, densidad y diversidad de los UAV están aumentando «de forma preocupante»[640]. Esto está claramente muy lejos de los «microprocesadores recuperados de lavadoras» de Ursula von der Leyen.

La evolución de la potencia de fuego hacia la precisión va acompañada —como es lógico— de la de los sistemas de control. El uso extensivo de ROK/RUK, y con UAVs para la detección de objetivos, ha creado una capacidad para explotar el uso de municiones de artillería de precisión. Los rusos se han dado cuenta de que no basta con tener armas de precisión, sino que hay que integrarlas en sistemas de control que permitan responder con rapidez y asignar el objetivo adecuado al proyectil adecuado. Esto significa sistemas de control en red.

Producción anual rusa de munición de artillería de 152 mm

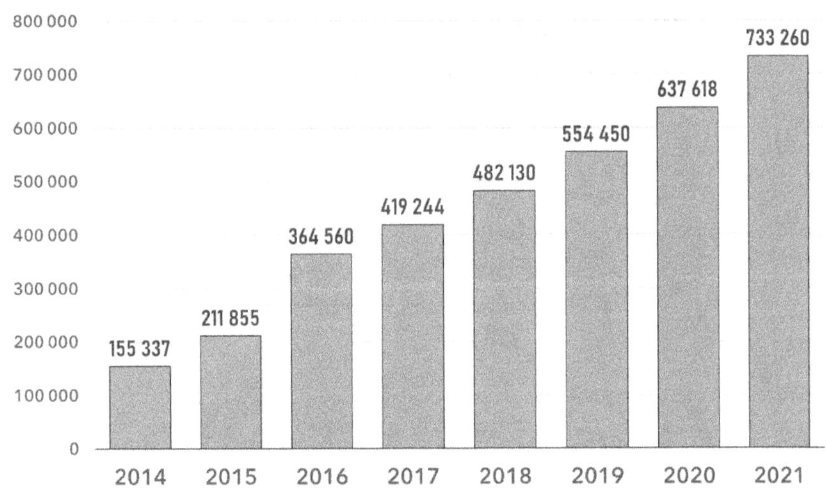

Figura 70 — Producción estimada de munición de 152 mm por Rusia entre 2014 y 2021, según la Jamestown Foundation, una institución estadounidense muy opuesta a Rusia. Estas cifras, que pretenden demostrar que Rusia no dispone de medios para producir su munición, consiguen sin embargo mostrar que la capacidad rusa era más de cuatro veces superior a la de Estados Unidos.

---

640. Jack Watling & Nick Reynolds, «Stormbreak: Fighting Through Russian Defences in Ukraine's 2023 Offensive, *RUSI*, septiembre de 2023, p. 22 (https://ik.imagekit.io/po8th4g4eqj/prod/Stormbreak-Special-Report-web-final_0.pdf)

Los occidentales tienden a proyectar las debilidades ucranianas sobre Rusia, porque no hay absolutamente ninguna prueba de que a los rusos les falten municiones. ¡Un estudio de la *Jamestown* Foundation muestra que en 2021 su producción anual de proyectiles de artillería era cuatro veces superior a la de los estadounidenses[641]!

6.4.2. Artillería ucraniana

6.4.2.1. El mito de la ventaja ucraniana

A principios de junio de 2022, Ucrania había perdido la mayor parte de su potencial militar. Su artillería de 152 mm de origen soviético había sido destruida o se había quedado sin munición. Por tanto, dependía de los suministros occidentales y tenía que recurrir a la artillería de 155 mm proporcionada por los países de la OTAN.

Para mantener la esperanza de éxito en su contraofensiva, nuestros medios de comunicación intentan demostrar que la artillería ucraniana es mejor que la rusa. No cabe duda de que equipos como el CAESAR francés o el HIMARS M-142 estadounidense son buenos. Pero comparar las capacidades de los dos protagonistas basándose en el rendimiento de su artillería[642] es un poco simplista.

Como hemos visto, la artillería rusa es notablemente potente. Aunque una comparación de piezas de artillería como el CAESAR con las utilizadas por Rusia parecería dar a Ucrania una ventaja en términos de alcance, no debemos olvidar la cantidad de estos equipos. Frente a las pocas docenas de piezas suministradas por Occidente, Rusia puede disponer de cientos de piezas de alcance equivalente. Además, es bastante raro que las armas se disparen al límite de su alcance máximo.

Desde el punto de vista técnico, los sistemas occidentales presentan debilidades derivadas del contexto ucraniano: la altísima intensidad de los intercambios de artillería, cadenas logísticas muy largas y personal poco familiarizado con su uso. Pocas semanas después de su llegada a

---

641. Hlib Parfonov, «Russia Struggles to Maintain Munition Stocks (Part Two)», *The Jamestown Foundation, Eurasia Daily Monitor*, Volume 19, n° 186 (https://jamestown.org/program/russia-struggles-to-maintain-munition-stocks-part-two/)
642. htttps://youtu.be/sgY0k4eZJXI

Ucrania, los CAESAR se mostraron incapaces de mantener las elevadas cadencias de fuego impuestas por los rusos.

El problema no es tanto la calidad de las armas como el contexto en el que se utilizan. Las armas suministradas por Occidente no están diseñadas para este tipo de guerra. Desde los años noventa, los «grandes» ejércitos occidentales están equipados para librar guerras de tipo colonial contra adversarios que disponen de poco material pesado. Ucrania se encuentra por tanto atrapada entre dos conceptos diferentes de artillería: el concepto tradicional ruso, basado en el fuego masivo, y un concepto occidental más táctico, basado en la *artillería de francotiradores*. La idea es reducir el número de disparos necesarios para destruir un objetivo y, por tanto, la carga logística.

Diseñados para ser utilizados con más moderación que sus homólogos rusos, los sistemas occidentales son también más frágiles, lo que dificulta mucho su mantenimiento. Sin una logística adecuada, estos sistemas tienen que ser llevados a la vecina Polonia para ser revisados en talleres cercanos a la frontera. En el diario español *El País*, un soldado ucraniano señala que la precisión de los obuses M-109 PALADIN de 155 mm suministrados por Estados Unidos ha bajado de 7 m a 70 m debido al desgaste de los tubos[643]. Los rusos, en cambio, pueden sustituir los tubos desgastados directamente en el campo de batalla, lo que resulta mucho más sencillo y evita que las armas se utilicen hasta que se rompen. Ya en 2022, Francia planea desplegar un taller cerca de la frontera ucraniana para las reparaciones, según informa el sitio web militar ucraniano *Militarnyi*[644]. En cuanto a los obuses estadounidenses M777, según el general de brigada Volodymyr Karpenko, jefe de logística de las fuerzas terrestres ucranianas, están sujetos a frecuentes averías y el 30% tienen que ser retirados sistemáticamente para su reparación después de ser desplegados[645].

---

643. Cristian Segura, «En el asedio al frente ucranio de Avdiivka: "Los rusos están más preparados para la guerra y para morir"», *El País*, 13 de noviembre de 2023 (https://elpais.com/internacional/2023-11-13/en-el-asedio-al-frente-ucranio-de-avdiivka-los-rusos-estan-mas-preparados-para-la-guerra-y-para-morir.html)
644. https://mil.in.ua/en/news/the-ministry-of-defense-wants-to-create-a-service-center-for-caesar-self-propelled-howitzers/
645. Stew Magnuson, «Ukraine to U.S. Defense Industry: We Need Long-Range, Precision Weapons», *National Defense Magazine*, 5 de junio de 2022 (https://www.nationaldefensemagazine.org/articles/2022/6/15/ukraine-to-us-defense-industry-we-need-long-range-precision-weapons)

Los ucranianos recibieron un gran número de sistemas de artillería de toda Europa. Pero los más publicitados fueron los 190 obuses M-777 de 155 mm suministrados por Australia, Canadá y Estados Unidos, y los 49 sistemas CAESAR (30 en versión 6x6 de Francia y 19 en 8x8 de Dinamarca). Presentados como «game changers», fueron celebrados por nuestros medios de comunicación. Pero esto también supuso un problema para Ucrania. Ahora tiene que lidiar con munición occidental de 105 mm y 155 mm, además de la munición «tradicional» de 122 mm y 152 mm de origen soviético.

Los equipos occidentales son innegablemente buenos. Pero su diversidad hace muy difícil integrarlos en un sistema de control compacto y coherente. La munición de precisión EXCALIBUR de 155 mm[646] sólo alcanza toda su eficacia con sistemas de control integrados. Además, su alcance sólo es realmente superior con munición *asistida*[647], que los ucranianos sólo han recibido en pequeñas cantidades. En el lado ruso, en cambio, estas municiones parecen estar ampliamente disponibles. Así que la ventaja que puede suponer el rendimiento de un sistema de armas se ve contrarrestada por el reducido número de sistemas disponibles. Además, como reveló la revista estadounidense *Forbes*, su sistema de guiado puede ser interferido por sistemas como el POLYE-21[648].

Contrariamente a lo que afirma la narrativa oficial, Occidente —a pesar de sus esfuerzos— no dio a Ucrania superioridad en términos de artillería.

6.4.2.2. El problema de la munición

Pero a finales de 2022, Ucrania se estaba quedando sin munición y Occidente tenía problemas para suministrársela.

En Afganistán, Estados Unidos dispara unos 300 cartuchos al día[649]. Lógicamente, su capacidad de producción se adapta a este consumo. A finales de 2022, Christine Wormuth, Secretaria del US Army, declaró

---

646. «Ucrania recibirá de EE.UU. nuevos proyectiles de artillería de 155 mm guiados con precisión», *Centro Militar Ucraniano*, 9 de julio de 2022 (https://mil.in.ua/en/news/ukraine-to-receive-new-precision-guided-155-mm-artillery-rounds-from-usa/).
647. RAP: Proyectil asistido por cohete.
648. https://www.forbes.com/sites/vikrammittal/2023/11/19/new-technologies-could-help-resolve-ukraines-artillery-challenges/?sh=89747f638d68
649. Steven Erlanger & Lara Jakes, «U.S. and NATO Scramble to Arm Ukraine and Refill Their Own Arsenals», *The New York Times*, 26 de noviembre de 2022 (actualizado el 29 de noviembre de 2022) (https://www.nytimes.com/2022/11/26/world/europe/nato-weapons-shortage-ukraine.html)

que era de 500 proyectiles al día, es decir, unos 14.000 proyectiles de 155 mm al mes[650].

Según el *New York Times*, las fuerzas ucranianas disparan entre 2.000 y 4.000 proyectiles al día[651]. *El Kyiv Post* habla incluso de entre 6.000 y 7.000 proyectiles diarios[652]. Según documentos clasificados filtrados en abril de 2023, los ucranianos disparan una media de 3.500 proyectiles de 155 mm al día[653]. En otras palabras, ¡los ucranianos disparan en 2 a 7 días el equivalente de la producción mensual estadounidense! Los ucranianos admiten que su consumo de proyectiles de artillería supera la capacidad de producción de Estados Unidos[654].

En realidad, es Occidente quien se esfuerza por encontrar la munición que permita a Ucrania mantener su ritmo. El 20 de marzo de 2023, la UE decidió financiar la producción de un millón de proyectiles en 12 meses[655]. Para ello, había conseguido reunir 2.000 millones de euros, uno de los cuales se utilizaría para compensar a los países que habían recurrido a sus reservas para acudir en ayuda de Ucrania. Los 1.000 millones restantes servirán para financiar la producción de proyectiles. El problema es que esta capacidad de producción no existe realmente en la UE, por lo que habrá que recurrir a una fuente externa: Turquía[656]. Como era de esperar, esto desata las iras de Francia, Grecia y Chipre, que ponen pie en pared. Francia quería que el dinero se quedara en la UE, mientras que Grecia y Chipre se negaban a financiar la industria turca de

650. «Ukraine's artillery shell expenditure outstrips US production», *The New Voice of Ukraine*, 24 de diciembre de 2022 (https://english.nv.ua/nation/ukraine-s-artillery-shell-expenditure-outstrips-us-production-war-news-50293094.html)
651. John Ismay y Thomas Gibbons-Neff, «Artillery Is Breaking in Ukraine. It's Becoming a Problem for the Pentagon», *The New York Times*, 25 de noviembre de 2022 (https://www.nytimes.com/2022/11/25/us/ukraine-artillery-breakdown.html)
652. https://www.kyivpost.com/post/51
653. Actualización diaria del Estado Mayor Conjunto Rusia/Ucrania J3/4/5 (D+369) (28 de febrero de 2023) (SECRET/NO FORN)
654. Oleksandr Syrskyi, «Ukraine's artillery shell expenditure outstrips US production», *The New Voice of Ukraine*, 23 de diciembre de 2022 (https://english.nv.ua/nation/ukraine-s-artillery-shell-expenditure-outstrips-us-production-war-news-50293094.html)
655. «Боррель уточнив деталі "історичного рішення" ЄС про закупівлю боєприпасів Україні», Європейська правда, 20 de marzo de 2023 (https://www.eurointegration.com.ua/news/2023/03/20/7158323/).
656. «La UE no logra ponerse de acuerdo sobre cómo gastar 1.000 millones de euros en munición para Ucrania», *Ukraïnska Pravda*, 5 de abril de 2023 (https://www.pravda.com.ua/eng/news/2023/04/5/7396641/)

defensa[657]. Por último, en octubre, *Bloomberg* y *Ukrainska Pravda* informaron de que la UE sólo había podido cumplir el 30% de sus objetivos[658].

Artillería occidental en Ucrania

Figura 71 — Occidente ha suministrado a Ucrania toda una serie de piezas de artillería, muchas de ellas procedentes de antiguos arsenales de países de Europa del Este. Las más destacadas fueron la M-777 estadounidense y la CAESAR francesa. Su principal ventaja es que pueden desplegarse rápidamente y son lo suficientemente precisas como para no requerir el disparo en grupo. Los alcances aquí indicados pueden ampliarse mediante el uso de municiones guiadas.

La capacidad de producción occidental de munición de artillería de 155 mm es incapaz de seguir el ritmo de Rusia. ¡En la actualidad, la capacidad total de producción occidental por mes equivale a lo que Rusia

657. «Cyprus worried EU's Ukraine ammunition grant could end up in Turkish arms industry», *In-Cyprus*, 7 de abril de 2023 (https://in-cyprus.philenews.com/news/local/cyprus-worried-eus-ukraine-ammunition-grant-could-end-up-in-turkish-arms-industry/)
658. «EU falls behind schedule to provide Ukraine with shells», *Ukrainska Pravda*, 26 de octubre de 2023 (https://www.pravda.com.ua/eng/news/2023/10/26/7425770/)

dispara en un solo día! Los explosivos producidos en Estados Unidos ya no bastan para seguir el ritmo de producción de proyectiles de artillería, por lo que tenemos que comprarlos a Japón[659]. Occidente está al límite de sus fuerzas...

Nuestros medios de comunicación las han presentado como «armas milagrosas», pero en realidad estas armas no tienen el efecto deseado, porque no pueden utilizarse de la forma en que fueron diseñadas[660]. A pesar de la enorme ayuda de los países occidentales, estas armas no pueden integrarse en los sistemas de gestión de los campos de batalla, por lo que se utilizan de forma ineficaz.

6.4.3. Lanzacohetes múltiples

Con la destrucción del potencial artillero de Ucrania en la primavera de 2022, Occidente se ha visto obligado a suministrar lanzamisiles múltiples. Su rendimiento no difiere radicalmente del de sus equivalentes rusos.

La eficacia del M-142 HIMARS procede principalmente de sus misiles GMLRS de 227 mm, que tienen una trayectoria no balística, lo que los hace difíciles de combatir. Los estadounidenses sólo han suministrado a Ucrania cohetes M-31, que tienen un alcance de 70 km[661]. Presentadas como «armas milagrosas», no han cambiado radicalmente la situación. Los rusos aprendieron rápidamente a descentralizar sus depósitos de municiones. Además, parece que los ucranianos vendieron a los rusos un sistema que les permitía adaptar el software de sus sistemas antiaéreos para responder eficazmente contra estos misiles. Como señaló el sitio web *Ukrainian Military Pages* en julio de 2023[662]:

Los rusos parecen disponer de un nivel de inteligencia (ISR) bastante bueno en el campo de batalla. No necesitaron desplegar

---

659. https://euromaidanpress.com/2023/06/02/japan-will-supply-tnt-explosives-to-the-us-to-increase-the-155mm-artillery-shells-production/

660. Alex Hollings & Sandboxx News, «Ukraine's troops have been highly effective with the M777 howitzer, but US troops can turn it into a 'giant sniper rifle'», *Business Insider*, 18 de septiembre de 2022 (https://www.businessinsider.com/us-targeting-system-makes-m777-howitzer-highly-accurate-2022-9)

661. Howard Altman, «Are There Enough Guided Rockets For HIMARS To Keep Up With Ukraine War Demand?», *The War Zone*, 27 de julio de 2022 (https://www.thedrive.com/the-war-zone/are-there-enough-guided-rockets-for-himars-to-keep-up-with-ukraine-war-demand)

662. https://www.ukrmilitary.com/2023/07/analysis-of-ukraines-counteroffensive-from-the-front.html

El M-142 HIMARS (al igual que el M-270 MLRS) también puede disparar la bomba volante GBU-39 GLSDB, utilizando un propulsor[663]. Los radares de los sistemas antiaéreos rusos S-300 y S-400 pueden detectar un misil HIMARS a una distancia de 80 km y un GLSDB a 30-40 km, dado su menor tamaño. Sin embargo, la velocidad de un GLSDB es tres veces menor que la de un misil HIMARS, lo que facilita su interceptación. El 28 de marzo de 2023, la primera bomba GBU-39 lanzada sobre territorio ruso fue interceptada por el sistema de defensa antiaérea.

GBU-39 Bomba de pequeño diámetro lanzada desde tierra (GLSDB)

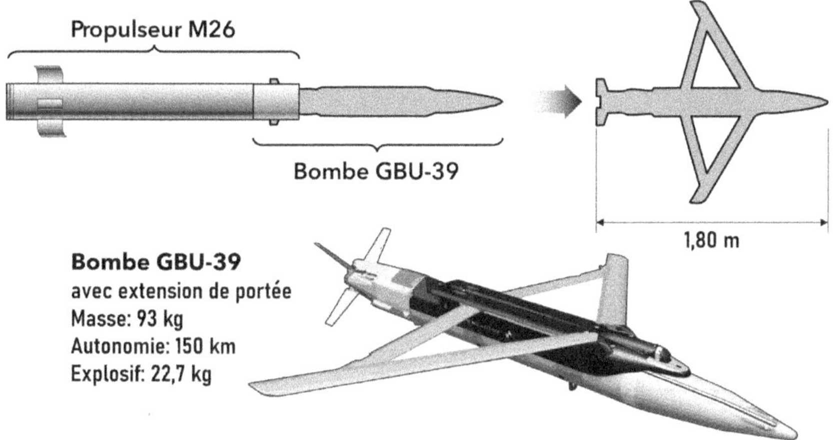

Figura 72 — El GLSDB de Boeing y Saab está aún en fase de desarrollo. Sin embargo, según las autoridades rusas, ya se ha desplegado en el teatro de operaciones ucraniano en marzo de 2023. El propulsor M26 empuja la bomba 32 km, tras lo cual se desprende y planea hasta una distancia total de 150 km.

---

663. David Axe, «Ukraine's New Rocket-Boosted Glide-Bombs Can Turn Around and Hit Targets on The Backs of Hills, 90 Miles Away», *Forbes*, 3 de febrero de 2023 (https://www.forbes.com/sites/davidaxe/2023/02/03/ukraines-new-rocket-boosted-glide-bombs-can-turn-around-and-hit-targets-on-the-backs-of-hills-90-miles-away/)

Documentos clasificados estadounidenses filtrados en abril de 2023 indican que a finales de febrero los ucranianos disparaban sólo 17 misiles al día. En aquel momento, Ucrania había recibido 38 sistemas[664], lo que sugiere que la mayoría de los M-142 o gran parte de la munición había sido destruida, confirmando las declaraciones del Estado Mayor ruso.

Los M-142 y M-270 son quizás más sofisticados que los sistemas rusos equivalentes. Como el resto de las armas occidentales producidas desde finales de la década de 1990, se diseñaron para operaciones proyectadas. Son modulares y pueden adaptarse a diferentes requisitos operativos, pero su producción es muy cara y compleja. En la actualidad, Lockheed-Martin produce 10.000 misiles GMLRS al año. Con inversiones adicionales, alcanzará las 14.000 unidades en 2024, pero no logrará duplicar su producción antes de 2026[665]. De hecho, EE.UU. simplemente no tiene la capacidad material y de personal para aumentar la producción y satisfacer las necesidades tanto de Ucrania como de sus otros clientes.

Los sistemas rusos equivalentes son más numerosos, pero más sencillos y, por tanto, menos costosos de producir. Por eso Rusia puede aumentar fácilmente su producción e incrementar la densidad de sistemas desplegados sobre el terreno.

El equivalente ruso del M-142 HIMARS es el 9K515 TORNADO-S. Al igual que sus predecesores, el BM-21, el BM-24 y el BM-27, puede disparar municiones en ráfagas. Pero sus misiles también pueden programarse independientemente y pueden alcanzar objetivos distintos gracias al sistema de navegación GLONASS. Sólo se tarda unos minutos en configurar la batería, y los misiles se disparan por control remoto para evitar exponer a los sirvientes al fuego de contrabatería. Los TORNADO-S cambian de posición cada 7 minutos para reducir este riesgo.

---

664. «U.S. Security Cooperation with Ukraine - Fact Sheet», *Oficina de Asuntos Político-Militares, Departamento de Estado*, 19 de abril de 2023 (https://www.state.gov/u-s-security-cooperation-with-ukraine/).
665. Sam Skove, «Why It's Hard to Double GMLRS Production», *Defense One*, 30 de marzo de 2023 (https://www.defenseone.com/business/2023/03/why-its-hard-double-gmlrs-production/384646/)

Figura 73 — El M142 HIMARS estadounidense y el 9K515 TORNADO-S ruso.
Aunque el sistema estadounidense ha sido celebrado en nuestros medios de comunicación,
el TORNADO-S es el último lanzacohetes múltiple ruso y tiene características superiores.
Dispara misiles de 300 mm con un alcance nominal de 120 km, pero se ha probado
con un alcance de 200 km.

6.4.4. Sistemas de contrabatería

El conflicto en Ucrania parece haberse convertido a veces en una batalla de artillería.

Los rusos han desarrollado una capacidad de fuego contrabatería especialmente eficaz y son capaces de destruir los equipos occidentales casi tan pronto como llegan al teatro de operaciones.

Sistemas de contrabatería

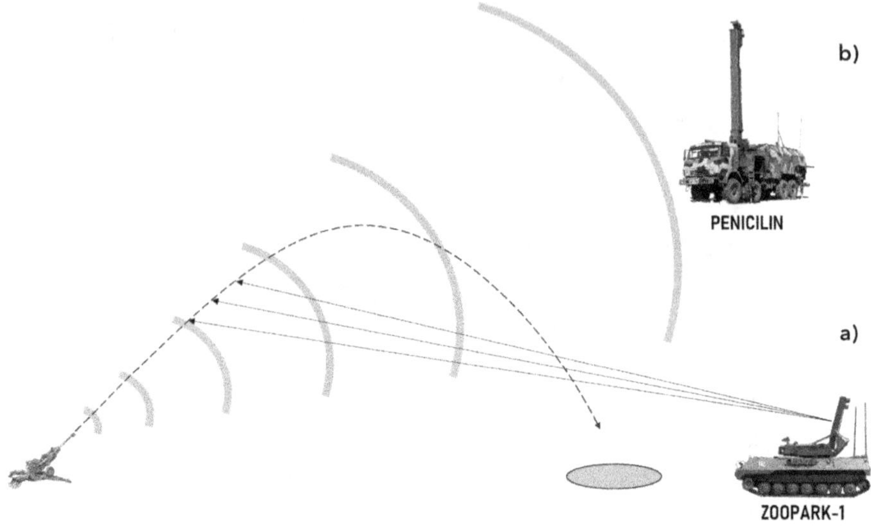

Figura 74 — Los rusos utilizan diversos sistemas de contrabatería. El objetivo es detectar la ubicación del fuego enemigo para responder lo antes posible. Existen sistemas activos, como el radar de artillería ZOOPARK-1 (a), que detecta un proyectil y lo rastrea calculando su trayectoria, y sistemas pasivos, que detectan el fuego mediante una combinación de señales térmicas y acústicas, como el sistema PENICILIN (b). Los primeros son fáciles de detectar, mientras que los segundos son indetectables por el enemigo.

Los rusos necesitan 2 minutos entre la detección de un disparo ucraniano y la transmisión de sus coordenadas para desencadenar el fuego de contrabatería[666]. En el lado ucraniano, mover un obús estadounidense M777 de 155 mm lleva entre 2 y 3 minutos para una tripulación entrenada en condiciones óptimas[667]. En teoría, esto significa no sólo que una pieza de artillería ucraniana sólo puede efectuar un único disparo en cada posición de tiro, sino que puede ser destruida cada vez antes incluso de que pueda moverse.

Esta capacidad de desencadenar fuego de contrabatería al instante ha limitado considerablemente la capacidad de la artillería ucraniana. Con el avance gradual de las tropas rusas, la artillería ucraniana ya casi no

---

666. https://eng.mil.ru/en/special_operation/news/more.htm?id=12449739@egNews
667. http://www.military-today.com/artillery/m777.htm

El arte de la guerra rusa

puede alcanzar la ciudad de Donetsk. Lo que Occidente no pudo detener mediante la negociación, los rusos lo han conseguido por la fuerza.

6.4.5. Municiones de racimo

El 7 de julio de 2023, Mykhailo Podolyak, asesor de Volodymyr Zelensky, tuiteó[668]:

> *[...] el número de armas cuenta. Así que armas, más armas y siempre más armas, incluidas las municiones de racimo. [...]*

Las municiones de racimo son literalmente contenedores proyectados por proyectiles de artillería o cohetes que se abren sobre su objetivo para lanzar varias docenas de pequeños artefactos explosivos. Estas submuniciones pueden ser explosivos antipersona, explosivos antitanque o una combinación de ambos. Pueden explotar por encima del objetivo o al entrar en contacto con él, actuando como pequeñas granadas o cargas huecas capaces de perforar la parte superior del blindaje de los vehículos acorazados. También pueden ser minas antipersona, como la infame mina soviética PFM-1.

La mina antipersona PFM-1

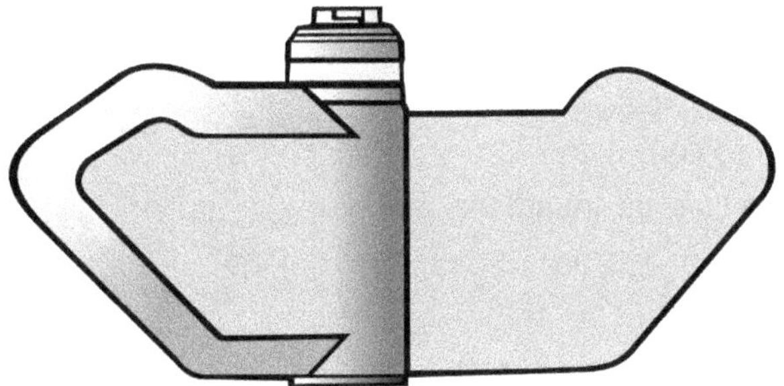

Figura 75 — *La mina PFM-1 es la copia soviética de la mina estadounidense BLU-43 DRAGONTOOTH, ampliamente difundida en Laos durante la guerra de Vietnam. Utilizada por el ejército soviético en Afganistán, fue la fuente de un manual de desminado que escribí para Ahmed Shah Massoud durante la guerra contra los soviéticos y de mi compromiso en la lucha contra las minas antipersona.*

---

668. https://twitter.com/Podolyak_M/status/1677253680880336897

La mina PFM-1 contiene sólo 37 gramos de explosivo, suficiente para herir gravemente a una persona. Tanto Rusia como Ucrania disponen de ellas. A diferencia de Rusia, Ucrania es parte de la Convención de Ottawa sobre la prohibición de armas antipersona. El 27 de julio de 2022, miles de estas minas fueron esparcidas en una zona habitada de Donetsk, en la zona rusa[669]. Pero *ni un solo* país o medio de comunicación occidental expresó su desaprobación.

Este tipo de munición se desarrolló a finales de la década de 1970 como parte del proyecto ASSAULT BREAKER, cuyo objetivo era desarrollar tecnologías para combatir a *los Grupos de Maniobra Operativa* (OMG) soviéticos en las profundidades del sistema de la OTAN.

En una época en la que se tardaba tiempo en ajustar el fuego de artillería, los proyectiles de submunición permitían desplegar muy rápidamente una gran cantidad de artefactos explosivos contra un adversario en movimiento. Proporcionalmente hablando, era el equivalente de la ametralladora contra la infantería en la Primera Guerra Mundial.

Bombas de racimo

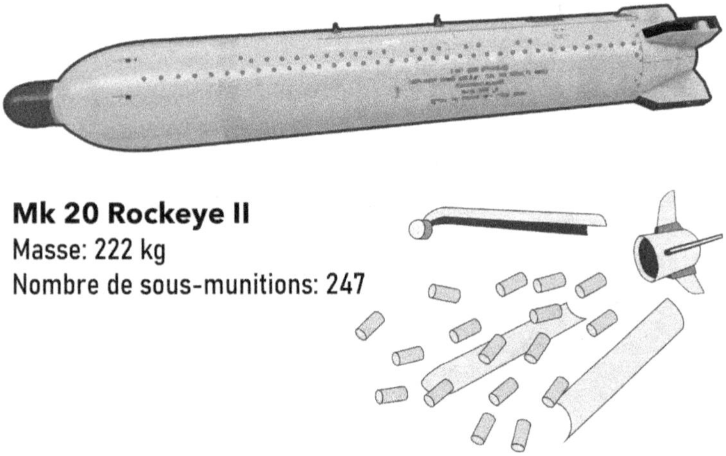

Figura 76 — La bomba de racimo Mk 20 Rockeye II es uno de los tipos de bomba solicitados por Ucrania a Estados Unidos.

669. David Hambling, «Who Dropped Thousands Of Antipersonnel 'Butterfly' Mines On Donetsk? (UPDATE: UK Blames Russia)», *Forbes*, 4 de agosto de 2022 (https://www.forbes.com/sites/davidhambling/2022/08/04/who-dropped-thousands-of-antipersonnel-butterfly-mines-on-donetsk/)

El problema de estas armas es que las submuniciones se producen a bajo coste y dejan un gran número de municiones sin estallar que pueden explotar en cualquier momento. Según *la RTS*, el porcentaje de municiones sin estallar es del 2%[670], pero en Israel llega al 40%[671]. Por eso se consideran un peligro para la población civil y 111 países han firmado la *Convención sobre Municiones de Racimo* (CCM)[672]. Ni Rusia, ni Ucrania, ni Estados Unidos forman parte de la CCM.

Dicho esto, se trata de armas diseñadas para que un defensor luche contra un atacante, no para que un atacante ataque a un defensor. Esto significa que son armas que se utilizan en zonas que no se quieren ocupar rápidamente. Por eso Ucrania las utilizó en 2014 y 2022 en las regiones de Donetsk[673], Kharkov[674] o Izioum[675], pero acusó a Rusia… ¡sin aportar ninguna prueba!).

Rusia tiene dos razones para no utilizar este tipo de armas al comienzo del SVO: en primer lugar, opera en beneficio de una población a la que pretende proteger y, en segundo lugar, se encuentra en la posición del atacante que pondría en peligro a sus propias tropas.

Pero estas condiciones cambian en 2023: mientras Estados Unidos entrega a Ucrania municiones de racimo para su contraofensiva, son los rusos los defensores[676]. La excusa era que estas municiones servirían para desalojar a los rusos de sus trincheras o para limpiar minas (¡!). En realidad, esta decisión se debe a que los estadounidenses ya no tienen alternativas, pues se han quedado sin municiones[677]. Pero su efecto es

---

670. https://www.rts.ch/play/tv/redirect/detail/14160304
671. http://www.haaretz.com/news/idf-commander-we-fired-more-than-a-million-cluster-bombs-in-lebanon-1.197099
672. https://www.clusterconvention.org/
673. Andrew Roth, «Ucrania utilizó bombas de racimo, según las pruebas», *The New York Times*, 20 de octubre de 2014 (https://www.nytimes.com/2014/10/21/world/ukraine-used-cluster-bombs-report-charges.html).
674. Thomas Gibbons-Neff & John Ismay, «To Push Back Russians, Ukrainians Hit a Village With Cluster Munitions», *The New York Times*, 20 de abril de 2022 (https://www.nytimes.com/2022/04/18/world/europe/ukraine-forces-cluster-munitions.html)
675. https://theintercept.com/2023/07/05/ukraine-cluster-bombs-biden/
676. Eric Schmitt, «Ukraine starts using American-made cluster munitions in its counteroffensive, U.S. officials say», *The New York Times*, 20 de julio de 2023 (https://www.nytimes.com/2023/07/20/world/europe/ukraine-cluster-munitions.html)
677. Mark F. Cancian, «Municiones de racimo: ¿qué son y por qué Estados Unidos las envía a Ucrania?», *Centro de Estudios Estratégicos e Internacionales*, 10 de julio de 2023 (https://www.csis.org/analysis/cluster-munitions-what-are-they-and-why-united-states-sending-them-ukraine).

legitimar el uso de este mismo tipo de munición para romper la contraofensiva ucraniana.

Esta es la razón por la que los estadounidenses especificaron el 13 de julio[678]:

> *El gobierno ucraniano nos ha dado garantías por escrito sobre el uso responsable de estas armas, en particular que no las utilizarán en zonas urbanas pobladas por civiles.*

Pero, como de costumbre, el gobierno ucraniano no cumplió su palabra: uno de los primeros disparos efectuados con estas nuevas municiones fue... en una zona civil, matando a un periodista[679].

Así que esta entrega por parte de los estadounidenses no sólo es literalmente «contrarreloj», sino que también legitima el uso de este tipo de armas por parte de Rusia para combatir la contraofensiva ucraniana. A veces da la impresión de que Occidente está haciendo todo lo posible para que los ucranianos fracasen...

6.5. Misiles de largo alcance

En el verano de 2023, con su contraofensiva empantanada, Ucrania empezó a atacar objetivos de largo alcance en territorio ruso o en el Mar Negro, y pidió misiles de largo alcance. Hasta entonces, Occidente se había negado a suministrar armas que pudieran alcanzar territorio ruso, ya que Crimea no se consideraba parte del territorio ruso. Los británicos suministran misiles de crucero STORM SHADOW. Francia hizo lo propio con el suministro de misiles SCALP, similares a los STORM SHADOW británicos, aunque algunas fuentes afirman que tienen un alcance ligeramente superior.

---

678. «Las municiones de racimo pueden dispersar varios centenares de pequeñas cargas explosivas», *Euronews / AFP*, 8 de julio de 2023 (https://fr.euronews.com/2023/07/08/armes-a-sous-munitions-en-ukraine-quel-danger-pour-les-civils)
679. «War reporter's death prompts Russian outrage over Ukraine's alleged use of cluster bombs», *Reuters*, 22 de julio de 2023 (https://www.reuters.com/world/russian-journalist-killed-three-wounded-near-ukraine-frontline-2023-07-22/)

Los lanzamisiles estadounidenses pueden lanzar varios misiles de calibre «pequeño» *Guided Multiple Launch Rocket Systems* (GMLRS) o un misil de mayor calibre *Army Tactical Missile System* (ATACMS). El ATACMS tiene un alcance de 300 km y una carga explosiva de 200 kg, y podría permitir a Ucrania alcanzar objetivos en territorio ruso con una gran capacidad destructiva. Sin embargo, los estadounidenses se muestran en principio reticentes a suministrar misiles ATACMS a Ucrania, por temor a una escalada[680]. De hecho, según el *Wall Street Journal*[681] y *The Hill*[682], los HIMARS entregados a Ucrania han sido incluso modificados en secreto para que no puedan disparar misiles de largo alcance capaces de alcanzar territorio ruso.

Misiles de largo alcance

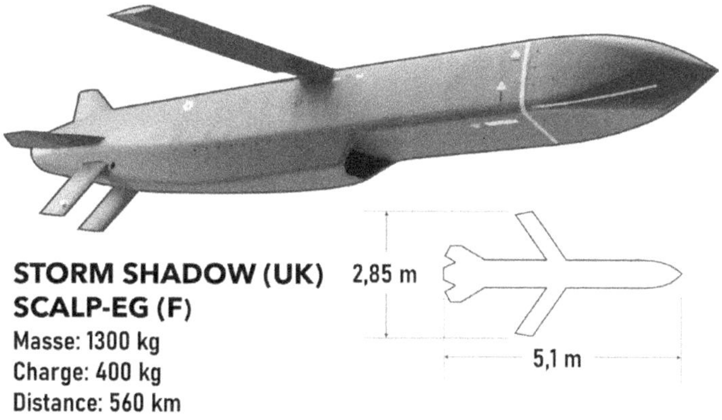

Figura 77 — Los misiles británicos STORM SHADOW y su versión francesa SCALP-EG son producidos por la empresa alemana MBDA. Su alcance les permite llegar a territorio ruso. Esto demuestra que los europeos no buscan resolver el conflicto sino prolongarlo, lo que pueden permitirse porque no pagan el precio de la sangre.

680. John Ismay, «The Missile Ukraine Wants Is One the U.S. Says It Doesn't Need», *The New York Times*, 6 de octubre de 2023 (https://www.nytimes.com/2022/10/06/us/ukraine-war-missile.html)
681. Michael R. Gordon & Gordon Lubold, «U.S. Altered Himars Rocket Launchers to Keep Ukraine From Firing Missiles Into Russia», *The Wall Street Journal*, 5 de diciembre de 2022 (https://www.wsj.com/articles/u-s-altered-himars-rocket-launchers-to-keep-ukraine-from-firing-missiles-into-russia-11670214338)
682. Brad Dress, «US secretly modified HIMARS for Ukraine to prevent Kyiv from shooting long-range missiles into Russia», *The Hill*, 5 de diciembre de 2022 (https://thehill.com/policy/defense/3762042-us-secretly-modified-himars-for-ukraine-to-prevent-kyiv-from-shooting-long-range-missiles-into-russia/)

El 22 de septiembre de 2023, Ucrania ataca con misiles de crucero el cuartel general de la Flota del Mar Negro en Sebastopol. Los ucranianos lanzan una primera andanada de señuelos.

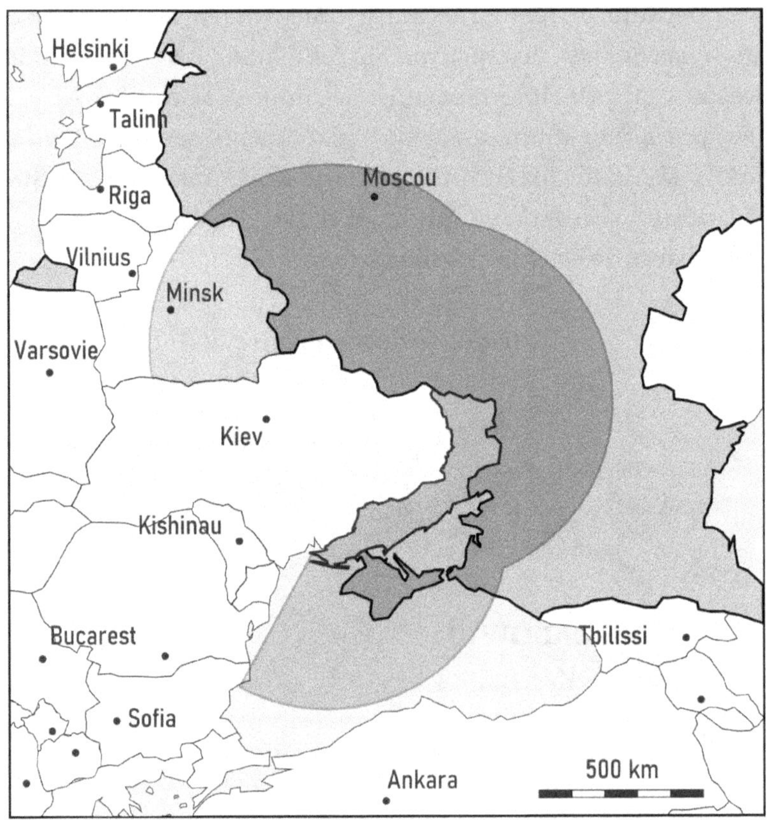

Figura 78 — Alcance del misil de crucero SCALP-EG suministrado a Ucrania por Francia. Estados Unidos no quiso suministrar misiles de largo alcance para evitar que la guerra se extendiera a territorio ruso. Los franceses no tienen esos reparos. Precisamente por eso los africanos ya no los quieren en su territorio.

6.6. Bombas guiadas

Desde diciembre de 2022, Estados Unidos suministra a Ucrania bombas guiadas JDAM-ER, que tienen un alcance de 80 km y utilizan una señal GPS para navegar hacia su objetivo. Pero documentos secretos filtrados en abril de 2023 muestran que funcionan mal y son susceptibles a las interferencias rusas[683]. Además, estas bombas vuelan a una velocidad relativamente modesta y son vulnerables a los sistemas antiaéreos rusos PANTSIR-SM, que pueden alcanzar objetivos muy pequeños, como drones o misiles HIMARS.

Por su parte, los rusos han desarrollado una serie de sistemas equivalentes a los entregados a Ucrania. Es el caso del GROM, que es el equivalente del JDAM-ER.

Bomba planeadora rusa GROM

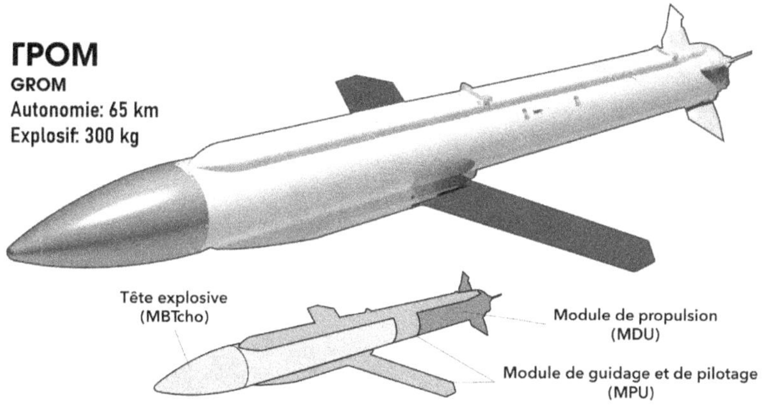

Figura 79 — La bomba GROM es el equivalente ruso de la bomba estadounidense JDAM-ER. Es una bomba de gravedad con alas retráctiles y un mecanismo de guía.

Los rusos han descubierto que las bombas de aviación son más eficaces (y probablemente menos costosas) que los misiles para combatir objetivos terrestres. Para ello, han desarrollado toda una gama de bombas planeadoras «inteligentes», que pueden dirigirse de forma autónoma hacia su objetivo.

Esto explica la aparente reducción del fuego de artillería ruso en el Donbass desde marzo de 2023. La fuerza aérea rusa tiene mucha más libertad de movimiento para atacar con sus bombas FAB-500[684] y, sobre

---

683. Ellie Cook, «Russian Glider Bombs Spark New Air Defence Woes for Ukraine», *Newsweek*, 13 de abril de 2023 (https://www.newsweek.com/russia-glider-bombs-ukraine-air-defense-jdams-1794155)
684. Andrew Stanton, «Ukraine Issues Warning About New Modified Russian FAB-500 Aerial Bombs», *Newsweek*, 8 de abril de 2023 (https://www.newsweek.com/ukraine-issues-warning-about-new-modified-russian-fab-500-aerial-bombs-1793298)

todo, con sus bombas de planeo UPAB-500B y UPAB-1500B. Introducida por primera vez en 2019, la UPAB-1500B puede ser atacada desde una distancia de 40 km, fuera del alcance de los sistemas antiaéreos tácticos ucranianos. Mejoradas tras los combates en Mariupol para combatir objetivos protegidos, estas bombas se utilizaron en Avdiivka y Bakhmut, y están ampliamente comprometidas para combatir la contraofensiva ucraniana en el sector de Zaporijjia.

Bombas guiadas UPAB-500B y UPAB-1500B

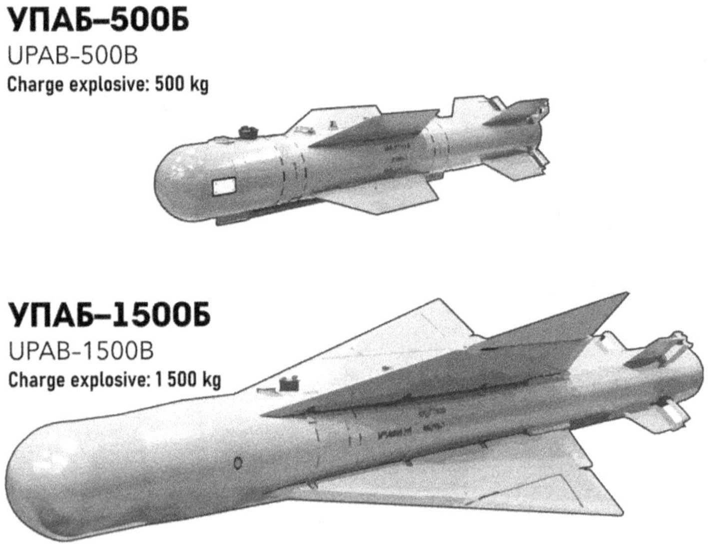

Figura 80 — Diseñadas para combatir a la infantería fuertemente protegida, las bombas UPAB-500B y UPAB-1500B pueden lanzarse más allá del alcance de las defensas antiaéreas ucranianas y dirigirse de forma autónoma y precisa hacia su objetivo.

6.7. Defensa aérea

El objetivo de las fuerzas armadas rusas es defender el país. Esto explica por qué, desde hace unos treinta años, mientras los países occidentales buscan soluciones a sus guerras en el extranjero, los rusos concentran sus esfuerzos en las necesidades de su defensa nacional. Es el caso de su defensa aérea, una de las más avanzadas del mundo, aunque siga siendo imperfecta.

El arte de la guerra rusa

Uno de los problemas es la proliferación de drones que operan como mini misiles de crucero, volando a baja altura y sólo detectados por radar en una fase tardía. Esto explica el éxito de los ataques ucranianos contra Sebastopol en septiembre de 2023.

El A-50U MAINSTAY, estacionado en el aeródromo militar de Matchoulichtchy, cerca de Minsk, es una parte esencial del sistema de guerra aérea de Rusia. Pero, al parecer, los rusos no tenían suficientes para vigilar todo el espacio aéreo, especialmente alrededor de Crimea. Una nueva versión del A-50U ha sido optimizada para detectar «nuevos tipos de aeronaves», obviamente drones.

A-50 MAINSTAY

Figura 81 — Avión de alerta temprana A-50 MAINSTAY. Es el equivalente ruso de los AWACS utilizados por los países de la OTAN en Rumanía y Polonia. Puede detectar y procesar simultáneamente unos 150 objetivos hasta una distancia de 650 km en el aire y hasta 300 km en tierra.

6.8. Drones y armas robotizadas

El uso de drones en combate no es nuevo. El primer prototipo de «torpedo aéreo» se remonta a 1918 (Kettering Bug), y el uso de pequeños drones recreativos para observar o lanzar granadas se ha visto ampliamente en Siria, por ejemplo. El uso de drones en el campo de batalla no es nuevo. Desde el comienzo de la SVO, Ucrania utilizó drones BAYRAKTAR de fabricación turca, que parecían ser un «arma milagrosa», pero que no escaparon a la formidable defensa antiaérea rusa y fueron rápidamente olvidados por nuestros medios de comunicación.

La novedad reside más bien en la distribución de su utilización en todos los niveles de mando, desde el táctico inferior hasta el estratégico.

Ahora disponemos de capacidades de reconocimiento y/o ataque aéreo en todos estos niveles, lo que aumenta considerablemente la inseguridad en el campo de batalla. Los testimonios de soldados ucranianos cansados de esta amenaza constante sobre sus cabezas dan fe de la naturaleza ansiógena de estas aeronaves.

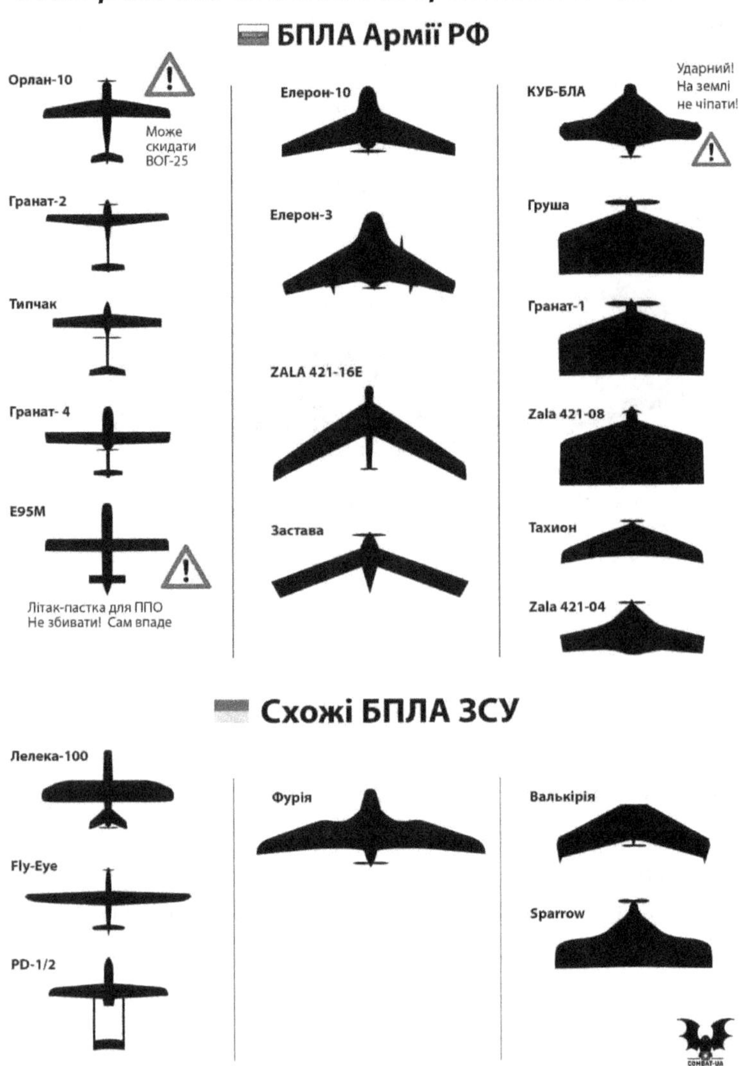

Figura 82 — *La proliferación de drones en el teatro de operaciones ha hecho necesaria la distribución de una tarjeta de identificación para los soldados ucranianos. [Fuente: https:// en.defence-ua.com/weapon_and_tech/how_to_distinguish_between_russian_and_ukrainian_ uavs_in_the_sky_photo_comparison-3180.html, junio de 2022].*

Desde el comienzo de la ofensiva rusa, los drones se convirtieron en parte integrante del campo de batalla. Los ucranianos no tardaron en ver su potencial para mejorar sus capacidades de reconocimiento táctico. Pero su uso evolucionó rápidamente. Inspirados en las técnicas desarrolladas en Siria por el Estado Islámico, pequeños drones comerciales modificados para transportar una pequeña carga explosiva o granada proporcionan capacidad de ataque hasta el nivel táctico más bajo. Pequeños y relativamente baratos, pueden desplegarse en enjambres, lo que constituye una de las revelaciones tecnológicas de este conflicto. Ampliamente utilizados por las tropas ucranianas al principio del conflicto, su uso ha disminuido debido a las dificultades de suministro (en parte como consecuencia de las sanciones aplicadas a este material por Estados Unidos a China) y, sobre todo, con la rápida proliferación de los sistemas de interferencia rusos.

6.8.1. Empleo de los ucranianos

6.8.1.1. Drones aéreos

El conflicto de Ucrania ha sido testigo del uso desmesurado de drones para todos los fines posibles. La novedad no reside realmente en el uso que se hace de los drones, ni siquiera en la inventiva que lo acompaña, sino en su mero número.

Los ucranianos utilizan tres categorías de drones:

- TB-2 BAYRAKTAR y UAV operativos equivalentes suministrados por Occidente. Pueden llevar a cabo misiones de observación y vigilancia, o de ataque. Muy eficaces en manos de Azerbaiyán contra Armenia, que sólo disponía de defensas antiaéreas rudimentarias, los TB-2 fueron rápidamente eliminados por las defensas antiaéreas rusas.

- Drones diseñados o modificados para ataques de largo alcance. Se trata de los drones operativos Tu-141 STRIZH, de la época soviética y diseñados para el reconocimiento aéreo, pero convertidos por Ucrania en improvisados misiles de crucero. Uno de estos aparatos se estrelló en Croacia en marzo de 2022, y otros han sido disparados contra territorio ruso. Para la misma función, pero con un diseño más moderno, los ucranianos han contratado el BOBER, guiado por GPS, que se ha distinguido en ataques contra la ciudad de Moscú.

- Drones comerciales modificados en Ucrania para misiones de reconocimiento o combate. Se guían con gafas FPV (*visión en primera persona*), que permiten observar los alrededores antes de un ataque o dirigir el fuego de artillería. Entre ellos se encuentran los drones ligeros DJI MAVIC 3, reconvertidos para transportar una granada o una pequeña carga explosiva. Nada nuevo aquí, esto es lo que el Estado Islámico hizo a escala casi industrial en Siria en 2015-2016.

El avión no tripulado ucraniano BOBER

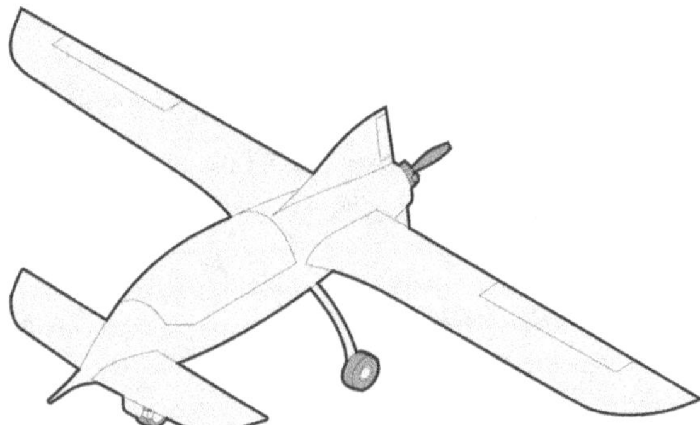

Figura 83 — El dron BOBER es un desarrollo local. De diseño muy sencillo, está diseñado para transportar una carga explosiva. Se utilizaron drones de este tipo para realizar ataques contra Moscú en julio-agosto de 2023.

Los drones se utilizan ampliamente en los niveles tácticos y operativos superiores para vigilar el campo de batalla y coordinar las acciones sobre el terreno. Pero el *RUSI* del Reino Unido ha descubierto que los rápidos cambios en el liderazgo han hecho que los mandos operativos no siempre confíen en los informes de los mandos subordinados y quieran tener ellos mismos el control visual de la acción. Esto ha llevado a una reducción del uso de munición de humo para cubrir el movimiento de los soldados de infantería hacia las líneas rusas. Los comandantes prefirieron su propia visión del campo de batalla a la cobertura de humo para ocultar los movimientos de sus tropas. El uso de munición de humo sólo representó el 3% de las misiones de fuego[685].

685. Jack Watling & Nick Reynolds, «Stormbreak: Fighting Through Russian Defences in Ukraine's 2023 Offensive», *RUSI*, septiembre de 2023, p. 22 (https://ik.imagekit.io/po8th4g4eqj/prod/Stormbreak-Special-Report-web-final_0.pdf)

Aunque podemos aplaudir la flexibilidad y el ingenio de los ucranianos, la eficacia militar de estos sistemas sigue siendo muy incierta. Por ejemplo, para detectar el DJI MAVIC 3, los rusos utilizan la plataforma DJI AeroScope, que puede detectar en tiempo real las comunicaciones entre el dron y la unidad de control y neutralizarlas[686]...

6.8.1.2. UAV navales

Una semi-novedad es el uso de drones navales contra barcos e instalaciones rusas en el Mar Negro. En realidad, aunque la solución tecnológica es nueva, el concepto no lo es. Durante la Segunda Guerra Mundial, los *Incursori* italianos de la famosa unidad *Xa Flottiglia MAS* utilizaron torpedos pilotados contra buques británicos. La idea ha sido retomada por otros, siendo el ejemplo más reciente la unidad *Sea Black Tigers* de los *Tigres de Liberación de Tamil Eelam* (LTTE).

Mal llamados «botes suicidas», eran artefactos explosivos, pero sus tripulantes no se inmolaban: saltaban del bote antes del impacto. La principal diferencia con los artefactos ucranianos es que hoy en día el GPS ha sustituido al piloto.

Los ucranianos han desarrollado toda una gama de estos drones, algunos de los cuales se han hecho famosos por sus atentados, en particular el ataque contra el puente de Kerch en julio de 2023. Este atentado fue perpetrado por un aparato autónomo del tipo SEA BABY que transportaba 860 kg de explosivos, contra uno de los pilares del puente.

El 24 de agosto de 2023, el presidente Volodymyr Zelensky formalizó la creación de la *345ª Brigada Independiente de Sistemas Navales no Tripulados* (*385-ï окремоï бригади морських безпілотних комплексів Військово-Морських сил ЗСУ*)[687]. Como señala Vasyl Maliuk, su responsable, se trata de un proyecto pilotado por el *Servicio de Seguridad de Ucrania* (SBU)[688], que también está detrás del desarrollo de los drones y de su producción en talleres clandestinos secretos[689].

Los drones submarinos parecen ser una nueva arma en el arsenal ucraniano. El TOLOKA 1K-150, presentado en abril de 2023, es uno de los

686. https://www.bbc.com/news/world-europe-62090791

687. https://novynarnia.com/2023/08/24/385-brygada/

688. https://youtu.be/UoHACsoQBxM

689. https://ssu.gov.ua/novyny/morski-drony-unikalna-rozrobka-sbu-vasyl-maliuk-rozkryv-detali-rezonansnykh-spetsoperatsii-sluzhby-bezpeky-ukrainy

desarrollos propuestos por jóvenes ingenieros ucranianos[690]. Se trata de una especie de torpedo guiado cuyas prestaciones aún se desconocen. Sin embargo, la utilidad de estas armas, que no pueden tener un efecto decisivo en el curso del conflicto, es cuestionable.

Drone naval «Микола-3»

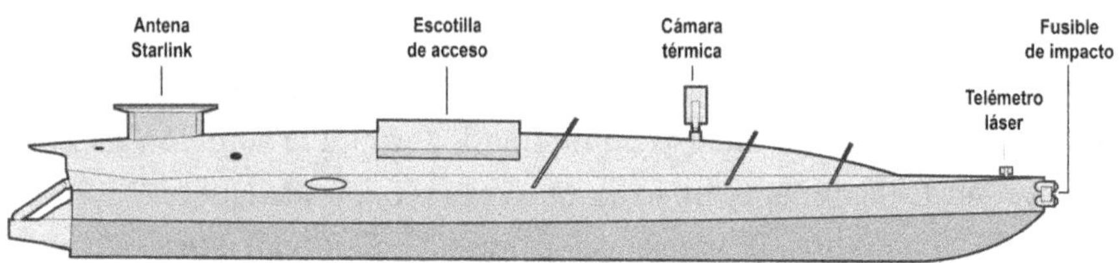

Drone naval «SEA BABY»

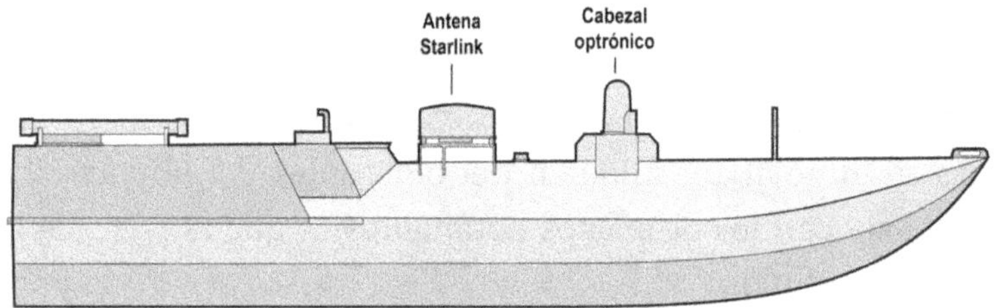

Figura 84 — Drones navales ucranianos Arriba: El Mykola-3, utilizado en ataques contra el puerto de Sebastopol en Crimea y contra buques rusos que vigilan el gasoducto TURKSTREAM en el Mar Negro, tras el incidente del NORD STREAM en septiembre de 2022.
Abajo: El SEA BABY contra el puente de Kerch durante el ataque del 17 de julio de 2023.

El concepto de barco suicida

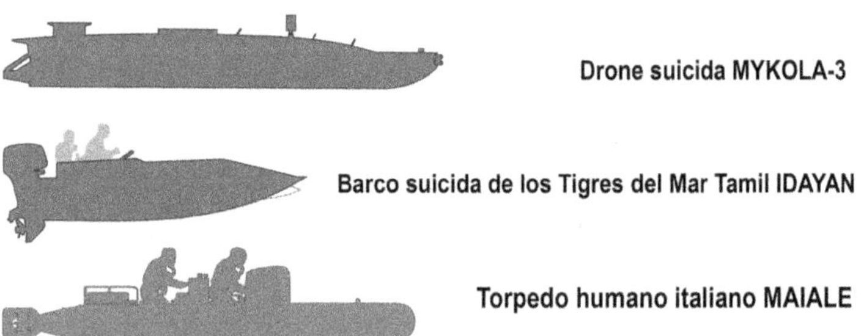

Figura 85 — Comparación del tamaño de los drones ucranianos MYKOLA-3, las lanchas suicidas IDAYAN de los Tigres Tamiles y los MAIALE de los Incursori italianos de la Segunda Guerra Mundial.

---

690. «El dron marítimo submarino ucraniano 'Toloka' es un nuevo 'dolor de cabeza' para los rusos en el Mar Negro», *Defense Express*, 27 de abril de 2023 (https://en.defence-ua.com/weapon_and_tech/ukraines_toloka_underwater_maritime_drone_is_a_new_headache_for_russians_in_the_black_sea-6531.html)

Drone ucraniano TOLOKA 1K-150

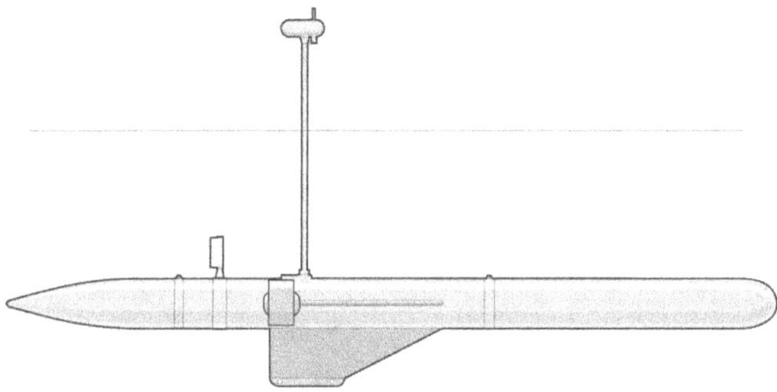

Figura 86 — El dron submarino TOLOKA 1K-150, diseñado por el grupo ucraniano BRAVE1, mide 1,5 m de largo. Opera justo bajo la superficie del mar, gracias a una cámara situada en lo alto de un mástil, y puede cubrir una distancia de hasta 1.200 km.

6.8.2. Empleo de los rusos

6.8.2.1. Drones aéreos

Un avance especialmente importante es el uso sistemático de drones pequeños y baratos, que pueden desplegarse en masa para desbordar las defensas enemigas y que funcionan como mini misiles de crucero. Son los llamados «drones suicidas». Los rusos utilizan el GERAN-2, de fabricación iraní, y el LANCET-3, de fabricación rusa.

El GERAN-2 procede de Irán, donde se produce bajo el nombre de SHAHEED-136. Su adopción por Rusia ha alimentado la narrativa de una *«industria en ruinas»*[691] y ha dado un nuevo pretexto para aplicar nuevas sanciones a Irán[692]. En realidad, el GERAN-2 se fabrica bajo licencia en Rusia, donde ha sufrido una serie de modificaciones: su sistema de navegación se ha reforzado y funciona con el sistema de satélites ruso GLONASS. Sus últimas versiones derivan del SHAHED-131, pero están

---

691. https://youtu.be/R9n3s3CyZ9o

692. «La Suisse sanctionne la livraison de drones iraniens à la Russie», *Gouvernement suisse*, 2 de noviembre de 2022 (https://www.admin.ch/gov/fr/accueil/documentation/communiques.msg-id-91102.html) ; Daphne Psaledakis & Arshad Mohammed, «New U.S. sanctions target supply of Iranian drones to Russia», *Reuters*, 6 de enero de 2023 (https://www.reuters.com/business/aerospace-defense/us-targets-supply-iranian-drones-russia-new-sanctions-2023-01-06/)

propulsadas por un turborreactor, lo que las hace más silenciosas[693]. Es, por tanto, muy resistente a las contramedidas electrónicas y difícil de detectar por los radares gracias a su casco de fibra de vidrio. Es una especie de «mini misil de crucero», que puede utilizarse en grandes cantidades contra objetivos poco protegidos hasta una distancia de 2.500 km.

Fabricado en gran parte con componentes comerciales, el GERAN-2 es extremadamente barato de producir y muy costoso de destruir, lo que lo convierte en un arma de desgaste por excelencia. Su coste de producción se estima en unos 20.000 dólares, mientras que los ucranianos tienen que combatirlos con misiles S-300 de origen soviético, cuyo coste unitario se estima en 130.000 dólares, o misiles estadounidenses NASAMS a 500.000 dólares cada uno. ¡Un piloto ucraniano llegó a sacrificar un MiG-29 para derribar un GERAN-2[694]!

Drone GERAN-2

Figura 87 — El vehículo aéreo no tripulado GERAN-2 (Geranium) es la versión rusa del SHAHEED-136 producido por Irán. Su sistema de guiado ha sido modificado para hacerlo invulnerable a las contramedidas electrónicas.

---

693. Maksim Panasovskyi, «The Shahed-136 kamikaze drone got a turbojet engine instead of the piston-powered MD550 and now it won't buzz like a scooter», *gadget.com,* 27 de septiembre de 2023 (https://gagadget.com/en/uav/323974-the-shahed-136-kamikaze-drone-got-a-turbojet-engine-instead-of-the-piston-powered-md550-and-now-it-wont-buzz-like-a-s/)
694. Girish Linganna, «¡Histórico! A kamikaze drone downs a fighter aircraft, Ukrainian MiG-29 crashes trying to shoot an Iranian Shahed-136 drone», *Frontier India,* 13 de octubre de 2022 (https://frontierindia.com/historic-a-kamikaze-drone-downs-a-fighter-aircraft-ukrainian-mig-29-crashes-trying-to-shoot-an-iranian-shahed-136-drone/)

El LANCET-3 es la última iteración de una línea de drones que apareció en 2018, y que se probó en Siria a partir de 2020. El LANCET-1, su predecesor, tenía una masa de 5 kg y una carga explosiva de 1 kg, lo que era suficiente contra tropas, pero no contra objetivos «duros», como vehículos blindados.

Su ala cruciforme le confiere una excelente maniobrabilidad y puede utilizarse para misiones de reconocimiento, vigilancia o ataque. Puede vigilar una zona, buscar, encontrar y seleccionar un objetivo y destruirlo de forma autónoma. Su «cerebro» es de origen comercial[695] y utiliza la JETSON TX2 de NVIDIA, que es una unidad de procesamiento gráfico (GPU) utilizada en las videoconsolas. Es un dispositivo de inteligencia artificial muy rápido y uno de los más eficientes energéticamente del mercado. Está disponible en abundancia en el mercado y se puede conseguir fácilmente a un precio módico. Puede realizar misiones preprogramadas o autónomas gracias a la inteligencia artificial de a bordo.

Es un arma versátil e inteligente, especialmente eficaz contra objetivos en movimiento. Dispone de una ojiva modular y de varios sistemas de guiado, lo que permite utilizarlo en distintas configuraciones: como dron FPV (*First Person View*) guiado por gafas de visión, para marcar objetivos con láser y transmitir imágenes para la *Evaluación de Daños en Batalla* (BDA). Utiliza un módulo de transmisión encriptado y es resistente a las contramedidas electrónicas. En octubre de 2023, la revista estadounidense *Forbes* informó de que los drones FPV rusos estaban cada vez más equipados con cámaras térmicas, lo que los hacía especialmente devastadores[696].

RUSI destacó el interés que suscita este tipo de arma, su versatilidad y la rapidez con la que los rusos son capaces de introducir mejoras en el producto. Es tan eficaz que el fabricante ruso, ZALA, afirma haber multiplicado por 50 su producción.

---

695. David Hambling, «Russia's Smartest Weapon May Have An American Brain», *Forbes*, 28 de marzo de 2023 (https://www.forbes.com/sites/davidhambling/2023/03/28/does-russias-smartest-weapon-have-an-american-brain/)
696. David Hambling, «Russia Adds Thermal Imaging To FPV Kamikaze Drones», *Forbes*, 11 de octubre de 2023 (https://www.forbes.com/sites/davidhambling/2023/10/11/russia-adds-thermal-imaging-to-fpv-kamikaze-drones/)

En su configuración «suicida», puede utilizarse en red con otros UAV para detectar objetivos. Se ha convertido así en un importante componente de la ROK/RUK. Al parecer, según el Estado Mayor ucraniano, los drones rusos LANCET 1 y 3 han destruido o dañado unas 200 piezas de artillería, principalmente M777. Silenciosos, pequeños y difíciles de detectar, son especialmente eficaces por la noche.

Desde noviembre de 2023, las fuerzas rusas reciben el SCALPEL, que tiene en líneas generales las mismas características y prestaciones que el LANCET-3, con un ala cruciforme, pero cuya producción es menos costosa[697].

Drone suicida ruso LANCET-3

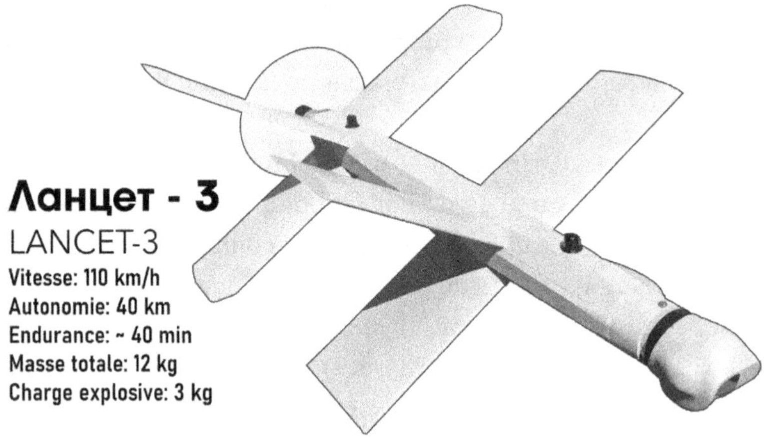

Figura 88 — Uno de los drones más eficaces de la campaña de Ucrania. Producido por Kalashnikov, el Lancet es un dron suicida de bajo coste que puede proporcionar información antes de caer sobre su objetivo y destruirlo con sus 5-6 kg de explosivos.

El KUB-BLA[698] es un dron de ataque desarrollado por la empresa rusa ZALA. Presentado por primera vez en 2019, fue probado en el TVD Siria. De pequeño tamaño (1,210 m x 0,95 m x 0,165 m) y propulsado por un pequeño motor eléctrico que lo hace muy silencioso, es muy discreto.

697. https://bulgarianmilitary.com/amp/2023/11/18/russian-army-received-15-scalpel-uavs-this-is-the-new-lancet/
698. BLA: Беспилотный Летательный Аппарат о «Aparato Volador No Tripulado».

Está equipado con un software que le permite operar en enjambre con otros dispositivos similares.

Utiliza tecnología de identificación visual por inteligencia artificial (AIVI) para reconocer y clasificar objetivos en tiempo real. Se espera que entre en servicio en agosto de 2022.

Drone suicida KUB-BLA

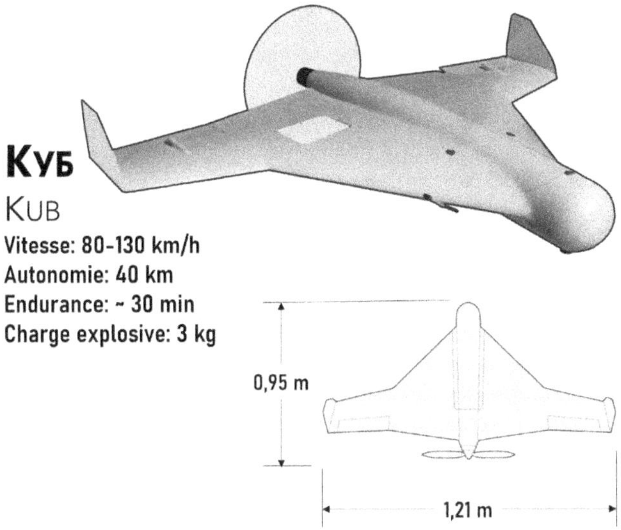

Figura 89 — El dron KUB-BLA es un dron utilizado para el Complejo de Ataque de Reconocimiento (RUK).

Dicho esto, estamos asistiendo a un resurgimiento del uso de pequeños drones FPV comerciales a nivel táctico. Ligeros, baratos, fáciles de usar y muy flexibles, ofrecen una solución igual de eficaz que los LANCET-3, pero más eficiente.

En términos operativos, los rusos han puesto en servicio el avión no tripulado ORION, comparable al MQ-1 PREDATOR o al MQ-9 REAPER estadounidenses. Con una autonomía de 24 horas y un alcance de 1.400 km, puede llevar a cabo misiones de vigilancia y reconocimiento aéreos. Puede lanzar bombas de gravedad de 50 kg (KAB-50 y FAB-50) o bombas guiadas (UPAB-50) en misiones combinadas de reconocimiento y ataque. Está desplegado en el TVD de Ucrania desde al menos marzo de

2022. Sin embargo, su techo de 7.500 m lo hace vulnerable a los misiles antiaéreos ucranianos S-300.

El dron ORION

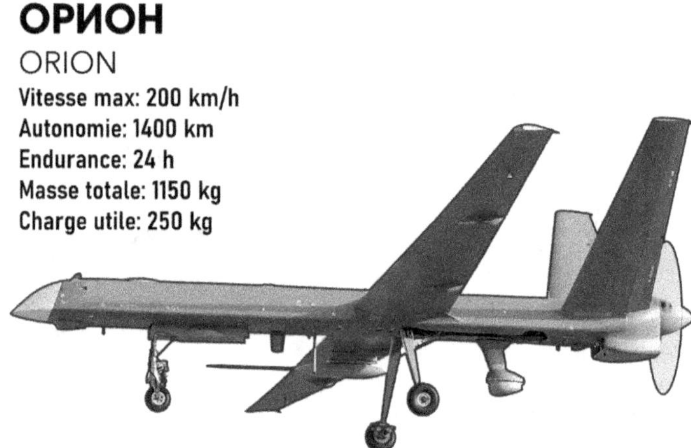

Figura 90 — El UAV ORION es uno de los últimos UAV operativos de Rusia. Se probó en Siria en 2019 y está desplegado en el TVD de Ucrania desde marzo de 2022.

La última novedad en drones rusos es la aparición de drones «transparentes». Fabricados con materiales no metálicos, son invisibles a las ondas de radar, por lo que pueden eludir en gran medida los sistemas de detección[699]...

6.8.2.2. Armas robóticas

La idea de robotizar el campo de batalla viene de lejos. Los rusos tienen varios proyectos, algunos de ellos operativos, como los sistemas PLATFORMA-M y NEREKHTA, que se utilizan para misiones de vigilancia en algunas bases rusas. Estos sistemas se probaron en Siria, junto a sistemas de combate como el URAN-9[700].

---

699. Boyko Nikolov, «Russia unveils foamplast FPV UAV with max-radio transparency», *Bulgarian Military*, 15 de octubre de 2023 (https://bulgarianmilitary.com/amp/2023/10/15/russia-unveils-foamplast-fpv-uav-with-max-radio-transparency/)
700. https://youtu.be/d0qG64xao6s

Figura 91 — El URAN-9 es un sistema de combate capaz de realizar acciones antitanque autónomas. La utilización de estos sistemas empieza a formar parte de un cuerpo doctrinal construido a partir de la experiencia en Ucrania.

Figura 92 — PLATFORMA-M y NEREKHTA son sistemas capaces de llevar capaces de llevar sistemas antitanque.

Este último se probó durante las maniobras ZAPAD-2021 y se desplegó en el Donbass, pero más para validar soluciones de software y la conexión en red de estas armas en el marco de la ROK/RUK que para compromisos operativos.

Se desconocen los resultados de estos enfrentamientos, pero al parecer la idea de un vehículo de combate que pueda actuar de forma autónoma en el campo de batalla sigue siendo una perspectiva lejana.

Las máquinas PLATFORMA-M y NEREKHTA son sistemas más sencillos capaces de realizar acciones programadas en un contexto más simple que el URAN-9.

7. La guerra de la información

7.1. Ciberguerra

La guerra cibernética se considera generalmente la guerra del siglo XXI, y ya en 2021 nuestros «expertos» predecían una guerra cibernética rusa contra Ucrania, que neutralizaría la economía e incluso la destruiría hasta tal punto que no sería necesaria una intervención militar. Pero un estudio del *Centro de Estudios de Seguridad* (CSS) de la Escuela Politécnica Federal de Zúrich nos ha devuelto a la realidad. Titulado «Adiós a la ciberguerra: la realidad de Ucrania», demuestra que la ciberguerra sólo ha desempeñado un papel menor en el conflicto ucraniano[701]:

> *Sostenemos que los expertos que creen que la ciberguerra es una realidad siguen subestimando los límites prácticos de los ciberataques (también conocidos como operaciones de ciberefectos) y, en consecuencia, sobrevalorando su importancia estratégica, a pesar de las numerosas pruebas empíricas que demuestran que los ciberataques no son muy eficaces para llevar a cabo acciones coercitivas y destructivas.*

El CSS concluye:

> *En general, no hay pruebas de que las operaciones patrocinadas por Rusia, o de hecho todas las operaciones relacionadas con este*

___

701. Lennart Maschmeyer & Myriam Dunn Cavelty, «Goodbye Cyberwar: Ukraine as Reality Check», *ETH Zúrich - Centro de Estudios de Seguridad*, mayo de 2023 (https://css.ethz.ch/content/dam/ethz/special-interest/gess/cis/center-for-securities-studies/pdfs/PP10-3_2022-EN.pdf)

conflicto (incluidas las de los diversos «ejércitos» hacktivistas que han surgido), hayan tenido un impacto mensurable en el curso del conflicto, proporcionado ventajas tácticas observables —como el sabotaje de equipos militares o la interrupción de las comunicaciones enemigas en combate— o generado una ventaja estratégica.

El verdadero problema de la guerra en el ciberespacio es que somos incapaces de determinar con certeza el origen de los ataques. Las llamadas empresas de ciberseguridad son materialmente incapaces de hacerlo, y sus opiniones sobre nuestros medios proceden casi exclusivamente de fuentes de terceros. Evidentemente, estas formas son la mayoría de las veces parte del problema.

En diciembre de 2016, *CrowdStrike* afirmó que la entidad de hackers FANCY BEAR (supuestamente asociada a la inteligencia militar rusa) había penetrado en la red de control de fuego de la artillería ucraniana para plantar malware, causando grandes pérdidas[702]. La información es un poco «gorda», pero algunos medios de comunicación tradicionales, guiados más por la rusofobia que por la preocupación de informar con honestidad, como *la Radiotelevisión Suiza*[703] y el diario *Libération*[704], la retransmitieron igualmente. Resultó que la información era completamente falsa[705].

En realidad, desde principios de los años 2000, lo que llamamos «ciberguerra» es más una guerra entre «*trolls*» que un medio para desestabilizar países, como predijo Hollywood. A nuestros medios de comunicación les gusta amplificar los acontecimientos cibernéticos y aprovechar que sus autores son difíciles de identificar para atribuirlos a Rusia. Además, aunque es cierto que los ataques proceden de Rusia, eso no significa que el gobierno esté implicado.

---

702. «Uso del malware android FANCY BEAR en el rastreo de unidades de artillería de campaña ucranianas», *CrowdStrike*, 22 de diciembre de 2016.
703. «Russian Democratic Party hackers targeted Ukrainian army», *rts.ch*, 22 de diciembre de 2016.
704. Amaelle Guiton, «Les Russes donnent des sueurs froides sur le front numérique», *liberation.fr*, 30 de diciembre de 2016.
705. El informe antiguo se publicó el 22 de diciembre de 2016 y el corregido el 23 de marzo de 2017 (Oleksiy Kuzmenko & Pete Cobus, «Cyber Firm Rewrites Part of Disputed Russian Hacking Report», *Voice of America [VOA]*, 24 de marzo de 2017).

Por ejemplo, cuando Estonia fue atacada el 27 de abril de 2007, nuestros medios de comunicación acusaron inmediatamente a Rusia[706], alegando que, aunque el gobierno no estuviera directamente implicado, la acción no habría podido tener lugar sin la aprobación del Kremlin. Algunos han llegado incluso a invocar el artículo 5 de la OTAN[707]. *Radio-Télévision Suisse* ha denunciado sin ambages la responsabilidad del gobierno ruso[708]. Sin embargo, de las 3.700 direcciones IP que desencadenaron el ataque, 2.900 eran rusas, 200 ucranianas, 130 letonas y 95 alemanas[709]. Según Mikko Hyppönen, experto de la empresa finlandesa de seguridad informática *F-Secure*:

> *En la práctica, sólo hay una dirección IP que conduce a un ordenador gubernamental. Por supuesto, es posible que también se haya lanzado un ataque desde allí, pero la persona implicada podría ser cualquiera, desde el conserje de un departamento gubernamental hacia arriba[710].*

Así que no sabemos nada al respecto. No hay pruebas de que participaran organismos oficiales rusos[711] y todo apunta a la acción de la sociedad civil. Además, ni la Comisión Europea ni la OTAN[712] confirman la implicación de Rusia. Al final, sólo se identificó a un culpable: un joven activista ruso del movimiento juvenil «Nachi» —una organización patriótica rusa que lucha contra «*oligarcas, antisemitas, nazis y*

---

706. Sylviane Pasquier, «Estonie : la main de Moscou», *L'Express*, 16 de mayo de 2007; Kertu Ruus, «Cyber War I: Estonia Attacked from Russia», *European Affairs*, volumen IX, nº 1-2, invierno/primavera, 2008; Benoît Vitkine, «L'Estonie, première cybervictime de Moscou», *Le Monde*, 14 de marzo de 2017.
707. James A. Lewis, «The 'Korean' Cyber Attacks and Their Implications for Cyber Conflict», *Center for Strategic and International Studies*, octubre de 2009.
708. «Une cyberguerre russo-estonienne déclenchée», *rts.ch*, 6 de agosto de 2007 (actualizado el 31 de enero de 2013)
709. Santeri Taskinen, Mari Nikkarinen y Shankar Lal, «La ciberguerra estonia», 21 de abril de 2017 (https://mycourses.aalto.fi/pluginfile.php/457047/mod_folder/content/0/Kyber%20Crystal.pdf?forcedownload=1).
710. Nate Anderson, «Massive DDoS attacks target Estonia; Russia accused», *arstechnica.com*, 14 de mayo de 2007.
711. Sean Michael Kerner, «Estonia bajo el ciberataque ruso», *internetnews.com*, 18 de mayo de 2007.
712. Les cyberattaques - repères chronologiques (https://www.nato.int/docu/review/2013/Cyber/timeline/FR/index.htm) (consultado el 1 de octubre de 2019)

liberales»— que actuó de forma independiente. ¡Está claro que nuestros periodistas siempre apoyan a los mismos!

Un estudio de la Universidad de Adelaida (Australia) sobre las actividades cibernéticas a principios de 2022 en Ucrania muestra que los ucranianos estaban claramente preparados para una intensificación de las operaciones militares. Ya el 24 de febrero, la actividad cibernética *de los bots* ucranianos alcanzó inmediatamente un nivel muy alto, y sólo unos días después comenzó la actividad cibernética rusa[713]. Esto indica que las redes ucranianas ya habían preparado sus ciberataques antes del 24 de febrero y estaban listas para lanzarlos muy rápidamente ese día.

Actividades cibernéticas al inicio de la Operación Militar Especial rusa

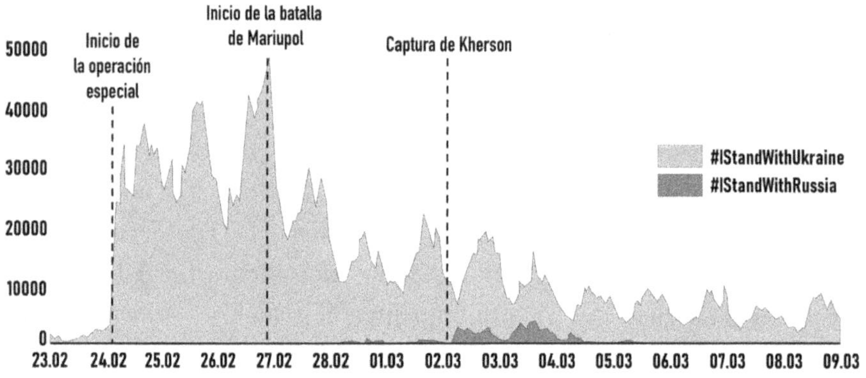

Figura 93 — Fuente: Bridget Smart, Joshua Watt, Sara Benedetti, Lewis Mitchell y Matthew Roughan, «#IStandWithPutin versus #IStandWithUkraine: The interaction of bots and humans in discussion of the Russia/Ukraine war», Universidad de Adelaida, 15 de agosto de 2022 (https:// arxiv.org/abs/2208.07038).

Como vimos con *TV5 MONDE*, a propósito de lo que ellos llaman la «guerra híbrida», nuestros medios de comunicación y nuestros expertos están hilando acontecimientos que nadie está en condiciones de conocer con precisión, una responsabilidad de Rusia. Técnicamente

---

713. Bridget Smart, Joshua Watt, Sara Benedetti, Lewis Mitchell & Matthew Roughan, «#IStandWithPutin versus #IStandWithUkraine: The interaction of bots and humans in discussion of the Russia/Ukraine war», *The University of Adelaide*, 15 de agosto de 2022 (actualizado el 20 de agosto de 2022) (https://arxiv.org/abs/2208.07038)

hablando, están practicando el conspiracionismo, es decir, la creación de una narrativa a partir de elementos a menudo reales, vinculados por una lógica arbitraria, con un presunto objetivo malicioso.

Según el SOC, la gran mayoría de los sucesos conocidos atribuidos a Rusia (normalmente sin pruebas) sólo han tenido efectos limitados y localizados, con escasa o nula repercusión en el conflicto. Es una apuesta segura que muchos de los sucesos atribuidos a la ciberguerra son en realidad problemas de gestión del software de las instalaciones (como hemos visto en Estados Unidos, donde las compañías de suministro eléctrico ocultan sus problemas de gestión tras supuestos ataques rusos).

También en este caso, la narrativa oficial sobre estos ataques rusos, al amplificar artificialmente su impacto con fines propagandísticos, contribuye a restar importancia a las capacidades de Rusia en este ámbito.

7.2. Propaganda y desinformación

Propaganda y desinformación son dos términos utilizados indistintamente por nuestros medios de comunicación. Sin embargo, representan actividades distintas.

Propaganda es literalmente: «lo que vale la pena difundir». Por lo general, hace hincapié en nuestros propios puntos positivos (como en un mensaje publicitario) o en los puntos débiles de nuestro adversario. Pero la información en sí (generalmente) no es falsa. Esta fue la estrategia dominante de la URSS durante la Guerra Fría. Hoy vemos la misma filosofía.

La desinformación es el acto de engañar deliberadamente a un adversario mediante información falsa. A diferencia de nuestros medios, que ven la desinformación como un fin en sí mismo, los rusos la entienden como un medio dentro de una estrategia determinada.

Por lo general, en un conflicto, el defensor hace hincapié en la propaganda para poner de relieve sus capacidades defensivas con fines disuasorios. El atacante, por su parte, se centrará en la desinformación para ocultar sus intenciones. Sin embargo, en este conflicto es literalmente al revés.

7.2.1. *Propaganda y desinformación de Occidente y Ucrania*

La narrativa oficial se encuentra en el centro de la estrategia occidental y ucraniana. Su objetivo no es sólo infundir confianza en la población ucraniana, sino también y sobre todo desestabilizar a la población rusa y el apoyo que ésta presta a su gobierno. Pero su función principal es mantener el apoyo material de Occidente.

A principios de noviembre de 2023, Oleksei Arestovitch, antiguo asesor de Zelensky, confesó haber mentido a sus conciudadanos para promover una narrativa[714]:

> *Gran parte de la responsabilidad de haber creado la fe del ciudadano medio en nuestra rápida y magnífica victoria recae sobre mí personalmente. En aquel entonces, creé esta ilusión para que pudiéramos sobrevivir. Hoy, la estoy destruyendo para que podamos sobrevivir.*

No hay nada realmente nuevo aquí, porque mucha de la información que ya he dado en mis libros anteriores se ha confirmado ahora. En lo que respecta a Ucrania, sin duda era lícito difundir desinformación, pero era a la vez inmoral y criminal amplificar esas mentiras en nuestros propios países y fomentar así conscientemente el desarrollo de una forma de rusofobia. No cabe duda de que nuestros periodistas deben responder ante los tribunales por incitar deliberadamente al odio.

Con cierto infantilismo, Occidente emprendió una guerra contra las narrativas, pensando que eso bastaría para provocar un cambio político en Rusia. Especialmente en Europa, esto se ha traducido en la exclusión total de la información que se desvía de la narrativa occidental. A quienes se aventuran fuera de los caminos trillados se les acusa de «retransmitir el discurso del Kremlin» y, por tanto, de ser «agentes de las redes de Vladimir Putin». Este es el caso incluso cuando se retransmite información que procede de Ucrania pero contradice la narrativa occidental...

Lo que dicen los rusos se califica invariablemente de «propaganda», mientras que cuando los ucranianos dan información falsa, ¡es más probable que se califique de «cuento»[715]!

---

714. https://twitter.com/djuric_zlatko/status/1720923003742036309
715. https://youtu.be/bEv4-IJsl9k?t=270

En numerosas ocasiones, nuestros medios de comunicación acusaron inmediatamente a los rusos de atacar deliberadamente a civiles en Ucrania cuando el patrón de incidentes mostraba que podían haber sido causados por misiles antiaéreos ucranianos que erraron su objetivo. Así que, en lugar de mostrar cierta moderación, nuestros medios trataron de echar más leña al fuego.

El 6 de septiembre de 2023, un misil alcanzó un mercado en Konstantinovka. *RTS* informó inmediatamente de que el gobierno suizo «*condenaba la incursión rusa*», señalando que «*los ataques contra civiles están prohibidos por el derecho internacional humanitario*»[716]. Sin embargo, menos de quince días después, el *New York Times* informaba[717]:

> *Pero las pruebas reunidas y analizadas por The* New York Times, *incluidos fragmentos de misiles, imágenes de satélite, relatos de testigos y publicaciones en las redes sociales, sugieren firmemente que el catastrófico ataque fue el resultado de un misil de defensa antiaérea ucraniano errante disparado por un sistema BUK.*

Este es uno de los muchos ejemplos de cómo nuestros medios de comunicación y gobiernos acusan deliberadamente a Rusia antes de esperar a disponer de información más sustancial. De hecho, se trata de una práctica habitual en Occidente, que permite lanzar falsas acusaciones sin necesidad de justificación. Es un problema que identifiqué cuando trabajaba en la doctrina para la protección de civiles en las Naciones Unidas. Me di cuenta de que esta práctica tiende a fomentar los crímenes contra civiles (acción bajo una falsa bandera). Este es un ejemplo de cómo los gobiernos y los medios de comunicación fomentan los crímenes contra civiles.

Como señaló la revista estadounidense *Newsweek* en un artículo titulado «*Lo que Ucrania ha aprendido del Estado Islámico*»[718] (el título

---

716. https://www.rts.ch/info/monde/14293014-les-dix-premiers-chars-leopard-1-arrivent-en-ukraine.html#timeline-anchor-1694033722199
717. https://www.nytimes.com/2023/09/18/world/europe/ukraine-missile-kostiantynivka-market.html
718. Isabel van Brugen, «What Ukraine Learned From ISIS», *Newsweek*, 31 de mayo de 2023 (https://web.archive.org/web/20230531073952/https://www.newsweek.com/what-ukraine-russia-war-learned-isis-surveillance-drones-strikes-videos-1803199)

se cambió unas horas después por «*Cómo Ucrania está aplicando el escenario del Estado Islámico*»), Ucrania está adoptando las técnicas de comunicación del Estado Islámico[719]:

> *Para Ucrania, el motivo de crear vídeos pulidos de escenas del campo de batalla es atraer a suficientes espectadores de todo el mundo para que no se olvide la lucha del país contra Rusia y demostrar que el apoyo financiero y militar de Occidente a Kiev no ha sido ni será en vano.*

El objetivo de la comunicación occidental es la población rusa. En realidad, no se trata de apoyar al pueblo ucraniano (de hecho, ninguno de nuestros medios tradicionales se ha pronunciado en contra de que Kiev dispare contra su propia población desde 2014), sino de provocar una crisis política en Rusia. Por eso nuestros medios no nos informan de la situación tal y como es, sino como nos gustaría que la percibieran los rusos.

Por ejemplo, el 13 de abril de 2023, *RTS*[720] habló de las «*capacidades militares convencionales degradadas*» de Rusia. Sin embargo, menos de dos semanas después, el general Christopher Cavoli, comandante en jefe del *Mando Europeo de Estados Unidos* (SACEUR), declaró ante un comité del Congreso estadounidense que «*las capacidades aéreas, navales, espaciales, digitales y estratégicas de Rusia no han sufrido una degradación significativa durante esta guerra*»[721]...

Así que no sólo nuestros medios de comunicación nos mienten, sino que también mienten a los propios ucranianos. Por ejemplo, los prisioneros de guerra ucranianos han explicado que les empujaron al combate diciéndoles que «*los rusos eran débiles, estaban mal equipados y cansados...*[722]». Como dijo un sargento de la 32ª Brigada Mecanizada

---

719. Isabel van Brugen, «How Ukraine Followed the ISIS Playbook», *Newsweek*, 31 de mayo de 2023 (https://www.newsweek.com/what-ukraine-russia-war-learned-isis-surveillance-drones-strikes-videos-1803199)
720. https://www.rts.ch/info/monde/13940354-des-documents-classifies-decrivent-des-luttes-intestines-dans-les-cercles-de-pouvoir-russes.html
721. https://armedservices.house.gov/sites/republicans.armedservices.house.gov/files/04.26.23 Declaración de Cavoli v2.pdf
722. https://twitter.com/MyLordBebo/status/1672196798297899010

Independiente ucraniana: «*Todo es diferente de lo que se lee en los comunicados de prensa diarios y en los medios de comunicación*»[723].

De los medios de comunicación europeos que consulté para mis libros, prácticamente ninguno intentó siquiera proporcionar información objetiva sobre el conflicto. Se admite que un conflicto tiene siempre un componente emocional y que es inevitable cierto grado de subjetividad. Como he demostrado en mis libros, los medios que han restado importancia sistemáticamente a las capacidades de Rusia son: *RTBF* (Bélgica), *LCI, TF1, BFM TV* y *France 5* (Francia), *RTS, SRF, Le Temps, Neue Zürcher Zeitung* y el tabloide *Blick* (Suiza). Nuestros medios de comunicación viven de la sangre de otros. Por tanto, es lógico —si no aceptable— que traten de exacerbar las tensiones en lugar de calmarlas.

Más preocupantes son sus expertos militares designados (Nicolas Gosset en Bélgica; Pierre Servent, Michel Yakovlev, Michel Goya y Dominique Trinquand en Francia; Alexandre Vautravers en Suiza). Representan una forma de despotismo no ilustrado, en el que se analiza sin saber y se juzga sin conocer. El soldado debe tener una imagen realista de su adversario y no convertirlo en un ente imaginario. Un soldado que cree que su adversario es débil le tiene miedo.

Este discurso conduce a paradojas. Mientras que Rusia ha sido derrotada por Ucrania, está en las últimas y «*su industria está hecha jirones*»[724], se la ve como la principal amenaza para Europa[725]. Como veremos en este libro, los medios de comunicación ucranianos, bajo presión y fuertemente controlados, consiguen sin embargo darnos una información más objetiva que los medios occidentales. Esto subraya la importancia de la narrativa en la comunicación occidental y explica por qué esta narrativa debe estar sometida a una estricta censura.

En octubre de 2023, en el medio de comunicación ucraniano *Strana*, un comandante de batallón declaró[726]:

723. Igor Kossov, «New brigade bears heavy brunt of Russia's onslaught in Kharkiv Oblast», *The Kyiv Independent*, 1 de septiembre de 2023 (https://kyivindependent.com/new-brigade-bears-heavy-brunt-of-russias-onslaught-in-kharkiv-oblast/)

724. https://youtu.be/R9n3s3CyZ9o

725. Stefan Grobe, «Rusia es la 'principal y más directa amenaza para la seguridad de la Alianza'», *Euronews*, 1 de julio de 2022 (https://fr.euronews.com/my-europe/2022/07/01/la-russie-est-la-menace-principale-et-la-plus-directe-pour-la-securite-de-lalliance)

726. https://strana.news/news/449257-kombat-vooruzhjonnykh-sil-schitaet-chto-stratehicheski-ukraina-proihryvaet-rossii.html

[...] Al principio de la guerra, todos los ucranianos estaban dispuestos a defender el país y [había] muchos voluntarios. Pero tras la retirada de las tropas rusas de la zona de Kiev, la situación cambió.

Inmediatamente después, me di cuenta de que los medios de comunicación difundían teorías en el sentido de que estábamos luchando con vagos, que el ejército ruso no sabía luchar, que, en principio, la victoria llegaría en una semana o dos, un mes a lo sumo. Que en primavera, luego en verano, luego en otoño, luego en invierno, sin especificar cuál, entraríamos en Crimea. Que la guerra era en principio victoriosa. Así que la gente se puso a caldo. Tuvimos una ruptura en nuestra visión de la realidad. Pero en Rusia no fue así. Los rusos empezaron a comprender que la guerra no iba a ser fácil para ellos. Comprendieron que iban a tener que luchar durante mucho tiempo.

Como dije en mis libros anteriores, el punto de inflexión fue la mala interpretación por parte de Ucrania y Occidente de la retirada rusa de Kiev. Fue una *retirada*, no un *repliegue*, pero nuestros medios de comunicación, ansiosos por ver una derrota rusa, alimentaron una narrativa que hoy pesa mucho sobre Ucrania. Además de debilitar la voluntad de defensa en Ucrania, el efecto de la desinformación occidental es estimular el odio. A mediados de octubre de 2023, *RTS* acusó a Rusia de intentar influir en las elecciones parlamentarias, basándose en un vídeo publicado en X (Twitter) en el que aparecía un hombre negro orinando en una acera. Se dice que la acusación se justifica por el hecho de que «*lo más probable es que las cuentas que difundieron este vídeo sean falsas y estén 'influenciadas por Rusia'*». En otras palabras, no sabemos absolutamente nada al respecto, y la expresión «influencia rusa» no implica en absoluto que el gobierno ruso esté implicado, sin mencionar siquiera que este tipo de vídeo prolifera en las redes sociales. Aquí, *RTS* está creando una conspiración de la nada sobre la base de sospechas y elementos que no sabemos si están relacionados. Se trata técnica y literalmente de una teoría de la conspiración, destinada tanto a atizar el odio contra Rusia como a influir en un proceso democrático en Suiza. A favor de los medios de comunicación, se dice que un informe confidencial de los servicios de inteligencia suizos es la base de esta fantástica acusación[727].

7.2.2. *Propaganda y desinformación rusas*

La principal debilidad de Occidente en el complejo mundo actual es que sólo percibe las situaciones a través de sus propios prejuicios. Desde la Guerra Fría, todo lo que viene de Rusia (y de la URSS antes) se presenta en Occidente como propaganda o desinformación (que son sinónimos en la mente de nuestros periodistas). El problema de analizar la propaganda y la desinformación rusas es que no nos llegan. Los occidentales hemos puesto tantas barreras y censuras que nos vemos reducidos a creer que existen, sin poder demostrarlo.

En pleno conflicto ucraniano, para convencernos de que Rusia nos desinforma, el periodista suizo Jean-Philippe Schaller no ha encontrado mejor ejemplo que la operación INFEKTION del KGB, que se remonta a... ¡1985[728]! Admitida por los propios soviéticos en agosto de 1987[729], el objetivo de esta operación era atribuir a Estados Unidos la creación del virus del sida[730]. Es sintomático que nuestro «periodista» se haya visto reducido a remontarse a los años 80 para demostrar la desinformación rusa actual. Su elección demuestra que los ejemplos de desinformación soviética (o rusa) son raros, ¡mientras que el periodista suizo alinea una media de 1 información falsa cada 3'20" en su programa!

Así, el *trolling* en las redes sociales originado en Rusia se atribuye automáticamente al gobierno ruso y se clasifica como desinformación. Por otra parte, los ejemplos de desinformación occidental son ostensiblemente inverosímiles («Putin se daría un baño de sangre»). ¡Lo que se califica de «desinformación» para Rusia se convierte en «*storytelling*» para Ucrania[731]!

La información que puede encontrarse en los sitios web rusos demuestra que Rusia no concede mucha importancia al control

---

727. «Selon un document du SRC, la Russie tenterait d'influencer les élections en Suisse», *rts.ch*, 15 de octubre de 2023.
728. https://youtu.be/bEv4-IJsl9k?t=1337
729. Thomas Boghardt, «Operation INFEKTION - Soviet Bloc Intelligence and Its AIDS», *Studies in Intelligence,* Vol. 53, No. 4, CIA, diciembre de 2009.
730. https://cia.gov/resources/csi/studies-in-intelligence/volume-53-no-4/soviet-bloc-intelligence-and-its-aids-disinformation-campaign/
731. https://youtu.be/bEv4-IJsl9k?t=285

mental en la realización de sus operaciones. De hecho, ocurre todo lo contrario. Los rusos intentan convencer con hechos. A diferencia de los ucranianos, han adquirido una sólida reputación de tratar bien a sus prisioneros. Como resultado, las unidades ucranianas se rinden en gran número sin ni siquiera luchar. Por el contrario, los rusos temen rendirse debido al trato que reciben los prisioneros de guerra. Como resultado, los ucranianos no tenían suficientes prisioneros para comerciar con los rusos[732]. Los malos tratos infligidos a los prisioneros de guerra rusos son conocidos desde hace mucho tiempo, pero nuestros medios de comunicación, como *RTS* en Suiza y *LCI* en Francia, pasan por alto estas cuestiones para no socavar la narrativa oficial. El 20 de marzo de 2022, en el canal *Ukraïna 24*, el doctor Gennadiy Druzenko declaró que había dado la orden de castrar a todos los rusos «*porque son cucarachas y no hombres*»[733]. Esta información no fue ni comentada ni condenada por los medios de comunicación que apoyan las ideas neonazis. Dicho esto, este tipo de propaganda tiende a animar a los rusos a no rendirse. Aquí tenemos de nuevo los efectos asimétricos de las narrativas occidental y ucraniana.

Podemos ver que las comunicaciones rusas se ciñen a los hechos, probablemente para evitar ser criticados con demasiada facilidad por los medios de comunicación occidentales. La tecnología utilizada para geolocalizar las comunicaciones en las redes sociales muestra una buena correlación entre los anuncios del Ministerio de Defensa y la situación real sobre el terreno. Este es otro argumento para afirmar que nuestros medios de comunicación dicen tonterías sobre los éxitos ucranianos, por ejemplo. Mientras que las pérdidas materiales anunciadas por Rusia pueden verificarse relativamente bien, no ocurre lo mismo con las pérdidas humanas.

Dicho esto, tanto para los ucranianos como para los rusos, el recuento de bajas es a veces complicado y las cifras anunciadas no son necesariamente erróneas. Por ejemplo, cuando un vehículo es blanco de dos tira-

---

732. https://svidomi.in.ua/en/page/ukraine-has-problems-with-the-exchange-fund-ukraines-ombudsman

733. Will Stewart, «Ukrainian doctor tells TV interviewer he has ordered his staff to CASTRATE Russian soldiers because they are 'cockroaches'», *Daily Mail*, 21 de marzo de 2022 (actualizado el 22 de marzo de 2022) (https://www.dailymail.co.uk/news/article-10636597/Ukrainian-doctor-tells-TV-interviewer- ordered-staff-CASTRATE-Russian-soldiers.html)

dores diferentes, cada uno informará de un impacto. Por eso sitios como *Oryx*[734] no son fiables, ya que a menudo informan de las mismas bajas varias veces, fotografiadas desde ángulos diferentes o en un contexto diferente, pero nuestros medios de comunicación toman este sitio como su principal fuente para las bajas rusas[735]. Esta es probablemente la razón por la que el sitio cerrará a principios de octubre de 2023.

Por qué los rusos no se rinden

Figura 94 — Malos tratos. El 20 de marzo de 2022, el doctor Gennadiy Druzenko declaró en Ukraïna 24: «Siempre he sido un gran humanista y he dicho que un herido ya no es un enemigo, sino un paciente, pero he dado órdenes estrictas de castrar a todos los hombres porque son cucarachas y no hombres». Un comentario muy similar al de Heinrich Himmler: «Nosotros, los alemanes, que somos los únicos en el mundo que tenemos una actitud decente hacia los animales, también adoptaremos una actitud decente hacia estos animales humanos.» [Fuentes: Daily Mail; https ://www.jewishvirtuallibrary.org/remarks-by-himmler]

La lógica de la comunicación rusa es diametralmente opuesta a la ucraniana. Mientras que esta última ha emitido una serie de comunicados victoriosos, Rusia no ha tratado de magnificar sus éxitos. Por ejemplo, el empuje sobre Avdievka, que las fuerzas rusas están llevando a cabo lenta pero inexorablemente desde finales del verano de 2023, no ha sido objeto de ningún comunicado de prensa. Tampoco nuestros medios de

---

734. https://www.oryxspioenkop.com/2022/02/attack-on-europe-documenting-equipment.html
735. https://www.rts.ch/info/monde/13492719-en-ukraine-de-plus-en-plus-dhelicopteres-russes-sont-abattus.html

comunicación lo mencionaron. En noviembre de 2023, descubrimos que, contrariamente a lo que habían dicho nuestros medios, todas las ofensivas ucranianas habían fracasado, incluida la operación anfibia bastante disparatada a través del Dniéper. Hablando más en serio, cabía esperar que Rusia restara importancia a sus propias capacidades y tratara de aplicar el principio establecido por el estratega chino Sun Tzu hace más de 2.000 años: «*Aparenta debilidad cuando eres fuerte*».

Sin embargo, esta labor de desinformación no fue llevada a cabo por la propia Rusia, ¡sino por Occidente! Inmediatamente después del estallido de la SVO, ¡se declaró que Rusia ya había perdido la guerra[736]! La infravaloración sistemática de las capacidades rusas por parte de nuestros medios de comunicación (en francés: *LCI*, *BFM TV*, *Le Monde*, *RTBF*, *RTS*, *Le Temps*, etc.) llevó finalmente a los ucranianos a sobrevalorar sus propias capacidades. Se comprometieron en un conflicto que se les había prometido que sería corto y ganado de antemano.

La narrativa occidental contribuirá de forma esencial a la destrucción de Ucrania de dos maneras: minimizando las capacidades de Rusia y empujando a Ucrania a aferrarse a su territorio. Significativamente, a nuestros medios les gusta hablar de los metros cuadrados retomados, pero ignoran sistemáticamente el coste humano de estas «ganancias», y los metros cuadrados perdidos pocos días después. Se nos da la impresión de que el ejército ucraniano sólo avanza, cuando en realidad está retrocediendo en general, como mostró el *New York Times* a finales de septiembre de 2023, cuando la «contraofensiva» estaba en marcha[737].

La información difundida por los medios de comunicación rusos, como *RT* y *Sputnik*, se centra —como es lógico— en los elementos que actúan contra Ucrania. Pero la información difundida es muy a menudo exacta, a diferencia de la información oficial ucraniana, que es muy a menudo falsa. Paradójicamente, Rusia tiende a favorecer la propaganda, mientras que Ucrania utiliza la desinformación.

---

736. https://legrandcontinent.eu/fr/2022/02/27/pourquoi-poutine-a-deja-perdu-la-guerre/
737. Josh Holder, «¿Quién está ganando terreno en Ucrania? This Year, No One», *The New York Times*, 28 de septiembre de 2023 (https://www.nytimes.com/interactive/2023/09/28/world/europe/russia-ukraine-war-map-front-line.html)

7.3. Pérdidas

Desde el inicio de la intervención rusa, la narrativa occidental ha girado en torno a la derrota rusa, la inesperada resistencia de Ucrania y la incapacidad de Vladimir Putin para evaluar los riesgos de forma racional. Hay que decir que los rusos están perdiendo más hombres que los ucranianos en esta operación. Las pérdidas humanas se convierten así en uno de los principales indicadores del éxito y, por tanto, en un elemento central de la narrativa. Y aunque ambas partes han emitido declaraciones sobre las pérdidas sufridas por el otro bando, en Ucrania estas cifras tienen un significado político central. Prueba de ello es la proyección del número de muertos rusos (100.000) en uno de los edificios más altos de Kiev[738], de la que informó *Newsweek* a finales de diciembre de 2022[739].

Nuestros medios de comunicación intentan ocultar su parcialidad tras tópicos como que «*Ucrania y Rusia sobreestiman el número de muertos del bando contrario*»[740]. Aparentemente, «estudios» científicos tratan de dar credibilidad a las estimaciones de bajas rusas, sin cuestionar las cifras dadas para Ucrania[741]. La ausencia total de investigaciones serias sobre la mortalidad de las fuerzas ucranianas parece deberse al miedo a que las cifras reales destruyan la narrativa oficial. A partir de ahí, las estimaciones se convierten en hechos y los hechos en lenguaje.

Dicho esto, esta guerra de información sólo es posible porque se desconocen las cifras reales y los dos países implicados —Rusia y Ucrania— no las comparten. Sin embargo, cabe señalar que ni los rusos ni los ucranianos pueden saber exactamente cuántas personas han muerto en tiempo real. Es lo que se conoce como «niebla de guerra»: pueden pasar horas o incluso días entre un suceso (la muerte de un soldado) y que se tenga en cuenta a nivel de mando. La situación se complica cuando hay desertores, como es el caso, principalmente en el bando ucraniano.

---

738. https://t.me/tymoshenko_kyrylo/3160

739. https://www.newsweek.com/ukraine-marks-russian-100000-troop-death-milestone-100k-light-projection-kyiv-library-building-1769193

740. «L'Ukraine et la Russie surestiment les morts du camp adverse, selon une étude», *Le Temps*, 15 de agosto de 2023 (https://www.letemps.ch/monde/russie-12-morts-dans-une-explosion-dans-une-station-service-au-daguestan)

741. David Laitin (ed.) *et al*, «Estimating conflict losses and reporting biases», *PNAS*, Vol. 20, No. 34, *Stanford University*, Stanford, CA, 14 de agosto de 2023 (https://doi.org/10.1073/pnas.2307372120)

En general, hay muy pocas formas de contabilizar con precisión el número de muertos de ambos bandos. Las dos principales son seguir la evolución de los cementerios militares mediante imágenes por satélite y vigilar los anuncios mortuorios en los medios de comunicación y las redes sociales.

7.3.1. Pérdidas rusas: la desinformación como línea editorial

Lo primero es saber qué hay que contar. Distinguimos entre «*bajas*», que es un término genérico que incluye a los muertos, heridos y desaparecidos, y «*víctimas mortales*». Nuestros medios de comunicación mantienen deliberadamente una confusión permanente entre estos dos términos, que utilizan como sinónimos.

El 22 de agosto de 2022, *Radio-Télévision Suisse (RTS)* declaró[742]:

> *Rusia, en particular, ha reconocido muy pocas bajas desde el inicio de su invasión (1.300 muertos, última cifra establecida en marzo), mientras que Estados Unidos estima las pérdidas rusas en unos 80.000 muertos y heridos, recordó el alto funcionario francés Cyrille Bret en el programa Tout un monde. «Entre 80.000 y 1.300, podemos ver el alcance de las posibles manipulaciones» de ambas partes, subrayó.*

Los medios estatales suizos manipulan las cifras y hacen trampas en tres aspectos: el tiempo, las fuentes y la naturaleza de las cifras:
- La cifra de 1.300 se deriva del balance publicado en marzo por el Ministerio de Defensa ruso, que en realidad es de 1.351[743] (¡y por tanto superior a lo que afirma *RTS*!), mientras que la estimación de 80.000 se publicó en agosto de 2022, cinco meses después[744]. Los medios de comunicación suizos ya son deshonestos cuando se trata del tiempo.

---

742. https://www.rts.ch/info/monde/13323492-larmee-ukrainienne-concede-9000-morts-en-six-mois-dinvasion-russe.html

743. «Unos 1.351 soldados rusos muertos desde el inicio de la operación especial en Ucrania - altos mandos», *Tass*, 25 de marzo de 2022 (https://tass.com/politics/1427515)

744. Caroline Anders, «Rusia ha perdido hasta 80.000 soldados en Ucrania. Or 75,000. Or is it 60,000?», *The Washington Post*, 9 de agosto de 2022 (https://www.washingtonpost.com/politics/2022/08/09/russia-has-lost-up-80000-troops-ukraine-or-75000-or-is-it-60000/)

- La cifra de 80.000 procede del Pentágono, basada en información ucraniana, según el sitio web estadounidense *military.com*[745]. Detalle significativo: mientras los medios anglosajones mencionan una horquilla de 70.000-80.000 muertos, *RTS* toma automáticamente la cifra más alta. Otro ejemplo más de deshonestidad.
- La cifra de 1.351 publicada por Rusia representa «muertos», mientras que la cifra de 80.000 representa «pérdidas» («muertos + heridos + desaparecidos»). Así que *RTS* está comparando peras con manzanas. ¡CQFD!

Una forma de contarlos es seguir el rastro de las muertes en las redes sociales y en los medios de comunicación rusos. Esto es lo que hace el medio opositor ruso *Mediazona*, que se unió a la *BBC* al inicio de la SVO, para calcular el número de muertos rusos en Ucrania. Como el medio es ferozmente anti-Putin, podemos imaginar que sus cifras están sobrevaloradas y que son bastante desfavorables para los rusos. Pero su metodología parece fiable, a diferencia de nuestros medios, que no tienen ninguna.

Dicho esto, podemos constatar que, al menos en Francia, los proucranianos y los prorrusos tienen la misma dificultad para basar su información en datos que ellos mismos han investigado y verificado. Por ejemplo, en el medio *Institut des Libertés*, cuyo objetivo es restablecer una información honesta, Jacques Sapir afirma que *Mediazona* anunció 60.000 muertos rusos a principios de agosto de 2023[746]. Sin embargo, a finales de octubre, el sitio anunciaba un recuento de 34.857 víctimas (a 20 de octubre). Aun teniendo en cuenta que se trata de muertos, nuestro experto duplica injustificadamente el número de bajas rusas, que en agosto era de algo más de 30.000. Como vemos, hay una profunda falta de rigor en nuestro enfoque de este conflicto.

El sitio web *Mediazona* es bien conocido, pero nuestros medios de comunicación evitan referirse a él porque las cifras que da son muy

---

745. Travis Tritten, «Rusia ha sufrido hasta 80.000 bajas militares en Ucrania, según el Pentágono», *military.com*, 8 de agosto de 2022 (https://www.military.com/daily-news/2022/08/08/russia-has-suffered-80000-military-casualties-ukraine-pentagon-says.html)
746. https://youtu.be/89vMt9tsPxQ?t=434

inferiores a las suyas. Para el 22 de agosto, *Mediazona* y *la BBC* dan una cifra de 5.185 muertos (a 29 de julio)[747].

Comparación del número de muertos rusos según nuestros medios y según Mediazona

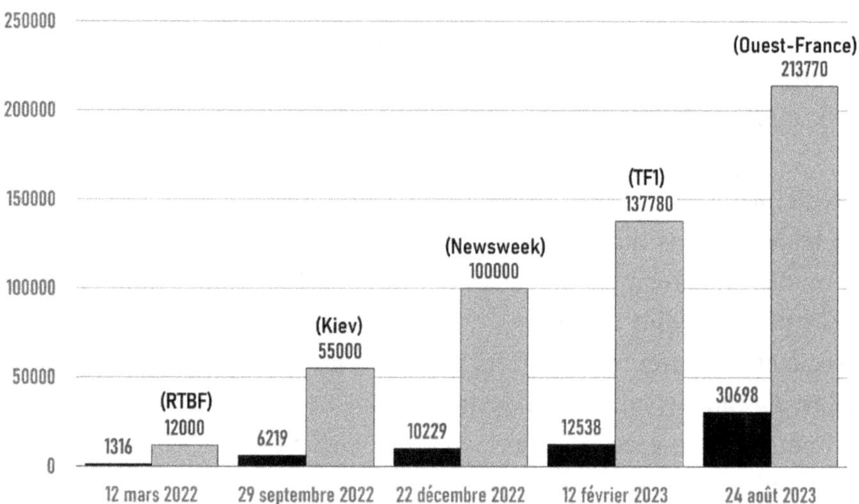

Figura 95 — Comparación de las cifras dadas por varios medios de comunicación (en gris) y el medio de oposición ruso Mediazona en colaboración con la BBC británica (en negro). Nuestros medios nos dan cifras que proceden directamente de la propaganda ucraniana, sin ninguna verificación. De hecho, confirman sus cifras con información de otros medios. Así que es información que da vueltas en círculos. En términos técnicos, no basan su producto en información independiente. [Fuentes: Mediazona[748], RTBF[749], Libération[750], Newsweek[751], TF1[752], Ouest-France[753])

747. https://zona.media/casualties

748. https://en.zona.media/article/2022/05/20/casualties_eng

749. https://www.rtbf.be/article/la-guerre-en-ukraine-est-aussi-une-guerre-des-chiffres-moscou-et-kiev-ne-saccordent-pas-sur-le-nombre-de-morts-10953528

750. https://www.liberation.fr/checknews/guerre-en-ukraine-y-a-t-il-eu-6000-morts-russes-comme-laffirme-moscou-ou-55000-comme-le-revendique-kiev-20220923_AL4JKOEZ-4BFQDJWMEKPJSFZYEI/

751. https://www.newsweek.com/ukraine-marks-russian-100000-troop-death-milestone-100k-light-projection-kyiv-library-building-1769193

752. https://www.tf1info.fr/international/guerre-ukraine-russie-avec-plus-800-morts-par-jour-en-moyenne-les-pertes-russes-au-plus-haut-en-fevrier-2023-2247923.html

753. https://www.ouest-france.fr/europe/ukraine/guerre-en-ukraine-la-contre-offensive-commentee-lourdes-pertes-russes-le-point-sur-la-nuit-34004d91-be82-45b4-a577-2c2bf8776bd5

De hecho, el Ministerio de Defensa ruso sólo anunció oficialmente el número de muertos en dos ocasiones: el 25 de marzo (1.351 muertos) y el 21 de septiembre de 2022 (5.937 muertos)[754]. No volvió a hacer referencia a las muertes rusas en comunicados posteriores. Las cifras anunciadas por el Ministerio de Defensa ucraniano fueron 15.000 muertos rusos el 24 de marzo de 2022[755] y 55.510 muertos el 22 de septiembre[756].

Sin embargo, en las fechas de los anuncios oficiales rusos, el sitio *Mediazona* anunciaba cifras de 1.316 y 6.219 muertos (a 9 de septiembre de 2022)[757]. Por tanto, existe una correlación bastante buena entre las cifras oficiales y las de la oposición.

Suponiendo que *Mediazona* haga un trabajo serio, hay dos conclusiones obvias:

- Lo más probable es que las cifras dadas por el Ministerio de Defensa ruso fueran correctas;
- Los ucranianos (y por tanto nuestros medios de comunicación) tienden a informar de pérdidas rusas diez veces superiores a la realidad.

En cuanto a la proporción entre muertos rusos y ucranianos, se basa en gran medida en especulaciones. En marzo de 2023, según un «oficial» de la OTAN, las pérdidas ucranianas ascenderían a 1 ucraniano por cada 5 rusos muertos o heridos, mientras que Oleksiy Danilov, Secretario del Consejo de Seguridad y Defensa de Ucrania, cifra la proporción en 1:7[758].

Observando las cifras de las pérdidas rusas, podemos ver que Ucrania aplica sistemáticamente la técnica de la «proyección» o «reflejo» para comunicar. De este modo, las cifras anunciadas por Ucrania sobre las pérdidas de cada bando tienen que invertirse para dar una imagen más cercana a la realidad.

---

754. https://meduza.io/en/news/2022/09/21/shoigu-says-5-937-russian-soldiers-have-died-in-ukraine

755. https://www.reuters.com/technology/ukraine-uses-facial-recognition-identify-dead-russian-soldiers-minister-says-2022-03-23/

756. https://kyivindependent.com/general-staff-russia-has-lost-55-510-troops-in-ukraine-since-feb-24/

757. https://web.archive.org/web/20220921032116/https://en.zona.media/article/2022/05/20/casualties_eng

758. Roman Olearchyk, Ben Hall & John Paul Rathbone, «Bakhmut: Ukrainian losses may limit capacity for counter-attack», *The Irish Times/The Financial Times*, 9 de marzo de 2023 (https://www.irishtimes.com/world/europe/2023/03/09/bakhmut-analysis-ukrainian-losses-may-limit-capacity-for-counter-attack/)

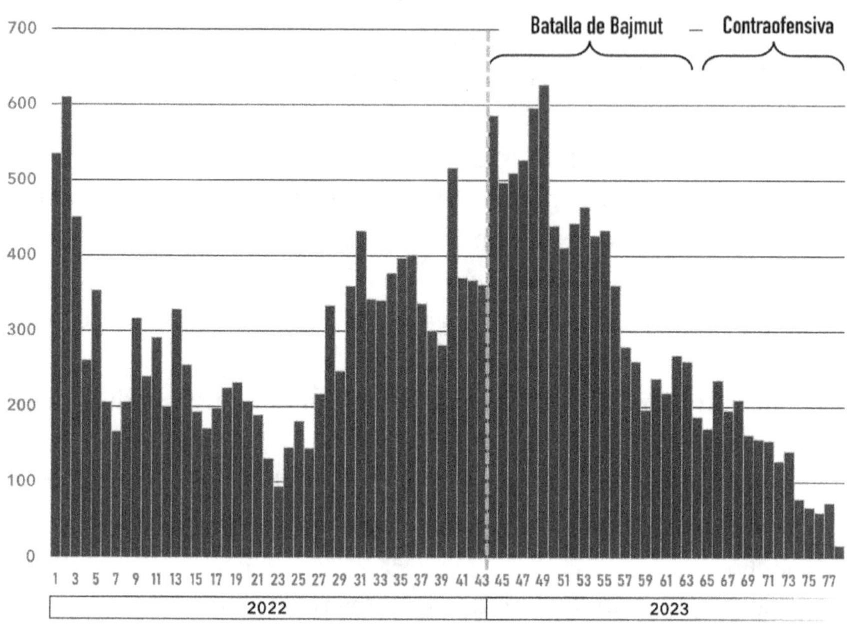

Figura 96 — Número de muertos a manos de las fuerzas de coalición rusas por semana, según el medio de comunicación opositor Mediazona con la BBC británica. Es difícil precisar las fluctuaciones de estas cifras. Podemos reconocer el impacto de la batalla de Bajmut a principios de 2023, pero también podemos ver que las pérdidas rusas disminuyen durante la contraofensiva ucraniana. En el eje de abscisas, el número de la semana de conflicto.

El 30 de septiembre de 2023, los medios de comunicación *Ukrinform* informaron de que, según el Estado Mayor ucraniano, el número de muertos en las filas del ejército ruso en Ucrania era de unos 278.130[759]. En la misma fecha, el sitio web *Mediazona* da una cifra total de 32.656 muertos en el bando ruso (recuento a 22 de septiembre de 2023)[760]. Esta cifra incluye principalmente a las tropas de combate, pero también las muertes de personal de formaciones especializadas[761]:

---

759. https://www.ukrinform.net/rubric-ato/3767984-russian-military-death-toll-in-ukraine-rises-to-about-278130.html
760. https://en.zona.media/article/2022/05/20/casualties_eng
761. https://www.bbc.com/russian/features-66401153

Muertes en unidades especializadas rusas

Tropas	Número
Fuerzas aerotransportadas	1872
Infantería de marina	720
Destacamentos especiales de la Guardia Nacional	486
GRU Spetsnaz	345
Pilotos militares	178
Oficiales del FSB	55
Total	**3656**

Figura 97 — *Tabla de muertes por formación especializada.*
[Fuente: BBC News, 4 de agosto de 2023.]

En junio de 2023, el «experto» Alexandre Vautravers afirmó que los efectivos de las fuerzas aerotransportadas rusas habían descendido de 15.000 a 5.000, y que por tanto habían perdido el 60% de su personal[762]. En realidad, sus efectivos se situaban entre 45.000 y 60.000[763], y en agosto *BBC News* informó de pérdidas de 1.872 hombres, es decir, alrededor del 4%. Por lo tanto, la estimación es errónea por un factor de 15.

7.3.2. Pérdidas ucranianas

7.3.2.1. Pérdidas militares

Se desconoce el número de soldados ucranianos muertos. Temiendo —con razón— que si la opinión pública occidental conociera el número de muertos, se opondría al apoyo de sus gobiernos a la guerra, Ucrania no da ninguna cifra.

Las observaciones sobre el terreno y los testimonios de los voluntarios occidentales que han regresado tienden a confirmar que las fuerzas ucranianas están sufriendo pérdidas considerablemente mayores que las rusas. Significativamente, mientras que nuestros medios de comunicación han intentado estimar las pérdidas rusas, no lo han hecho en

---

762. https://www.lemanbleu.ch/fr/Emissions/189661-Geneve-a-Chaud.html
763. https://en.wikipedia.org/wiki/Russian_Airborne_Forces

el caso de los ucranianos y han repetido los comunicados de prensa oficiales ucranianos: sin duda tienen demasiado miedo de lo que puedan descubrir.

La estrategia ucraniana de defender hasta el final cada metro cuadrado de territorio sólo conduce a la destrucción de sus propias fuerzas. Es lo que hicieron franceses y alemanes en 1914-1918. Pero esta vez, los rusos son móviles. Para utilizar una comparación histórica, nos encontramos por tanto ante una situación similar a la de una defensa de 1914 y un atacante de 1940. El resultado: en el verano de 2022, el potencial militar de Ucrania habrá quedado destruido.

Occidente se asustó entonces y empezó a suministrar armas a Ucrania, con la esperanza de dar la vuelta a la situación. Los rusos se dieron cuenta de que Occidente no permitiría a los ucranianos negociar y trataría de prolongar el conflicto hasta agotar a Rusia. Así que cambiaron de planteamiento: si no podían detener el flujo de armas, tendrían que destruir a quienes las utilizaban.

Comienza entonces otro tipo de guerra. El objetivo seguía siendo el potencial militar, pero en lugar de destruir las armas, se destruía a los sirvientes. A principios de junio de 2022, el presidente Zelensky mencionó pérdidas diarias de 60 a 100 hombres[764]. El 9 de junio, Mykhailo Podoliak, asesor de Zelensky, declaró a la *BBC* que las fuerzas ucranianas estaban perdiendo entre 100 y 200 hombres al día[765]. A mediados de junio, David Arakhamia, principal negociador y estrecho asesor de Zelensky, habló de 200 a 500 muertos al día, y cifró las pérdidas totales (muertos, heridos, capturados, desertores) en 1.000 hombres al día[766]. Según *Business Insider*, Ucrania perdió el equivalente de toda la infantería británica, es decir, más de 18.000 hombres[767].

---

764. Mazurenko Alona, «Подоляк: Щодня гине 100-200 українських захисників», *Ukrainska Pravda*, 9 de junio de 2022 (https://www.pravda.com.ua/news/2022/06/9/7351600/).
765. «У війні гине 100 - 200 українських військових щодня - Офіс президента», *BBC News*, 9 de junio de 2022 (https://www.bbc.com/ukrainian/news-61752749).
766. Dave Lawler, «Ukraine suffering up to 1,000 casualties per day in Donbas, official says», *Axios*, 15 de junio de 2022 (https://www.axios.com/2022/06/15/ukraine-1000-casualties-day-donbas-arakhamia)
767. Katie Anthony, «Ukraine has lost more troops during the Russian invasion than there are infantry in the British army, defence expert says», *Business Insider*, 28 de junio de 2022 (https://www.businessinsider.com/ukraine-has-lost-more-troops-than-there-are-in-the-british-army-expert-2022-6)

No está claro si estas cifras son exactas. Por un lado, los expertos cercanos a los servicios de inteligencia creen que estas cifras están muy por debajo de la realidad. Por otro lado, las cifras ucranianas son superiores a las estimaciones dadas por el ejército ruso. Algunos afirman que las fuerzas ucranianas sufrieron 60.000 muertos y 50.000 desaparecidos. Estamos en junio de 2022 y el ex general estadounidense Stephen Twitty estima las pérdidas del ejército ucraniano en 200.000 hombres[768].

En septiembre de 2022, según un soldado ucraniano en el *Washington Post*, los rusos perderían un hombre por cada cinco ucranianos[769]. Esto es exactamente lo contrario de lo que nos dice la OTAN, como hemos visto.

El 30 de noviembre de 2022, Ursula von der Leyen, Presidenta de la Comisión Europea, declaró[770] que «*hasta la fecha han muerto más de 20.000 civiles y más de 100.000 soldados ucranianos*»[771]. Esto suscitó inmediatamente la ira de Kiev, que exigió que se retirara esta cifra. Así se hizo en el acto[772]. Pero esto indica varias cosas. En primer lugar, la sensibilidad del número de muertos para la estabilidad interna de Ucrania. En segundo lugar, la Sra. von der Leyen ciertamente no inventó esta cifra, que probablemente circula confidencialmente en las cancillerías occidentales. En tercer lugar, dada la tendencia de la Sra. von der Leyen a restar importancia a las pérdidas ucranianas, es probable que la cifra de 100.000 muertos esté subestimada.

Esta hipótesis parece confirmada por las estimaciones del Mossad israelí publicadas a finales de enero de 2023 por el medio turco *Hürseda Haber*[773], que cifran en 157.000 los muertos ucranianos. Inverificable, pero realista.

---

768. «US-General verwundert: «200.000 ukrainische Soldaten verschwunden»», *Exxpress.at*, 8 de junio de 2022 (https://exxpress.at/us-general-verwundert-200-000-ukrainische-soldaten-ver-schwunden/)

769. John Hudson, «Wounded Ukrainian soldiers reveal steep toll of Kherson offensive», *The Washington Post*, 7 de septiembre de 2022 (https://www.washingtonpost.com/world/2022/09/07/ukraine-kherson-offensive-casualties-ammunition/)

770. https://t.me/wartearsorg/79

771. https://twitter.com/AZgeopolitics/status/1597913370023579648

772. «Declaración de Von der Leyen sobre la muerte de 100.000 soldados ucranianos cortada del discurso», *The New Voice of Ukraine*, 30 de noviembre de 2022 (https://english.nv.ua/nation/von-der-leyen-statement-about-death-of-100-000-ukrainian-soldiers-cut-from-speech-50287771.html)

773. «ddia: MOSSAD'a göre Ukrayna ve Rusya kayıpları», Hürseda *Haber,* 25 de enero de 2023 (https://perma.cc/FD7T-LQU8).

La artillería, responsable del 65-75% de las bajas, fue una de las principales causas de muerte en el campo de batalla[774]. Por lo tanto, el número de proyectiles disparados es probablemente un buen indicador de la proporción de pérdidas a ambos lados de la línea del frente. Según responsables militares ucranianos y occidentales, los ucranianos disparan unos 2.000-4.000 proyectiles al día y los rusos unos 40.000-50.000, una proporción que varía entre 1:10 y 1:25. Si hemos de creer al diario español *El País*, la proporción es de 1 a 10[775], por lo que podemos calcular que los ucranianos tienen entre 10 y 11 veces más muertos que los rusos. Para febrero de 2023, el cálculo daría entre 140.000 y 350.000 muertos del lado ucraniano. Difícil de confirmar, pero más probable que las disparatadas cifras que lanzan los medios de comunicación sin justificación.

Vemos que las cifras de pérdidas rusas anunciadas por Ucrania —y, por tanto, por nuestros medios de comunicación— son sistemáticamente entre 10 y 11 veces superiores a las observadas *por Mediazona*. Es probable que Ucrania esté inflando artificialmente las cifras para que sean superiores a sus propias pérdidas. Esto significa que, si aceptamos la cifra de 14.000 muertos anunciada por el sitio para Rusia en febrero de 2023, no es incongruente estimar el número de muertos ucranianos en más de 150.000 hombres. Esto confirmaría la cifra mencionada por el Mossad israelí a finales de enero.

El hecho es que estas cifras no dejan de ser estimaciones. Sin embargo, a pesar de lo que nos dicen nuestros medios de comunicación (sin demostrar nunca nada), los testimonios de los soldados ucranianos parecen confirmar pérdidas considerablemente más elevadas en el bando ucraniano.

A principios de 2023, un antiguo voluntario estadounidense del bando ucraniano declaró a la revista *Newsweek* que la esperanza de vida de los ucranianos en Bajmut era de unas 4 horas[776]. En marzo de 2023,

---

774. https://matthew.krupczak.org/2021/04/10/medical-department-u-s-army-wound-ballistics-causative-agents-of-battle-casualties-in-wwii/

775. https://english.elpais.com/international/2023-03-01/ukraine-outgunned-10-to-1-in-massive-artillery-battle-with-russia.html

776. Anna Skinner, «Bakhmut Life Expectancy Near Four Hours on Frontlines, Fighter Warns», *Newsweek*, 20 de febrero de 2023 (https://www.newsweek.com/bakhmut-life-expectancy-near-four-hours-frontlines-ukraine-russia-1782496)

un soldado ucraniano declaró que sus fuerzas perdían entre una y dos compañías al día y alrededor de un batallón a la semana[777]. En marzo de 2023, *el Washington Post* citó el testimonio de un comandante de la 46ª brigada paracaidista ucraniana en Bajmut, que dijo que él era el único superviviente de su unidad original y que ahora estaba formada por nuevos reclutas sin experiencia[778]. Fue despedido tres días después[779].

El 17 de julio de 2023, Roman Revedjuk, un conocido periodista ucraniano, reveló en su cuenta de Facebook que el ejército ucraniano había matado a más de 310.000 personas[780]. Difícil de verificar, pero esta cifra corresponde a unas 11 veces el total de 28.652 muertos mencionado por *Mediazona* para Rusia el 28 de julio de 2023[781]. El sitio ucraniano *Wartears.org* hace un trabajo similar al de *Mediazona*, pero para las fuerzas ucranianas, completando los datos que faltan con un modelo matemático. A finales de septiembre de 2023, calculaba 285.000 muertos[782].

En septiembre de 2023, *The Times* de Londres pintó un cuadro trágico de la situación en torno al pueblo de Rabotino, donde se decía que las pérdidas llegaban al 90%. Se trata sin duda de una exageración, aunque uno de los oficiales entrevistados admitió que había perdido el 75% de sus tropas[783]. Sin embargo, da una idea del nivel de pérdidas ucranianas, que nuestros medios de comunicación minimizan para animar a Ucrania a seguir luchando.

Son sólo cifras, por supuesto, pero un informe del *Instituto Internacional de Sociología de Kiev* del 29 de junio muestra que el 63% de los ucranianos conoce al menos a 3 personas muertas en los combates, y el 78% conoce al menos a 7 personas muertas o heridas[784].

---

777. https://www.bitchute.com/video/WFZMB0E15Yl7/

778. Isabelle Khurshudyan, Paul Sonne & Karen DeYoung, «Ukraine short of skilled troops and munitions as losses, pessimism grow», *The Washington Post*, 13 de marzo de 2023 (https://www.washingtonpost.com/world/2023/03/13/ukraine-casualties-pessimism-ammunition-shortage/)

779. Olga Kyrylenko & Olena Roshchina, «Battalion commander of 46th Brigade demoted after Washington Post interview and resigns», *Ukrainska Pravda*, 26 de marzo de 2023 (https://www.pravda.com.ua/eng/news/2023/03/16/7393733/)

780. https://youtu.be/0uAh19aQF58

781. https://web.archive.org/web/20230801021222/https://en.zona.media/article/2022/05/20/casualties_eng

782. https://wartears.org/posts/math-model/

783. Anthony Loyd, «Contraofensiva ucraniana: 'Estoy dispuesto a morir... el 90% de los que están aquí también morirán'», *The Times*, 5 de septiembre de 2023 (https://archive.ph/IGjVe#selection-851.0-915.25)

784. https://www.kiis.com.ua/?lang=eng&cat=reports&id=1254&page=1&y=2023&m=6

Lo que pomposamente se denomina «OSINT» (*open source intelligence*) se ha desarrollado en gran medida con el conflicto ucraniano. Pero la metodología y la profesionalidad de estos «analistas» aficionados suelen dejar mucho que desear, por lo que sus cifras deben tratarse con cautela. Quizá porque la ficción no ha superado a la realidad, el sitio web *Oryx* dejará de operar el 1 de octubre de 2023[785]...

Además, hay que señalar que ninguna organización occidental ha intentado hacer el mismo trabajo que la *BBC* y *Mediazona* a la hora de evaluar el número de ucranianos muertos... Los testimonios de los soldados ucranianos son sistemáticamente ignorados para no comprometer la narrativa occidental y el apoyo militar y financiero a Ucrania. Esto indica que es muy probable que las cifras dadas por nuestros medios sean subestimaciones, porque los medios están haciendo todo lo posible para que los ucranianos sigan luchando... y muriendo.

La BBC informa de que un soldado ucraniano ha declarado que los «marines» que han llegado recientemente para reforzar su cabeza de puente en Krinky, en el Dniéper, ¡ni siquiera saben nadar[786]!

En última instancia, Ucrania se encuentra en una situación en la que la movilización de nuevos combatientes corre el riesgo de afectar a la vida económica del país. En otras palabras, la decisión de Zelensky en marzo de 2022 de abandonar su propia propuesta de resolución del conflicto choca ahora con los límites físicos de su población, que la ayuda material occidental no puede compensar. Con su decisión, Zelensky convirtió a Putin en el amo de los relojes[787].

7.3.2.2. Víctimas civiles

El 22 de marzo de 2022, el embajador ruso Gennady Gatilov apareció en *la televisión RTS* para explicar que Rusia intentaba llevar a cabo la SVO «con delicadeza» y minimizar los daños colaterales. Pero Philippe

---

785. https://twitter.com/oryxspioenkop/status/1670723829713215489
786. James Waterhouse, «Guerra en Ucrania: Soldier tells BBC of front-line 'hell'», *BBC News*, 4 de diciembre de 2023 (https://www.bbc.com/news/world-europe-67565508)
787. Robert Clark, «Ukraine's army is running out of men to recruit, and time to win», *The Telegraph*, 22 de agosto de 2023 (https://www.telegraph.co.uk/news/2023/08/22/ukraines-army-is-running-out-of-men-to-recruit/)

Revaz, el periodista suizo que le entrevistó, acusó a los militares rusos de masacrar a mujeres y niños (¡sin aportar ninguna prueba!)[788].

Sin embargo, el mismo día, en la revista estadounidense *Newsweek*, un analista *de la Agencia de Inteligencia* de Defensa (DIA) declaraba[789]:

> *Sé que es difícil tragar que el desastre y la destrucción podrían ser mucho peores de lo que son en realidad. [Pero eso es lo que muestran los hechos. Me sugiere, en cualquier caso, que Putin no está atacando intencionadamente a civiles, que tal vez es consciente de que necesita limitar los daños para mantener una salida para las negociaciones.*
> *[...] Apenas se tocó el corazón de Kiev. Y casi todos los ataques de largo alcance se dirigieron contra objetivos militares.*

En enero de 2023, Oleksei Arestovitch, entonces ex asesor personal de Volodymyr Zelensky, entrevistado en el medio de comunicación ucraniano *Mriya,* utilizó casi las mismas palabras que el embajador Gatilov para describir la intervención rusa[790]:

> *Ellos [los rusos] no querían matar a nadie (…) Intentaron librar una guerra inteligente… Una operación especial tan elegante, tan hermosa, tan rápida como un relámpago, en la que gente educada, sin causar ningún daño al gatito o al niño, liquidaba a los pocos resistentes. Y ni siquiera eliminados, sino ofrecidos a rendirse, a desertar, a comprender, etcétera. No querían matar a nadie. Sólo tenían que firmar una renuncia.*

Así pues, Philippe Revaz difunde desinformación y contradice las declaraciones de los propios ucranianos basándose en informaciones no verificadas.

---

788. https://www.rts.ch/play/tv/redirect/detail/12960214
789. William M. Arkin, «Putin's Bombers Could Devastate Ukraine But He's Holding Back. Here's Why», *Newsweek,* 22 de marzo de 2022 (https://www.newsweek.com/putins-bombers-could-devastate-ukraine-hes-holding-back-heres-why-1690494)
790. https://en.mriya.news/58331-they-didnt-want-to-kill-anyone-arestovich-spoke-about-the-beginning-of-the-nwo

El objetivo de los rusos no es destruir u ocupar el país, sino destruir su amenaza potencial para el Donbass. Por eso no han acompañado su avance con bombardeos masivos que puedan afectar a la población, como hizo Occidente en Irak o Afganistán[791]:

[En 24 días de conflicto, Rusia realizó unos 1.400 ataques y lanzó casi 1.000 misiles (a modo de comparación, Estados Unidos realizó más ataques y lanzó más misiles el primer día de la guerra de Irak en 2003).

Para los ucranianos, la situación es muy diferente. Los que están en el poder y los que les rodean tienen un problema con sus minorías, a las que consideran inferiores. Los combates en las zonas de habla rusa no son realmente un problema. Por eso las fuerzas ucranianas tienen pocos reparos en poner en peligro a su población, que no es étnicamente ucraniana[792]. Entre 2014 y 2022, el gobierno ucraniano combatió a su propia población, empujándola a organizar milicias.

El 18 de octubre, en *TV5* Monde, Pascal Boniface, director de IRIS, intentó comparar los ataques de Rusia en Ucrania y los de Israel en Gaza[793]. La respuesta israelí a la operación de Hamás lanzada el 7 de octubre de 2023 nos proporciona un elemento de comparación sobre la cuestión de la protección de los civiles. Entre el 24 de febrero de 2022 y el 8 de octubre de 2023, es decir, en 591 días, 9.806 civiles perdieron la vida en Ucrania, entre ellos 560 niños y 7.649 en territorio controlado por Kiev, es decir, una media de 13 al día[794]. En Gaza, entre el 7 y el 31 de octubre de 2023, Israel mató a 8.525 palestinos. Como no se especifica el carácter civil o combatiente de estos palestinos, tendremos en cuenta las muertes de mujeres y niños, según la Oficina de Coordinación de Asuntos Humanitarios de Naciones Unidas (OCHA). Al parecer, durante estos 25

---

791. William M. Arkin, «Putin's Bombers Could Devastate Ukraine But He's Holding Back. Here's Why», *Newsweek*, 22 de marzo de 2022 (https://www.newsweek.com/putins-bombers-could-devastate-ukraine-hes-holding-back-heres-why-1690494)
792. https://www.amnesty.org/en/latest/news/2022/08/ukraine-ukrainian-fighting-tactics-endanger-civilians/
793. https://youtu.be/0pleiz2H4T4
794. https://ukraine.un.org/en/248799-ukraine-civilian-casualties-8-october-2023

días, alrededor de 5.729 (67%) eran mujeres y niños[795], y al menos 3.542 eran niños , es decir, 379 al día[796].

Los rusos (y ucranianos) causaron la muerte de 0,94 niños al día, mientras que Israel mató a 141,7 al día. Más allá de las cifras, esto indica políticas de ataque fundamentalmente diferentes. La cifra de Ucrania tiende a indicar daños colaterales, mientras que en el caso de Gaza se trata más bien de una política deliberada, confirmada por funcionarios israelíes que han declarado que prefieren «*daños y destrucción*» a ataques precisos[797].

A estas muertes, sin embargo, hay que añadir las que se acumularon entre 2014 y 2022, y que podrían haberse evitado si Ucrania, Francia y Alemania hubieran aceptado aplicar los Acuerdos de Minsk y si Gran Bretaña y Estados Unidos hubieran respetado su mandato del Consejo de Seguridad de la ONU. Es más, si Gran Bretaña, Estados Unidos y Francia hubieran permitido a Zelensky negociar su propuesta de mediados de marzo de 2022, todas estas víctimas no se habrían producido....

---

795. https://www.ochaopt.org/content/hostilities-gaza-strip-and-israel-reported-impact-day-25
796. https://ochaopt.org/content/hostilities-gaza-strip-and-israel-flash-update-13
797. James Rothwell, «Israel abandona los bombardeos de precisión en favor del "daño y la destrucción"», *The Telegraph*, 11 de octubre de 2023 (https://www.telegraph.co.uk/world-news/2023/10/11/israel-abandon-precision-bombing-eliminate-hamas-officials/)

8. Conclusiones

Ucrania y Occidente han abordado el conflicto ucraniano como un peatón que cruza la carretera sin mirar.

A pesar de los argumentos engañosos de nuestros políticos y otros fontaneros, Occidente está en guerra con Rusia. Es un conflicto que debe servir ante todo a los intereses de Estados Unidos. Por eso Occidente no ha hecho nada para aplicar los Acuerdos de Minsk y se ha opuesto a todas las soluciones negociadoras propuestas por Ucrania en febrero[798], marzo[799] y agosto[800] de 2022.

Occidente presionó a Ucrania para que siguiera luchando, prometiéndole ayuda durante *«el tiempo que fuera necesario»*. Convencido por su propia narrativa, sobreestimó las fuerzas de Ucrania y subestimó las de Rusia. Esto llevó a Occidente a predecir un rápido colapso de Rusia. Por eso Zelensky aceptó provocar a Rusia.

Rusia, por su parte, sin duda también pensaba llevar a cabo una operación militar a corto plazo. Pero, a diferencia de Occidente, Rusia logró sus objetivos en cuestión de semanas: el 25 de febrero, Ucrania estaba dispuesta a negociar. Pero ante la insistencia de los europeos, estas negociaciones se interrumpieron pocos días después. A mediados de marzo de 2022, Zelensky volvió con una propuesta. En esencia, Rusia se retiraba de Ucrania y Ucrania aceptaba no entrar en la OTAN. A estas alturas,

---

798. Maïa de La Baume & Jacopo Barigazzi, «EU agreements to give €500M in arms, aid to Ukrainian military in "watershed" move», *Politico*, 27 de febrero de 2022 (https://www.politico.eu/article/eu-ukraine-russia-funding-weapons-budget-military-aid/).
799. https://www.pravda.com.ua/eng/news/2022/05/5/7344206/
800. Tom Balmforth & Andrea Shalal, «UK's Boris Johnson, in Kyiv, warns against 'flimsy' plan for talks with Russia», *Reuters*, 24 de agosto de 2022 (https://www.reuters.com/world/europe/uks-johnson-kyiv-warns-against-flimsy-plan-talks-with-russia-2022-08-24/)

Rusia había logrado sus dos objetivos: la desnazificación (conseguida el 28 de marzo) y la desmilitarización (con la propuesta de Zelensky). La intervención de Gran Bretaña y la Unión Europea en el diálogo bilateral entre Ucrania y Rusia arruinará los esfuerzos de Zelensky y aplazará la consecución del objetivo de desmilitarización. Éste se alcanzó a finales de mayo, momento en el que Ucrania había perdido la mayor parte de sus recursos y dependía de Occidente. La desmilitarización, que podría haberse logrado mediante la negociación a finales de marzo, se logró por la fuerza a finales de mayo.

Pero Rusia resiste más de lo esperado y no se derrumba. Ucrania recibe continuamente suministros de sus aliados occidentales, lo que significa que Rusia ya no sólo está desmilitarizando Ucrania, ¡sino también la OTAN! Porque poco a poco, Occidente ya no es capaz de mantener su esfuerzo: sus recursos están agotados.

El problema era que sabíamos que nos dirigíamos a un callejón sin salida. Los servicios de inteligencia y algunos comentaristas honestos habían analizado la situación e identificado los puntos débiles del discurso occidental desde el principio de la SVO. Fueron nuestros medios de comunicación los que descartaron sistemáticamente cualquier información que indicara que estos analistas tenían razón, con el fin de mantener la presión sobre Ucrania.

La implicación de Occidente se ha convertido en una trampa para ellos, porque después de haber pedido a Zelensky que retirara su plan de paz de marzo de 2022 colgándole la perspectiva de una victoria que sabían ilusoria (porque el objetivo no era ganar, sino desestabilizar a Rusia), hoy le han puesto en una situación mucho peor. Como señalé en mi libro *Ucrania entre la guerra y la paz,* Ucrania y Occidente son cautivos de la teoría de la «*falacia del coste hundido*»[801]. Como sabemos por la práctica común, persistir en un mal proyecto simplemente para justificar las inversiones ya realizadas es una puerta abierta al desastre[802]. Esto es lo que estamos viendo hoy en Ucrania.

No se puede ganar una guerra con prejuicios: se pierde. Estos prejuicios han sido fomentados por nuestros medios de comunicación.

---

801. https://youtu.be/GCmfXMMhRzk
802. Caeleigh MacNeil, «Costes hundidos: ¿una trampa que influye en nuestras decisiones?», *asana*.com, 10 de enero de 2022 (https://asana.com/fr/resources/sunk-cost-fallacy)

Porque nuestros políticos, como hemos visto con el ejemplo del parlamento canadiense, son por lo general incultos, están mal informados, más apegados a sus carreras que al bienestar de las personas a las que representan y, por tanto, son vulnerables a la información no verificada y sesgada, como la que nos suministran constantemente nuestros medios de comunicación.

Como dijo el diputado ucraniano Gerachenko en el *Washington Post* en octubre de 2023[803]:

> *Todos lo queremos todo. Pero este es el mundo real y tenemos que tomar decisiones basadas en opciones reales. No tenemos tiempo ilimitado ni un número ilimitado de ciudadanos.*

Mientras que mis análisis del conflicto que mostraban las debilidades de Ucrania fueron calificados de «*desinformación rusa*» e irremediablemente desestimados, en noviembre de 2023 el general Zaloujny confirmó estos análisis casi palabra por palabra[804].

Por eso nosotros (es decir, nuestros medios de comunicación y políticos) nos hemos convertido —*volens nolens*— en los principales artífices de la derrota ucraniana que está tomando forma. Paradójicamente, es probable que Ucrania se encuentre hoy en esta situación gracias a unos cuantos autoproclamados expertos y estrategas ocasionales de nuestras pantallas de televisión.

8.1. Razones del éxito ruso

A finales de septiembre de 2023, Rusia está claramente en la senda del éxito: los objetivos fijados por Vladimir Putin en febrero de 2022 se han alcanzado, mientras que Ucrania vive de la ayuda occidental, cada día más débil. Utilizamos aquí la palabra «éxito», no «victoria», porque

---

803. David Ignatius, «A hard choice lies ahead in Ukraine, but only Ukrainians can make it», *The Washington Post*, 5 de octubre de 2023 (https://www.washingtonpost.com/opinions/2023/10/05/ukraine-kyiv-russia-war-united-states-support/)
804. «Ukraine's commander-in-chief on the breakthrough he needs to beat Russia», *The Economist*, 1 de noviembre de 2023 (https://www.economist.com/europe/2023/11/01/ukraines-commander-in-chief-on-the-breakthrough-he-needs-to-beat-russia)

los términos de esta última aún se desconocen. Sin embargo, incluso quienes se oponían ferozmente a Rusia empiezan a hablar de una victoria rusa. En diciembre, el diario británico *The Telegraph* titulaba «La Rusia de Putin se acerca a una victoria devastadora. Los cimientos de Europa tiemblan»[805].

La principal razón del éxito de Rusia es que sólo la conocemos a través de los prejuicios y la ceguera en que nos han sumido nuestras «élites» y periodistas.

El 7 de diciembre de 2022, ante una comisión del Senado, el general Bruno Clermont analizó el conflicto y se refirió a un *«análisis totalmente erróneo de los rusos en tres puntos»*[806]:

- *«La primera es la existencia de una nación ucraniana»*. Esto no es cierto. A diferencia de nuestro general, los rusos conocen a fondo la situación en Ucrania. Pues es la política de Ucrania hacia sus minorías la que ha hecho que los rusoparlantes (y magiaroparlantes) ya no se sientan ucranianos. El punto de partida del autonomismo de Donbass fue la derogación de la ley Kivalov-Kolesnichenko sobre lenguas oficiales el 23 de febrero de 2014. Una política ultranacionalista ampliada por la ley sobre los derechos de las poblaciones indígenas del 1 de julio de 2021, que equivale en cierto modo a las leyes de Núremberg de 1935, que otorgan diferentes derechos a los ciudadanos en función de su origen étnico[807]. Esto es lo que llevó a Vladimir Putin a escribir un artículo el 12 de julio de 2021 pidiendo a Ucrania que considere a los rusoparlantes como parte de la nación ucraniana y que no discrimine como propone la nueva ley. Además, nuestro general debería tener en cuenta que no hay resistencia popular en las zonas ocupadas por los rusos. Resulta significativo que, según informa el medio de comunicación estadounidense *Forbes*, en el oblast de Kherson, ocupado por

805. Daniel Hannan, «La Rusia de Putin se acerca a una victoria devastadora. Europe's foundations are trembling», *The Telegraph*, 9 de diciembre de 2023 (https://www.yahoo.com/news/putin-russia-closing-devastating-victory-170326959.html)

806. «Guerra en Ucrania: "Esta es una guerra del siglo XX"», *Public Sénat/YouTube*, 7 de diciembre de 2022 (https://youtu.be/kIJtZmzK1mc)

807. «Нардеп від "Слуги народу" Семінський заявив про «позбавлення конституційних прав росіян, які проживають в Україні», *AP News*, 2 de julio de 2021 (https://apnews.com.ua/ua/news/nardep-vid-slugi-narodu-seminskii-zayaviv-pro-pozbavlennya-konstitutciinikh-prav-rosiyan-yaki-prozhivaiut-v-ukraini/)

los rusos, la lengua ucraniana se ha mantenido como lengua oficial, mientras que en la parte ucraniana, el ruso ha perdido este estatus[808].

- *«La segunda es la sobreestimación del poder del ejército ruso»*. También en este caso, nuestro general se basa en prejuicios. Hemos atribuido a Rusia objetivos que nunca ha pretendido alcanzar. Por ejemplo, nunca ha pretendido «apoderarse» de Ucrania. De hecho, los objetivos rusos se lograron muy rápidamente: el 25 de febrero de 2022, Ucrania ya estaba dispuesta a negociar; el 28 de marzo, se logró el objetivo de la «desnazificación» y, a principios de junio de 2022, también se logró *de facto* el objetivo de la «desmilitarización». Desde junio de 2022, la intervención occidental ha prolongado el conflicto. Probablemente, Rusia había subestimado la determinación de Occidente de sacrificar al ejército ucraniano para satisfacer sus propios objetivos.

- *«La tercera es la subestimación de la fuerza del ejército ucraniano»*. Una vez más, esto es falso. Los rusos atacaron precisamente porque el ejército ucraniano estaba aumentando su fuerza en el Donbass con vistas a aplicar el decreto de Volodymyr Zelensky de 24 de marzo de 2021 para la reconquista de Crimea y el sur del país. Según admite el propio general, los rusos no estaban totalmente preparados para este conflicto, lo que demuestra claramente que se vieron empujados a la acción. En segundo lugar, las capacidades materiales de Ucrania fueron destruidas en mayo-junio de 2022 y ahora depende de Occidente, mientras que sus capacidades personales se agotarán en diciembre. Lo que probablemente han subestimado los rusos es la determinación de Occidente de mantener activo el conflicto, a pesar de la falta de recursos humanos y materiales de Ucrania, que la ha desangrado.

Nuestro General es una ilustración perfecta de por qué los occidentales pierden guerras: juzgan a sus oponentes basándose en sus propios prejuicios, no en los hechos. Nuestro General está repitiendo el mismo error que su predecesor, el General Gamelin, el 23 de agosto de 1939: confundir sus deseos con realidades. Un verdadero soldado sabe que el peor error que se puede cometer en la guerra es subestimar al adversario.

---

808. https://www.forbes.ru/society/490766-vlasti-hersonskoj-oblasti-priznali-ukrainskij-azyk-oficial-nym-naradu-s-russkim

Nuestros «expertos» se refieren sistemáticamente a lo que habrían hecho las fuerzas de la OTAN en una situación similar. El problema es que los rusos no piensan en la guerra de la misma manera. Los occidentales son incapaces de pensar fuera de la caja. Esto explica sus repetidos fracasos en el Norte de África y Oriente Medio.

En diciembre de 2022, el ejército ucraniano de febrero de 2022 ya no existe. Ha sido sustituido por fuerzas menos experimentadas y su principal equipamiento es en gran parte de origen occidental.

Occidente vio los episodios de Kharkov (septiembre de 2022) y Kherson (octubre de 2022) como un indicador de la debilidad de Rusia y de su incapacidad para regenerar sus fuerzas. La desinformación rusa no podía haber hecho mejor trabajo. Gracias a los análisis dictados por la propaganda y obsesionados por una quimérica victoria ucraniana, Occidente ha concentrado sus entregas de armas en material ofensivo (blindados y artillería) y descuida el suministro de material de defensa.

La naturaleza de los objetivos de Rusia es esencialmente cualitativa, por lo que no pueden representarse en un mapa ni utilizarse para determinar dónde terminarán las fuerzas rusas sus acciones de combate. El estado final que buscan es inicialmente un conjunto de garantías de seguridad para las poblaciones rusas de Ucrania y para la seguridad de Rusia. Este objetivo podría haberse alcanzado sin intervención, si Ucrania y los países occidentales hubieran cumplido sus compromisos. También podría haberse alcanzado en marzo de 2022, si Occidente no hubiera presionado a Zelensky para que retirara su propuesta de resolución del conflicto. Esta reacción demostró a Vladimir Putin que Occidente no quiere una solución política. Por lo tanto, es probable que el conflicto sólo termine cuando se neutralice físicamente la amenaza militar, ya sea reduciendo su presencia territorial o cuando deje de disponer de recursos humanos. Desde marzo de 2022, estos recursos se han ido erosionando gradualmente, mientras que el acuerdo propuesto por Zelensky podría haberlos preservado, porque Rusia no intervino para obtener ganancias territoriales.

Otro factor que contribuyó al éxito de Rusia fue la coherencia estratégica con la que dirigió su operación. Gracias a las sanciones a las que estaba sometida desde 2014, Rusia había construido un entorno que la hacía menos dependiente de Occidente. Esta forma de solidez económica ha tenido un efecto decisivo a la hora de independizar el proceso de toma de decisiones de influencias externas.

Por el contrario, los países europeos sólo tienen una independencia limitada en la toma de decisiones, ya que están sujetos a restricciones políticas y económicas. Así pues, al presionar a Rusia para que consolide su economía mientras aumenta la presión sobre la población de Donbass, Occidente ha creado una situación en la que todos pierden.

El verdadero problema es la imagen que los occidentales tienen de Rusia: subestimar al adversario es la mejor receta para perder. Podemos discutir sobre la naturaleza de la democracia rusa, pero si nos remitimos al *Índice de Percepción de la Democracia 2023*, vemos que la brecha entre las expectativas de democracia y la realidad de su aplicación supera nuestros prejuicios[809]. Esta brecha, conocida como «déficit democrático», es del 11% en Suiza, del 18% en Rusia (tan alta como en Suecia, Dinamarca y Canadá), del 29% en Bélgica y del 32% en Francia. Es cierto que las expectativas son menores en Rusia que en Francia o Bélgica, pero esto demuestra que el sistema se adapta a lo que espera la población.

En otras palabras, en lugar de preocuparnos por mejorar la gobernanza de los demás, deberíamos ocuparnos primero de nuestros propios problemas.

8.2. Razones de la derrota ucraniana

La razón principal del fracaso ucraniano es que Zelensky desempeñó el papel de comandante en jefe y dirigió él mismo las operaciones. Desempeñó el papel de comandante-combatiente en uniforme militar que le han asignado nuestros medios de comunicación. Por lo tanto, se expuso a sí mismo, en lugar de confiar en sus soldados. Pero es evidente que no tiene las aptitudes necesarias para dirigir operaciones militares, lo que crea tensiones con las fuerzas armadas. Desde finales de 2022, las tropas han perdido la confianza en su mando. La insistencia de Zelensky en mantener a Bajmut en contra del consejo de su personal ha sido desas-

---

809. https://www.allianceofdemocracies.org/initiatives/the-copenhagen-democracy-summit/dpi-2023/

trosa[810]. Es divertido observar que, al igual que *The Kyiv Independent*, yo ya había señalado este problema en mis trabajos anteriores, ¡pero nuestros medios de comunicación lo tacharon de «conspiración»!

En otras palabras, estaba perfectamente claro que había problemas con el liderazgo ucraniano y que esto podía llevar al fracaso. A principios de diciembre de 2023, el medio de comunicación ucraniano *Strana* se refirió a la responsabilidad de Zelensky en el desastre de la operación para cruzar el Dniéper en Krinky, y citó al *Financial Times* diciendo que Zelensky veía la realidad a través de gafas de color de rosa[811].

En términos militares, ha sufrido un cambio doctrinal que ha creado una brecha entre las distintas generaciones de líderes militares. La transición de una doctrina de inspiración soviética a otra inspirada en la OTAN ha creado una vulnerabilidad. Por ejemplo, la noción de superioridad, un factor determinante en los conceptos de la OTAN, nunca ha sido aplicada plenamente por Ucrania.

Como informó *Ukrainska Pravda* en diciembre de 2023[812]:

> *Según un alto cargo militar ucraniano, los juegos de guerra «no funcionan». La guerra que libran los soldados ucranianos no se parece a ninguna otra a la que se hayan enfrentado las fuerzas de la OTAN. Se trata de un gran conflicto convencional sin la superioridad aérea de la que han disfrutado las fuerzas armadas estadounidenses en todos los conflictos recientes en los que han participado. Las trincheras dignas de la Primera Guerra Mundial están bloqueadas por omnipresentes drones y otras herramientas futuristas.*

El problema es que *todos* nuestros «expertos» televisivos han sido incapaces de pensar de otro modo. En Francia, los periodistas se han convertido en «expertos» militares y los militares en comentaristas políticos. Ninguno de los dos aplicó con rigor los principios de su profesión: a lo

810. Kate Tsurkan, «Zelensky, Zaluzhnyi have conflicting views on Bakhmut», *The Kyiv Independent*, 6 de marzo de 2023 (https://kyivindependent.com/bild-zaluzhnyi-and-zelensky-have-conflicting-views-on-bakhmut/)
811. https://strana.today/news/452665-itohi-656-dnja-vojny-v-ukraine.html
812. Alona Mazurenko, «EEUU y Occidente insisten en la contraofensiva selectiva de Ucrania para aislar a Rusia de Crimea», *Ukrainska Pravda*, 4 de diciembre de 2023 (https://www.pravda.com.ua/eng/news/2023/12/4/7431593/)

largo de la crisis ucraniana, ambos presentaron la imagen de aficionados cuya incompetencia resultó fatal para Ucrania.

Las comparecencias de estos «expertos» ante los representantes del parlamento en Francia ilustran dos debilidades conceptuales que afectan a los ejércitos de la OTAN —y por tanto al ejército ucraniano— en su forma de llevar a cabo las operaciones:

• La tendencia a ignorar al adversario en su planificación táctica. Esto puede resultar sorprendente, pero se deriva del hecho de que durante treinta años nuestros ejércitos lucharon con una superioridad aplastante, haciendo insignificantes las reacciones del adversario.

• La incapacidad de concebir el éxito operativo como el producto de sinergias operativas. Nuestros generales siguen considerando el éxito operativo/estratégico como la suma de los éxitos tácticos.

• La incapacidad de desarrollar estrategias reales, resultado de las otras dos debilidades.

El principal factor del fracaso de Ucrania fue el papel predominante de la política y la comunicación en la toma de decisiones militares. Como hemos visto, Ucrania pensaba que estaba participando en un conflicto a corto plazo con una participación masiva de la OTAN. Por eso el discurso y el papel de la política fueron decisivos en Kiev. El problema es que esta retórica era autosuficiente. Nuestros periodistas la transmitían sin cuestionarse siquiera si era realista o no. Evidentemente, prestar apoyo material a un ganador es muy diferente de ayudar a un perdedor. A principios de 2023, Francia decidió duplicar su apoyo a Ucrania y suministrar 2.000 proyectiles de 155 mm al mes. En noviembre de 2023, el general Zaloujny pidió a Lloyd Austin, Secretario de Defensa de Estados Unidos, ¡17 millones de proyectiles y entre 350.000 y 400.000 millones de dólares de ayuda[813]! Esto ilustra lo alejados que están nuestros militares y políticos de las realidades sobre el terreno, y confirma mis observaciones tras las mediocres comparecencias de «expertos» ante los diputados franceses.

Pero Occidente no ha estado realmente a la altura de las expectativas ucranianas.

____

813. Alona Mazurenko, «El comandante en jefe Zaluzhnyi pidió al jefe del Pentágono 17 millones de cartuchos», *Ukrainska Pravda*, 4 de diciembre de 2023 (https://www.pravda.com.ua/eng/news/2023/12/4/7431543/).

A principios de diciembre de 2023, el *Washington Post* señaló lo que yo ya había anunciado en mis trabajos anteriores, a saber, que Occidente había subestimado considerablemente las capacidades rusas. Ese mismo día, la *BBC* informó de las palabras de los soldados ucranianos que participaron en el intento de avance en Krinky, en el Dniéper. Revelaron que no habían previsto grandes recursos logísticos, ya que habían pensado que los rusos huirían en cuanto se acercaran[814].

Al subestimar al adversario e influir en nuestras políticas, nuestros medios de comunicación se han convertido sin duda en los artífices de la derrota ucraniana. Ya en febrero de 2022 pudimos comprobar que los objetivos occidentales y ucranianos oscilaban entre el deseo y la realidad. Pero, independientemente de lo que se pudiera pensar de los méritos de la SVO, estaba claro que Ucrania no tenía ningún interés en prolongar los combates. El problema había sido identificado ya en febrero de 2022 (y mencionado en mis libros anteriores), pero obsesionado por su propia narrativa y su odio a lo ruso, Occidente dejó deliberadamente que Ucrania se hundiera.

Evidentemente, es más fácil hacer la guerra con sangre ajena, ¡a salvo en la comodidad de un periódico en París, Bruselas o Ginebra!

Los rusos han comprendido perfectamente que una guerra no se libra exclusivamente en el campo de batalla; también puede librarse en el campo diplomático. Por eso lo intentaron en septiembre de 2014, febrero de 2015, diciembre de 2021, febrero, marzo y agosto de 2022. Cada vez fueron nuestros medios de comunicación y nuestros políticos los que se opusieron a una solución. El propio Josep Borrell, responsable de la política exterior de la UE, dijo que «*esta guerra debe ganarse en el campo de batalla*»[815]... Probablemente así será.

El 25 de septiembre de 2023, Vyacheslav Volodin, Presidente del Parlamento ruso (Duma), declaró que el conflicto terminaría o bien con «*la rendición del régimen de Kiev a las condiciones de la Federación Rusa, o bien [con] el fin de la existencia de Ucrania como Estado*»[816].

---

814. «Guerra en Ucrania: Soldier tells BBC of front-line 'hell'», *BBC News*, 4 de diciembre de 2023 (https://www.bbc.com/news/world-europe-67565508)
815. https://www.courrierinternational.com/article/vu-de-russie-l-ue-veut-balayer-la-diplomatie-au-profit-de-la-guerre-estime-moscou
816. http://duma.gov.ru/en/news/57887/

A finales de noviembre de 2023, las posiciones pueden resumirse del siguiente modo:

- Zelensky y su entorno probablemente saben que su supervivencia política (y probablemente física) está ligada a la continuación de la lucha y, por lo tanto, no buscan otra cosa que la rendición incondicional de las fuerzas rusas;
- Los estadounidenses buscaron una «congelación» del conflicto e instaron a Zelensky a entablar un diálogo con los rusos, pero se negaron a llegar a un compromiso;
- Los rusos se han dado cuenta de que congelar el conflicto es sólo una forma de tomarse un respiro que permitirá a Ucrania rearmarse, sin resolver ninguno de los problemas que llevaron al enfrentamiento en primer lugar.

Los ucranianos empiezan a comprender que se encuentran en un callejón sin salida y que no se han dado a sí mismos una salida. El hecho de que no hayan definido lo que podría constituir una «victoria» ofrece opciones, pero nadie en Kiev parece tener el valor político de aprovecharlas. Las declaraciones de David Arakhamia a los medios de comunicación ucranianos *1+1*, en las que demuestra que había una solución en marzo de 2022[817] y que Zelensky la dejó de lado sólo para encontrarse en una situación peor un año y medio después, son una bomba. Curiosamente, ninguno de nuestros medios cubrió esta entrevista en Europa. Sin embargo, fue recogida por el medio opositor ruso *Meduza*, que añadió el testimonio de Oleksei Arestovitch, antiguo asesor de Zelensky, que confirma que la guerra podría haber terminado a principios de abril de 2022 y así «*haber evitado la vida de varios cientos de miles de ucranianos*»[818]. Nótese los «cientos de miles» de vidas que Occidente desperdició.

Simplemente dicen lo que mencioné en mi libro *Operación Z*, y que un profesor de la Universidad Libre de Bruselas, supuesto «experto» en Ucrania, consideró mentira durante un debate en junio de 2023.

817. «Entrevista con David Arakhamia, jefe de la delegación ucraniana en las conversaciones de paz», *1+1*, 25 de noviembre de 2023 (https://youtu.be/0G_j-7gLnWU)
818. «Un negociador ucraniano dijo que Moscú ofreció la paz a cambio de que Kiev pusiera fin a su candidatura a la OTAN. Los propagandistas rusos estaban encantados», *Meduza*, 28 de noviembre de 2023 (https://meduza.io/en/feature/2023/11/28/we-had-to-buy-time)

En el frente, los comandantes ucranianos empezaron a rechazar las órdenes de Zelensky de avanzar[819]. Las críticas intercambiadas entre Zelensky y el general Zaloujny, su comandante en jefe, parecieron convertirse en una lucha de poder. El ataque a uno de los ayudantes de campo del general Zaloujny[820], seguido del ataque a la esposa del jefe de la inteligencia militar (GUR)[821], parecen ser manifestaciones de esta lucha.

Por un lado, Zelensky sigue descartando cualquier estrategia contra Rusia que no sea el combate, sin definir realmente el objetivo deseado. Critica duramente al general Zaloujny por la catastrófica situación sobre el terreno[822], a pesar de que la guerra se ha conducido más política que militarmente en el lado ucraniano. El ejército ucraniano carecía de personal suficiente y hubo que enviar mujeres al frente, mientras se multiplicaban los rumores de una próxima movilización general. Sobre el terreno, los soldados han perdido la confianza en la dirección política del país.

Por otra parte, el general Zaloujny confiesa ahora que librar una guerra de desgaste contra Rusia fue un error[823] y que «*un conflicto prolongado beneficia más al enemigo que a [Ucrania]*»[824]. Se muestra crítico con su Presidente y parece que cuenta con la confianza de los militares y los estadounidenses.

Ahora nos encontramos en una situación de punto muerto: Zelensky está en el poder, pero no puede destituir a su general debido a su

---

819. Matthew Dooley, «Los altos mandos ucranianos rechazan las órdenes de avanzar contra Putin en un duro golpe a Zelensky», *Express*, 2 de noviembre de 2023 (https://www.express.co.uk/news/world/1830656/ukraine-refuse-zelensky-vladimir-putin-russia)

820. Veronika Melkozerova, «Aide to Ukraine's top general killed by explosive in birthday present», *Politico*, 6 de noviembre de 2023 (https://www.politico.eu/article/aide-to-ukrainian-armed-forces-commander-killed-by-explosive-in-birthday-present/)

821. Luke Harding, «Ukraine spy chief's wife recovering after being poisoned», *The Guardian*, 28 de noviembre de 2023 (https://www.theguardian.com/world/2023/nov/28/ukraine-spy-chiefs-wife-recovering-after-being-poisoned)

822. Dinara Khalilova, «Funcionario de la administración de Zelensky critica los comentarios del comandante en jefe Zaluzhnyi en la prensa», *The Kyiv Independent*, 4 de noviembre de 2023 (https://kyivindependent.com/presidential-office-on-zaluzhnyis-article-military-should-refrain-from-disclosing-front-line-situation/).

823. «Fue un error esperar el agotamiento de la Federación Rusa, la situación llegó a un callejón sin salida, - Zaluzhnyi», *Censor.NET*, 2 de noviembre de 2023 (https://censor.net/en/news/3453121/it_was_mistake_to_hope_for_exhaustion_of_russian_federation_situation_reached_dead_end_zaluzhnyi)

824. «"Fue mi error": el Comandante en Jefe ucraniano habla de contraofensiva y de "pólvora" para la victoria», *RBC-Ucrania*, 2 de noviembre de 2023 (https://newsukraine.rbc.ua/news/it-was-my-mistake-commander-in-chief-on-counteroffensive-1698929719.html).

gran popularidad entre los militares. A diferencia de los europeos, los estadounidenses se dieron cuenta de que habían llegado a un punto muerto con Ucrania. En noviembre de 2023, un año después de nombrar a Zelensky «Hombre del Año», la revista *TIME* lo calificó de «*mesiánico*» y «*delirante*»[825]… los mismos términos utilizados para Vladimir Putin[826].

En cuanto a la situación sobre el terreno, el hecho de que la línea del frente no se mueva mucho no significa que estemos en un punto muerto, como afirman nuestros «expertos». Significa simplemente que Rusia avanza con cautela. Porque, a diferencia de Ucrania, dispone de los recursos materiales, humanos y económicos para continuar la lucha. Como dice *The Economist*: «*La guerra no está en punto muerto. Rusia tiene claramente la ventaja porque es libre de maniobrar a lo largo de toda la línea del frente y atacar donde quiera*»[827].

El problema es que Volodymyr Zelensky no tiene una imagen realista del estado final que desea. Podemos entender su deseo de que los rusos se retiren y restablezcan así la soberanía ucraniana sobre todo su territorio. Pero tal y como están las cosas, es difícil ver cómo se puede lograr esto. La idea de una victoria total sobre Rusia que nuestros medios de comunicación, su entorno y él mismo siguen evocando parece remota y poco realista. La caída de su popularidad a finales de 2023 es proporcional a los éxitos que se le atribuyen hasta la fecha. La Roca Tarpeya está cerca del Capitolio. Zelensky debe estar ahora mordiéndose los dedos por no haber aprovechado todas las oportunidades para mejorar la situación desde que llegó al poder. Ahora se encuentra en la peor situación posible, con un adversario victorioso que ya no está interesado en negociar con él, porque los rusos se han dado cuenta de que no controla sus decisiones.

Enfrentados demasiado tarde a la perspectiva de no salir victoriosos, Occidente y los ucranianos no intentaron definir una imagen clara,

---

825. Simon Shuster, «"Nadie cree en nuestra victoria como yo". Inside Volodymyr Zelensky's Struggle to Keep Ukraine in the Fight», *TIME Magazine*, 30 de octubre de 2023 (https://time. com/6329188/ukraine-volodymyr-zelensky-interview/)
826. Taras Kuzio, «Putin weaponizes history with new textbook justifying Ukraine invasion», *The Atlantic Council*, 22 de agosto de 2023 (https://www.atlanticcouncil.org/blogs/ukrainealert/putin-weaponizes-history-with-new-textbook-justifying-ukraine-invasion/)
827. «Ukraine's commander-in-chief on the breakthrough he needs to beat Russia», *The Economist*, 1 de noviembre de 2023 (https://www.economist.com/europe/2023/11/01/ukraines-commander-in-chief-on-the-breakthrough-he-needs-to-beat-russia)

concreta y realista de lo que podría constituir una victoria. El Ministro de Asuntos Exteriores, Dmytro Kuleba, formuló la pregunta «*si Occidente no puede ganar esta guerra, ¿quién puede?*», admitiendo así que Ucrania luchaba por Occidente[828].

Lo que los ucranianos no parecen haber entendido (o no quieren admitir) es que Occidente no trataba de ayudarles, sino de debilitar a Rusia. Por eso el Congreso duda de la utilidad de seguir invirtiendo en este conflicto. En diciembre de 2023, Zelensky viajó a Estados Unidos para convencer al Congreso de que desbloqueara los 61.000 millones de dólares prometidos por Joe Biden. Pero en lugar de responder a las preocupaciones de los diputados sobre cómo se utilizaría el dinero o la estrategia que pensaba emplear para lograr la victoria, les acusó de apoyar a Vladimir Putin con su indecisión[829]. No está seguro de que llamar traidores a sus aliados sea la mejor estrategia diplomática posible...

Dicho esto, podemos entender la amargura de Zelensky por haber sido obligado a renunciar a la paz a cambio de una ayuda que se suponía que era para «el tiempo que haga falta», pero que se convirtió en «el tiempo que podamos» en diciembre de 2023[830].

En Ucrania, el momento es propicio para el cuestionamiento. Tras la euforia de una victoria prometida, la realidad golpea duramente a la sociedad ucraniana. Los asesinatos políticos van en aumento, con el ex diputado socialista Ilya Kiva (que había afirmado que las masacres de Boucha habían sido organizadas por el SBU y el MI6 británico) asesinado por los servicios ucranianos, según *NBC News*[831].

El 14 de diciembre de 2023, Vladimir Putin participó en una sesión de preguntas y respuestas de cuatro horas en Moscú. Olekseï Arestovitch, antiguo asesor de Zelensky, comentó en Twitter:

---

828. Iryna Balachuk, «Si Occidente no puede ganar esta guerra, ¿qué guerra puede ganar? - Ukraine's Foreign Minister», *Ukrainska Pravda*, 6 de noviembre de 2023, (https://www.pravda.com.ua/eng/news/2023/11/6/7427407/)
829. Paul McLeary, «Zelenskyy says Putin is 'inspired' by Capitol Hill deadlock on Ukraine», *Politico*, 11 de diciembre de 2023 (https://www.politico.com/news/2023/12/11/zelenskyy-says-putin-is-inspired-by-capitol-hill-deadlock-on-ukraine-00131145)
830. https://www.whitehouse.gov/briefing-room/speeches-remarks/2023/12/13/remarks-by-president-biden-and-president-zelenskyy-of-ukraine-in-joint-press-conference-2/
831. https://www.nbcnews.com/news/world/ukraine-assassinated-ilya-kiva-moscow-traitors-russia-rcna128479

Putin da una rueda de prensa sobre un fondo amarillo-azul. Si Zelensky hubiera hablado sobre un fondo blanco-azul-rojo, ya estaría frito.

Putin nos llama hermanos y pueblo unido, y nosotros les llamamos cerdos y orcos.

En la pantalla, Putin se enfrenta a preguntas embarazosas de los rusos.

¿Quién cree que lleva ventaja: nosotros o ellos?

Arestovych ✅
@arestovych

11:38 AM · Dec 14, 2023 · **206.1K** Views

Figura 98 — Tweet de Olekseï Arestovitch - Las opiniones empiezan a cambiar en Ucrania...
[Fuente: https ://twitter.com/arestovych/status/1735247972252664208]

Occidente sigue hablando de una posible victoria, pero ¿siguen siendo creíbles?

Esta crisis ha demostrado que Europa no sólo ha perdido su liderazgo político e industrial mundial, sino que está profundamente dividida en un gran número de cuestiones. De hecho, lo único que une a Europa es la rusofobia.

Al final de la Guerra Fría, nuestra industria armamentística se reconfiguró en torno a un enfoque más cooperativo de la seguridad internacional, en el que la diplomacia recuperó el lugar que le correspondía. Al cambiar un orden internacional basado en el derecho por otro basado en las normas, hemos creado un entorno más conflictivo para el que esta industria ya no es adecuada.

La mediocridad de nuestros periodistas y políticos es conocida desde hace tiempo. Ahora hemos descubierto la mediocridad de nuestros militares. La falta de valor, la falta de imaginación, la incapacidad para comprender al adversario o la falta de empatía parecen haberse convertido en las señas de identidad de los oficiales modernos... Hasta el punto de dar a los ucranianos un entrenamiento inadecuado para la guerra que estaban librando. A todas estas cualidades se sumó una profunda estupidez. Recordemos aquí que en su estrategia de abril de 2019 para que el gobierno estadounidense debilite a Rusia utilizando a Ucrania, la *Corporación RAND* advirtió que esto podría :

> *tener un coste significativo para Ucrania y para el prestigio y la credibilidad de Estados Unidos. Podría provocar pérdidas humanas y territoriales desproporcionadas para Ucrania, así como flujos de refugiados. Incluso podría llevar a Ucrania a una paz desventajosa*[832].

Lo sabíamos y aquí estamos.

Un puñado de políticos y periodistas occidentales fanáticos han sacrificado deliberadamente a Ucrania...

---

832. James Dobbins, Raphael S. Cohen, Nathan Chandler, Bryan Frederick, Edward Geist, Paul DeLuca, Forrest E. Morgan, Howard J. Shatz, Brent Williams, «Extending Russia: Competing from Advantageous Ground», *RAND Corporation*, 2019 (p. 100)

Índice